YANJIANG YU KOUCAI

演讲与口才

岑 琳　吕宗明　主编

北京师范大学出版集团
BEIJING NORMAL UNIVERSITY PUBLISHING GROUP
安徽大学出版社

图书在版编目(CIP)数据

演讲与口才/岑琳,吕宗明主编. —合肥:安徽大学出版社,2017.3(2020.7重印)
ISBN 978-7-5664-1341-3

Ⅰ.①演… Ⅱ.①岑… ②吕… Ⅲ.①演讲－高等职业教育－教材②口才学－高等职业教育－教材 Ⅳ.①H019

中国版本图书馆CIP数据核字(2017)第021678号

演讲与口才

岑琳 吕宗明 主编

出版发行:	北京师范大学出版集团 安 徽 大 学 出 版 社 (安徽省合肥市肥西路3号 邮编230039) www.bnupg.com.cn www.ahupress.com.cn
印　　刷:	合肥创新印务有限公司
经　　销:	全国新华书店
开　　本:	184mm×260mm
印　　张:	21
字　　数:	452千字
版　　次:	2017年3月第1版
印　　次:	2020年7月第3次印刷
定　　价:	39.00元

ISBN 978-7-5664-1341-3

策划编辑:邱　昱　　　　　　　　　　装帧设计:李　军
责任编辑:邱　昱　姚　宁　　　　　　美术编辑:李　军
责任印制:陈　如

版权所有　侵权必究
反盗版、侵权举报电话:0551－65106311
外埠邮购电话:0551－65107716
本书如有印装质量问题,请与印制管理部联系调换。
印制管理部电话:0551－65106311

《演讲与口才》
编委会

主　　编　岑　琳　吕宗明

副 主 编　张泽琳　祝本琳

编　　委　（排名不分先后，以姓氏笔画为序）

　　　　　王金娥　吕宗明　张泽琳　张彦芸

　　　　　张　浪　张　萍　岑　琳　祝本琳

前　言

演讲与口才是一门艺术，是现代人适应社会发展的一项重要能力。各高职院校把《演讲与口才》作为一门重要的专业基础课在许多专业普遍开设，旨在使学生能够接受有效的训练，掌握演讲与口才技巧，提高职场口才素养，从而促进学生能力和素质的提升。

本教材立足高职高专院校教学实际，力求克服现有教材的不足，与时俱进，不断创新，在理论方面体系科学、内容准确，同时突出实践性，以任务为导向，以能力为本位，通过大量的实例模仿和训练，强化学生口语能力。

本书在编写过程中，力求突出以下特色：

1. 新颖性。本书力图建构适应高职类相关专业教学需要的教学体系，在内容上力求富有现代感和时代气息，并根据《演讲和口才》这门课程的特点和当前职业学校的教学实际进行编写，既有相关原则、方法的理论阐述，又有技巧的传授和训练。

2. 实用性。全书深入浅出，通俗易懂。针对高职学生特点，本书选用丰富案例，激发学生学习兴趣。案例力求适应学生学习和今后就业实际，具有示范作用。

3. 系统性。本书由演讲与口才认知、普通话语音训练、态势语训练、拟稿演讲训练、即兴演讲训练、辩论口才训练、社交口才训练、职场口才训练八大项目组成，循序渐进，注重口才训练的系统性，而每一个训练项目都设有任务导引、知识必备、延伸阅读、技能训练四个环节，构成了较为完整的训练体系。

4. 可操作性。本书致力于培养学生的职业口才技能、特定的职业口语风范和从业风范。设计的训练任务科学、合理、实用，能够满足课堂教学和课后训练的需要，便于教学互动，操作性强。

本书由岑琳、吕宗明担任主编。参加编写的老师有祝本琳（项目一）、张泽琳（项目二、三）、张彦芸（项目四）、张浪（项目五）、岑琳（项目六）、王金娥（项目七、八），全书统稿与校对由岑琳、张泽琳完成。

本书在编写过程中，参考了大量的文献资料和网络资料，书后已尽量注明出处，但资源太多,难免会有疏漏,在此特予说明,并致以谢意。

由于编者水平有限,书中若有错误和疏漏之处,敬请专家、同行及广大读者批评指正。

编者

2017 年 3 月

目　录

项目一　演讲与口才认知 1

  任务一　演讲认知 1
  任务二　口才认知 16
  任务三　演讲与口才的关系认知 23

项目二　普通话语音训练 29

  任务一　声母训练 29
  任务二　韵母训练 36
  任务三　声调训练 45
  任务四　语流音变训练 48
  任务五　发声训练 60

项目三　态势语训练 69

  任务一　表情语训练 69
  任务二　手势语训练 82
  任务三　体态语训练 92
  任务四　服饰语训练 98

项目四　拟稿演讲训练 106

  任务一　演讲稿写作训练 106
  任务二　演讲稿记忆训练 122
  任务三　演讲心理素质训练 131
  任务四　演讲控场技巧训练 143

项目五　即兴演讲训练 ………………………………………………… 150

　　任务一　即兴演讲基础训练 …………………………………… 150
　　任务二　即兴演讲思维训练 …………………………………… 158
　　任务三　即兴演讲技巧训练 …………………………………… 172

项目六　辩论口才训练 …………………………………………………… 187

　　任务一　辩论语言技巧训练 …………………………………… 187
　　任务二　辩论逻辑技巧训练 …………………………………… 207
　　任务三　竞赛式辩论训练 ……………………………………… 218

项目七　社交口才训练 …………………………………………………… 245

　　任务一　倾听技能训练 ………………………………………… 245
　　任务二　访友待客训练 ………………………………………… 264
　　任务三　劝说沟通训练 ………………………………………… 269

项目八　职场口才训练 …………………………………………………… 277

　　任务一　面试口才训练 ………………………………………… 277
　　任务二　推销口才训练 ………………………………………… 288
　　任务三　导游口才训练 ………………………………………… 294
　　任务四　主持口才训练 ………………………………………… 312

参考文献 ………………………………………………………………… 325

项目一　演讲与口才认知

任务一　演讲认知

 任务导引

1.演讲作为一种以语言为工具的社会实践活动,伴随着人类文明的发展,可谓源远流长。远在古希腊、古埃及、古印度和古代中国,演讲就已经成为一种相当普遍的社会实践活动。古今中外,越是在历史发展的重要关头,越是在社会激烈变革之时,演讲的特殊功能就表现得越突出。

2.在西方国家,"舌头、金钱、电脑"已经成为新的三大发展"武器"。在我国,随着改革开放不断深入,物质文明和精神文明飞速发展,社会生活方式不断向现代化迈进,人际交往也越来越密切,演讲已经成为现代人的经常性活动,在社会的竞争中发挥着越来越重要的作用,演讲能力成为现代人才必备的基本能力之一。

 知识必备

一、演讲的概念

(一)演讲的含义

演讲又称"演说""讲演",是指演讲者在特定的场合,凭借有声语言(为主)和态势语言(为辅)的艺术手段,针对现实中某个问题面向听众传递信息、表述见解、阐明事理、抒发情感,从而达到感召听众并促使其行动的一种现实信息交流活动。演讲是一种高级的、完善的、典雅的,有审美价值、欣赏价值和使用价值的语言表现形式,更是一种呼唤爱、赞美爱、传递爱、弘扬爱的有效方式。柏拉图说:"演讲艺术是对人们灵魂的统治,其主要职责就是向观众讲解爱和情感。"

从字面的结构看,演讲是由"演"和"讲"两个要素组成,"演"包含了演讲者的表演,指的是演讲主体辅助语言表达情感的姿势和动作;"讲"是陈述,演讲者通过组织的语言来进行表达。"演"与"讲"在演讲实践活动中,在传递信息的时候,二者并不是平分秋色、各占一半的关系。二者虽然需要和谐统一,但不是"一加一等于二"的统一,而是以"讲"为主,以"演"为辅,互相交织、互相渗透、互相促进的统一。"讲"是起主导作用、起决定作用的,而"演"则必须建立在"讲"的基础上,否则它就失去了存在的意义。如果平分秋色或颠倒了这一关系,也就不称为"演讲"了。所以,只有既"讲"且"演",以"讲"为主,以"演"为辅,既是听觉上的,又是视觉上的,兼有时间性和空间性的综合现实活动才是演讲,这是演讲区别于其他现实口语表达形式和艺术口语表达形式的关键所在。

(二)演讲的本质

演讲是人类社会的一项社会实践活动。完整的演讲活动必须具备四个条件:演讲者(主体),听众(客体),沟通主客体的信息以及主客体所处的时间、环境。这四者缺一不可。也就是说,在演讲的过程中,不能离开任何一个演讲的条件。但是仅仅具备了这四个条件,还不足以揭示演讲的本质属性。因为,任何一种艺术性活动都有其独特的物质传达手段和规律,揭示着活动的特点。对于演讲来说,演讲者想要发表自己的意见,陈述自己的观点和主张,从而达到说服、影响、感染别人的目的,就需要一定的传达手段,即有声语言、态势语言和主体形象。

1. 有声语言。有声语言是演讲者与听众交流信息的主要工具和重要通道。它由语言和声音两种要素构成,是在演讲活动中传递信息、表达思想的主要媒介和手段。它是演讲者思想感情的载体,以流动的方式,承载着演讲者的主张、见解、态度和感情,将其传达给听众,从而产生说服力、感召力,使听众受到教育和鼓舞。我们对有声语言的要求是吐字清晰、发音标准;词句流畅、准确易懂;语调贴切、抑扬顿挫。

2. 态势语言。态势语言是指演讲者的姿态、动作、身姿、手势和表情等,它是通过人体器官的动作,或者某一部分形态的变化来进行思想和情感交流的一种方式。它是流动着的形体动作辅助有声语言直接诉诸听众的视觉器官,承载着演讲者的思想和情感,是听众产生与听觉同步的效应,加强了有声语言的表达效果。

态势语言不仅仅是对口头语言表达的补充和辅助,而且能够反映出演讲者的真实感受和内心需求。对于演讲来说,态势语言不仅能形象地传递信息和表达思想,而且能够反映情绪,增进与听众的沟通。态势语言的类型主要包括手势动作、面部表情、身姿语言等。

3. 主体形象。主体形象是指演讲者的体形、容貌、衣冠、发型、举止神态等。主体形象的美与丑、好与差不仅直接影响演讲者思想感情表达的效果,而且影响听众的心理情绪。这就要求演讲者在自然美的基础上,要有一定的艺术美。这种艺术美是以演讲者本人为依托的艺术美,它不同于舞台艺术的性格化和表演化的艺术美。演讲者要注意主体形象,做到装饰朴素、举止潇洒、大方得体、动作优雅。这样有利于思想感情的表达,取得良好的演讲效果。

二、演讲的特征

任何一种蕴含艺术性的活动,都会有其独特的构成方式和表达方式,形成独有的特点。演讲具有较强的魅力,它不但具有一般有声语言的特点,还具有与其他说话方式不同的特点。

(一)现实性

演讲是演讲者通过对社会现实的判断和评价,直接向听众公开陈述自己的主张和看法的现实活动,具有很强的时代特点。一般来说,一个人当众演讲,关键在于其思想性和原则性,帮助听众弄清复杂的社会现象或解决某一问题。演讲者要以时代提出的任务、形势发展的要求和人们的迫切愿望作为主题,抒发自己的思想情感。演讲的内容是通过演讲者来传递和体现的,具有很强的现实性。

(二)艺术性

列夫·托尔斯泰曾说:"在自己的心里唤起一度体验过的情感,并且在唤起这感情之后,用动作、线条、色彩以及言辞所表达的形象来传达出这感情,使别人也能体验到同样的感情——这就是艺术活动。"

演讲是一门艺术,它不仅包括说话的艺术、语言的艺术和宣传的艺术,还包括表演的艺术。为了达到启迪心智、感人肺腑的目的,演讲者需要借助艺术的表现手段创造艺术感染力,常常要使用小说、诗歌、喜剧、音乐和绘画等多种文学艺术手段为其服务。这种艺术性具有和谐统一之美,使演讲中的各种因素,如声音、语言、形象、表演、时间、环境等,形成相互依存、相互协调的关系。演讲的艺术性还表现在它不仅是单纯的现实活动,还具备戏剧、曲艺、舞蹈、雕塑等艺术的某些特点。

(三)鼓舞性

古希腊学者德谟克利特说过:"用鼓动和说服的语言来造就一个人的道德,显然比法律和约束更能成功。"演讲活动是进行宣传教育、鼓舞人心的有力武器。人们可以通过演讲来宣传真理、统一思想、赢得支持,从而引导他人的思想和行为。无论是政治演讲,还是学术演讲,无不具备强大的鼓舞性。这主要是因为以下三点:

1. 一切正直的人们都有追求真、善、美的渴望,而演讲的目的就是要传播真、善、美,传播知识,开启人们的智慧,陶冶人的情操。为此,演讲者通过与听众进行沟通,建立共识,引起听众强烈的共鸣。

2. 感人心者,莫先乎情。演讲者在演讲的过程中都饱含着炽热的情感,用自己的情感之火去点燃听众的感情之火,以炽热的情感之手去拨动听众的心弦,从而使其动情,引起共鸣。

3. 演讲者的形象、情感以及演讲言辞的结构、节奏等均能扣住听众的心弦。鼓舞性是演讲成功的一个标志。"感动中国"2005年年度人物洪战辉,在他的每一次演讲会上,每位听众都是眼含泪水、带着感动离开的。他从小就背负起养家的重担,毅力与责任感使他走到了今天。他的演讲激发了听众的怜悯之心以及为自身梦想而不懈奋斗的决心,从而起到了鼓动的作用。

(四)广泛性

演讲是一种工具,任何人都可以利用这一工具来传授知识、交流思想、表达情感。从演讲者来看,无论什么行业、什么身份、什么性别和年龄层次的人都可能成为演讲者。鲁迅是文学家,也是演讲家。闻一多是诗人、学者,也是演讲家。美国的林肯和英国的丘吉尔,他们既是国家领袖又是杰出的演讲家。现今社会,演讲已经深入到人们生活的方方面面,无论是宣传活动、文化沙龙、朋友聚会,还是求职面试、竞选职务、论文答辩等都需要演讲。为此,演讲已经具有极大的广泛性,它已经成为一种群众性、大众性的社会实践活动,成为人们生活的重要的一部分。

(五)综合性

演讲是"演""讲"和"说""写"的综合,也是有声语言和态势语言的各种表达技巧和表达方式的综合。演讲是一个有机整体,如何将听众、场合等各种因素调动起来组成一个和谐的整体,需要演讲者充分调动各种艺术手法来充实演讲内容。此外,一个优秀的演讲者要"上知天文、下知地理",综合运用各种知识来证明自己的观点。因此,演讲是综合性的宣传教育形式之一。

(六)工具性

演讲是一门科学、一门艺术,也是一种工具。它帮助人们传达信息、交流思想。从某种意义上说,演讲是语言的艺术。任何思想、任何学识、任何创造都可以借助演讲这个工具去传播。可以说,演讲是最经济、最实用、最方便的传播工具,任何人都可以使用它。

三、演讲的分类

(一)根据演讲的功能分类

根据演讲的不同的功能,演讲可以被分成五种不同类型。

1. 告知型。告知型演讲是一种以传递信息、阐明事理为主要功能的演讲。例如,美学家朱光潜的演讲《谈作文》,清晰明了地阐述了作文前的准备,包括文章体裁、构思、选材等,使听众明白了作文的基本知识。告知型演讲的目的是使人知道明白,特点是知识性强、语言表述准确。

2. 信赖型。信赖型演讲主要目的是使人相信。例如:恽代英的演讲《怎样才是好人》,不仅告诉了听众什么是好人、什么不是好人,而且提出了三条衡量好人的标准,通过摆事实、讲道理,改变了人们的旧观念。信赖型演讲的特点是观点鲜明、正确,证据翔实、充分,论证合理、严密。

3. 激动型。激动型演讲充分调动起了听众的积极性,加强了演讲者和听众之间的沟通和交流,使演讲者和听众之间在思想感情上产生强烈的共鸣,从而产生欢呼雀跃的效果。例如,美国黑人领袖马丁·路德·金的演讲《我有一个梦想》。他连续用了"梦想"这个词,激发了在座的黑人听众的自尊心以及为"生而平等"奋斗的感情。激动型的演讲能打动人心,以情动人,是演讲者和听众之间沟通的较好方式。

4. 行动型。行动型演讲可以使听众产生一种与演讲者一起行动的想法,它比激动型又前进了一步。例如,法国前总统戴高乐在"二战"期间在英国伦敦所作的演讲《告法国人民书》,演讲中戴高乐群情激昂地号召人民行动起来,投身反法西斯的行列。美国前总统罗斯福在演讲《一个遗臭万年的日子》中说到"昨天,1941年12月7日——个遗臭万年的日子——美利坚合众国遭到了日本帝国主义海空军部队突然和蓄谋的进攻",曾激起广大听众同仇敌忾、强烈愤怒之情。行动型演讲的特点是鼓动性强,语气激昂。

5. 快乐型。快乐型演讲是一种以活跃气氛、调节情绪、使人快乐为主要目的的演讲,它多以幽默的语言为内容,一般用于喜庆场合。比如:婚礼现场、同学聚会、节日晚会等。它的特点是材料幽默、语言诙谐、气氛活跃。

(二)根据演讲的内容分类

1. 政治演讲。政治演讲是指为了一定的政治目的,出于某种政治动机,就某个政治问题或与政治有关的问题而发表的演讲。它包括外交演讲、军事演讲、政府工作报告、会议总结报告、政治评论、就职演说、宣传演讲等。政治演讲具有鲜明的思想性、严密的逻辑性和强烈的鼓动性。例如,毛泽东的《星星之火,可以燎原》《中国的红色政权为什么能够存在》等都属于政治演讲的范畴。

2. 生活演讲。生活演讲是指演讲者就社会生活中存在的各种问题、风俗、现象以及热点等做的演讲,它表达了演讲者对这些问题的想法、见解等。这种演讲涵盖的内容非常广泛,演讲的场合、语气都属于非正式的,如祝酒词、答谢词以及各种宴会上的祝福等。

3. 学术演讲。学术演讲是指演讲者就某些系统的、专门的知识发表的演讲。学术演讲包括学术报告、学术评论、学术发言、专题讲座等。2006年,备受大众推崇的电视节目《百家讲坛》就是典型的学术演讲,它要求主讲人对某一领域有独到的、深刻的见解,并在这一领域具有权威性。因此,学术演讲具有内容的科学性、论证的严密性和语言的准确性。

4. 法庭演讲。法庭演讲是指公诉人、辩护人、辩护代理人、诉讼代理人等在法庭上所作的演讲。法庭演讲的突出特征是合法性、公正性和针对性。它要求演讲者对内容的科学性、论证的严密性和语言的准确性进行严格把关,这是它与其他类型演讲的一大区别。施洋的演讲《谁是真凶》和阿伯拉罕·林肯的演讲《伪证罪之辩》都是这一类型演讲的典范。

5. 宗教演讲。宗教演讲是指一切与宗教仪式、宗教宣传有关的演讲。它主要包括布道演讲和宗教会议演讲。例如,神职人员面对信徒所做的训诲等。宗教演讲的特征是语言通俗、实例丰富、精神感染力强。

(三)根据演讲的表达形式分类

1. 命题演讲。命题演讲是根据他人拟定的题目或演讲范围,经过认真准备后所作的演讲。它包含两种形式:全命题演讲和半命题演讲。全命题演讲的题目一般是由演讲组织部门来确定的,这样的命题限定了演讲的范围,通常是为某些活动而准备的,所以主题鲜明、针对性强、内容稳定、结构完整。半命题演讲是指演讲者根据演讲活动组织单位限定的范围,自己拟定题目进行的演讲。与全命题演讲相比,半命题演讲只划定了一个大概的范围,演讲内容较灵活,有利于发挥演讲者的特长,演讲者可以根据自己的喜好进行细致规划。

2. 即兴演讲。即兴演讲是指演讲者在事先毫无准备的情况下就眼前的场面、情景、事物、人物临时起兴发表的演讲。它的特点是有感而发、时境感强、篇幅短小精悍。它要求演讲者紧扣主题、迅速思考。

3. 辩论演讲。辩论演讲是指两方或多方因对某一个具体问题产生不同的见解,彼此用一定理由来说明自己对事物或问题的看法,揭露对方的错误,以便取得共同的意见,从而展开面对面的语言交锋。例如:法庭辩论、外交辩论、赛场辩论以及生活辩论。它的特点是演讲者针锋相对、短兵相接。辩论演讲要求演讲者必须具备正确的思想、严密的逻辑和较强的应变能力。

四、演讲的作用

演讲作为一种社会实践活动,从古至今,它不仅仅是人们口头交际的重要方式,也是很多社会人士谋职、升迁的重要手段,有着不可估量的社会功效。演讲是一种能力,运用它可以捍卫自己取得竞争优势;演讲是一种智慧,运用它可以获得自信。通过演讲,人们可以获得精神上的愉悦。学好演讲将会有希望像古希腊哲学家、演讲家苏格拉底说的那样,成为"最有才干的人、最能指导别人的人、见解最深刻的人"。

(一)启迪作用

演讲重在说理,阐发某种真理,以理服人,对听众产生启迪作用。演讲的首要作用是真理的启迪。没有启迪作用的演讲就不能在听众的心里留下理性的积淀,就不能对听众产生深刻影响,也就没有较大的社会作用。真理的启迪是多方面的,主要包括政治真理、科学真理、人生真理以及社会真理。真理的启迪作用,也就是一种理性的教育作用,它可以使人认识社会现实和历史状况,辨别客观事物的美与丑、真与假、善与恶,帮助人们扶正祛邪,用真理取代谬误,从而得到陶冶情操、净化思想、规范道德行为的效果。世界上很多成功的演讲都体现了这种作用。

(二)激发作用

"水激石则鸣,人激志则宏"。成功的演讲不仅能以理服人,还能以情感人。我们常常说"动之以情,晓之以理""感人心者莫先乎情""同情才能达理"等都是强调情感对于接受思想的重要性。演讲者在表达理性内容时都是饱含着真情的。比如,人们对某一事物的看法,既有理性认识,又有情感体验,表达时带着情感;情感的表达通过声音语调、姿势、动作、表情等方面直观地表现出来,从而感染听众、激发听众、使听众无法平静,或激动欢呼,或愤愤不平,或热泪盈眶,或沉痛哀叹。

微软中国研究院前院长李开复在《做最好的自己》中说:"很多人认为自信就是成功。一个学生总得第一名,他就有了自信;一个员工总是被提升,他也有了自信。但这只是一元化的成功和一元化的自信。真正的成功应该是多元化的。成功可能是你创造了新的财富或技术,可能是你为他人带来了快乐,可能是你在工作岗位上得到了别人的信任,也可能是你找到了回归自我、与世无争的生活方式。每个人的成功都是独一无二的,成功就是做最好的自己。聪明人一试角色不合适,赶紧放弃。充满幻想的人妄图以抛弃自己原来的角色为代价,换取超值的收成,结果入不敷出。一个人一生中有很多角色,真正适合的却只有一种,就是做自己。"他的演讲情感真挚,撼动人心。

没有情感的演讲往往会变成冷冰冰地说教,使听众无动于衷,因而不能产生较大的社会作用。这种演讲就像朱光潜所说的,"纵容客观,不动情感,不动声色,不表现说话人,仿佛也不理睬听众的那么一种风格",即所谓"零度风格"。"零度风格"的演讲无法与听众建立联系,无法起到情感激发作用,也就不能以情感人。所以,情感的激发作用是成功的演讲所必有的作用之一。

(三)感染作用

演讲是一种实用艺术,具备直观性的艺术感染力,能使听众在精神上产生愉悦、激动和满足。因此,我们常说,听某人的演讲真是一种艺术享受。演讲者在演讲时要用情感来感染和影响听众,从而培养听众的情感。

1946年7月11日,闻一多先生的挚友、著名爱国人士李公朴被特务暗杀于昆明。15日,治丧委员会在云南大学开会,闻一多主持大会,混进会场的特务分子吵嚷嬉笑,故意取闹。闻一多见特务如此猖狂,义愤填膺,怒不可遏,他用演讲痛斥了反动派的无耻行径:"……杀死了人,又不敢承认,还要污蔑人,说什么'桃色事件',说什么'共产党杀共产党',无耻啊!无耻啊!"闻一多先生情思迸发,口若悬河,激昂慷慨的声音载着烈火一样的言语在回响,犹如暴风雨般震撼屋宇,令那些混进演讲会场的特务分子无容身之地。

古人说"思风发于胸臆,言泉流于唇齿",由此可见演讲对听众情感的感染作用之大。

(四)导发作用

真理的启迪、情感的激发和艺术的感染会形成一种合力,对听众施加影响,最终引发听众产生符合演讲目的的行动。这就是演讲的终极目标。

例如:陈胜、吴广起义的演讲。据《史记·陈涉世家》记载,公元209年,陈胜在"谪戍渔阳"途中经过大泽乡,他召集同伴们并发表演讲:"公等遇雨,皆已失期,失期当斩。籍弟令毋斩,而戍死者固十六七。且壮士不死即已,死即举大名耳。王侯将相宁有种乎?"(译:诸位遇见了大雨,都已经耽误了朝廷规定的期限,误期就会杀头。就算朝廷不杀我们,但是戍守边疆的人十个里头肯定有六七个死去。再说,好汉不死便罢,要死就要取得大名声,那些王侯将相难道是天生的贵族吗?)这段演讲具有强大的号召力,立即得到戍卒的积极响应,从而掀起了中国历史上第一次声势浩大的农民起义。

一般来说,越是成功的演讲越是具有强大的导发作用,它不仅在某一阶段、某一区域内产生影响,还会超越民族和国家的界限,作用于全人类。如:马克思、恩格斯、列宁等人的演讲都具有这种导发作用。

演讲的启迪作用、激发作用、感染作用和导发作用是统一体现在一次具体的演讲之中的,我们不能只就某一方面作孤立分析。在演讲的过程当中,真理的启迪需要情感激发的辅助。两者作用的实现又离不开艺术的感染力。没有行动的导发作用,其他作用也不能最终落实到听众的社会实践中。如果没有真理的启迪、情感的激发、艺术的感染作用,行动的导发也不能单独实现。

演讲可以练就人的思维能力、表述能力,同时是人才自我实践的重要途径。现代社会的青年人如果想要实现自己的人生价值与理想抱负,就必须重视演讲,提高自身的表达能力,培养自己的演讲能力。

延伸阅读

一、马丁·路德·金的《我有一个梦想》

　　我很高兴,今天能和大家一起参加这次示威游行。它必将作为美国有史以来为争取自由所举行的最伟大的示威游行而名垂青史。

　　一百年前,一位伟大的美国人——我们现在正站立在他的灵魂的安息处——签署了《解放宣言》。这条重要的法令的颁发,在一直忍受着不义与暴虐的火焰烧灼的千百万黑人奴隶的心中,竖起一座光明与希望的灯塔。《解放宣言》似令人欢愉的黎明,即将结束种族奴役的漫漫长夜。

　　但从那时至今,已经有一百年历史了,可黑人仍无自由可言。一百年后的今天,黑人的生活仍旧悲惨地为隔离的桎梏和歧视的锁链所捆缚。一百年后的今天,在浩瀚的物质财富海洋之中,黑人仍旧在贫困的孤岛上生活。一百年后的今天,黑人仍旧在美国社会的一隅受苦受难,并且发现自己竟然是自己所在国土上的流放者。因此,我们今天来到这里,把这种不体面的身份戏剧性地表演一下。

　　就某种意义而言,我们是来首都兑现期票的。当我们共和国的建筑师们撰写《宪法》和《独立宣言》中的富丽堂皇的篇章时,他们是在签写一张期票,每个美国人都是这张期票的合法继承人。这张期票是一项允诺,即所有的美国人——非但白人,还有黑人都保证拥有不容剥夺的生活的权利、享受自由的权利和追求幸福的权利。

　　但是现在,很显然,就有色公民而论,美国却一直拒付这张期票。美国没有承担如期兑现这张期票的神圣义务。黑人满怀期望地得到的竟是一张空头期票,这张期票被签上"资金不足"的字样。然而我们绝不相信,正义的银行会破产。我们绝不相信,在美国,储存机遇的巨大金库竟会"资金不足"!

　　所以,我们来兑现这张期票来了,来兑现一张将给予我们堪称最高财富——自由和正义的保障的——期票。

　　我们来到这个最为神圣的地方,其又一目的是提醒美国政府,现在是最为紧迫的时刻。现在既不是享用缓和激动情绪的奢侈品的时刻,也不是服用渐进主义麻醉剂的时刻。现在是从黑暗荒凉的深渊中崛起,向阳光普照的种族平等的道路奋进的时刻。现在是把以种族歧视的流沙为基础的美国重建在兄弟情谊般的坚石之上的时刻!现在是为了上帝的子孙实现平等的时刻!

　　如果再继续无视时机的紧迫,就将导致我们国家的不幸。如果不实现自由与平等,黑人的完全合法的不满情绪就不会平息,令人心旷神怡的金秋就不会降临,炎炎酷暑就不会消逝。1963年不是尾声,仅是序曲。

如果美国政府继续一意孤行,就会使那些幻想黑人只要发泄一下不满情绪就会满足的人猛醒。在未授予黑人以公民权之前,美国既不会安宁,也不会平静。反叛的飓风将会不断地撼动这个国家的根基,直到迎来光辉灿烂的正义的黎明。

可是我必须对站在通往正义之宫的温暖入口处的人们进一言,我们在争取合法地位的进程中,决不能轻举妄动。我们决不能为了满足对自由的渴望,就畅饮敌意和仇恨。我们必须永远在自尊和教规的最高水平上继续我们的抗争。我们必须不断地升华到用精神的力量来迎接暴力的高尚顶峰。

已经吞没了黑人共同体的新的敌对状态令人不解,但它决不应该导致我们对所有白人的不信任——因为有许多白人兄弟参加了今天这个集会。这就告诉我们,他们已经逐渐认识到他们自己的命运与我们的自由是休戚相关的。

我们不能独自前进。当我们前进的时候,我们必须宣誓永远向前,义无反顾。有些人向我们这些热衷于获得公民权的人发问:"你们何时才会满足?"答案是明确的:只要黑人还是警察的骇人听闻的恐怖手段和野蛮行为的牺牲品,我们就不会满足的。只要我们因旅途劳顿而疲惫不堪,想在路旁的游客旅馆里歇息,而在市内的旅馆投宿却不被允许,我们就不会满足的。只要黑人的基本活动范围还是局限于从一个较小的黑人区到一个稍大的黑人区,我们就不会满足的。只要我们的孩子还是被标写着"只限白人"的牌匾剥夺人格和自尊,我们就不会满足的。只要密西西比的黑人不能参加选举,而纽约黑人的选票还无实际意义,我们就不会满足的,不会的,不会的!除非平等泻如飞瀑,除非正义涌如湍流,否则我们是不会满足的。

我并非没有留意到,你们之中有些人是从巨大的痛苦与磨难中来到这里的。有些人来自狭小的牢房,还有些人来自那对自由的要求竟会招致迫害的风暴、接二连三的打击,竟会招致警察兽行般地反复摧残的地区。而你们一直坚韧地忍耐着。那么,就怀着一定能获得拯救的信念坚持下去吧!

回到密西西比去吧!回到阿拉巴马去吧!回到南卡罗来纳去吧!回到佐治亚去吧!回到路易斯安纳去吧!既然知道这种境况能够而且必定改变,那么就回到我们北方城市中的陋巷和贫民窟去吧!我们决不可以在绝望的深渊中纵乐。

今天,我对大家说,我的朋友们,纵使我们面临着今天和明天的种种艰难困苦,我仍然有个梦想,这是一个深深植根于美国之梦的梦想。

我梦想着,有那么一天,我们这个民族将会奋起反抗,并且一直坚持实现它的信条的真谛——"我们认为所有的人生来平等是不言自明的真理"。

我梦想着,有那么一天,甚至现在仍为不平等的灼热和压迫的高温所炙烤着的密西西比,也能变为自由与平等的绿洲。

我梦想着,有那么一天,我的四个孩子,能够生活在一个不以他们肤色,而是以他们的品性来判断他们的价值的国度里。

我梦想着,有那么一天,就在邪恶的种族主义者仍然对黑人活动横加干涉的阿拉巴马州,就在其统治者拒不取消种族歧视政策的阿拉巴马州,黑人儿童将能够与白人儿童如兄弟姐妹一般携起手来。

我梦想着,有那么一天,沟壑填满,山岭削平,崎岖地带铲为平川,坎坷地段夷为平地,上帝的灵光大放光彩,芸芸众生共睹光华!

这就是我们的希望!这是我返回南方时所怀的信念!怀着这个信念,我们就能从绝望的群山中辟出颗希望的宝石。怀着这个信念,我们就能变我们祖国的嘈杂喧嚣为一曲优美和谐的兄弟交响乐。怀着这个信念,我们就能共同工作,共同祈祷,共同斗争,甚至哪怕共同入狱。既然知道有朝一日我们终将获得自由,我们就能为争取自由共同坚持下去!

(摘编自《大学生演讲与口才实用教程》)

案例解析:

马丁·路德·金(Martin Luther King,1929－1968年)是美国民权运动的著名领袖。他的演讲《我有一个梦想》是20世纪最为惊心动魄的声音之一,穿过近半个世纪的时光隧道,至今仍然震撼我们的心灵。从19世纪后期起,美国民权问题成为一个严重的社会问题。为了争取人权,马丁·路德·金率领一支庞大的游行队伍向首都华盛顿进军,并且在林肯纪念堂前充满激情地向二十五万民众发表了著名的演说——《我有一个梦想》,为消除种族歧视、实现民族平等发出激越、磅礴的呼声。马丁·路德·金概述了黑人忍受精神歧视、生活贫穷、地位低下的不平等现象,以充满正义感的激情向美国政府发出警告。

这篇演讲词之所以感人,是因为它饱含激情。作者从"结束种族奴役的漫漫长夜"的期待开始,到对现状的失望,到要求政府兑现"支票"的义正词严,再到"我有一个梦想"的热烈憧憬,其间无不充满着作者悲愤而热烈的情感。正因为作者饱含深情,在演讲中把梦幻、心曲和圣歌联系起来,从而使演讲在听众中回荡,使听众的情绪受到感染并得以升华,产生了极强的号召力。

二、英国首相丘吉尔的即席演讲

各位为自由而奋斗的劳动者和将士:

我的朋友、伟大而卓越的罗斯福总统,刚才已经发表过圣诞节前夕的演说,已经向全美国的家庭致友爱的献词。我现在能追随骥尾讲几句话,内心感到无限的荣幸。

我今天虽然远离家庭和祖国,在这里过节,但我一点也没有异乡的感觉。

我不知道,这是由于本人的母系血统和你们相同,抑或是由于本人多年来在此所得的友谊,抑或是由于这两个文字相同、信仰相同、理想相同的国家,在共同奋斗中所产生出来的同志感觉,抑或是由于上述上种关系的综合。总之,我在美国的政治中心地——华盛顿过节,完全不感到自己是一个异乡之客。我和各位之间,本来就有手足之情,再加上各位欢迎的盛意,我觉得很应该和各位共坐炉边,同享这圣诞之乐。

但今年的圣诞前夕,却是一个奇异的圣诞前夕。因为整个世界都卷入一种生死的搏斗中,正在使用科学所能设计的恐怖武器来互相屠杀。假若我们不是深信自己对于别国领土和财富没有贪图的恶念,没有攫取物资的野心,没有卑鄙的念头,那么我们在今年的圣诞节中,一定很难过。

战争的狂潮虽然在各地奔腾,使我们心惊肉跳,但在今天,每一个家庭都在宁静的肃穆的空气里过节。今天晚上,我们可以暂时把恐惧的、忧虑的心情抛开、忘记,而为那些可爱的孩子们布置一个快乐的夜会。全世界说英语的家庭,今晚都应该变成光明的、和平的小天地,使孩子们尽情享受这个良宵,使他们因为得到父母的恩物而高兴,同时使我们自己也能享受这种无牵无挂的乐趣,然后我们担起明年艰苦的任务,以各种的代价,使我们的孩子所应继承的产业,不致被人剥夺,使他们在文明世界中所应有的自由生活不致被人破坏。因此,在上帝庇佑之下,我谨祝各位圣诞快乐!

(摘编自《演讲与口才》,中国水利水电出版社)

案例解析:

这是丘吉尔于1944年12月第二次世界大战期间在美国华盛顿度圣诞节时的即兴演讲。丘吉尔从"圣诞前夕……奇异的圣诞前夕"自然联想到"整个世界都卷入一种生死的搏斗中,正在使用科学所能设计的恐怖武器来互相屠杀",这显示出一位政治家对人类和平的关注。丘吉尔对形势讲得并不多,但异常精炼,很有分寸。他深知在圣诞节过多地讲"战争"不适合节日的气氛,于是就把话题一转,说道"战争的狂潮在各地奔腾","但在今天,每一个家庭都在宁静的肃穆的空气里过节",并对过圣诞节作了良好的祝愿。这样便把节日祝愿与政治议论很自然地结合在一起,使演讲内容与演讲环境达到了高度的和谐统一。这篇演讲即兴而发、语言优美、意深旨远、耐人寻味。无论是从立意、选材、结构方面看,还是从语言表达方面看,这篇演讲都堪称即兴演讲的典范。

三、白岩松的《人格是最高的学位》

很多年前,有一位学大提琴的年轻人向20世纪最伟大的大提琴家卡萨尔斯讨教:我怎样才能成为一名优秀的大提琴家?卡萨尔斯面对雄心勃勃的年轻人,意味深长的回答:先成为优秀的人,然后成为一名优秀的音乐人,再然后就会成为一名优秀的大提琴家。

听到这个故事的时候,我还年少,对老人回答中所透露出的含义理解不多。然而在以后的工作生涯中,随着采访接触的人越来越多,这个回答在我脑海中越印越深。

演讲与口才

  在采访北大教授季羡林的时候,我听到一个关于他的真实故事。有一年秋天,北大新学期开始了,一个外地来的学子背着大包小包走进了校园,实在太累了,就把包放在路边。这时正好一位老人走来,年轻学子就拜托老人替自己看一下包,而自己则轻装去办理手续。老人爽快地答应了。近一个小时过去,学子归来,老人还在尽职尽责地看守。学子谢过老人,两人分别。几日后,北大举行开学典礼,这位年轻的学子惊讶地发现,主席台上就座的北大副校长季羡林,正是那一天替自己看行李的老人。

  我不知道这位学子当时是一种怎样的心情,但在我听过这个故事之后却强烈地感觉到人格才是最高的学位。后来,我又在医院采访了"世纪老人"冰心。我问她,您现在最关心的是什么?老人的回答简单而感人:年老病人的状况。

  是的,冰心已接近自己人生的终点,而这位在"五四"运动中走上文学之路的老人心中对芸芸众生的关爱之情历经八十年的岁月仍然未老。这又该是怎样的一种传统!

  冰心的身躯并不强壮,然而她这一生用自己当笔,拿岁月当稿纸,写下了关于爱是一种力量的文章,在离去之后给我留下了一个伟大的背影。

  当你有机会和经历过"五四"或受过"五四"影响的老人接触后,你就知道,历史和传统其实一直离我们很近。这些世纪老人所独具的人格魅力是不是也该作为一种传统被我们延续下去了?

  不久前,我在北大又听到一个有关季先生的感人故事。一批刚刚走进校园的年轻人,相约去看季羡林先生,走到门口,却开始犹豫,他们怕冒失地打扰了先生,最后决定,每人用竹子在季老家门口的土地上留下问候的话语,然后才满意地离去。

  这该是怎样美丽的一幅画面!在季老家不远,北大的博雅塔在未名湖中留下了投影,而在季老家门口的问候语中,是不是也有先生的人格魅力在学子心中留下的投影呢?

  听多了这样的故事,便常常觉得自己是只气球,仿佛飞得很高,仔细一看却是被浮云拖着;外表看上去饱满,肚子里却是空空。这样想着就有些担心了:怎么能走更长的路呢?于是,"渴望年老"四个字对于我来说就不再是幻想中的白发苍苍或身份证上年龄变成六十岁,而是如何在自己还年轻的时候,便能吸取优秀老人身上所具有的种种优秀品质。

  于是,我也更加知道了卡萨尔斯回答中所具有的深意。怎样才能成为一个优秀的主持人呢?心中有个声音在回答:先成为一个优秀的人,然后成为一个优秀的新闻人,再然后是自然地成为一名优秀的节目主持人。

(摘编自新华网)

案例解析:

  《人格是最高的学位》是中央电视台著名节目主持人白岩松参加"演讲与口才杯"全

国新闻界"作文与做人"演讲比赛时所作的演讲。这篇演讲词融事、情、理为一体,立意深远,构思巧妙,通篇闪耀着理性的光彩,在强手如林的比赛中独占鳌头,获得特等奖的殊荣,可说是当之无愧。

一切正直的人们都追求真、善、美,演讲者传播了真、善、美,自然会引起听众共鸣,激励和鼓舞听众。这篇演讲词贵在感情自然流露,真挚动人。全篇没有泛泛的空洞说教,而是将抽象的道理具体化,通过一个个真实生动的故事,引领读者去思考,不知不觉中在大家的思想上深深地打上烙印——人格是最高的学位。

四、俞敏洪的《挣脱生命的束缚》

其实人在一辈子中一直有某些东西束缚着我们,不管是贫困生活还是社会地位,不管是传统习俗还是法律条文。生命的抗争就是在束缚中跳出美丽舞蹈的过程。没有束缚的生命反而显得轻浮且没有分量,生命的束缚和挣脱束缚的努力,使我们生命变得厚重而美丽。

每个人都渴望生命能够像海水一样没有障碍地奔腾流动;每个人都渴望生命像风一样从天空自由自在地飘过,除了带走白云,没有一丝牵挂。没有人希望自己的生命受到束缚,就像没有任何动物愿意被关在笼子里一样。人的一生都是为了挣脱某种束缚而努力的过程,这一过程使生命变得丰富多彩,充满机遇,或咀嚼失败,或品味成功。

人一旦有了自觉意识之后的第一件事情就是和束缚抗争。从十一二岁开始,青少年一般都会有几年反叛期,这一时期的青少年常常不管父母或老师说得对不对,反正要和他们对着干。这一现象正是生命想要挣脱束缚的具体表现。可以说,青少年对于父母的第一次抗争,就拉开了一辈子和各种各样的束缚进行斗争的序幕。动物通过角斗来宣示自己的力量,确定自己在群体中的地位;人类通过智慧来证明自己的能力,最终摆脱社会的束缚进入自由状态,尽管这一自由状态有可能只是一种虚幻的状态,但争取进入这一状态的奋斗过程正好赋予了生命很丰富的意义。

一个人与其说是为了理想而努力,还不如说是为了摆脱某种束缚而努力。如果我们出生在贫苦家庭,我们所有的努力可能只有一个目的,就是摆脱贫困。因为贫困给我们带来了太多的束缚,在贫困中生命得不到张扬,也得不到尊重。所以在贫困中的人常常更加能够自强不息,因为他的背后有足够的动力:想要像城里人一样过上好日子,想要像城里人一样吃得更多、走得更远。这些最朴素的理想恰恰变成了最有持久力的拼命。

当人们脱离贫困之后,马上就会为了争取自己的社会地位而努力,因为社会地位直接和尊严有关。一个人如果社会地位低下,就像一群狼中的尾狼一样,永远只能吃最后一口肉,永远得不到最好的机会,甚至得不到母狼的青睐。社会地位低下这一可悲的状态足以鼓动任何男人和女人用尽一切力量和办法来摆脱卑微。社会地位的低下是一种非常现实的痛苦,当那些来自社会底层的大学生看到有家庭背景的同学总有人前呼后拥，被女孩子前堵后追的时候，不管有多大的心肺都会胸口发闷。在这种环境下，懂得社会地位的获得不可一蹴而就的人，就会用耐心和努力来争取社会地位的改善，而没有耐心的人就会采取危险行动，通过逢迎拍马、坑蒙拐骗来达到目的。面对社会地位，有虚荣心和贪婪心的人尤其危险，虚荣的人容易为了面子而断送幸福，而贪婪的人极有可能为了地位而断送生命。因为地位和金钱一样，没有任何精确的衡量标准，只能用内心去感受，一个面对地位和权力的诱惑不知道适可而止的人，极容易进入危险之地。但不管怎样，大多数人一辈子的奋斗过程，就是为了提高自身社会地位的过程。

当有了一定的社会地位之后，人们就开始要求精神的解放、心灵的自由，希望摆脱社会对于自己心灵和精神的限制，这是更高层面的生命抗争。"人生而平等"所表达的不仅仅是社会地位问题，也是精神自由问题。民主诉求的实质就是摆脱思想束缚，获得精神平等。当我们发现现实世界的很多束缚不可挣脱时，我们希望自己的心灵得到解放，而这一挣脱心灵中各种束缚的过程正是伟大哲学思想产生的过程。人们进行哲学思考的主要目的就是解放自己的情感，同时获得通向幸福和自由的路径。

如果说一般人的生命奋斗过程已足以令人感动，那另外一种人的成功更加震撼人心，那就是摆脱了身体残疾的束缚而创造出奇迹的人，因为他们常常做到了连身体健全的人都做不到的事情。海伦·凯勒从小失聪失明，但最后写出了令人颤抖的美丽文字；贝多芬在失聪之后谱写了第九交响曲，霍金坐在轮椅上通过手指写出了《时间简史》，司马迁在遭受宫刑之后完成了《史记》……这些人的伟大成就没有一个不是在摆脱了身体残疾的束缚，放飞了自己强大的精神力量之后取得的。我曾经碰上一个叫左力的浙江学生，从小耳朵就完全听不见声音，到今天为止这个世界对他来说依然是一片寂静，但他通过自己的努力一直读到了大学，而且一直都是品学兼优，他能够通过阅读老师的嘴唇知道老师在讲什么，他写出来的文章流畅通顺、思想丰富；现在他准备到国外的大学读书，从唇读中文转向唇读英文。那些拥有好的听力却没有把英文听懂学好的人，面对左力这样的学生时，除了努力，还有什么好抱怨的呢？

我把左力这样的人称作"带着束缚跳出了最美丽舞蹈的人"。其实人一辈子中一直有某些东西束缚着我们，不管是贫困生活还是社会地位，不管是传统习俗还是法律条文。生命的抗争就是在束缚中跳出美丽舞蹈的过程。没有束缚的生命反而显得轻浮而没有分量，生命的束缚和挣脱束缚的努力，使我们生命变得厚重而美丽。我在学习单板滑雪时对于这一点体会尤其深刻，单板滑雪必须把两只脚牢牢地固定在板上，因此在光滑的雪地上你只要站起来就会摔下去，在你和滑雪板进行抗争的过程中，你会摔得鼻青眼肿，但只要坚持下去，你会慢慢发现，滑雪板好像慢慢融为你身体的一部分，已经在脚下运用自如;借助滑雪板,你已经可以翻滚腾挪、飞驰向前,为生命留下一连串的潇洒和美丽。

——摘编自《俞敏洪励志演讲稿》

案例解析:

俞敏洪,新东方教育科技集团董事长、创始人,2009 年 CCTV 中国经济年度人物。他既是颇具人文情怀的企业家,也是具有商业头脑的知识分子,更是融入时代的教育家。从江苏农村的插秧小子到上市集团的掌舵人,从一间破旧小屋内的培训班到在全国拥有四十多所分校、近七百万万培训学员,在美国纽约证券交易所上市的教育机构,俞敏洪和"新东方"完成了"平安但不平坦,平静却不平凡"的发展历程。

演讲者把自己的人生阅历升华为个人思想,磨砺出人生哲学;他为理想锲而不舍,在"新东方"的成长中总结出管理哲学;他与他的"新东方"到处宣讲,呼唤"授人以渔"的教育方式,不断激励年轻人,用文化治理公司,用愿景团结伙伴。

技能训练

一、你具有成为成功演讲者的基本素质吗

下面有十五道题,请按照自己平时的状况作出肯定或否定的回答。

1. 你是否喜欢向他人陈述你对某一特定论题的观点?
2. 你对他人作出的反应敏感吗?
3. 你说话时喜欢用手比划吗?
4. 你与他人对话时直视他的双眼吗?
5. 你在谈话时常常会被鼓舞,内心的一种力量油然而生、向外涌动吗?
6. 你喜欢将自己所学所闻告知他人,让他们一起分享吗?
7. 你在思考时,头脑中会呈现出图像吗?
8. 你能用简洁的言语解释一个复杂的观点或介绍一种复杂的设备吗?
9. 你希望帮助他人像你一样清楚地理解事物吗?
10. 你在压力之下会保持冷静吗?
11. 在谈及一个对你十分重要的话题或事件时,你是否想要做即兴演讲?
12. 你有一点拉拉队长的个性吗?
13. 别人依照你的建议处理某一情况并取得良好效果时,你会感到骄傲吗?
14. 会议结束后,你会想把会上所说的内容作一下总结吗?你会自己完成吗?
15. 你可曾想成为一名演员或是歌手?

对于以上问题,如果你作出的回答哪怕只有一半是肯定的,你都很有可能成为一名出色的演说家。你已经天生具备很多演说技能,也已表现出强烈的学习愿望,能够学会一对一地或当众进行精彩、有效的演讲。如果你的回答多数是否定性的,那你也不要气馁,通过认真学习和实践训练,相信你的能力一定会得到提高。

二、练习

请大方地走上讲台,微笑着注视着台下的同学,使台下的同学都感到你在关注他们。面对大家,与大家目光交流一分钟,然后简要地介绍自己。声音要洪亮,展现出沉稳自信。

任务二　口才认知

 任务导引

1. 社会需要沟通,沟通需要交流,而人与人之间交流思想、沟通感情最直接、最方便的途径就是语言。出色的语言表达可以使相互熟识的人之间情更浓,爱更深;可以使陌生的人产生好感,结成友谊;可以使意见分歧的人互相理解,消除矛盾;可以使彼此怨恨的人化干戈为玉帛,友好相处。

2. 中国古代就有"一言可以兴邦,一言可以亡国"之说,还有"一人之辩,重于九鼎之宝;三寸之舌,强于百万之师"之论。西方口才训练大师卡耐基更是强调:"一个人的成功,有15％取决于人的技术知识,而85％取决于人类的工程——发表自己意见的能力和激发他人热忱的能力","现代成功人士80％都是靠一根舌头打天下"。可见,口才对一个人的生活和事业是何等重要。如果一个人口齿不清,说话词不达意,那么很难想象他能充分发挥出自己的聪明才智,为社会和国家作出更大的贡献。为此,要成为一名优秀的语言表达者,就必须提高自身的口语表达能力。

 知识必备

一、口才的概念

简要地说,口才是指说话的能力,即指人们在生活、学习和工作中,运用口语迅速、准确、巧妙、生动地表达思想感情和进行交流的能力。在交际活动中,表达者根据特定的交际目的和任务,结合特定的言语交际环境,准确、得体、生动地运用连贯、标准的有声语言,并辅之以适当的体态表情达意,以取得圆满交际效果的口头表达能力。它是一个人的知识水平、思维能力、反应能力、表达能力的综合表现。世界上大多数人会说话,但是有口才、会说话的人却不多。口才好,讲起话来有声有色,每每都能起到好的作用,演讲起来也能够吸引听众。

一个人要有好的口才,应当满足以下几个条件:

一是在交际中必须具有较强的口语表达能力,能够熟练地运用语言技巧,具有灵活机智的应变能力。

二是与人交流时要做到因人而异,话随境迁,从而做到"到什么山上唱什么歌,见什么人说什么话"。

三是具有较高的领悟能力,能够有针对性地对答、辩论,深刻领会交际对象的话语内涵。

二、口才的特点

口才是在人际交往和社会实践中表现并发挥出来的,人是这种语言活动的主体,而这种语言活动又对人产生了积极的效果。因此,综合各种因素分析,口才的主要特点有以下三点:

(一)目的的明确性

口语交际中表达者说话的目的虽然多种多样,但概括起来集中地表现在以下六个方面:

1. 明了——即让听者懂得所传递的信息或明白、理解他所不知晓不了解的事情。

2. 说服——即让听者在弄懂对方思想观点、立场看法的基础上接受对方的观点并信服,同时能产生相应的行动。

3. 感动——即让听者随着讲说者的表达而产生情感、心境的变化,同悲同喜,同忧同乐,产生心灵相通、精神共鸣的效应。

4. 拒绝——即让听者明白自己的观点、看法、要求,表示出不被接受。拒绝是一种逆向交流,尤其需要注意方式与技巧。

5. 反驳——即指出对方观点、要求的不合理乃至荒谬性。

6. 赞许——即认为对方的表达正确而加以称赞。

(二)高度的灵活性和适应性

在口语交际时,情形往往较为复杂,表达者为实现特定的目的,在因人、因事、因物、因景而进行的讲说中,必须灵活机智地选用特定的表达方式和技巧以切合语言内容,切合特定语境,切合自己的身份和交际对象的特点。只有具有高度灵活性的表达,才能取得良好的效果,否则将会适得其反。

(三)素质和能力的综合性

优秀的口才是一个人素质和能力的全面综合反映。这里的素质主要包括思想境界、道德情操、知识学问和天赋秉性。能力则主要包括观察能力、思维能力、决断能力、记忆能力、表达能力、交际能力和应变能力。人的素质和能力综合形成一种潜在的文化储备,这种储备在特定的语境中,通过想象、联想和创造,为讲说者取得讲说材料,从而实现口语表达的目的起到积极的支持作用。所以,从根本上讲,好的口才是表达者知识水平、个人素养和能力的综合表现。

三、口才的基本要素

现代理论家认为德、识、才、学是口才家的必备四要素。德、识、才、学奠定了口才的基础,要想具有一流的口才,就必须"浇筑"好德、识、才、学这四大基石。四者之间,学是基础,德是灵魂,识是方向,才是核心。语言取决于学问和知识,学可以丰才、增识、益德。

(一)德是口才的灵魂

法国谚语说:"人而无德,生而何益。"德是一个人灵魂所在,不管是在口才表达上,还是在其他领域,德的灵魂作用也是第一位的,其内涵主要包括事业心、责任感、务实作风和心理素质。口才受到德的制约。德决定了一个人的言论立场,是评价一个人口才好坏的关键所在。

(二)识是口才的方向

口才家应是"有识之士",应该博古涵今、学贯中西,具有览众山、识本质的远见卓识,见人所未见,讲人所未讲。"识"又分为政治领域的识和业务领域的识。演讲要产生震撼人心的力量,最好具有一定的前瞻性,即表现为口才家的"识"。优秀口才家的表达具有一定的预见性,给人们智慧的启迪和精神上的撼动,恰如英国哲学家培根所说"知识就是力量"。

口才是一门综合性的艺术。影响表达效果的不仅仅是清晰、生动的口语,还有体态和神情。所以练习口才需要培养审美情趣从而提高鉴赏力,通过语言所创听觉艺术、视觉艺术感染人、打动人。

(三)才是口才的核心

才是一个优秀口才家的标志。并不是掌握了语言表达才能的人都可以称为口才家。口才是人的综合才能之一,除了语言表达才能外,还得具有记忆才能、观察才能、思维才能、想象才能、创新才能和应变才能等。多种才能的有机结合才会孕育出一个出色的口才家。

(四)学是口才的基础

"天才是1%的灵感加上99%的汗水"。常言道:"工欲善其事,必先利其器。"要想会说话、说好话,首先必须充实知识,掌握知识。知识可以丰富口语表达的内容,使口头表达更加准确生动。其次要提高个人的人文底蕴、艺术修养等。口才是一门综合艺术,影响表达效果不仅仅是清晰、生动的语言,还有体态和神情动作等因素。最后要学会思考,善于积累。人的才能是建立在知识的基础上,由知识转化而来的,才能是知识的产物,是知识的结晶,知识是才能的元素和细胞。一个人才能的大小取决于自身知识的多寡、深浅和完善程度。古今中外的口才家无不以有渊博的知识而著称。

荀子说:"不积跬步,无以至千里;不积小流,无以成江海。"要想提高自己的口才能力,就必须付出艰辛的努力,加强学习,讲究方法,不断积累,假以时日一定可以即兴发挥、出口成章。

四、口才的作用

口才在社会发展和人的自身发展中的作用是显而易见的。刘勰在《文心雕龙》中指出:"一人之辩,重于九鼎之宝;三寸之舌,强于百万之师。"美国著名企业家、演讲口才艺术家卡耐基说:"一个成功的人,有15%是由于他的专业技术,另外的85%则要靠人际关系和做人处世能力。"的确,人类社会已经进入了高速发展的知识经济时代,竞争越来越激烈,人与人之间的交往也更加频繁和紧密,口才也越来越被重视。

(一)事业成功的重要因素

在现代社会,口才已经成为决定一个人生活愉悦、事业成功的重要因素之一。它能使你和不认识的人携手,也能使陌生人之间相互了解,还能为人排忧解难、消除隔阂,帮助他人使生活更加美好。在闲暇时间,和家人朋友相处,如果你口齿伶俐,谈话风趣,就会让生活更加欢乐。善于说话的人可以让自己的才干通过语言充分地展现出来,从而使领导同事更加了解你、欣赏你。第二次世界大战时,美国人将"舌头、原子弹、金钱"作为赖以生存和竞争的三大战略武器,现在美国人又将"舌头、金钱、大脑"作为三大战略武器,可见口才的地位是多么重要。

具备一定的口语表达能力,不仅是对创造型、开拓型人才的要求,也是对各行各业人们的要求。无论是领导,还是职员都需要通过语言进行工作,口才的重要性自不待言。在现实生活中,事业有成的人绝大多数具有较好的口才。口才越好的人,其活动交往的范围就越大,成就也就越突出。

周恩来是极善言辞的杰出代表。有一次,他在北京举行记者招待会,在介绍我国的经济建设成就及对外方针后,一个西方记者突然提问道:"请问,中国人民银行究竟有多少资金?"这个提问实际含有讥笑我国贫穷之意。周恩来则风趣地回答:"中国人民银行货币资金嘛,有十八元八角八分。"这一回答使全场愕然,顿时场内鸦雀无声。只听周恩来不慌不忙地说:"中国人民银行发行面额为十元、五元、二元、一元、五角、二角、一角、五分、二分、一分的十种主辅人民币,合计为十八元八角八分。中国人民银行是由全中国人民当家作主的金融机构,有全国人民作后盾,实力雄厚,它所发行的货币是世界上最有信誉的一种货币,在国际上享有盛誉。"这一番话,语惊四座,激起场内听众雷鸣般的掌声。这时别有用心的西方记者也就不得不沉默无语了。周恩来总理的丰功伟绩与他出类拔萃的口才是相得益彰的。

(二)人际交往的重要手段

"良言一句三冬暖,恶语伤人六月寒"。口才在日常生活中具有融洽感情、密切关系、增进友谊的重要作用。在现代社会中,人们越来越重视人际交往,而社交能力的主要表现之一就是说话的功夫。有人说:"是人才未必有口才,而有口才者必定是人才。"现在,大到解决国际争端,使之免于用刀动枪;小到邻里纠纷,消除矛盾,都离不开口才的影响。口才的作用已经渗透到当代生活的各个领域。口才作为一种重要的社交能力,将直接决定着人与人相处和协作的能力,而这种相处和协作能力将直接影响人生道路上的成功。在交往中,善解人意的话语可以使人倍感亲切,产生相见恨晚之感;诙谐幽默、生动形象的话语,能使人心神愉悦;胸有成竹的话语,会使人感到精明能干、才智过人,敬佩之情油然而生。口才是一个人在社交场合出奇制胜的最有力的法宝。的确,跟那些真正具有口才的人交谈,不仅能获得知识,精神振奋,更能提高自身修养。当今,口才已成为现代人必备重要能力。口才的作用已渗透到当代生活的各个领域。练就一副好的口才,必将使你在社会交往中大显身手,由此创造更加精彩的人生。

美国卡耐基工学院曾分析一万例纪录而获得下面的结论:在事业上成功的人中有15%是因为他们对本身的工作受过技艺上的特殊训练,头脑灵巧,对工作熟练;另外的85%是人格因素促成的,也就是说这些人都具备了与人成功相处的能力。

(三)经济生活的重要帮手

在市场经济条件下,公关口才是公关人员演讲、辩论中不可缺少的一项技艺。谈判口才是商务活动中有效谈判的重要因素。营销人员的口才,在很大程度上决定着工作的成效。导游的口才,在旅游事业发展中起着至关重要的作用。可以说,口才艺术在当今经济生活的诸多领域都发挥着极为重要的作用。

(四)综合能力的重要体现

在当今世界,发达国家都对口才教育十分重视,这源于一种共识,即口才不仅是人在一生追求奋斗中必备的一项基本能力,而且人们在获得这项能力的同时,其他几种重要能力,如观察能力、记忆能力、思维能力、创造能力、应变能力、表达能力也相应地得到训练和提高。口语交际最大的特点是现想现说,想是说的基础,"说好"的前提是必须"想好",而无论是想还是说,都必须综合地运用交际者的各种素养和知识。具体地说,首先,说话者要考虑说话场合、说话对象的身份和情绪,做到察言观色,又要对有关事务进行细致的观察,以求深入了解,从而迅速把握对事物的认识。这就需要说话者具有较强的观察能力和感受能力。其次,口语随机性强,稍纵即逝。说话者必须快速调用头脑中储备的知识,并针对现实情况作出准确、得体和巧妙的应答。这就需要说话者具有较好的记忆力和应变能力。再次,口语交际要表达清楚、主旨明确、逻辑严密。这需要说话者具有一定的综合分析能力、联想、想象能力和创造性思维能力。为此,口才是说话者综合能力的重要体现,提升口才能力也是培养记忆能力、思维能力、创造能力等的过程。

延伸阅读

一、有关口才的名言

一人之辩,重于九鼎之宝;三寸之舌,强于百万之师。

——刘勰《文心雕龙·论说》

一言可以兴邦,一言可以亡国。 ——中国古谚语

良言一句三冬暖,恶语伤人六月寒。 ——中国古谚语

从智慧的土壤中生出三片绿叶:好的思想,好的语言,好的行动。

——希腊谚语

可与言而不与之言,失人;不可与言而与之言,失言;言不顺,则事不成。

——孔子

君子不失足于人,不失色于人,不失口于人。 ——《礼记》

言谈能够忠实地反映出一个人的内心。 ——伏尔泰

发生在成功人物身上的奇迹,至少有一半是由口才创造的。　　——汤姆士

口者,心之门户,智谋皆从之出。　　——鬼谷子

如果让我重进大学,我将修好两门课:演讲和说服。　　——尼克松

简洁的语言是智慧的灵魂,冗长的语言是肤浅的藻饰。　　——莎士比亚

说话和事业的进展有很大的关系,是一个人力量的主要体现。

——富兰克林

你能面对多少人,未来就有多大的成就。　　——丘吉尔

口才是社交的需要,是事业的需要,一个不会说话的人,无疑是个失败者。

——林肯

有思想而不表达的人就等于没有思想。　　——李开复

不会教育员工的领导充其量就是一个监工。　　——马云

一个人的成功15%靠专业知识,85%靠人际沟通!　　——卡耐基

第一名靠什么?靠态度、信念、服务、说服及公众演说的能力。　　——奥巴马

二、演说家是如何练习口才的

我国著名演说家曲啸在20世纪80年代初的几场演讲,真是一鸣惊人,令众人叹服。当有人评说他是"天生的好口才"时,他笑着说:"哪来的天才呀?不敢当。我小时候性格内向,说话还口吃,越急越结巴,有时涨的脸通红说不出话来……"曲啸为练口才也确实吃了不少苦。比如,他常常早晨迎着寒风跑到沙滩高声背诵高尔基的《海燕》。他不放过一切"说"的机会,积极参加辩论会、演讲比赛、朗诵会、话剧演出,终于在高中阶段崭露头角。一次在"奥斯特洛夫斯基诞辰纪念会"上,他拿着一份简单的提纲,一口气竟作了两个小时的演讲。经历了二十多年的人生磨难,生活的锤炼使他的口才达到炉火纯青的地步了。

古代希腊著名演说家德摩斯梯尼天生口吃,还有耸肩的坏习惯。在常人看来,他似乎没有一点当演说家的天赋,因为在当时的社会,一名出色的演说家必须声音洪亮,发音清晰,姿势优美,富有辩才。为了成为卓越的政治演说家,德摩斯梯尼做了超过常人几倍的努力,进行了异常刻苦的学习和训练。他最初的政治演说是很不成功的,由于发音不清,论证无力,多次被轰下讲坛。为此,他刻苦读书学习。据说,他抄写了《伯罗奔尼撒战争史》八遍;他虚心向著名的演说家请教发音的方法;为了改进发音,他把小石子含在嘴里朗读,迎着大风和波涛讲话;为了去掉气短的毛病,他一边在陡峭的山路上攀登,一边不停地吟诗;他在家里装了一面大镜子,每天起早贪黑地对着镜子练习演说;为了改掉说话耸肩的坏习惯,他在头顶上悬挂一柄剑;他把自己剃成阴阳头,以便能安心躲起来练习演说……经过十二年的刻苦磨炼,德摩斯梯尼终于走上了成功之路,成为一位出色的演说家,他的著名的政治演说为他建立了不朽的声誉,他的演说词结集出版,成为古代雄辩术的典范,打动了千千万万读者的心。

美国前总统林肯出身于农民家庭,当过雇工、石匠、店员、舵手、伐木者等,社会地位卑微,但从不放松口才训练。十七岁时,他常徒步三十多英里到镇上,听法院里的律师慷慨陈词的辩护,听传教士高亢悠扬的布道,听政界人士振振有词的演说,回来后就寻一无人处精心模仿演练,口才日渐进步。1830年夏,他为准备在伊利诺斯一次集合上的演讲,面对光秃秃的树桩和成片的玉米,一遍又一遍地试讲。后来他连任两届总统,也成了著名的演说家。

英国戏剧大师,批评家和社会活动家萧伯纳的口才是有口皆碑的。但是,他年轻时却胆小木讷,拜访朋友都不敢敲门,常常"在门口徘徊二十分钟"。后来他鼓起勇气参加了一个"辩论学会",不放过一切机会同对手争辩,练胆量,练语言,终成口才家。他的演说,他的妙对,传诵至今仍脍炙人口。有人问他是怎么练口才的,他说:"我是以自己学溜冰的办法来做的——我固执地、一味地让自己出丑,直到我习以为常。"

我国著名的诗人闻一多先生也是有名的演讲家。他的演讲能取得成功,也是与他年轻时刻苦练习分不开的。1919年,他在清华学校学习,从不间断演讲练习,一旦有所放松,就立刻警觉起来。他常在日记里警告自己:"近来学讲课练习又渐疏,不猛起直追恐便落人后";"演说降到中等,此大耻奇辱也"。他坚持练习演讲,在日记里,他写道:"夜出外习演讲十二遍。"第二天又写道:"演说果有进步,当益求精致。"一月的北京天寒地冻,可他毫无畏惧。几天后又说:"夜至凉亭练演说三遍",回宿舍又"温演说五遍",第二天又接着"习演说"。闻一多先生正是通过勤奋练习才提高了自己的演讲水平。

 技能训练

一、结合自身体会,谈谈口才对于个人成长和发展的作用

二、尽可能多地列举一些古今中外具有卓越口才的人,并说说他们的故事

三、按给出的词的先后顺序说出一段话,如电脑、学校、危机、健身

四、阅读分析

1.有一个人常以愚弄他人为乐。一天清晨此人在门口吸着水旱烟,远远看见赶墟的大爷骑着毛驴来到门前,于是,喊到:"喂,抽袋烟再走!"大爷赶紧从驴背上跳下来,说:"谢谢你了,我刚抽过。"那人一本正经地说:"我没问你呀,我问的是毛驴。"说完得意地一笑。大爷抓住他的语言破绽,狠狠地进行反击,给了此人一个教训。请问大爷是如何反击的?

2.在一次中外记者招待会上,一个西方记者问周恩来总理:"请问总理先生,你们中国人口众多,你知道中国有多少个厕所吗?"面对这个十分刁难的问题,猜猜周总理是如何回答的?

任务三　演讲与口才的关系认知

 任务导引

语言是一种特殊的社会现象,它依存于社会,随社会的产生而产生、发展而发展,同时,语言是一种重要的交际工具。语言的艺术纷繁复杂、异彩纷呈。演讲与口才都属于语言的艺术范畴,都是运用有声语言,辅以体态语言将说话主体的思想、观点、主张、情感等信息传递给对方。演讲的成功和口才的优秀,关键都在于知识的积累、提炼与升华。演讲与口才之间既有区别也有联系。

 知识必备

一、演讲与口才的区别

演讲不等于口才,它们的区别主要表现在以下几个方面:

演讲是演讲主体对多人同时进行的语言表达,而口才是表达主体在学习、工作、生活中所形成的一种语言表达上的综合素质。演讲是一种正在进行的语言活动,而口才是在交流过程中对语言表达、表达效果等所形成的综合素质的一种评价。

口才的外延很大,它几乎涉及社会生活中的各行各业,如主持口才、销售口才、领导口才、演讲口才、公关口才、论辩口才等。演讲只是口才展示的形式之一,虽然也有广泛的使用空间和较高的使用频率,但它毕竟要在特定的环境中才能进行。口才却不受时间、空间的影响,随时都能得以展现。没有口才,成功的演讲只能是一种空想。要想演讲得精彩、成功,就必须有意识地培养自己的口才。

演讲与口才的作用也是不同的。演讲的作用在于宣传鼓舞。口才的作用表现在两个方面,一方面,人们借助口才展示实现自我、展示自我;另一方面,口才全面地反映一个人德、才、学、识,成为衡量现代人综合能力高低的重要尺度。

二、演讲与口才的联系

演讲不等于口才,但二者有着紧密的联系,每个人都可以通过演讲来锻炼自己口才。有口才的人不一定是优秀的演讲者,但是,优秀的演讲者一定是有口才的人。

(一)演讲是锻炼口才的重要途径

首先,演讲能够增强人们的信心,克服当众说话的紧张感和恐惧感。很多人第一次登台演讲,内心都非常的紧张,不敢看观众,说话变得语无伦次,动作也会显得非常的不自然。经常练习演讲则会逐渐消除这些紧张情绪和恐惧感,增强演讲者的自信心,培养演讲者良好的语言习惯,使日常的口语表达更加自然流畅、精炼生动。

其次,演讲能够提高遣词造句、组段成篇的能力,使口语表达更加精炼、生动、逻辑性强。要做到成功地演讲就必须通过搜集信息、精炼语言、严密逻辑、加深情感来感染听众。演讲可以帮助演讲者积累知识,提升心理素质,培养正确运用语言的习惯。

(二)口才是成功演讲的基础

口才是演讲的前提条件,成功的演讲离不开口才。吐字准确、声音洪亮是口才的标志。在演讲活动中,口才可以帮助演讲者打动听众,感染听众,走向演讲的最高境界。

口才是提高演讲效果的重要因素。声音洪亮、吐字清楚可以使听众明白、清楚演讲者所表达的内容;声音优美可以使听演讲成为一种享受;情节起伏、节奏快慢可以使演讲出神入化,深深地感染到听众。一个成功的演讲者一定是一个具有良好口才能力的人。

提升自己的口才能力和演讲水平,不是短期就能实现的,我们要在平时的日常生活中,注意观察,敢讲敢练,注重培养自己的口语能力,提升自己的演讲水平,争取通过学习做一个敢讲、能好、讲得好的人。

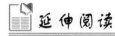

一、二十五条演讲技巧

1. 要想成功的演讲,就必须具有强烈的欲望,保持高度的热忱,更重要的是相信自己一定能够成功。

2. 用意念激励行动。人们以为行动似乎紧随于感觉之后,但事实上是与感觉并行的。

3. 克服恐惧。害怕当众讲话并不是个别现象。一定程度上的登台恐惧感是有利的,因为我们天生就具备了应付环境挑战的能力。即使职业人士也不可能完全消除登台演讲的恐惧。恐惧产生于无知与不确定。

4. 充满活力。当你登台时,应该充满了对演讲的期盼神态,而不是像一个懦夫。轻快的脚步能够为你创造奇迹,让听众感受到你谈这件事的强烈愿望。

5. 充满热情。"生命力、活力、热情"是演讲者首先要具备的条件。听众的情绪完全受到演讲者的影响,旺盛的精力是很吸引人的。表现出热情,你就会感受到热情并吸引观众的注意力。

6. 与听众建起桥梁。演讲中要尽快指出你和听众之间存在某种直接的联系。演讲中提到某些听众时,尽量使用第二人称"你",而不使用第三人称"他"。说一些敏感话题时,要巧妙地利用"我们""咱们"和"他们"。如果你让听众感觉你高高在上,那么你将会受敌视。很多演讲者认为讲台上的人和讲台下的人之间有一堵墙。然而,你若能利用听众的参与就可以推倒这堵墙。演讲者与听众之间建立起和谐的关系是一场演讲成功的关键,没有这种关系,真正的沟通就不可能出现。

7. 保持信心。你首先要表现得很有信心,你就会变得很有信心。

8. 从听众的角度出发。演讲者要从听众的立场来撰写演讲稿和思考问题。

9. 说具体内容。说话具体而明确的人,无论教育程度如何,都会吸引别人的兴趣和注意。明确是指你说的内容指代明确,并且大家能听得懂。

10. 不求全,只求专。不要妄想讲一个无所不包的话题,因为你是说不清楚的。包含了太多内容的演讲无法吸引听众的注意。

11. 如果你的演讲比较长,那最好加入一些小故事、双关语和奇闻异事等来串联整个演讲,同时也帮助阐述观点。优秀的演讲者都知道怎样将小故事和要阐述的观点联系起来,从而达到吸引观众的目的。一个人如何在恶劣的环境中艰苦奋斗并最终获得成功,这一类故事一直是最激励人心的,也最能吸引人们的兴趣。

12. 做好开场。名人的格言、实例最能够引起大家的认可,可以在开场使用。制造气氛最简单的方法也许就是拿自己开个玩笑。演讲者以自己的经历和故事开始,就可以立于不败之地。因为这不需要苦思冥想,不必害怕理念遗失。你讲述的是自己的经历,是过去生活的重现,是自身经历的一部分。自信和闲雅的神态能够帮助听众建立良好的关系。

13. 注重细节。时间、地点、人物和原因,丰满的细节能够使人产生身临其境的感觉,使内容视觉化。

14. 热情与感染力。当你说服别人时,动之以情比晓之以理更有用,你的热情会感染他人。演讲中仅仅运用例子,不加入热情,是没有说服力的,别人会怀疑你的诚挚之情。

15. 演讲讲求寓教于乐,不是指演讲时演讲者要像猴子一样又蹦又跳,而是同阅读文章相比,人们期望在演讲中感受到演讲者的激情,而不是枯燥无味的背诵演讲词。如果演讲的目的是想让观众感到快乐,而不是说教,演讲者就需要把演讲词变得简洁,使之尽量口语化。如果演讲者不能这么做,就会烦死所有听众。

16. 切忌背诵。当我们逐字背诵演讲稿,面对听众的时候就很容易因为紧张而遗忘。背诵的内容不是发自内心的。

17. "10—20—30"原则。这是美国一名充满激情、睿智和幽默的演讲家提出的幻灯片制作和演讲原则,即一份幻片不能超过十张,演讲总长不能超过二十分钟,而且幻灯片的字号要大于三十号。不管你的想法是否能够颠覆世界,你必须要在有限的时间里,用较少的幻灯片和精练的语言将其精华传达给听众。

18. 放慢速度。紧张或没经验的演讲者更容易在演讲时像开"机关枪"一样说个不停。试着放慢你的语速,并且通过增加一些停顿来达到强调的效果。

19. 眼神交流。与所有听众进行眼神交流。

20. 不要读幻灯片。很多人都认为自己可以脱稿演讲,可事实上却常常回头看屏幕。读幻灯片只会不断打断你的演讲思路,这也间接地告诉听众你根本就不理解自己要讲的内容,从而令他们对你的演讲失去信心和兴趣。

21. 提高音量。演讲最忌讳的是听众无法听到演讲者在讲什么。虽然现在有麦克风和扩音器了,但是演讲者仍然要确保所有听众都能听到你。提高音量不是要演讲者喊,正确的做法是挺直身体,从肺部而不是从喉咙里发出声音。

22. 避免道歉。只有做错事情时才需要道歉。不要为自己的能力不足、紧张和准备不充分道歉,这只会使听众觉得你没自信。多数情况下,听众并不会注意到你的紧张和小错误。

23. 当你犯了错误时一定要道歉。虽然要避免道歉,但当演讲者在传达的信息中包含了错误的信息时,一定要道歉。保持自信是当然的,但是过度自信就会出问题了。

24. 演讲中最重要的三件事。谁在演讲?如何进行演讲?演讲的内容是什么?

25. 台风如流水。演讲者在演讲时应该像"装得满满的一桶水,被打开木塞后,里面的水会自然地流出"。

二、口语表达小案例

1. 有一位演讲者,当主持人宣布由他上台演讲时,听众报以热烈的掌声,他快步地走向讲台,不料,在登台时突然摔倒,此时,全场突然哄笑起来。待他走上讲台,站定之后第一句话是:"大家太热情了,我为大家的热情而倾倒,谢谢你们!"全场报以热烈的掌声。

2. 西方一位黑人领袖在演讲时被一位牧师打断:"先生有志于黑人解放,黑洲黑人多,何不去非洲?"黑人领袖当即反驳到:"阁下既有志于灵魂解救,地狱灵魂多,何不下地狱?"

3. 英国首相丘吉尔一次演讲时,一位女议员打断他的话:"如果我是你的妻子的话,我就在你的咖啡里放毒药。"丘吉尔立即回答:"如果我是你的丈夫的话,我就把它喝下去。"

4. 一位西方外交人士在一次会议上打断中国代表的发言,挑衅性地说:"如果你们不向美国保证,不用武力解决台湾问题,那么显然就没有和平解决的诚意。"中国代表义正词严地回答:"台湾问题是中国的内政,采取什么方式解决是中国人民自己的事,无须向他国作出保证,请问:难道你们竞选总统也需要我们作出保证吗?"一句反问使这位西方外交人士哑口无言。

5. 2009年,温家宝在英国剑桥大学发表了题为《用发展的眼光看中国》的演讲。其间,现场突遭高声骚扰。礼堂后方一名男子突然起声叫嚷,并向讲台投掷鞋子。该男子的行径引起了全场听众的强烈不满,大家齐声高喊"可耻""滚出去"。在一片斥责声中该男子被带离现场。温家宝随后在演讲中说:"这种卑鄙的伎俩,阻挡不了中英两国人民的友谊。人类的进步,世界的和谐,是历史的潮流,是任何力量都阻挡不了的。"温家宝总理从容地神态和坚定的语气赢得了全场长时间热泪的掌声。剑桥大学随后发表声明,校长理查德说:"我们对温总理来剑桥发表演讲深感荣幸,我对某个人违反剑桥大学传统,不尊重演讲者的行为表示非常遗憾。剑桥大学是理性、争鸣和辩论的场所,不是掷鞋子的地方,个人的行为不能代表剑桥师生。"温家宝的现场表现令人佩服,演讲内容精彩充实,深深吸引了听众。

 技能训练

一、练一练

1. 你热爱自己所学的专业吗?如果不喜欢,你现在该怎么办?并谈谈你对未来工作的设想。

2. 现在有一些大学生边读书边找一些工作做,有人持反对意见,有人赞同。请你对大学生兼职发表意见。是利大于弊还是弊大于利?怎么对待这个问题才好?

3. 作家刘心武说过:"亲情如溪流,友情如江河,爱情如大海。人活一世,亲情、友情、爱情,三者缺一,已为遗憾,三者缺二,实为可怜,三者皆缺,活而为亡!"请你谈谈自己的感想。

4. "在才能和智慧不相上下的人群中,你拥有更高的热情,成功便在更大程度上属于你"。你认为这句话对吗?谈谈个人在品德修养和人际关系方面的重要性。

5. 有人说"逆境出人才",有人说"顺境出人才",也有人说"不管是顺境还是逆境,成才关键靠本身"。你是如何看待的?

6. 说说你日常生活中最得意、最差劲或最尴尬的一次说话,并归纳出演讲与口才在日常生活中的重要性。

二、阅读分析

1. 下面是一位新郎在自己结婚典礼上的发言,读一读,作出评价,并说明理由。

各位朋友,各位来宾:

非常感谢大家的光临,你们的到来就是对我们最好的祝福。特别是,我要感谢我的岳父岳母大人,谢谢他们养育了这么好的姑娘,并同意把她嫁给我。我会好好地爱护她、珍惜她!我还要谢谢我的父母,没有他们的辛劳,就没有我今天的幸福生活。谢谢伴郎,谢谢伴娘,谢谢你们的帮忙。在这里,我还要声明一下,这是我第一次办这样的大事,缺乏经验,如有什么招待不周之处,请大家多多包涵。最后,让我们举起酒杯⋯⋯

2. 谈一谈出版商为我们留下了哪些成功的经验。

在西方国家,不少出版商为推销书籍绞尽脑汁,奇招层出不穷。有一位聪明人想出了一个绝妙的办法,他给总统送一本书,并三番五次地征求意见,忙于公务的总统不愿与他多纠缠,便回一句:"这书不错!"出版商如获至宝,大做广告:"现有总统喜欢的书出售。"于是,这些书被一抢而空。

不久,这个出版商又有书卖不出,便照方抓药,又送一本给总统,总统上过一次当,这次学乖了,奚落出版商说:"这书糟透了!"出版商又以此话大做广告:"现有总统讨厌的书出售!"人们出于好奇,争相抢购,书又售尽。第三次,出版商将书送给总统,总统接受前两次的教训,干脆紧闭"金口",不置一词。但最终仍被出版商钻了空子,这次他做的广告是:"现有总统难以下结论的书,欲购从速!"书居然又被一抢而空。

项目二　普通话语音训练

任务一　声母训练

 任务导引

1.声母学习关系到字音清晰,在认识口腔控制与丹田控制对声母学习的重要性的基础上,要求学员要掌握声母发音部位、发音方法、发音条件以及发音过程,能清晰地诊断出自己与他人在声母发音的问题并能给出解决问题的方法。

2.引导学生对不同声母发音方法进行反复练习绕口令练习,掌握声母正确的发音部位和正确的发声方法,并能辨别各种错误发音方法。

 知识必备

演讲是指在公众场所,以有声语言为主要手段,以体态语言为辅助手段,针对某个具体问题,鲜明、完整地发表自己的见解和主张,阐明事理或抒发情感,进行宣传鼓动的一种语言交际活动。普通话的语音标准程度将影响演讲的效果。

普通话是"以北京语音为标准音,以北方话为基础方言,以典范的现代白话文著作为语法规范的现代汉民族共同语"。普通话是我国的通用语言,是我们的全民共同语,是全世界华人进行交际的工具。我国有七大方言区,大方言区内还有很多次方言区,各方言区之间、各次方言区之间在语音、词汇、语法上都有很大的差异。这些差异往往会阻碍人们进行交际,影响人们之间的沟通和了解。学习普通话可以有效地消除各个方言区及次方言区人们之间的语言障碍,使各族人民顺利地进行交际,当然也可以使你的演讲获得更多的受众,取得鼓舞人心的效果。

项目二的语音训练以普通话发音训练为主、以发声训练为辅。发音训练包括声母、韵母、声调、语流音变等,发声训练包括用气发声、共鸣控制、吐字归音等。学生要较系统地掌握发音与发声的知识,并逐步认识和纠正发音、发声中存在的问题,掌握和运用科学的发音、发声方法。

一、普通话声母基本训练

声母,就是汉语音节中开头的辅音。辅音的主要特点是发音时气流在口腔中要分别受到各种阻碍。因此,声母发音的过程也就是气流受阻和克服阻碍的过程。声母的分类就是依据气流受阻的位置(发音部位)和阻碍气流的方式(发音方法)这两大因素。

(一)掌握发音部位

发音部位是指发音时气流在发音器官中受到阻碍的部位。根据气流在口腔受阻的部位,可将声母分为七类:双唇音、唇齿音、舌尖前音、舌尖中音、舌尖后音、舌面前音和舌根音。

(二)掌握发音方法

发音方法可以从三个方面来分析。

1. 阻碍的方式:根据成阻和除阻的不同方式,可将声母分为五类。塞音、擦音、塞擦音、鼻音和边音。

2. 声带的振动:发辅音时声带振动的、较响亮的声音是浊音,声带不振动的、不响亮的声音是清音。

3. 气流的强弱:根据除阻后呼出气流的强弱,可以把塞音、塞擦音这两类12个声母分为送气音和不送气音。

(三)声母综合说明与基本训练

根据发音部位和发音方法,我们对普通话的二十一个声母逐个加以综合说明。

1. 双唇音:b、p、m。

b:双唇音、不送气音、清音、塞音。发音时,双唇自然闭拢,软腭上升,堵塞鼻腔通道,声带不颤动,让较弱的气流突然冲开双唇的阻碍,迸发而出,爆破成声。

  把柄 bǎ bǐng 爸爸 bà ba 步兵 bù bīng
  标榜 biāo bǎng 卑鄙 bēi bǐ 褒贬 bāo biǎn

p:双唇音、送气音、清音、塞音。发音时,除在打开时送出的气流较强外,其他的情况和 b 完全一样。

  乒乓 pīng pāng 匹配 pǐ pèi 批评 pī píng
  澎湃 péng pài 偏僻 piān pì 品牌 pǐn pái

m:双唇音、浊音、鼻音。发音时,双唇闭拢,软腭下降,鼻腔畅通。气流从鼻腔出来,同时颤动声带。

  埋没 mái mò 美妙 měi miào 茂密 mào mì
  眉目 méi mù 命脉 mìng mài 弥漫 mí màn

2. 唇齿音:f。

f:唇齿音、清音、擦音。发音时,下唇和上齿接近,形成窄缝。软腭上升,堵塞鼻腔通道。声带不颤动,气流从唇齿之间的窄缝中挤出,发出摩擦声。

  仿佛 fǎng fú 奋发 fèn fā 防范 fáng fàn
  肺腑 fèi fǔ 丰富 fēng fù 芬芳 fēn fāng

3.舌尖中音:d、t、n、l。

d:舌尖中音、不送气音、清音、塞音。发音时,舌尖抵住上齿龈,软腭上升,堵塞鼻腔通道,声带不颤动,较弱的气流冲破舌尖和上齿龈的阻碍,迸发而出,爆破成声。

  大豆 dà dòu   单调 dān diào
  等待 děng dài   当地 dāng dì

t:舌尖中音、送气音、清音、塞音。发音时,除冲破阻碍用较强的气流外,其他情况和d完全一样。

  逃脱 táo tuō   体贴 tǐ tiē   天堂 tiān táng
  跳台 tiào tái   淘汰 táo tài   团体 tuán tǐ

n:舌尖中音、浊音、鼻音。发音时,舌尖抵住上齿龈,软腭下降,阻塞气流在口腔中的通路。打开鼻腔通道,气流从鼻腔出来,同时颤动声带。

  农奴 nóng nú   能耐 néng nài   男女 nán nǚ
  扭捏 niǔ niē   袅娜 niǎo nuó   南宁 nán níng

l:舌尖中音、浊音、边音。发音时,舌尖顶住上齿龈,软腭上升,堵住鼻腔通路。气流振动声带,从舌头前部的两边通过。

  留恋 liú liàn   联络 lián luò   理论 lǐ lùn
  玲珑 líng lóng   冷落 lěng luò   流露 liú lù

4.舌根音:g、k、h。

g:舌根音、不送气音、清音、塞音。发音时,舌根抵住软腭,软腭上升,堵塞鼻腔通道,声带不颤动,较弱的气流冲破舌根和软腭形成的阻碍,迸发而出,爆破成声。

  钢轨 gāng guǐ   高贵 gāo guì   梗概 gěng gài
  公共 gōng gòng   桂冠 guì guān   故宫 gù gōng

k:舌根音、送气音、清音、塞音。发音时,除冲破阻碍时用较强的气流外,其他情况和g完全一样。

  可靠 kě kào   困苦 kùn kǔ   慷慨 kāng kǎi
  苛刻 kē kè   空旷 kōng kuàng   开垦 kāi kěn

h:舌根音、清音、擦音。发音时,舌根接近软腭,形成窄缝,软腭上升堵鼻腔通道,声带不颤动,让气流从舌根和软腭之间的窄缝中挤出,摩擦成声。

  黄河 huáng hé   辉煌 huī huáng   互惠 hù huì
  荷花 hé huā   憨厚 hān huò   绘画 huì huà

5.舌面音:j、q、x。

j:舌面音、不送气音、清音、塞擦音。发音时,舌面前部抵住硬腭前部,软腭上升,堵住鼻腔通路,声带不颤动,然后把舌面放松一点儿,让气流很微弱地冲开舌面的阻碍,从窄缝中挤出,摩擦成声。

　　焦急 jiāo jí　　　　境界 jìng jiè　　　　家具 jiā jù
　　将军 jiāng jūn　　　季节 jì jié　　　　　结晶 jié jīng

q:舌面音、送气音、清塞擦音。发音时,情况和 j 相同,只是透出的气流比 j 强。

　　崎岖 qí qū　　　　　全球 quán qiú　　　　亲切 qīng qiè
　　情趣 qíng qù　　　　祈求 qí qiú　　　　　牵强 qiān qiǎng

x:舌面音、清音、擦音。发音时,舌面前部抬起,接近上齿龈和硬腭前部,留出窄缝,软腭上升,堵鼻腔通路,声带不颤动,让气流从窄缝中挤出来。

　　学习 xué xí　　　　　形象 xíng xiàng　　　雄心 xióng xīn
　　相信 xiāng xìn　　　喜讯 xǐ xùn　　　　　细小 xì xiǎo

6.舌尖后音:zh、ch、sh、r。

zh:舌尖后音、不送气音、清音、塞擦音。发音时,舌尖向上翘起,顶住前部软腭上升,堵住气流通道,声带不颤动。让较弱的气流冲开舌尖的阻碍,从窄缝中挤出,摩擦成声。

　　主张 zhǔ zhāng　　　珍重 zhēn zhòng　　　茁壮 zhuó zhuàng
　　战争 zhàn zhēng　　　支柱 zhī zhù　　　　　站长 zhàn zhǎng

ch:舌尖后音、送气音、清音、塞擦音。发音时,情况和 zh 相同,只是从窄缝里挤出来的气流较强。

　　车床 chē chuáng　　　踌躇 chóu chú　　　　出产 chū chǎn
　　驰骋 chí chěng　　　　抽查 chōu chá　　　　长城 cháng chéng

sh:舌尖后音、清音、擦音。发音时,舌尖向上翘起,接近硬腭前部,留出窄缝,软腭上升,堵塞鼻腔通路,声带不颤动。气流从窄缝中挤出,摩擦成声。

　　闪烁 shǎn shuò　　　　少数 shǎo shù　　　　史诗 shǐ shī
　　神圣 shén shèng　　　事实 shì shí　　　　　设施 shè shī

r:舌尖后音、浊音、擦音。发音时,情况和 sh 相近,只是要振动声带。

　　荣辱 róng rǔ　　　　　软弱 ruǎn ruò
　　容忍 róng rěn　　　　闰日 rùn rì

7.舌尖前音:z、c、s。

z:舌尖前音、不送气音、清音、塞擦音。发音时,舌尖向上轻轻顶住上齿背,软腭上升,堵住鼻腔通路,声带不颤动,较弱的气流先把舌尖的阻碍冲开一道窄缝,接着从窄缝中挤出,摩擦成声。

　　自尊 zì zūn　　　　　总则 zǒng zé　　　　　造作 zào zuò

c:舌尖前音、送气音、清音、塞擦音。发音时,除冲破阻碍时用较强的气流外,其他情况和 z 一样。

苍翠 cāng cuì　　　草丛 cǎo cóng　　　仓促 cāng cù

s:舌尖前音、清音、擦音。发音时,舌尖接近上齿背,形成窄缝,软腭上升,堵塞鼻腔通道,声带不颤动,气流从舌尖和上齿背间的窄缝中挤出,摩擦成声。

思索 sī suǒ　　　诉讼 sù sòng　　　洒扫 sǎ sǎo

8.零声母。

有些音节开头部分没有声母,只有一个韵母独立成为音节,但是它们在发音时,音节开头部分往往带有一点轻微的摩擦成分。这种摩擦音没有区别词义的作用,一般可以用半元音来描述,这种音节的声母语音学里称之为"零声母"。

阿姨 ā yí　　挨饿 ái'è　　昂扬 áng yáng　　熬药 áo yào　　偶尔 ǒu ěr

扼要 è yào　　压抑 yā yì　　沿用 yán yòng　　演义 yǎn yì　　扬言 yáng yán

普通话水平测试

普通话水平测试(PSC)是我国为加快共同语普及进程、提高全社会普通话水平而设置的一种语言口语测试。全部测试内容均以口头方式进行。普通话水平测试不是口才的评定,而是对应试人掌握和运用普通话所达到的规范程度的测查和评定,是应试人的汉语标准语测试。应试人在运用普通话口语进行表达过程中所表现的语音、词汇、语法规范程度是评定其所达到的水平等级的重要依据。

国家语言文字工作委员会颁布的《普通话水平测试等级标准》是划分普通话水平等级的全国统一标准。普通话水平等级分为三级六等,即一、二、三级,每个级别再分出甲乙两个等次;一级甲等为最高,三级乙等为最低。应试人的普通话水平根据在测试中所获得的分值确定。

一级甲等:朗读和自由交谈时,语音标准,语汇、语法正确无误,语调自然,表达流畅。测试总失分率在3%以内。

一级乙等:朗读和自由交谈时,语音标准,语汇、语法正确无误,语调自然,表达流畅。偶有字音、字调失误。测试总失分率在8%以内。

二级甲等:朗读和自由交谈时,声韵调发音基本标准,语调自然,表达流畅。少数难点音(平翘舌音、前后鼻尾音、边鼻音等)有时出现失误。语汇、语法极少有误。测试总失分率在13%以内。

二级乙等:朗读和自由交谈时,个别调值不准,声韵母发音有不到位现象。难点音较多(平翘舌音、前后鼻尾音、边鼻音、fu—hu、z—zh—j、送气音不送气音、i—ü 不分、保留浊塞音、浊塞擦音、丢介音、复韵母单音化等),失误较多。

方言语调不明显,有使用方言词、方言语法的情况。测试总失分率在20%以内。

三级甲等:朗读和自由交谈时,声韵母发音失误较多,难点音超出常见范围,声调调值多不准。方言语调明显。语汇、语法有失误。测试总失分率在30%以内。

三级乙等:朗读和自由交谈时,声韵调发音失误多,方言特征突出,方言语调明显。语汇、语法失误较多。外地人听其谈话有听不懂的情况。测试总失分率在40%以内。

 技能训练

一、声母辨正

在老师指导下,了解自己家乡话与普通话中声母的对应关系,辨别二者的差异,进行有针对性的训练,以矫正声母的发音偏误。

(一)平翘舌音辨正训练

这两组声母在发音方法上一一相对,区别在于发音部位的不同。舌尖前音(平舌音)z、c、s发音时舌尖平伸,顶住或接近上齿背;舌尖后音(翘舌音)zh、ch、sh发音时舌尖翘起,接触或接近硬腭前端。

1.正音训练:在老师的指导下,找准平、翘舌音的发音部位,矫正zh、ch、sh发音部位不准的偏误。

2.对比训练。

(1)字的对比。

早—找　从—虫　苏—书　搜—收　财—柴

(2)组词对比。

训练要求:辨音记词,再用每个词说句话。

z—zh	在职	杂质	载重	增长	总账	奏章	阻止	诅咒
	罪证	尊重	佐证	遵照	生效	做主	作者	组织
zh—z	渣滓	张嘴	种族	长子	沼泽	振作	争嘴	正字
	职责	指责	治罪	著作	铸造	壮族	准则	知足
c—ch	财产	操场	载处	采茶	彩绸	餐车	残春	残喘
	辞呈	粗茶	催产	错处	存储	促成	存车	磁场
ch—c	车次	唱词	蠢材	纯粹	差错	场次	陈词	成材
	除草	楚辞	储存	储藏	揣测	穿刺	春蚕	出操
s—sh	散失	桑葚	丧失	扫射	私塾	死水	四声	四时
	算式	算术	随身	岁首	损伤	琐事	素食	缩水
sh—s	上诉	哨所	山色	深思	深邃	申诉	神思	神速
	生涩	生死	绳索	誓死	收缩	守岁	疏松	声速

(3)词的对比。

训练要求:对比平翘舌声母,再分别用每个词说句话。

嘱咐—祖父　支援—资源　照旧—造就　札记—杂技
资助—支柱　栽花—摘花　早稻—找到　木材—木柴
擦嘴—插嘴　暂时—战时　粗布—初步　丧生—上升
春装—村庄　死记—史记　自力—智力　赞助—站住
大字—大志　塞子—筛子　散光—闪光　高山—高三

3.绕口令练读。

(1)四是四,十是十,十四是十四,四十是四十。
　　谁说十四是四十,或说四十是十四,轻者造成误会,重者误了大事。
(2)山前有四十四只石狮子,山后有四十四棵野柿子,结了四百四十四个涩柿子。涩柿子涩不到山前的四十四只石狮子,石狮子也吃不到山后的四百四十四个涩柿子。

(二)鼻音和边音辨正训练

1.鼻边音组词练习。

n—l　纳凉　那里　奴隶　奶酪　耐劳　脑力　内力　内陆　奴隶
　　　努力　年轮　年龄　暖流　鸟类　农林　农历　女郎　能量
l—n　冷暖　留念　流年　老年　老娘　老牛　老农　来年　烂泥
　　　凌虐　利尿　蓝鸟　历年

2.对比辨音练习。

大路—大怒　涝灾—闹灾　小牛—小刘　内胎—擂台
无奈—无赖　脑子—老子　宁静—邻近　思念—思恋
女客—旅客　南天—蓝天　呢子—梨子　大娘—大梁

3.绕口令朗读训练。

(1)老龙恼怒闹老农,老农恼怒闹老龙,龙恼龙恼农更恼,龙闹农恼龙怕农。
(2)蓝帘子内男娃娃闹,搂着奶奶连连叫,奶奶只好去把篮子拿,原来篮子内留了块烂年糕。

(三)f和h辨正训练

1.读准下面的词语。

f—h　返航　肥厚　防护　符合　发挥　绯红　附和　飞花　分化
h—f　盒饭　恢复　何方　伙房　耗费　挥发　海风　合肥　焕发　富豪

2.对比辨音。

公费—工会　翻腾—欢腾　辅助—互助

发红—花红　放荡—晃荡　防风—黄蜂

飞鱼—黑鱼　浮面—湖面　老房—老黄

芬芳—昏黄　流犯—流汗　西服—西湖

3.绕口令练读。

(1)红凤凰和粉红凤凰去追黄凤凰。

(2)风吹灰飞,灰飞花上花堆灰,风吹花灰灰飞去,灰在风里飞又飞。

二、声母发音检测

1.个别抽查:朗读《普通话水平测试实施纲要》(以下简称《纲要》)作品1—15号作品,特别注意音节声母的发音与辨正。

2.准确读出以下单音节字(特别注意声母的发音)。

掐	涮	娶	面	砍	靴	旅	腰	喷	降
换	秦	崩	辆	飞	悬	瞒	司	画	舌
骗	医	郑	刹	草	溶	法	虐	埋	委
关	冰	踹	云	倍	艇	笙	叨	倒	虽
握	刚	舜	口	猜	葬	浊	聂	几	叶
袄	帖	润	缺	热	凭	枕	习	嵌	杏
自	丢	逆	留	终	缠	痣	趴	屯	欧
雾	床	款	近	冤	钩	杨	俩	服	德
镖	光	交	赛	翁	库	返	航	乐	晃
醋	讹	秒	参	总	跳	索	圈	曾	拗

任务二　韵母训练

任务导引

1.韵母关系到字音响亮。韵母训练要求学员掌握单韵母发音条件、特殊元音的发音要求,掌握复韵母与鼻韵母的发音特点,能清晰地诊断出自己与他人在韵母发音上的问题,并能给出解决问题的方法。

2.引导学生对不同韵母发音方法进行反复练习以及绕口令练习,培养学生掌握声母正确的发音部位和正确的发声方法,并能辨别各种错误发音方法的能力。

知识必备

韵母是普通话音节中声母后面的部分。普通话有三十九个韵母,其中二十三个由元音充当,十六个由元音附带鼻辅音韵尾构成。因此,普通话的韵母是由元音或以元音为主构成的。韵母在结构上可以分成韵头、韵腹、韵尾三个部分。一个韵母可以没有韵头、韵尾,但不可以没有韵腹。

普通话的三十九个韵母可以从两个不同角度进行分类:一是根据韵母内部结构成分的不同,把韵母分为单韵母、复韵母、鼻韵母三类;二是根据韵母开头元音的发音口形,把韵母分为"四呼"。开口呼:韵母不是 i、u、ü 或不以 i、u、ü 开头的韵母。齐齿呼:韵母是 i 和以 i 为韵头的韵母。合口呼:韵母是 u 和以 u 为韵头的韵母。撮口呼:韵母是 ü 和以 ü 为韵头的韵母。

一、单韵母

单韵母是由一个元音音素构成的韵母。普通话中的十个元音都可以充当单韵母。单韵母的发音由舌位的前后、舌位的高低(开口度的大小)、唇形的圆扁决定。单韵母的发音特点是发音时舌位、唇形及开口度按发音要求维持发音状态,始终不变,没有动程。发音时要注意口腔、舌位及唇形的配合,舌位的前、央、后,是指发音时舌头隆起部分的前后。舌位的高、半高、半低、低,是指发音时舌头隆起部分的最高点同上腭距离的大小而言。舌位的降低或抬高同口腔的开合有关,舌位越高开口度越小,舌位越低开口度越大。

根据发音时舌头的不同作用,可分为三类。

(一)舌面元音韵母

a[a]舌面音、央音、低音、不圆唇元音。发音时,口大开,舌尖微离下齿背,舌位低,唇形不圆。

  发达 fā dá 大厦 dà shà 哪怕 nǎ pà
  打靶 dǎ bǎ 腌臜 ā zā 刹那 chà nà

o[o]舌面音、后音、半高音、圆唇元音。发音时,舌身后缩,舌面后部隆起和软腭相对,舌位半高,上下唇自然拢圆。

  磨墨 mó mò 磨破 mó pò 薄膜 bó mó
  婆婆 pó po 默默 mò mò 勃勃 bó bó

e[ɤ]舌面音、后音、半高音、不圆唇元音。发音时,口半闭,舌身后缩,舌面后部稍隆起和软腭相对,比元音 o 略高而偏前,唇形不圆。

  客车 kè chē 色泽 sè zé 隔阂 gé hé
  特色 tè sè 合格 hé gé 割舍 gē shě

ê[ɛ]舌面音、前音、半低音、不圆唇元音。发音时,口半开,舌位半低,展唇,舌尖抵住下齿背,使舌面前部隆起和硬腭相对,唇形不圆。ê在普通话中除语气词"欸"外单用的机会不多,常出现在复韵母iê、üê中。

憋 biē　　瞥 piē　　缺 quē　　靴 xuē

i[i]舌面音、前音、高音、不圆唇元音。发音时,口微开,唇形呈扁平形,上下齿相对(齐齿),舌尖接触下齿背,使舌面前部隆起和硬腭前部相对。

集体 jí tǐ　　利益 lì yì　　笔记 bǐ jì
激励 jī lì　　习题 xí tí　　地理 dì lǐ

u[u]舌面音、后音、高音、圆唇元音。发音时,两唇收缩成圆形,略向前突出;舌后缩,舌面后部高度隆起和软腭相对。

瀑布 pù bù　　鼓舞 gǔ wǔ　　图书 tú shū
互助 hù zhù　　服务 fú wù　　出路 chū lù
补助 bǔ zhù　　读物 dú wù　　辜负 gū fù
嘱咐 zhǔ fù　　瀑布 pù bù　　束缚 shù fù

ü[y]舌面音、前音、高音、圆唇元音。发音时,发音状况与 i 基本相同,但两唇拢圆,略向前突。例如:

聚居 jù jū　　区域 qū yū　　屈居 qū jū
絮语 xū yǔ　　须臾 xū yú　　序曲 xù qǔ
区域 qū yù　　旅居 lǚ jū　　雨具 yǔ jù
须臾 xū yú　　序曲 xù qǔ　　女婿 nǚ xu

(二)卷舌元音韵母

er[ər]　卷舌音、央音、中音、不圆唇元音。发音时,口自然打开,扁唇,舌位居中,发音的同时,舌尖向硬腭上卷。

而今 ér jīn　　而已 ér yǐ　　儿童 ér tóng　　儿化 ér huà
儿女 ér nǚ　　儿歌 ér gē　　耳朵 ěr duo　　二胡 èr hú

(三)舌尖元音韵母

—i(前)[ɿ]　舌尖前音、高音、不圆唇元音。发音时,口略开,展唇,舌尖隆起部位与上齿背相对,保持适当距离,气流经过时不发生摩擦。这个韵母在普通话里只出现在 z、c、s 声母的后面。

此次 cǐ cì　　自私 zì sī　　孜孜 zī zī　　四次 sì cì　　恣肆 zì sì

—i(后)[ʅ]　舌尖后音、高音、不圆唇元音。发音时,口略开,展唇,舌尖前端抬起和硬腭前部相对,这个韵母在普通话里只出现在 zh、ch、sh 声母的后面。

支持 zhī chí　　实质 shí zhì　　指示 zhǐ shì

致使 zhì shǐ　　　制止 zhì zhǐ　　　史诗 shǐ shī

二、复韵母

根据韵腹位置的不同,可把复韵母分成前响复韵母、中响复韵母和后响复韵母三类。

(一)前响复韵母

前响复韵母有四个:ai、ei、ao、ou。它们发音的共同特点是舌位由低向高滑动,开头的元音响亮清晰,收尾的音只表示舌位移动的方向,轻短而模糊。

ai	彩排	开采	爱戴	外来	灾害
ei	肥美	黑霉	北非	配备	黑煤
ao	毫毛	稻草	包抄	招考	冒号
ou	欧洲	透漏	佝偻	漏斗	守候

(二)后响复韵母

后响复韵母有五个:ia、ie、ua、uo、üe。它们发音的共同特点是舌位由高向低滑动,收尾的元音响亮清晰,在韵母中处在韵腹地位,开头的元音发音不太响亮且比较短促。

ia	加价	下家	恰恰	掐下	家鸭
ie	结业	贴切	铁鞋	斜街	节烈
ua	耍滑	挂花	花袜	挂画	搜刮
uo	国货	硕果	阔绰	堕落	过错
üe	决绝	缺略	雀跃	约略	雪月

(三)中响复韵母

中响复韵母有四个:iao、iou、uai、uei。它们发音的共同特点是舌位由高向低滑动,再从低向高滑动。开头的元音音素不响亮且较短促,中间的元音音素响亮清晰,收尾的元音音素轻短模糊。

iao	萧条	叫嚣	缥缈	逍遥	苗条
iou	优秀	牛油	琉球	求救	久留
uai	怀揣	摔坏	外快	外踝	徘徊
uei	回归	追随	汇兑	水位	回味

三、鼻韵母

鼻韵母是由元音和鼻辅音韵尾构成的韵母。普通话有十六个鼻韵母。根据鼻辅音韵尾的不同,鼻韵母可分为两种:前鼻韵母,由元音和前鼻辅音(舌尖鼻辅音)韵尾 n 构成;后鼻韵母,由元音和后鼻辅音(舌根鼻辅音)韵尾 ng 构成。

(一)前鼻韵母训练

前鼻韵尾 n 与声母 n 发音部位相同,即舌尖抵满上齿龈;区别在于声母 n 要除阻,韵尾 n 不除阻。

an——	漫谈	犯难	淡蓝	坦然	橄榄
ian——	变迁	偏见	电线	连绵	沿线
uan——	贯穿	宽缓	专断	转弯	婉转
üan——	渊源	全权	源泉	圆圈	轩辕
en——	人参	本分	深圳	愤恨	沉闷
in——	亲近	尽心	殷勤	金银	琴音
ün——	均匀	逡巡	军训	允许	菌群
uen——	温顺	温存	昆仑	论文	分寸

（二）后鼻韵母训练

后鼻韵尾 ng 与声母 g、k、h 发音部位相同，即舌根抵住软腭；区别在于 ng 是浊鼻音，发音时软腭下垂，气流振动声带从鼻腔通过。

ang——	纲常	螳螂	上当	盲肠
iang——	将相	想象	湘江	向阳
uang——	狂妄	装潢	状况	双簧
eng——	更正	风声	萌生	鹏程
ing——	情景	倾听	命令	宁静
ueng——	老翁	渔翁	水瓮	嗡嗡
ong——	公众	轰动	总统	从容
iong——	汹涌	穷凶	熊熊	炯炯

延伸阅读

一、测试作品朗读

两个同龄的年轻人同时受雇于一家店铺，并且拿同样的薪水。

可是一段时间后，叫阿诺德的那个小伙子青云直上，而那个叫布鲁诺的小伙子却仍在原地踏步。布鲁诺很不满意老板的不公正待遇。终于有一天，他到老板那儿发牢骚了。老板一边耐心地听着他的抱怨，一边在心里盘算着怎样向他解释清楚他和阿诺德之间的差别。

（摘编自《安徽省普通话水平测试应试手册》作品 2 号）

我爱月夜，但我也爱星天。从前在家乡七八月的夜晚在庭院里纳凉的时候，我最爱看天上密密麻麻的繁星。望着星天，我就会忘记一切，仿佛回到了母亲的怀里似的。

三年前，在南京我住的地方有一道后门，每晚我打开后门，便看见一个静寂的夜。下面是一片菜园,上面是星群密布的蓝天。星光在我们的肉眼里虽然微小,然而它使我们光明无处不在。那时候我正在读一些天文学的书,也认得一些星星,好像它们就是我的朋友,它们常常在和我谈话一样。

如今在海上,每晚和繁星相对,我把它们认得很熟了。我躺在舱面上,仰望天空。深蓝色的天空里悬着无数半明半昧的星。船在动,星也在动,它们是这样低,真是摇摇欲坠呢!渐渐地,我的眼睛模糊了,我好像看见无数萤火虫在我的周围飞舞。海上的夜是柔和的,是静寂的,是梦幻的。我望着许多认识的星,我仿佛看见它们在对我眨眼,我仿佛听见它们在小声说话。这时我忘记了一切。在星的怀抱中我微笑着,我沉睡着。我觉得自己是一个小孩子,现在睡在母亲的怀里了。

(摘编自《安徽省普通话水平测试应试手册》作品8号)

朋友即将远行。

暮春时节,又邀了几位朋友在家小聚,虽然都是极熟的朋友,却是终年难得一见,偶尔电话里相遇,也无非是几句寻常话。一锅小米稀饭,一碟大头菜,一盘自家酿制的泡菜,一只从巷口买回的烤鸭,简简单单,不像请客,倒像家人团聚。

其实,友情也好,爱情也好,久而久之都会转化为亲情。

(摘编自《安徽省普通话水平测试应试手册》作品32号)

二、诗词诵读

1.苏轼的《水调歌头》。

丙辰中秋,欢饮达旦,大醉,作此篇,兼怀子由。

明月几时有,把酒问青天。不知天上宫阙,今夕是何年?我欲乘风归去,又恐琼楼玉宇,高处不胜寒。起舞弄清影,何似在人间!

转朱阁,低绮户,照无眠。不应有恨,何事长向别时圆?人有悲欢离合,月有阴晴圆缺,此事古难全。但愿人长久,千里共婵娟。

2.戴望舒的《雨巷》。

撑着油纸伞,独自
彷徨在悠长、悠长
又寂寥的雨巷,
我希望逢着
一个丁香一样地
结着愁怨的姑娘。
她是有
丁香一样的颜色,
丁香一样的芬芳,
丁香一样的忧愁,

在雨中哀怨，
哀怨又彷徨；
她彷徨在这寂寥的雨巷，
撑着油纸伞
像我一样，
像我一样地
默默彳亍着
冷漠、凄清，又惆怅。
她默默地走近，
走近，又投出
太息一般的眼光
她飘过
像梦一般地，
像梦一般地凄婉迷茫。
像梦中飘过
一枝丁香的，
我身旁飘过这个女郎；
她默默地远了，远了，
到了颓圮的篱墙，
走尽这雨巷。
在雨的哀曲里，
消了她的颜色，
散了她的芬芳，
消散了，甚至她的
太息般的眼光
丁香般的惆怅。
撑着油纸伞，独自
彷徨在悠长、悠长
又寂寥的雨巷，
我希望飘过
一个丁香一样地
结着愁怨的姑娘。

（摘自《中国现代文学作品选》）

技能训练

一、单韵母复韵母训练

(一)字词对比训练

1. i—ü 对比辨音练习。

  育—意 居—记 聚—忌 取—起
  于—仪 誉—义 遇—意 舆—议
  继续 纪律 谜语 体育 例句
  履历 语气 距离 曲艺 具体

2. e—o 对比辨音练习。

  脖子 蘑菇 鸟窝 伯父 佛祖
  哥哥 天鹅 河水 毒蛇 乐趣
  叵测 波折 恶魔 刻薄 河坡

3. e—er 对比辨音练习。

  蛾子—儿子 讹诈—耳朵 恶人—二人 余额—鱼饵

4. e—uo 对比辨音练习。

  开课—开阔 恭贺—供货 河水—活水 客气—阔气
  合力—活力 褐色—货色 格式—国事 客人—阔人

5. o—uo 对比辨音练习。

  唾沫 萝卜 落魄 琢磨 剥夺
  薄弱 菠萝 薄膜 破落 摸索

6. u—ou 对比辨音练习。

  独奏 独守 赌咒 兔头 祝寿
  粗陋 出售 疏漏 诅咒 出头

(二)绕口令练习

  1.老李去卖鱼,老吕去牵驴。老李要用老吕的驴去驮鱼,老吕说老李要用我的驴去驮鱼,就得给鱼。要不给我鱼,就别想用我老吕的驴去驮鱼。二人争来又争去,都误了去赶集。

  2.哥哥弟弟坡前坐,坡上卧着一只鹅,坡下流着一条河。哥哥说:宽宽的河。弟弟说:肥肥的鹅。鹅要过河,河要渡鹅。不知是鹅过河,还是河渡鹅。

  3.打南坡走来个老婆婆,两手托着两笸箩。左手托着的笸箩装的是菠萝,右手托着的笸箩装的是萝卜。你说说,是老婆婆左手托着的笸箩装的菠萝多,还是老婆婆右手托着的筐箩装的萝卜多?说的对送你一筐箩菠萝,说不对不给菠萝也不给萝卜,罚你替老婆婆把装菠萝的筐箩和装萝卜的筐箩送到大北坡。

4.小猪扛锄头,吭哧吭哧走。小鸟唱枝头,小猪扭头瞅。锄头撞石头,石头砸猪头。小猪怨锄头,锄头怨石头。

5.要说"尔"专说"尔":马尔代夫、喀布尔、阿尔巴尼亚、扎伊尔、卡塔尔、尼泊尔、贝尔格莱德、安道尔、萨尔瓦多、伯尔尼、利伯维尔、班珠尔、厄瓜多尔、塞舌尔、哈密尔顿、尼日尔、圣彼埃尔、巴斯特尔、塞内加尔的达喀尔、阿尔及利亚的阿尔及尔。

6.忽听门外人咬狗,拿起门来开开手;拾起狗来打砖头,又被砖头咬了手;从来不说颠倒话,口袋驮着骡子走。

二、前鼻韵母和后鼻韵母训练

(一)词语训练

1. an—ang 对比辨音练习。

开饭—开放	担心—当心	和善—和尚	烂漫—浪漫
赞歌—藏歌	三叶—桑叶	反问—访问	天坛—天堂
战场	山冈	班长	反抗	坦荡	南方
防寒	茫然	抗旱	长叹	档案	畅谈

2. en—eng 对比辨音练习。

身世—声势	陈旧—成就	三根—三更	诊治—整治
木盆—木棚	申明—声明	瓜分—刮风	清真—清蒸
奔腾	纷争	本能	人生	神圣	仁政
烹饪	能人	成本	风尘	诚恳	省份

3. in—ing 对比辨音练习。

频繁—平凡	贫瘠—评级	临时—零食	林木—陵墓
近况—境况	尽头—镜头	金鱼—鲸鱼	侵蚀—轻视
民情	金陵	银杏	尽兴	隐情	品评
清新	病因	鸣琴	灵敏	清贫	定亲

(二)绕口令训练

1.宽扁担,短扁担,宽短扁担担焦炭,短扁担担炭沉甸甸,宽扁担担炭肩不酸。

2.洞庭湖上一根藤,青青藤条挂金铃,风吹藤动金铃响,风停藤静铃不鸣。

3.姓陈不能说成姓程,姓程也不能说成姓陈。禾木是程,耳东是陈。如果陈程不分,就会认错人。

4.天上七颗星,树上七只鹰,梁上七个钉,台上七盏灯。拿扇扇了灯,用手拔了钉,举枪打了鹰,乌云盖了星。

任务三 声调训练

任务导引

声调学习关系到字音抑扬。在认识声音弹性重要性的基础上,学员要掌握声调的调值、调形,能清晰地诊断出自己与他人在声调发音上的问题,并能给出解决问题的方法。

知识必备

声调是音节的高低升降的变化形式,也叫"字调"。声调同声母、韵母一样,具有区别意义的作用,声母、韵母都相同,但声调不同,词的含义就不一样。声调主要决定于音高,同一个人的不同的音高变化是由控制声带的松紧决定的。声带越紧,声调越高;声带越松,声调越低。声调包括调值和调类两个方面。

调值是声调的实际读音,也就是音节的高低、升降、曲直、长短的变化形式。普通话有四种基本调值,用五度标记法表示。调类是指声调的种类,是按照声调的实际读音(即调值)归纳出来的类别。一种语言或方言中有几种基本调值,也就有几个调类。普通话有四种基本调值,因而有四个调类。传统的汉语音韵学把这四种调类称为阴平、阳平、上声、去声,教学上也称为第一声、第二声、第三声、第四声。《汉语拼音方案》规定这四种声调符号为ˉ(阴平)、ˊ(阳平)、ˇ(上声)、ˋ(去声),这些调号的形状基本上是五度标记法的缩影,调号要标在主要元音(韵腹)上。

阴平(第一声)——调值55。发音从5度到5度,声音高而平,基本上没有升降的变化。阴平又称为"高平调",或"55调"。例如:"江""山""高""天"等的声调。

阳平(第二声)——调值35。发音从3度到5度,声音由中到高,阳平是一个高升的调子。阳平又叫"中升调"或"35调"。例如:"人""民""团""结"等的声调。

上声(第三声)——调值214。发音从2度降到1度再升到4度,上声是一个先降后升的调子。因为先降后升,上升上声又叫"降升调"或"214调"。例如:"友""好""九""女"等的声调。

去声(第四声)——调值51。发音从5度降到1度。去声是个全降的调子,又叫"全降调"或"51调"。例如:"大""雁""胜""利"等的调子。

延伸阅读

一、测试作品朗读

夕阳落山不久,西方的天空,还燃烧着一片橘红色的晚霞。大海,也被这霞光染成了红色,而且比天空的景色更要壮观。因为它是活动的,每当一排排波浪涌起的时候,那映照在浪峰上的霞光,又红又亮,简直就像一片片熊熊燃烧着的火焰,闪烁着,消失了。而后面的一排,又闪烁着,滚动着,涌了过来。

天空的霞光渐渐地淡下去了,深红的颜色变成了绯红,绯红又变成浅红。最后,当这一切红光都消失了的时候,那突然显得高而远了的天空,则呈现出一片肃穆的神色。最早出现的启明星,在这蓝色的天幕上闪烁起来了。它是那么大,那么亮,整个广漠的天幕上只有它在那里放射着令人注目的光辉,活像一盏悬挂在高空的明灯。

(摘编自《安徽省普通话水平测试应试手册》作品12号)

著名教育家班杰明曾经接到一个青年人的求教电话,于是与那个向往成功、渴望指点的青年人约好了见面的时间和地点。

待那位青年人如约而至时,班杰明的房门敞开着,眼前的景象令青年人颇感意外——班杰明的房间里乱七八糟、狼藉一片。

没等青年人开口,班杰明就招呼道:"你看我这房间,太不整洁了,请你在门外等候一分钟,我收拾一下,你再进来吧。"一边说着,班杰明就轻轻地关上了房门。

不到一分钟的时间,班杰明又打开了房门并热情地把青年人让进客厅。这时,青年人的眼前展现出另一番景象——房间里的一切已变得井然有序,而且有两杯刚刚倒好的红酒,在淡淡的香水气息里漾着微波。

可是,没等青年人把满腹的有关人生和事业的疑难问题向班杰明讲出来,班杰明就非常客气地说道:"干杯。你可以走了。"

青年人手持酒杯一下子愣住了,既尴尬又非常遗憾地说:"可是,我……我还没向您请教呢……"

"这些……难道还不够吗?"班杰明一边微笑着一边扫视着自己的房间,轻言细语地说,"你进来又有一分钟了。"

"一分钟……一分钟……"青年人若有所思地说,"我懂了,您让我明白了一分钟的时间可以做许多事情,可以改变许多事情的深刻道理。"

(摘编自《安徽省普通话水平测试应试手册》作品50号)

二、诗词诵读

1. 李煜的《虞美人》。

春花秋月何时了,往事知多少!小楼昨夜又东风,故国不堪回首月明中。
雕栏玉砌应犹在,只是朱颜改。问君能有几多愁?恰似一江春水向东流。

2. 食指的《相信未来》。

当蜘蛛网无情地查封了我的炉台,
当灰烬的余烟叹息着贫困的悲哀,

我依然固执地铺平失望的灰烬,
用美丽的雪花写下:相信未来。
当我的紫葡萄化为深秋的泪水,
当我的鲜花依偎在别人的情怀,
我依然固执地用凝霜的枯藤,
在凄凉的大地上写下:相信未来。
我要用手指那涌向天边的排浪,
我要用手撑那托起太阳的大海,
我摇曳着曙光那支漂亮而温暖的笔杆,
用孩子的笔体写下:相信未来。
我之所以坚定地相信未来,
是我相信未来人们的眼睛——
他们有拨开历史风尘的睫毛,
他们有看透岁月篇章的瞳孔。
不管他们对于我们腐烂的皮肉,
那些迷途的惆怅、失败的苦痛,
是给予感动的热泪、深切的同情,
还是给予轻蔑的微笑、辛辣的讽刺。
我坚信他们对于我们的脊骨,
那无数次的探索、迷途、失败和成功,
一定会给予热情、公正、客观的评定,
是的,我焦急地等待着他们的评定。
亲爱的朋友啊,坚定地相信未来吧,
相信不屈不挠的努力,
相信战胜一切的年轻,
相信永不衰竭的斗志,
相信未来,相信生命。

(摘自《食指的诗》)

 技能训练

一、字词练习

1. 单音节四声顺序训练。

ba	巴	拔	把	罢
yi	一	姨	以	易
yu	迂	于	雨	预
feng	风	冯	讽	奉

| tong | 通 | 童 | 桶 | 痛 |

2. 阴阳上去四字词语训练。

千锤百炼　　心明眼亮　　心怀叵测　　高朋满座　　花团锦簇
山明水秀　　花红柳绿　　风调雨顺　　心直口快　　深谋远虑
三皇五帝　　英明果断　　山盟海誓　　中流砥柱　　光明磊落

3. 去上阳阴四字词语训练（上声按变调念半上）。

逆水行舟　　背井离乡　　智勇无双　　热火朝天　　信以为真
万古流芳　　厚古薄今　　万里长征　　妙手回春　　聚少成多

二、绕口令训练

1. 妈妈骑马，马慢，妈妈骂马；伯伯磨墨，墨破，伯伯摸墨。

　姥姥烙酪，酪老，姥姥捞酪；舅舅救鸠，鸠飞，舅舅揪鸠。

2. 施氏食狮史。

石室诗士施氏，嗜狮，誓食十狮。氏时时适市视狮。十时，适十狮适市。是时，适施氏适市。氏视十狮，恃矢势，使十狮逝世。氏拾是十狮尸，适石室。石室湿，氏使侍拭石室。石室拭，氏始试食十狮尸。食时，始识是十狮尸实十石狮尸。试释是事。

任务四　语流音变训练

 任务导引

　　语流音变学习关系到普通话腔调的纯正。学生要掌握语流音变中的"普通话轻声""儿化韵""变调""语气词啊的变化""词的轻重格式"，能清晰地诊断出自己与他人在语流音变发音的问题，并能给出解决问题的方法。

　　如果要把普通话学得既准确又纯熟，就必须在掌握现代汉语语音的声母、韵母、声调、音节发音的基础上，进一步了解普通话的音变规律，使正音实践更好地得到理论的指导。

 知识必备

　　音变是指语音的变化。我们说话或朗读时，不是孤立地把一个一个音节说出来，而是把一连串的音节组成词和句子，形成"语流"。在这运动着的语流中，音素与音素之间、音节与音节之间、声调与声调之间，互相影响，因而产生了语音的变化，这种现象就是音变。普通话的音变现象，主要表现在变调、轻声、儿化和"啊"的变读四个方面。同时也应该注意普通话口语中词语运用的轻重格式变化。

一、变调

在语流中,音节和音节相连时,有的音节的调值因受相连音节的影响而发生变化,这种现象叫"变调"。

(一)上声变调

1. 上声＋非上声:前上声变半上声,即调值由 214 变为 211。

(1)在阴平前。

  首都 北京 统一 始终 主观
  老师 小说 启发 可惜 火车

(2)在阳平前。

  祖国 海洋 语言 旅游 小时
  表扬 赶忙 感情 品格 水平

(3)在去声前。

  解放 土地 巩固 感谢 考试
  酒店 准确 表示 美术 礼貌

(4)在轻声前。

  尾巴 起来 宝贝 打发 暖和
  口袋 伙计 老实 嘱咐 影子

2. 上声＋上声:前上声变阳平,调值由 214 变 35。

  水果 了解 领导 勇敢 永远 渺小
  选举 岛屿 友好 把守 表演 指点

3. 上声＋上声＋上声。

(1)双单格:前面两个上声变阳平,即阳平＋阳平＋上声。调值35＋35＋214。

  展览馆 管理组 领导者 碾米厂 打靶场
  手写体 勇敢者 选举法 手把手 九点整

(2)单双格:第一个上声变半上声,第二个上声变阳平,即半上声＋阳平＋上声。调值 211＋35＋214。

  很勇敢 小老虎 冷处理 好讲稿 好总理
  纸老虎 海产品 党小组 小两口 考语法

4. 上声相连的叠音词。

(1)第一个上声变阳平,第二个上声变轻声,即阳平＋轻声。

等等 讲讲 躺躺 走走

(2)第一个上声变半上声,第二个上声变轻声,即半上声+轻声。

姐姐 奶奶 婶婶 嫂嫂

(二)"一"的变调

1.单说或在词语末尾,念原调(阴平)。

一 十一 统一 万一 唯一 划一

2.在去声前念阳平。

一样 一向 一定 一块 一切 一半
一旦 一度 一概 一共 一粒 一致

3.在阴平前、阳平前、上声(非去声)前念去声。
(1)阴平前。

一般 一边 一端 一只 一杯

(2)阳平前。

一年 一齐 一时 一瓶 一条

(3)上声前。

一早 一举 一手 一两 一里

4.在叠用的动词中间,念轻声。

想一想 试一试 管一管 读一读
看一看 坐一坐 聊一聊 听一听
学一学 写一写 擦一擦 练一练

(三)"不"的变调

1.单说或在词语末尾念原调(去声)。

不 偏不 来不 要不

2.在阴平前、阳平前、上声(非去声)前也念原调(去声)。
(1)阴平前。

不安 不单 不端 不吃 不开

(2)阳平前。

不行 不白 不才 不同 不详

(3)上声前。

　　不好　不比　不等　不管　不敢

3.在去声前念阳平。

　　不怕　不够　不看　不像　不去　不是　不测

4.在动词后的补语中,或夹在词语当中念轻声。

　　来不来　找不找　拿不动　说不清　道不明

二、轻声

普通话里的每个音节都有自己的声调,但在词语和句子中,有些音节失去其原有的声调,念成一个较轻、较短的调子,这就是轻声。

(一)轻声的作用

普通话里有些词或词组靠轻声音节与非轻声音节区别意义和词性。

　　兄弟　xiōng dì([名]哥哥和弟弟)　　兄弟　xiōng di([名]弟弟)
　　能干　néng gà([形]有才能;会办事)　能干　néng gan([形]心灵手巧;精明)
　　言语　yán yǔ([名]指所说的话)　　　言语　yán yu([动]开口;招呼)
　　运气　yùn qì([名]武术、气功的一种炼身方法)　运气　yù qi([名]幸运)

(二)轻声的规律

普通话多数轻声同词汇、语法有密切联系。

1.语气助词"吗""呢""啊""吧"等。

　　是吗　他呢　看啊　走吧

2.助词"着""了""过""的""地""得""们"。

　　看过　忙着　来了　我的　勇敢地　喝得(好)　朋友们

3.名词的后缀"子""头"。

　　桌子　椅子　木头　石头

4.方位词。

　　墙上　河里　天上　地下　底下　那边

5.叠音词和动词的重叠形式后面的字。

　　说说　想想　弟弟　奶奶　谈谈　跳跳

6.表示趋向的动词。

　　出来　进去　站起来　走进来　取回来

7. 某些常用的双音节词的第二个音节习惯上读轻声。

　　明白　暖和　萝卜　玻璃　葡萄　知道　事情　衣服　眼睛

三、儿化

后缀"儿"与它前一音节的韵母结合成一个音节,并使这个韵母带上卷舌色彩的一种特殊音变现象。卷舌化了的韵母叫"儿化韵"。

(一)儿化的作用

1. 区别词义。

　　　小人—小人儿
　　　拉练—拉链儿
　　　开火—开伙儿

2. 区分词性。

　　　尖—尖儿
　　　画—画儿

3. 表示细小、轻微的状态或性质。

　　　小孩儿　小枝儿　铁丝儿　粉笔末儿　放点虾仁儿　碰破点皮儿

4. 表示亲切、温和或喜爱的感情色彩。

　　　小脸蛋儿　雪人儿　知心话儿　小孩儿　老头儿　小鸟儿

(二)儿化的发音和音变规律

1. 音节末尾是 a、o、e、ê、u(包括 ao、iao 中的 o)的,韵母直接卷舌。

　　　a—ar　　哪儿　　　ia—iar 豆芽儿　　ua—uar 牙刷儿
　　　o—or　　锯末儿　　uo—uor 酒窝儿　　e—er 小车儿
　　　ie—ier　台阶儿　　üe—üer 丑角儿　　u—ur 眼珠儿
　　　ao—aor　豆腐脑儿　iao—iaor 麦苗　　ou—our 老头儿

2. 韵尾是 i、n(除 in、ün 外)的,丢掉韵尾,主要元音卷舌。

　　　ai—ar 锅盖儿　　　uai—uar 乖乖儿　　ei—er 刀背儿
　　　uei—uer 一会儿　　an—ar 竹竿儿　　　ian—iar 书签儿
　　　uan—uar 好玩儿　　üan—üar 圆圈儿
　　　en—er 书本儿　　　uen—uer 没准儿

3. 韵母是 in、ün 的,丢掉韵尾,还要加 er。

　　　in—ier　背心儿　　脚印儿

ün—üer　　花裙儿　　合群儿

4. 韵母是 i、ü 的,加 er。

　　i—ier　　米粒儿　　玩意儿　　小鸡儿
　　ün—üer　　金鱼儿　　有趣儿　　唱曲儿

5. 韵母是 —i(前)、—i(后)的,韵母变作 er。

　　—i(前)—er　　瓜子儿　　没词儿　　铁丝儿
　　—i(后)—er　　树枝儿　　没事儿

6. 韵母是 ng 的,丢掉韵尾,韵腹带鼻音,并卷舌。

　　ang—ar　　药方儿　　后晌儿
　　iang—iar　　瓜秧儿　　唱腔儿
　　uang—uar　　天窗儿　　竹筐儿
　　eng—er　　门缝儿　　板凳儿
　　ong—ur　　没空儿　　胡同儿

7. 韵母是 ing、iong 的,丢掉韵尾,加上鼻化的 er。

　　ing—ier　　　　花瓶儿　　电影儿
　　iong—ioer(üer)　　小熊儿　　哭穷儿

四、"啊"的变读

句末语气词"啊",在语流中受前一个音节末尾音素的影响会发生音变的现象。

(一)"啊"变读"呀"

前面音素是 a、o(ao、iao 除外)、e、ê、i、ü 时,"啊"变读为 ya,写作"呀"。

　　用劲儿拔呀!
　　要努力争取呀!
　　你还写不写呀?
　　快来喝呀!

(二)"啊"变读"哇"

前面音素是 u、ou、iou、u、ao、iao 时,"啊"变读 wa,写作"哇"。

　　大声读哇!
　　快点儿走哇!
　　真巧哇!

(三)"啊"变读"哪"

前面音素是 n 时(前鼻音),包括 an、ian、uan、üan、en、in、uen、ün 时,"啊"变读 na,

写作"哪"。

一个好人哪!

走路要小心哪!

这道题真难哪!

(四)"啊"的其他变读

1. 前面音素是 ng 时(后鼻音),包括 ang、iang、uang、eng、ing、ueng、ong、iong 时,"啊"变读 nga,写作"啊"。

这样不成啊!

请静一静啊!

真重啊!

2. 前面音素是－i(前)时,"啊"变读 za,写作"啊"。

这是蚕丝啊!

这可是工资啊!

多好的陶瓷啊!

3. 前面音素是－i(后)、er 时,"啊"变读 ra ,写作"啊"。

他是我的老师啊!

怎么回事啊?

多鲜艳的花儿啊!

延伸阅读

一、测试作品朗读

这是入冬以来,胶东半岛上的第一场雪。

雪纷纷扬扬,下得很大。开始还伴着一阵儿小雨,不久就只见大片大片的雪花,从彤云密布的天空中飘落下来。地面上一会儿就白了。冬天的山村,到了夜里就万籁俱寂,只听得雪花簌簌地不断往下落,树木的枯枝被雪压断了,偶尔咯吱一声响。

大雪整整下了一夜。今天早晨,天放晴了,太阳出来了。推开门一看,嗬!好大的雪啊!山川、河流、树木、房屋,全都罩上了一层厚厚的雪,万里江山变成了粉妆玉砌的世界。落光了叶子的柳树上挂满了毛茸茸、亮晶晶的银条儿;而那些冬夏常青的松树和柏树上,则挂满了蓬松松、沉甸甸的雪球儿。一阵风吹来,树枝轻轻地摇晃,美丽的银条儿和雪球儿簌簌地落下来,玉屑似的雪末儿随风飘扬,映着清晨的阳光,显出一道道五光十色的彩虹。

(摘编自《安徽省普通话水平测试应试手册》作品5号)

请闭上眼睛想:一座老城,有山有水,全在天底下晒着阳光,暖和安适地睡着,只等春风来把它们唤醒,这是不是理想的境界?小山整把济南围了个圈儿,只有北边缺着点口儿。这一圈小山在冬天特别可爱,好像是把济南放在一个小摇篮里。

最妙的是下点小雪呀。看吧,山上的矮松越发的青黑,树尖上顶着一髻儿白花,好像日本看护妇。山尖全白了,给蓝天镶上一道银边。山坡上,有的地方雪厚点儿,有的地方草色还露着;这样,一道儿白,一道儿暗黄,给山们穿上一件带水纹儿的花衣;看着看着,这件花衣好像被风儿吹动,叫你希望看见一点更美的山的肌肤。等到快日落的时候,微黄的阳光斜射在山腰上,那点薄雪好像忽然害羞,微微露出点粉色。就是下小雪吧,济南是受不住大雪的,那些小山太秀气。

(摘编自《安徽省普通话水平测试应试手册》作品 17 号)

没有一片绿叶,没有一缕炊烟,没有一粒泥土,没有一丝花香,只有水的世界,云的海洋。

一阵台风袭过,一只孤单的小鸟无家可归,落到被卷到洋里的木板上,乘流而下,姗姗而来,近了,近了!

(摘编自《安徽省普通话水平测试应试手册》作品 22 号)

二、诗词诵读

1. 毛泽东的《沁园春·雪》。

　　　　北国风光,千里冰封,万里雪飘。
　　　　望长城内外,惟余莽莽;
　　　　大河上下,顿失滔滔。
　　　　山舞银蛇,原驰蜡象,欲与天公试比高。
　　　　须晴日,看红装素裹,分外妖娆。
　　　　江山如此多娇,引无数英雄竞折腰。
　　　　惜秦皇汉武,略输文采;
　　　　唐宗宋祖,稍逊风骚。
　　　　一代天骄,成吉思汗,只识弯弓射大雕。
　　　　俱往矣,数风流人物,还看今朝。

2. 海子的《面朝大海,春暖花开》。

　　　　从明天起,做一个幸福的人
　　　　喂马,劈柴,周游世界
　　　　从明天起,关心粮食和蔬菜
　　　　我有一所房子,面朝大海,春暖花开
　　　　从明天起,和每一个亲人通信
　　　　告诉他们我的幸福

那幸福的闪电告诉我的
我将告诉每一个人
给每一条河每一座山取一个温暖的名字
陌生人,我也为你祝福
愿你有一个灿烂的前程
愿你有情人终成眷属
愿你在尘世获得幸福
我只愿面朝大海,春暖花开

技能训练

一、变调词语练读

(一)上声变调

1. 上声+阴平。

  火车 剪刀 子孙 主编 启发 检修 紧张 美观
  老师 小说 首先 指挥 普通 主观 眼光 纺织

2. 上声+阳平。

  古人 厂房 美德 语言 总结 转移 整齐 敏捷
  女人 旅行 可能 小时 委员 仿佛 本来 有时

3. 上声+去声。

  景色 海外 简化 暖气 保护 鼓动 请假 涌现
  讨论 感谢 马上 表示 美丽 掌握 反映 整个

4. 上声+轻声。

  奶奶 姐姐 码头 枕头 老实 里边 体面 买卖
  尾巴 脑袋 耳朵 椅子 老婆 马虎 伙计 喇叭

5. 上声+上声。

  粉笔 稿纸 古典 水果 讲解 鼓掌 稳妥 饱满
  处理 管理 指导 采取 影响 尽管 勉强 笔挺

6. 上声+上声+上声。

  展览/馆 蒙古/语 虎骨/酒 管理/组 水彩/笔
  手写/体 草稿/纸 选举/法 勇敢/者 洗脸/水
  很/理想 小/两口 老/保守 小/拇指 孔/乙己
  耍/笔杆 纸/雨伞 好/总理 小/海岛 冷/处理

(二)"一"的变调

一般 一边 一天 一生 一些 一心 一端
一连 一旁 一行 一时 一同 一头 一直
一举 一起 一手 一口 一体 一早 一准
一贯 一律 一向 一再 一阵 一并 一切

(三)"不"的变调

不安 不公 不堪 不惜 不单 不禁 不甘 不休
不得 不平 不然 不如 不时 不同 不足 不曾
不法 不管 不仅 不久 不只 不免 不满 不许
不过 不料 不幸 不要 不够 不利 不断 不屑

二、轻声词语练读

(一)与人体有关的轻声词

脑袋 脑子 头发 眉毛 眼睛 鼻子 嘴巴
下巴 舌头 嗓子 耳朵 脖子 膀子 拳头
指甲 骨头 肠子 身子 巴掌 指头 胳膊

(二)与动物有关的轻声词

虱子 苍蝇 燕子 鸽子 跳蚤 蛤蟆 兔子 畜生
刺猬 狐狸 骡子 豹子 狮子 骆驼 猩猩 牲口

(三)与饮食有关的轻声词

馒头 包子 饺子 饼子 粽子 烧饼 点心 豆腐
甘蔗 橘子 石榴 柿子 柚子 椰子 罐头 月饼
萝卜 蘑菇 茄子 高粱 麦子 芝麻 核桃 粮食

(四)表示器具、用品的轻声词

棒槌 扁担 锄头 栅栏 烟筒 扫帚 簸箕 窗户
灯笼 风筝 喇叭 算盘 戒指 首饰 帐篷 胡琴
枕头 被子 帐子 铺盖 口袋 梳子 钥匙 板子
锤子 镜子 杯子

(五)表示称谓的轻声词

爱人 太太 老太太 老婆 寡妇 姑娘 闺女 小伙子
孩子 丫头 老头子 大爷 老爷 少爷 娃娃 祖宗
先生 学生 大夫 护士 裁缝 木匠 石匠 哑巴 和尚
道士 喇嘛 亲戚 朋友 皇上 财主 奴才 伙计 特务

状元　秀才　上司　媒人　妖精　痞子　骗子　傻子　师傅

(六)表示亲属的轻声词

爷爷　奶奶　姥姥　姥爷　爸爸　妈妈　哥哥　嫂子　姐姐
姐夫　弟弟　妹妹　弟兄　兄弟　公公　婆婆　舅舅　姑姑
女婿　叔叔　妯娌　孙子　丈人　侄子　媳妇

三、"儿"化词语练读

刀把儿　号码儿　戏法儿　在哪儿　找茬儿　打杂儿　板擦儿
名牌儿　鞋带儿　壶盖儿　小孩儿　加塞儿　毛驴儿　小曲儿
快板儿　老伴儿　蒜瓣儿　脸盘儿　脸蛋儿　收摊儿　栅栏儿
刀背儿　没错儿　合群儿　饱嗝儿　冰棍儿　老本儿　花盆儿
嗓门儿　把门儿　哥们儿　纳闷儿　瓜子儿　石子儿　高跟儿鞋
没词儿　挑刺儿　墨汁儿　锯齿儿　记事儿　有劲儿　送信儿

四、读句练习

(一)读句

　　一帆一桨一渔舟,一个渔翁一钓钩。
　　一俯一仰一场笑,一江明月一江秋。

(二)朗读句子,读出轻声的词语

1. 我的任务是擦玻璃。
2. 相声是一门艺术。
3. 小姑娘的钥匙丢了。
4. 我们在商量怎么把这个消息告诉他。
5. 这个问题不容易明白,麻烦你给我讲讲。
6. 请你帮我打听一件事情。
7. 在海边放风筝真有意思!
8. 赶紧换上干净衣服,我们去公园逛逛。

(三)句子中儿化音节练习

1. 小王儿特别喜欢吃瓜子儿。
2. 咱俩一块儿去打球儿吧!
3. 这包子的味儿不对,馅儿可能馊了吧。
4. 我们从后门儿走,到公园儿玩儿玩儿。
5. 麻烦你把盖儿盖上。
6. 这么多活儿,大伙儿一起才干得完。
7. 这儿没有你说的那个老头儿。

8.别急,慢慢儿说,大伙儿会帮你的。

(四)"啊"的变读练习

1.千万注意啊(ia)!
2.这里的条件真好啊(wa)!
3.身上这么多土啊(wa)!
4.这是一件大事啊(ra)!
5.他在写字啊(za)!
6.大家加油干啊(na)!
7.她的歌声多好听啊(nga)!
8.同志们,冲啊(nga)!

五、绕口令练习

(一)聋子、笼子、虫子

聋子提笼子,笼子装虫子,虫子咬笼子,聋子捉虫子。

(二)桃子、李子栽满院子

桃子、李子、梨子、栗子、橘子、柿子、榛子、栽满院子、村子和寨子。刀子、斧子、锯子、凿子、锤子、刨子和尺子,做出桌子、椅子和箱子。

(三)练唱词儿

进了门儿,倒杯水儿,喝了两口运运气儿。顺手拿起小唱本儿,唱一曲儿,又一曲儿,练完了嗓子我练嘴皮儿。绕口令儿,练字音儿,还有单弦儿牌子曲儿;小快板儿,大鼓词儿,又说又唱我真带劲儿!

(四)小哥俩儿

小哥俩儿,红脸蛋儿,手拉手儿,一块儿玩儿。小哥俩儿,一个班儿,一路上学唱着歌儿。学造句,一串串儿,唱新歌儿,一段段儿,学画画儿,不贪玩儿。画小猫儿,钻圆圈儿,画小狗儿,蹲庙台儿,画只小鸡儿吃小米儿,画条小鱼儿吐水泡儿。小哥俩,对脾气儿,上学念书不费劲儿,真是父母的好宝贝儿。

(五)张果老

啪、啪、啪!谁呀?张果老哇!怎么不进来呀?怕狗咬哇!衣兜里兜着什么呀?大酸枣哇!怎么不吃啊?怕牙倒哇!胳肢窝里夹着什么呀?破棉袄哇!怎么不穿上啊?怕虱子咬哇!怎么不叫你老伴儿拿拿呀?老伴儿死了。你怎么不哭哇?盒儿啊,罐儿啊,我的老伴儿啊!

任务五 发声训练

 任务导引

说话要讲究声音。朱自清说"兼耳底心底音乐而存之",指的是声音洪亮、圆润。字正腔圆才能谈得上美。掌握用气发声、共鸣控制和吐字归音等发声技能,了解科学用声方法,能使我们的声音变得响亮、平稳,吐字更加清晰,音色也会更加动听。

 知识必备

一、用气发声

"气乃音之本","气动则声发",呼吸是发声的动力。韩愈说:"气,水也;言,浮物也。水大而物之浮者大小毕浮。气之与言犹是也,气盛则言之短长与声之高下者皆宜。"我们日常生活中的说话,大体有三种呼吸方式。

(一)胸式呼吸

这种呼吸方法主要靠胸部上端进行。吸气时,横膈膜下降程度很小,腹肌基本上没有运动。呼气时,只把肌肉放松以恢复原状。这种呼吸,吸入的气流量不大,气息很浅,发出的声音往往窄细、轻飘,虚而不实,没有底气,发高音时,显得中气不足,容易造成喉头及颈部肌肉的紧张,声音干瘪,缺乏弹性。

(二)腹式呼吸

这种呼吸方法主要靠横膈膜上下移动,扩大胸腔的上下径。这时,小腹鼓起或收缩。这种呼吸比胸式呼吸要深一些,因而呼吸力量要强一些,在平常说话的呼吸中占有优势。但由于腹式呼吸,胸肌不能积极推动胸廓,胸部固定在一定的状态上,得不到胸部呼吸肌肉的配合,吸进的气少且弱,声音无力,不能持久。

(三)胸膈式呼吸

这种呼吸方法是胸式呼吸和腹式呼吸的联合,也叫"胸腹联合呼吸"。吸气时,一方面借助胸部呼吸肌肉群的力量使肋骨提高与扩展从而扩大胸腔;同时,横隔膜收缩下降增加胸部容积,胸腔得到了全面的扩大,气流量比前两种呼吸方法大多了,有利于用气发声。它具有前两种不可替代的优势,能产生坚实、响亮的声音,是多种声音变化的基础。

日常生活中的说话,在用气方面的讲究并不大,能做到腹式呼吸和胸膈式呼吸就已经不错了。但对于演讲来说显然不够,还必须掌握更科学的呼吸方法,这就是有控制的胸腹联合式的呼吸。这种呼吸方法是在胸膈式呼吸的基础上加强呼气时的控制,即呼气时不马上放松,而是逐渐放松,同时小腹自然内收,有一种内外对抗的感觉。这样呼吸,既能"开源",扩展两肋,全面吸气,又能"节流",把气息停留在体内深处,而不是一下就把气吐完,用两肋逐渐展开和小腹内收拉住呼出的气流,有控制地将气流呼出,使气按照说话的需要有调节地均匀地呼出,从而既有声音的变化,又能清晰生动地表情达意。这是一种最科学,也最理想的呼吸方法。

除上述几种正常呼吸的方法之外,还有一种补气的方法,也叫"偷气"。在说话时,情绪激昂,语速较快,需要增大气流量以加强语势,但又不允许有大的停顿来换气,只能边说边吸气,在一刹那间迅速地用口和鼻吸入少量的气流作为补充。

二、共鸣控制

声带本身发出的声音是微弱的,只有经过喉腔、咽腔、口腔、鼻腔、胸腔的共鸣,声音才能扩大,才能洪亮、圆润、悦耳。在口语表达中,主要运用的是以口腔为主,中、低、高三腔共鸣的方式。中音共鸣区就是口腔共鸣,它是硬腭、软腭以下,胸腔以上的喉腔、咽腔、口腔的共鸣体。低音共鸣区主要是指胸腔共鸣。高音共鸣区主要是指鼻腔共鸣,即硬腭、软腭以上的共鸣体。

(一)扩大共鸣腔,张大嘴说话

口腔、咽腔、舌头放松,喉头处于吸气位置,整个发声通道畅通无阻,获得最大限度的共鸣。但不是任意扩大,而必须根据说话的需要加以控制。

(二)控制舌头

舌前部举得过高,口腔扁平,声音单薄;舌根下压过分,发音通道向前延伸,声音浑浊不清。因此,关键是控制舌头。舌头的伸缩,可以改变口腔的形状,对共鸣产生重要的影响。

(三)均衡协调

肌肉过于紧张,声音僵硬,没有弹性;肌肉过于松弛,声音不集中,没有力度。因此发声时,肌肉应该保持均衡紧张的状态。人们常常只注意控制自己的唇、舌、齿而忘记控制咽肌。咽肌直接关系到软腭的闭合,如果不能协调运用,就会造成"漏气"而出现鼻音。其他各个部位也同样需要均衡协调。

三、吐字归音

吐字归音是我国传统戏曲声乐艺术的发音方法,它根据汉语语音的特点,把一个字音的发音过程分为"出字""立字""归音"三个阶段。这里的关键是把每个字音的字头、字腹、字尾都发得清楚完整。出字是指声母和韵头(介音)的发音,立字是指韵腹(主要元音)的发音,归音是指韵尾的发音收尾。三个阶段的具体要求是立字发音的动程大,时间长;出字和归音发音的动程小,时间短。出字要准确有力;立字要圆润饱满;归音趋向要鲜明,干净利索。字正腔圆,清晰饱满,这是口语发声的基本要求,演讲者更要做到这两点。

演讲与口才

延伸阅读

一、春晚主持词

(一)2008年春节联欢晚会

朱:飞向春天,春潮澎湃天地新。

董:飞向春天,春风浩荡山河美。

李:飞向春天,春光无限祖国好。

周:飞向春天,春意盎然万家乐。

朱:中国中央电视台——

董:中国中央电视台——

李:电视机前的观众朋友们。

周:这里是中央电视台综合频道、中文国际频道、英语国际频道、西班牙国际频道、法语国际频道,正在并机直播的2008年春节联欢晚会的演出现场。

张:在这万家团聚、辞旧迎新的时刻,我们向全国各族人民

刘:向香港特别行政区同胞,向澳门特别行政区同胞——

朱:向台湾同胞、海外侨胞,向全世界的中华儿女们,道一声——

合:春节好!

董:祝大家——

合:新春快乐!万事如意!

(二)2010年春节联欢晚会

朱军:中国中央电视台。

周涛:中国中央电视台。

张泽群:各位来宾,亲爱的朋友们,大家——

齐:春节好!

董卿:今天是大年三十,此时此刻我们是在中央电视台的一号演播大厅为您现场直播2010年春节联欢晚会,让我们一起辞旧迎新共度良宵。

任鲁豫:在这合家团聚,其乐融融的除夕之夜,我们陪您一起聆听虎年钟声的敲响。

欧阳夏丹:在这天地更新万物复苏的美好时刻,我们和您一起迎接又一个春天的到来。

朱军:此时此刻无论您在哪里,都请接受我们的祝福,在这中华民族一年一度的新春佳节即将来临之时,我们给您——

齐:拜年啦!

二、感动中国颁奖词

(一)2011年感动中国颁奖词

1. 科学泰斗——钱伟长。

【获奖名片】赤子。

【颁奖词】从义理到物理,从固体到流体,顺逆交替,委屈不曲,荣辱数变,老而弥坚,这就是他人生的完美力学,无名无利无悔,有情有义有祖国。

2. 信义兄弟——孙水林 孙东林。

【获奖名片】信义。

【颁奖词】言忠信,行笃敬,古老相传的信条,演绎出现代传奇,他们为尊严承诺,为良心奔波,大地上一场悲情接力。雪夜里的好兄弟,只剩下孤独一个。雪落无声,但情义打在地上铿锵有力。

3. 舟曲之子——王伟。

【获奖名片】砥柱。

【颁奖词】大雨滂沱,冲毁了房屋掩埋了哭喊。妻儿需要你的肩膀,而人民更需要你的脊梁。五百米的距离,这个战士没有回家,那个最漆黑的夜晚,他留给自己一个永远不能接起的电话,留给我们一种力量。

(二)2015感动中国颁奖词

1. 吴锦泉——高节卓不群。

【颁奖词】窄条凳,自行车,弓腰扛背,沐雨栉风。身边的人们追逐很多,可你的目标只有一个。刀剪越磨越亮,照见皱纹,照见你的梦。吆喝渐行渐远,一摞一摞硬币,带着汗水,沉甸甸称量出高尚。

2. 张宝艳、秦艳友——阳春布德泽。

【颁奖词】寻寻觅觅,凄凄惨惨戚戚。宝贝回家,路有多长?茫茫暗夜,你们用父母之爱,把灯火点亮。三千个日夜奔忙,一千个家庭团聚。你们连缀起星星点点的爱,织起一张网。网住希望,网住善良。

3. 郎平——雄心志四海。

【颁奖词】临危不乱,一锤定音,那是荡气回肠的一战!拦击困难、挫折和病痛,把拼搏精神如钉子般砸进人生。一回回倒地,一次次跃起,一记记扣杀,点染几代青春,唤醒大国梦想。因排球而生,为荣誉而战。一把铁榔头,一个大传奇!

4. 屠呦呦——春草鹿呦呦。

【颁奖词】青蒿一握,水二升,浸渍了千多年,直到你出现。为了一个使命,执着于千百次实验。萃取出古老文化的精华,深深植入当代世界,帮人类渡过一劫。呦呦鹿鸣,食野之蒿。今有嘉宾,德音孔昭。

5. 阎肃——弦歌感人肠。

【颁奖词】铁马秋风、战地黄花,楼船夜雪,边关冷月,这是一个战士的风花雪月。唱红岩,唱蓝天,你一生都在唱,你的心一直和人民相连。是一滴水,你要把自己溶入大海;是一树梅,你要让自己开在悬崖。一个兵,一条路,一颗心,一面旗。

7.徐立平——大国多良材。

【颁奖词】每一次落刀,都能听到自己的心跳。你在火药上微雕,不能有毫发之差。这是千钧所系的一发,战略导弹,载人航天,每一件大国利器,都离不开你。就像手中的刀,二十六年锻造。你是一介工匠,你是大国工匠。

8.莫振高——化作光明烛。

【颁奖词】千万里,他们从天南地北回来为你送行。你走了,你没有离开。教书、家访、化缘,埋头苦干,拼命硬干。你是不灭的蜡烛,是不倒的脊梁。那一夜,孩子们熄灭了校园所有的灯,而你在天上却熠熠闪亮。

9.官东——天下英雄气。

【颁奖词】来不及思量,就一跃而入,冰冷、漆黑、缺氧,那是长江之下最牵动人心的地方,别紧张,有我在,轻声的安抚,稳住倾覆的船舱,摘下生命软管,那肩膀上剩下的只有担当,人们夸你帅,不仅仅指的是面庞。

 技能训练

一、呼吸控制训练

训练目标:吸气一大片,呼气一条线;气断情不断,声断意不断。做到以情运气,以气托声,以声传情。

(一)吸气训练

吸气时全身,特别是肩、胸要放松,不能耸肩,胸部不要起伏。口鼻同时进气,吸气要深,吸到肺底。

1.闻味道、闻花香。

吸气时要保持安静,使五脏六腑都感到熨帖愉快。把气深深地吸下去,一直吸到肺底,获得小腹及腰围的胀满感,要吸得深入、自然、柔和。

(1)假设饿了,忽然窗口传来了炒菜的香味,烧虾还是炖鱼?请大家闻闻看,究竟是什么味道?

(2)有一瓶香水打破了,是哪种香水?请大家说说看。

(3)现在我们到了一座花园里,请每个人嗅一嗅丁香、茉莉、晚香玉、紫玫瑰的气味。

(4)取以上列举的鲜花一枝,包在手绢里,通过嗅觉品评出它的名字来。

2.抬重物。

3.半打哈欠。

进气最后一刻的感觉,同胸腹联合呼吸的吸气最后一刻相似。

4.身体仰卧床上,双肩自然并拢,体会呼吸状态。小腹如不会收,可用双手帮助由两侧向丹田推动。

5.早上来到野外,深呼吸,体会胸扩腹收。

(二)呼气训练

平稳地呼气,要有控制,这样呼气才能长久;要有变化,随着表达内容的不同、情感的变化,调节呼气的强弱、快慢。

1.模拟吹桌上的灰尘。注意喉部放松,气息均匀流出,尽力拉长呼气时间,达到三十秒为宜。

2.齿缝放气。慢慢吸好气后,蓄气、保持片刻,嘴微开,上下点开一小缝,发出"丝……"声,声音要细要匀,达到三十秒为宜。

3.数枣儿。刚开始做练习时,可中途适当换气,逐渐减少换气次数,尽量做到一口气读完。

出东门,过大桥,大桥底下一树枣;拿着杆子去打枣,青的多,红的少。一个枣、两个枣、三个枣、四个枣、五个枣、六个枣、七个枣、八个枣、九个枣、十个枣;十个枣、九个枣、八个枣、七个枣、六个枣、五个枣、四个枣、三个枣、两个枣、一个枣。

4.数葫芦。调整好气息,口齿清楚地说。以一口气数二十五个葫芦为合格。

"一个葫芦,两个葫芦,三个葫芦,四个葫芦……"

(三)呼吸训练

1.把自己当成一个气球,吸满一肚子芳香的气体,拿绣花针在两唇中间扎了一个小洞,后用手轻压于腹部,使气体徐徐地吐出。呼吸时要和缓、均匀四肢放松。

2.试用慢吸慢呼、快吸快呼、慢吸快呼、快吸慢呼、鼻吸口呼、口吸鼻呼、口吸口呼、口鼻同时呼吸等各种方式的练习。

3.朗读训练。控制好气息,学会补气、换气。

怒发冲冠,凭栏处,潇潇雨歇。抬望眼,仰天长啸,壮怀激烈。三十功名尘与土,八千里路云和月。莫等闲,白了少年头,空悲切!

靖康耻,犹未雪;臣子恨,何时灭?驾长车,踏破贺兰山缺!壮志饥餐胡虏肉,笑谈渴饮匈奴血。待从头,收拾旧山河,朝天阙!

4.绕口令训练。

扁担长,板凳宽,扁担没有板凳宽,板凳没有扁担长,扁担想要绑在板凳上,板凳不让扁担绑在板凳上,扁担非要扁担绑在板凳上。

二、共鸣训练

理想共鸣状态是以口腔为主,三腔共鸣。中音共鸣是口腔共鸣;低音共鸣主要指胸腔共鸣,过多则声音发闷影响字音清晰;高音共鸣主要是鼻腔共鸣,过多则声音显得单薄漂浮。

通,即发音的声道要通畅,不憋不挤。发音时,颈部、背部要自然挺直,胸部要放松,不僵不憋。喉头要放松,口腔要打开,气流可以十分通畅的向上向前流动。

"挂"是指发音时,声音不直通通地放出来,而要控制好气流,使其产生一种被吸住的感觉,好像挂在前硬腭上一样。

(一)口腔共鸣训练

1.训练要领。

适当打开后槽牙(不是张大嘴),使声波顺畅到达口腔。

2.训练方法。

(1)开槽牙(下巴向下移)。练习复韵母发音:ai、ei、ai、ei……

(2)提嚼肌。对比发音"掀起新高潮""窈窕""逍遥",再练习上下牙轻碰嚼东西的动作或旋转摩擦出声。

(3)挺软腭。软腭向上挺住,张口急吸气,发出鸭叫"嘎、嘎、嘎"声,使口腔形成一个圆筒状。以上动作都要防止僵化和迟钝,如槽牙过开、嚼肌过紧等。

(二)鼻腔共鸣训练

鼻腔共鸣是通过软腭来实现的,标准的鼻辅音 m、n 和 ng 就是这样发声的。有人觉得鼻音重显得声音好听、有厚度,但是过多的鼻音是发音之大忌。

1.口鼻音交替训练。

(1)纯 a 音——   加鼻腔共鸣发 a 音。

(2)纯 i 音——   加鼻腔共鸣发 i 音。

(3)纯 u 音——   加鼻腔共鸣发 u 音。

(4)发口音 ba、pa、da、ta,再发鼻音 ma、mi、mu、an、en,体会鼻子在发音中的不同振动。

(5)词句练习。

　　妈妈　　光芒　　中央　　接纳　　头脑

　　蓝蓝的天上白云飘,白云下面马儿跑,挥动鞭儿响四方,百鸟齐飞翔。

2.鼻音练习。

en(第二声)—en(第四声)。类似小孩撒娇时的鼻声回答"en(第四声)",打电话中的鼻声回答"en(第二声)""en(第四声)"。

3.用鼻音哼歌。

用"en"哼《莫斯科郊外的晚上》《太阳岛上》《红河谷》。

(三)胸腔共鸣训练

胸腔的空间及共鸣能量大,发出的声音就有深度和宽度,声音就浑厚、宽广。注意训练时颈背自然伸直,胸部自然放松。

1.音高练习。

有层次的爬高降低。选一句话,先用低调说,再一级一级升高再一级一级下降。

　　春天来了,我爱你,花开了,伟大的祖国,伟大的人民……

2. 低调读韵母训练。

放松胸部和小腹,低调读韵母,产生声音从胸腔透出的感觉。

　　a—a—a　　iao—iao—iao　ang—ang—ang

(四)三腔共鸣综合训练

1. 拔音练习。

由本人的最低音拔向最高音发 a—i—u,体会共鸣状态的变化。

2. 绕音练习。

上绕音:由低到高螺旋形向上发 a—i—u。

下绕音:由高到低螺旋形向下发 a—i—u。

3. 夸张四声训练。

　　山—明—水—秀　　黑—白—分—明　　阳—光—明—媚

　　乘—风—破—浪　　光—明—磊—落　　千—山—万—水

4. 大声呼唤练习。

假设目标在一百米远处,呼唤以下句子。呼唤时,注意控制气息,并注意体会延长音节时"三腔"共鸣的体会。

　　老——王,等——一——等。

　　苗苗,早点回家——

　　小明,快回来——

6. 远距离对话练习,练习时随时改变距离。

　　甲:喂——喂——小芳——

　　乙:哎——

　　甲:快——来——啊——

　　乙:怎么了——呀——

　　甲:一起去看——电——影——吧!

　　乙:好——啊!

三、吐字归音训练

(一)双唇练习

一是双唇阻住气流,然后突然放开,爆发出 b 或 p 音。二是双唇紧闭,用力撅嘴,嘴角后拉,交替进行。三是双唇紧闭,撮起,向上、向下、向左、向右,交替进行。四是双唇紧闭,撮起,向左转圈,再向右转圈,交替进行。

(二)舌的练习

一是刮舌面,舌尖抵住下齿背,舌中纵线部位用力,用上门齿刮舌面,将嘴撑开。二是舌尖与上齿龈用力接触,突然打开,爆发 d、t 音。三是舌根用力抵住软腭,阻住气流,突然打开,爆发出 g、k 音。四是舌的力度练习,闭上双唇,舌尖顶住左右内颊,交替进行,再紧闭双唇,舌在唇齿之间左右环绕,交替进行;舌尖左右立起,交替进行。五是弹舌,用舌尖连续弹上齿,使舌部放松、灵活。

(三)绕口令练习

咬住字头,读响音腹,收准音尾。

1. 八百标兵奔北坡,北坡炮兵并排跑,炮兵怕把标兵碰,标兵怕碰炮兵炮。

2. 哥挎瓜筐过宽沟,筐漏哥慌瓜滚沟,哥隔宽沟瓜筐扣,瓜落筐漏哥怨沟。

3. 石狮寺前有四十四个石狮子,寺前树上结了四十四个涩柿子,四十四个石狮子不吃四十四个涩柿子,四十四个涩柿子倒吃四十四个石狮子。

4. 山前有个严圆眼,山后有个圆眼严,两人上山来比眼,不知是严圆眼的眼圆,还是圆眼严的眼圆。(注意唇的撮展变化)

5. 粉红墙上画凤凰,凤凰画在粉红墙;红凤凰,粉凤凰,红粉凤凰,花凤凰。(注意口腔开合变化,f与h,前后鼻音)

项目三　态势语训练

任务一　表情语训练

任务导引

每个人都有面部表情,脸上的每个细胞、每个皱纹、每个神经都表达着某种意愿、某种感情、某种倾向。面部表情是最准确的、最微妙的人的"晴雨表"。人的面部表情贵在自然、真挚。演讲者应该善于把自己的内心情感,用最鲜明、最恰当的方式显示出来,应该善于通过自己的面部表情对听众施加心理影响,构筑其与听众交流思想情感的桥梁。

知识必备

态势语也称"体态语"或"体语",是通过面部表情、手势、身体动作及服饰等传播信息、交流感情的无声语言,是人的思维、情感的外部显现。态势语训练是有声语言的补充,它辅助有声语言,使有声和无声二者彼此互补、相得益彰。态势语训练没有固定的模式,它应是口语表达者感情的自然流露,应与有声语言相协调。

一、态势语的作用

据美国心理学家艾伯特·梅拉比安的研究,演讲语言信息的传播,7%取决于表达的内容,38%取决于语调和音量,55%取决于态势语。这个研究结论令人吃惊,不能不引起我们足够的注意。古希腊演讲家德摩斯梯尼就把自己演讲成功的秘密归结为恰当自如地应用态势语。具体来说,态势语言在演讲中的作用主要表现在以下几个方面。

（一）补充信息,辅助表达

态势语言的作用在于辅助有声语言更准确、更形象、更有效地表情达意,弥补有声语言在表达上的不足。"言之不足,手之舞之,足之蹈之"。这就是说,态势语言可以把有声语言不便说、说不出的意思表达出来,或者帮助表达未尽之意,具有取代和补充功能。1945年,当罗斯福第四次当选美国总统时,有位记者去采访他,请总统谈谈连任的感想。罗斯福没有立即回答,而是很客气地请记者吃"三明治"。记者高高兴兴地吃下去之后,总统请他再吃一块,盛情难却,记者就又吃了第二块。当记者刚想请总统谈谈时,不料总统又请他吃下第三块。勉强咽下第三块,记者的肚子已经什么也装不进去了,可总统居然又说:"请再吃一块吧?"记者不得不回答:"实在是吃不下了。"这时,罗斯福才微笑着对记者说:"现在,你不会再问我对于这第四次当选的感想了吧?因为你刚才已经感觉到了。"在这里,罗斯福巧妙地运用"动作"来辅助"语言",由于"动作"的支持与配合,"语言"也显得更耐人寻味,更丰满了。

(二)加强渲染,强化情感

态势语的运用能加强演讲语言表达时的效果,能辅助有声语言圆满地表达内容,充分地抒发感情;它可以对重要的词语、句子进行加重或强化处理,具有强调功能。演讲中的态势语不仅能强调或解释演讲词中的含义,而且能生动、形象地表达演讲词中所没有的东西,尤其是在表达情感、情绪和态度方面,态势语言有时甚至比口头语言更明确、更具体、更有感染力。有时只需一个眼神、一种神色、一个手势,我们就会明白对方要表达的意思,看似默默无语但沟通与交流却没有被限制,这就是所谓的"此时无声胜有声"。

朱镕基在谈到国有企业改革的问题时说:"从总体上讲,国有大中型亏损企业摆脱困境,三年——够了!"说到"三年"时,朱镕基稍稍停顿了一下,然后用力地一挥右手,十分肯定地说"够了"。这个镜头给许多人留下深刻的印象,有专家这样评论:朱镕基的手势充分表现了自信、乐观、轻松的心态。一个似有千钧之力的手势,强化、突出了语言的分量,使听者的心灵受到震撼。

(三)调节氛围,促进交流

态势语所表达的情感信息往往具有强调、暗示、掩饰的作用。说话者或听话者有意识地通过身姿、手势、表情、目光等手段传递、交流信息,可以调动或影响口语交际对象的情绪,启发或引导对方的思路,调解口语交际活动,可以化不利的、被动的局面为有利的、主动的局面。如,点头表示赞许,鼓掌表示欢迎,专注的目光可以帮助对方树立谈话的自信,真诚的微笑会让人感动亲切等。

(四)塑造演讲者自身形象,展示风采

风采即风度,是人们的仪表、举止、姿态给人留下的第一印象。演讲者给人的第一印象,往往是还未开口,就已经通过态势语言的表达深刻地印在听众的脑子里。一位演讲者上讲台时,是胆战心惊,害怕得连头都不敢抬起来,还是迈着稳健有力的步子,边走边向听众微笑示意,给听众的印象是大不一样的。态势语言在塑造第一印象上具有举足轻重的作用。如果演讲者能够给听众留下亲切、真诚、老练的第一印象,那么对于后面的演讲是极为有利的。

良好的态势语言能使演讲者形成一种独特的风格和形象。它不仅能给人以美的艺术享受,也是演讲者文化素养、风度、形象的直接反应。正如英国哲学家培根说的那样:"相貌的美高于色彩的美,而优雅得体的动作的美又高于相貌的美,这是美的精华。"

演讲中的态势语言是一个系统。它由表情语言、手势语言、体态语言、服饰语言几个部分组成,各个部分协调合作,相互配合,具有很强的技巧性。

二、演讲中的面部表情

人的面部表情是人的思想感情在外貌上的显示,是人的思想感情最灵敏、最复杂、最准确、最微妙的"晴雨表"。一般地说,喜则眉飞色舞,怒则切齿瞪眼,哀则蹙额锁眉,乐则笑逐颜开。

(一)演讲者面部表情的含义

面部表情包括眼神、眉目、脸部、口唇等。它主要是指演讲者通过自己的脸、嘴和眉目所表达出来的感情。人的面部表情是十分生动、丰富和复杂的。根据生理学和神经心理学的研究,人的喜、怒、哀、乐等复杂感情在脸上的表露都是由面部肌肉的交错收缩与放松造成的。一般来说,当我们看到一个人眉飞色舞、喜笑颜开时,我们知道他的非常高兴;当看到一个人神采奕奕、容光焕发的时候,我们就知道他的精神振奋;同样,看到一个人面色铁青,我们知道他愤怒;看到一个人面红耳赤,知道他害臊激动;看到一个人愁眉不展,就知道他忧心忡忡。

(二)面部表情在演讲中的重要性

有人曾问古希腊最出名的演讲家德摩斯梯尼:"对于一个演讲家,最重要的才能是什么?"德摩斯梯尼回答:"表情。"又问:"其次呢?"答道:"表情。"再问:"再次呢?"答道:"还是表情"。由此可见,面部表情对于演讲者进行表达和听众理解情绪的重要性。

所以,富有经验的演讲者,总是充分地利用面部表情和手势,表达出丰富的思想感情,吸引听众,影响听众,感染听众。达尔文在《人类与动物的表情》一书中指出:"现代人类的表情动作是人类祖先遗传下来的,因而人类的原始表情具有全人类性。"在当今的社交活动中,这种全人类的表情成为了交际过程中的重要手段之一,它以最灵敏的特点和共性,把具有各种复杂变化的内心世界表现出来。如高兴、悲哀、痛苦、畏惧、愤怒、失望、忧虑、烦恼、疑惑、不满、得意等思想感情都可以由面部表情充分地反映出来。"形于色"就是这个意思,这个"色"就是由面部表情和眼神来决定的。我们都有这样的体会:一位演讲者演讲时,在他上场的那一瞬间,首先看到的是他的整体形象。但当演讲继续进行,大家的眼睛会聚到演讲者的一个部位——脸部。这并非因为演讲者都有一张漂亮迷人的脸蛋,而是因为脸部是感情的"晴雨表",听众可以从上面读懂演讲者的情感世界。

有些演讲者不善于运用自己的面部表情,不管内容如何转折变化,不管感情如何波澜起伏,始终都是一种表情,仿佛面部表情同思想感情的变化毫无关系。这些演讲者有的死死地盯着演讲稿不放,有的上台后仍然苦思冥想,像小学生背书一样背诵演讲稿,面部表情呆板僵硬,这不仅会给听众一种呆滞、麻木的感觉,也必然会影响演讲的感染力和鼓动力。有的演讲者惊慌不安,手足无措,面红耳赤,战战兢兢,这样不仅难以传达出演讲内容和演讲者的内心情感,而且会影响听众的情绪。

(三)面部表情必须遵循的原则

1. 准确。面部表情作为一种演讲表达的形式,首先应与实际内容和现场气氛相统一;其次,面部表情的变化要与演讲者的意图相吻合。面部表情应该丰富、生动,应随着演讲内容和演讲者的情绪发展而变化,既顺乎自然,又富于变化。演讲者的一笑一颦都能够和演讲的内容合拍,把听众引入演讲者所希望达到的各种境界中,或者把听众的情绪引向高潮,使听众产生强烈的共鸣。美国听众评述演讲家罗斯福时说:"他满脸都是动人的表情。"《回忆罗斯福》写道:"在二十分钟的时间里,罗斯福先生的脸上表现出诧异、好奇、故作吃惊、真正的兴趣、焦虑、同情、幽默、尊严和无比的魅力,但是他几乎没有说出什么东西。"分析罗斯福演讲的专家认为,罗斯福的演讲往往更注重面部表情,有时谈得很少,但他的表情已经传达了更多的准确有效的信息。

2. 自然。表情要自然真诚,发自内心,尽量保持日常生活中的自然性。演讲者丰富的面部表情是有很强的感染力的,但其本质是自然,自然才显得真挚,故作出来的表情显得虚假。鲁迅先生的演讲使听众如沐春风。他演讲时面部表情像他心灵一样质朴自然,极富吸引力。他坚定地站在那里,两眼平和地看看大家,他不是锋芒毕露、口若悬河,而是声调平缓地讲话,像年老的长辈为孩子讲沧海桑田的生活故事。鲁迅先生慈祥、和蔼而庄严的风采,征服了许多听众。

3. 不要刻意追求演员式的表情。我国著名的演说家赵菊春先生认为,在演讲中有以下常见的脸部表情:突出下颚表示攻击性行为;缩紧下巴表示畏惧和驯服;抚弄下颚表示掩饰不安或胸有成竹;伤心时嘴角下撇,欢快时嘴角提长,委屈时撅起嘴巴,惊讶时张口结舌,仇恨时咬牙切齿,忍耐时咬住下唇;下颚上抬,把鼻子挺出是傲慢、自大、倔强的表现;用手摸鼻子是怀疑对方;用手摸耳垂表示自我陶醉。这些对演讲表情的分析有助于我们的舞台表现,但切忌过于夸张,给听众留下故作姿态的印象。故作姿态的人虽有感情的表露,但不真实、不自然,并不会真正感染听众。矫揉造作的面部表情还会使听众感到滑稽或虚假,降低对演讲者的信任感,影响演讲效果。

三、演讲者的眼神

在整个面部表情中,最鲜明、最突出、最能反映深层心理的是眼睛的神态,即眼神。"眼睛是心灵的窗户"。心理学研究表明,在人的各种感觉器官可获得的信息总量中,眼睛要占70%以上,人的喜怒哀乐、爱憎好恶都能从眼神中表现出来,甚至能表达出用言语难以表达的极其微妙的思想感情。它犹如一面聚焦镜,凝聚着一个人的神韵气质。东晋顾恺之说:"传神写照,尽在阿睹之中。"印度著名作家、诗人泰戈尔说:"一旦学会了眼睛的语言,表情的变化将是无穷无尽的。"所以,一个成功的演讲者要学会用眼睛说话,把自己真实的感情流露在眼睛里,随时运用眼神与听众交流感情。演讲者最忌的是从始至终用一种眼神,这样会给人呆滞、麻木的感觉。当然眼睛也不能无目的地乱转、仰视房顶、偷看评委或死盯讲稿。演讲者学会了"用眼神助说话",就很容易撩拨人的心弦。一定要了解和运用千姿百态的目光语和眼神技巧。运用眼睛时要遵循的一般原则:一是要有一定的目的性;二是要表现出信心,显示出活力;三是要和有声语言、动作、表情相结合。

(一)眼神在演讲中所起的作用

1. 表达复杂多变的思想感情。眼睛是会说话的。一个人心里想什么,只要看他的眼神就可知道。比如:正视表示庄重,斜视表示轻蔑,仰视表示思索,俯视表示自信,侧视表示羞涩,逼视表示命令,瞪视表示敌意,不停地打量表示挑衅,行注目礼表示尊敬,白眼表示反感,双目大睁表示吃惊,眼睛眨个不停表示疑问。

2.增强表达效果,加深观众印象。配合着眉毛的变化,眉目传情意义更广泛。欢乐时眉开眼笑,眉飞色舞;忧愁时双眉紧锁,愁眉不展;愤怒时横眉怒目,虎视眈眈;顺从时低眉顺眼,目不转睛;戏谑时挤眉弄眼,暗送秋波;畅快时扬眉吐气,炯炯有神等。演员出身的美国第四十任总统里根,拥有高超的表演技巧,每次演讲他都能充分运用目光语。他的目光有时像聚光灯,把目光聚集到全场的某一点上;有时则像探照灯,目光扫遍全场。因此有人评价他的目光语是"征服一切的戏"。

3.统摄全场,审时度势地控制演讲的进程。巧妙地使用眉目语言,这是一种艺术。在演讲中,演讲者应该两眼向下平视,目光自然、亲切、专注,和听众进行交流和沟通,及时地了解和掌握听众的情绪、反应。演讲中,演讲者要随意自然,有时盯着某处看,似乎专门说给一个人听;有时一会儿冲左边微笑,一会儿冲右边点头,一会儿朝后边示意,一会儿朝前面挥手,目光流盼,使全场每一个听众都感觉到演讲者是在看着自己说话,营造出一种极为亲切的交流气氛围。

(二)运用眼神的方法

1.前视法。前视法即演讲者视线平直向前流动的方法。它主要指表演者的视线平直向前流动、统摄全场。一般来说,视线的落点应放在全场中间部位及听众的脸上。在此基础上适当地变换视线,视线推进时不要匀速,要按语句有节奏进行,要顾及坐在偏僻角落的听众,并用弧形的视线在全场流转,不可忘掉任何一个角落的听众。这样可使每个听众都感到表演者在关注自己,从而引起听众的注意。同时也有利于演讲者保持端正的姿态,随时注意会场的气氛和听众的情绪。

2.虚视法。似视非视,演讲者需要这种虚与实的目光交替,"实"看某一部分人,"虚"看大家。演讲者的目光在全场不断扫视,好像是看着每个听众的面孔,实际上谁也没看,只是为了营造演讲者与听众之间的一种交流感,弥补因为环视和点视而可能使部分听众感觉受冷落的缺陷。演讲要做到"目中无人,心中有人"。这种方法在演讲中使用频率很高,尤其是初上场的演讲者可以用它来克服紧张与分神,减轻心理压力。这种视而不见的方法可以用来表现对观众的关注,也可表示演讲时的愤怒、悲伤、怀疑等感情,还可表示思考,把听众带入想象的境界。

3.环视法。环视法即用眼睛环视听众的方法,它要求表演者的视线在会场的左右前后迅速来回扫动,不断地观察全场,与全体听众保持眼光接触,增强双方的情感交流。这种方法由于其视线的跨度大,难免有为视线而视线之嫌,所以,演讲者要适时调整自己的目光。这种方法主要用于感情浓烈、场面较大的演讲。将前视法与环视法结合起来,既可观察到听众的心理变化,还可检验演讲效果,控制全场的情绪。

4.点视法。点视法指把目光集中投向某一角落、某一部分,或者个别听众,并配合某种手势或表情。这是一种最有实效、最有内涵的一种眉目语言。譬如有的听众,面带微笑,频频点头,甚至情不自禁地鼓掌喝彩,演讲者投去一丝亲切的目光,这是表示赞许、感谢;有的听众轻轻摇头,甚至还在嘀咕着什么,演讲者在作了某种调整以后,再盯着看一眼,这是表示征询、探讨;有时会场的某一角,某一部分听众发出议论声,甚至有骚动,演讲者立即把目光投过去,这是表示调整和制止。

5.闭目法。人的眨眼一般是每分钟五至八次,如果眨眼时间超过一秒钟就成了闭眼。演讲中,演讲者为了表达思绪沉浸在某种情感之中,运用此法,可以恰到好处地引起观众的共鸣。

6.仰视法和俯视法。演讲者可以根据演讲内容运用仰视和俯视。如表示长者对后辈的爱护、怜悯或宽容时,可以不时地将把视线向下移;表示尊敬、思索或回忆时可将视线向上移。

除了演讲之外,其他社交活动中的眉目语言同样显得重要。与人谈话时,视线应该接触对方的面部,接触的时间应占全部谈话的30%～60%。超过这个平均值的,就表现听话者对谈话内容感兴趣;低于这个平均值的,则表明听话者对谈话内容或谈话对象不怎么感兴趣。正如黑格尔在《美学》中所论述的那样:"不但是身体的形状、面容、姿态和姿势,就是行动和事迹,语言和声音以及它们在不同生活中的千变万化,全部可以由艺术化成眼睛。人们从眼睛里可以认识到无限自由的心灵。"

四、演讲者的微笑

(一)微笑是演讲中面部表情的核心

微笑是一种良性的脸部表情,能反映出一个人的内心世界,是自信的标志,礼貌的象征,涵养的外化,情感的体现。在演讲中,微笑象征演讲者性格开朗,可以建立融洽的气氛,消除听众抵触情绪。曾在美国哈佛大学担任校长三十年之久的叶洛特博士说:"微笑是人际交往成功的催化剂。"法国作家诺阿诺·葛拉索说:"笑是没有副作用的镇静剂!"

有人说,微笑是能走遍全球的最优美的世界语。真诚的微笑,无论是其形式还是内涵,都是无须翻译的世界语,它能将友善自由地从一个心灵流入另一个心灵。可以毫不夸张地说,笑是人际交往中最好的黏合剂!

作为一种取之不尽用之不竭的表情动作,笑不需要花费任何代价,而它不仅会使笑的人快乐,更会使看到的人快乐。笑是可以相互感染的,看到别人的笑容,自己也笑出来。笑是一种储蓄,你对别人笑,别人就会对你笑;你对生活微笑,生活会用更多的微笑来回报。

演讲者在演讲中一定要应面带微笑,而这种微笑必须是真挚感情的自然流露。因为真诚的微笑,不仅表明自己有教养、有信心,同时表明对听众的友善与信赖。在态势语言中,笑是一种特别值得提倡的语言。这是一种特别有效的交流与交际工具。笑是获得友谊、取得信任、融洽关系、化解矛盾的重要手段。

(二)在演讲中下列场合应该运用微笑技法

1.上台与下台时应微笑。这样可拉近与听众的距离,把良好的形象留在听众心中。

2.表达赞美、歌颂等感情色彩时应微笑。此时要博得别人笑,自己首先要笑。

3.面对听众提问时送上一缕微笑是无声的赞美与鼓励。

4.肯定或否定听众的一些言行时,可以配合着点头或摇头,脸带微笑。

5.面对喧闹的听众,演讲者可略停顿,同时脸带微笑是一种含蓄的批评与指责。

延伸阅读

一、演讲眼神训练技巧

面部表情最生动的部分就是眼神,文艺复兴时代的著名艺术大师达·芬奇有一句名言:"眼睛是心灵的窗户。"人的喜怒哀乐都可以通过眼睛反映出来。通常,双目紧锁表示忧虑;含情注视表示祈祷;眉目骤张表示惊讶;眉目低垂表示悲痛。

一双炯炯有神的眼睛,可以给他人留下足够好的印象。口乃心之门户,而眼睛是心灵的窗户。所以,在演讲和沟通过程中,眼光的运用非常重要。一个充满魅力的眼神,可以让别人看到我们的自信,可以促进我们的人际交往。接下来我们就再给大家介绍下练功者、演员、军人他们是如何练眼神的。

1.我们首先从练功者身上去了解他们是如何练就眼神的。

练功者讲究手到、身到、眼到。这三者中又以眼快为先。所以,经常练习可以做到眼观六路。有功之人,一旦与人交手,眼神到位,灵活抵挡就有了先决条件。从实战的角度来说,眼神是体察对方的关键,能有效地目测距离,判断其所用的拳法和战略技术。从表演的角度来讲,眼神也占有极其重要的地位。且看练功者的几种练习方法:

(1)定穿眼:立正姿势站好,两手握拳于腰间,双眼圆瞪,盯住正前方一个目标不动,好似要看穿目标一样(以下开始,步法都为立正式)。

(2)左右晃眼:头部不动,双眼圆瞪,眼球平行左转,看左侧的极限角度。定一会儿后,迅速平行右转。左右反复练习数次。

(3)上下晃眼:头部不动,双眼圆瞪,眼球平行看上方的极限角度。定一会儿再下移,下移到最低角度。上下反复练习数次。

(4)旋眼:头部不动,沿双眼边缘所能看到的极限角度,按顺时针或逆时针的方向做圆形旋眼动作。

注意练习时的环境要安静、清洁,避免阳光直射,最好在松柏常青、风景秀丽的地方练习;头要正,身要直,舌抵上腭,下颔内收。每个动作练完后,可休息一会儿,也可配合做按摩。

2.我们再来看看演员和军人如何练眼神的。

(1)演员都是要经过严格的眼神训练的。京剧大师梅兰芳在台上,只要眼睛向台下一扫,无论你坐在哪个角落,都能感觉到他已经在看你了——而且看穿了你的心!其实,梅兰芳从小就有眼疾,而且近视。他的眼神完全是练出来的。

演员练眼神是从二至三米的距离盯着蜡烛看的,眼神要集中,一次五至三十分钟不等,随练习程度的深入而在此范围内逐步增加。

六小龄童也是近视眼,他练习的方法是白天盯着日出看二十分钟,直到眼泪流下来——这样来练眼神固定;经常看乒乓球,眼随球动——这样来练眼睛的灵活度;晚上看香头——这样来练眼神聚光。

(2)军队中有一项练眼神的方法。盯着一样物品,眼神集中并且想象物品就是你最憎恨的东西或者人,每次五至十五分钟不等,注意眼神集中并要凶狠。

多吃动物的肝脏,注意用眼卫生和勤加锻炼。尽可能望远,看绿色的东西。还可以养一缸鱼,眼睛跟着鱼的游动游走。

(摘编自豆丁网)

二、有一种爱叫微笑

微笑盛开在脸上,像明媚的花朵,时刻散发着迷人的芬芳;微笑吟唱在风中,是一首轻快的歌,每一个音符都跳跃着动人的旋律。一次定格的微笑,便是一幅美丽的风景画,温馨而又含蓄。

微笑是赋有亲和力的国际语言,不用翻译就能打动人的心弦;微笑是一种艺术,具有穿透和征服一切的自信魅力;微笑是一缕春风,可以吹散郁积在心头的阴霾;微笑是一种爱,一种富有生命力的自爱。

如果把微笑比喻成一抹阳光,那么,它就能温暖受伤苦闷的心。"阳光总在风雨后,风雨之后见彩虹"。微笑的温暖,能使你的委屈从眉梢滑落,在那些滴水成冰的日子里,把烦乱的思绪理顺。

因为生活,一部分人消极地选择了哭泣;因为生活,一部分人积极地选择了微笑。其实生活并没有拖欠我们什么,至少,它给了我们生命,给了我们生存的空间。所以没有必要苦着脸,表露哭泣的面容。

智者微笑,庸者哭泣。

只有懂得微笑的人,才能紧紧牵住生活的手,微笑着唱响生活的歌谣。我们不要抱怨生活给予了太多的磨难,也不必抱怨生命中有太多的曲折。大海如果失去了巨浪的翻滚,就会失去雄浑;沙漠如果失去了飞沙的狂舞,就会失去壮观;生活如果仅去求得两点一线的一帆风顺,生命也就失去了存在的魅力。

承受一切笑看人生。你微笑,生活也微笑;你微笑,整个世界也微笑。爱,是从一个微笑开始的。不要低估了一个微笑的作用,它很可能使一个熟不相识的人走进你,甚至爱上你,成为你开启幸福之门的一把钥匙,成为你走向柳暗花明的一盏明灯。

面对错综繁杂的生活,要给自己一个深深的念想,苦酿成甘。每天出门前照照镜子,对着镜中模样,给自己一个自信的微笑。生活中遇到的不快,工作上碰到的不舒心,情感上沉积的纠结和忧郁,会被微笑所替代,从而铺满对生活的热情,感受人生旅途中的点滴幸福。

微笑既不是对弱者的愚弄,也不是对强者的奉承。微笑是没有目的,无论是对上司,还是对门卫,甚至于对傻子、乞丐,笑容都是一样的。微笑是对他人的尊重,也是对生活的尊重和对人格的弘扬。微笑不带仇恨,即便是把微笑留给伤害你最深的人。

微笑发自内心,无法伪装。微笑是人生最好的名片,最好的化妆品,它能给自己一种信心,也能给别人一种信念,从而更好地激发潜能。微笑是朋友间最好的语言,一个自然流露的微笑,胜过千言万语,无论是初次谋面,还是相识久远,微笑能拉近人间的距离,令彼此倍感温馨。

微笑是一种很重要的修养。微笑能给人亲切和温暖。一直以来,和阳光的人在一起,心里就不会晦暗;一直以来,和快乐的人在一起,嘴角自然袒露微笑。真正懂得微笑的人,总是容易获得比别人更多的机会,总是容易取得成功。舍得微笑,得到的是友谊;舍得微笑,拥抱的是快乐;舍得微笑,获取的是幸福。

岁月峥嵘,几度春秋,人生几何?修行微笑,拥抱微笑给的爱,明天会更好!

(摘编自豆丁网)

三、微笑之都的快乐生活

美国有一个城市被称为"微笑之都",它就是爱达荷州的波卡特洛市。该市通过一项法令,该法令规定全体市民不得愁眉苦脸或拉长面孔,违者将被送到"欢容遣送站"去学习微笑,直到学会微笑为止。波卡特洛市每年都举办一次"微笑节"。

我到美国的爱达荷州旅游,想起有个朋友住在波卡特洛市,于是前去拜访他。

一下车,就看到等候多时的朋友。上一次见面,还是在国内的时候。多年未见,能在他乡遇故知,我们都格外高兴。我兴奋地和朋友聊着,没注意到迎面走来的男子,结果把人家手里的饮料撞翻,都泼在了对方的衬衫上。

我大惊失色,连连道歉。没想到,对方不介意,还送了我一个格外灿烂的笑容。最后,对方还安慰我不要紧,这才带着笑容走进了洗手间,去清洗衣服了。一旁的朋友说,你走运了,今天是"微笑日",所有人都会面带笑容,所以也显得格外亲切。难怪,尽管衣服被饮料弄脏,对方还是一脸笑容。

确实,走在路上,入眼尽是灿烂亲切的笑容。不管是购物、搭公交车,还是问路,对方都不吝于展现迷人的笑容。在这样欢快的气氛中,想要心情不好都很难。一整天,我带着愉快的心情,领略了波卡特洛市大街小巷的美丽景色。

朋友告诉我,尽管今天是波卡特洛市每年一度的"微笑日",但在平时,当地的居民也都很友好,且时常挂着笑容。早些年,朋友其实是居住在其他州,偶然的机会,到波卡特洛市玩了几天,从此爱上了这个地方。后来,干脆移居到波卡特洛市。

从"微笑法令"通过至今,已经过了大半个世纪了,经历了这么长时间,微笑已经成了当地的典型标志。朋友告诉我,波卡特洛市居民们的幸福和快乐指数在全美国是位居前列的。这种乐观的生活态度也让当地居民的健康状况,要远远好过其他地区。

朋友说,其实笑可以分为两种。一种是人开心的时候,会下意识地笑;另一种是人不开心的时候,笑能化解消极的情绪,让心情变得好起来。所以,不管开心还是不开心,波卡特洛市的居民们都习惯了用笑容来面对。

傍晚,我买了车票,登上了离开波卡特洛市的大巴。窗外的一张张笑脸,让我对这个地方产生了深深的眷恋。一个充满笑容的地方,必定也充满着快乐和幸福。

(摘编自天涯博客)

 技能训练

一、表情语运用技巧

(一)各种面部表情的含义

1. 脸上泛红晕表示羞涩、激动。

2. 脸上发青发白表示生气、愤怒或惊吓、紧张。

3. 皱眉头表示不同意、反感、烦恼、强忍盛怒。

4. 扬眉毛表示兴奋、喜悦、欢乐、庄重。

5. 嘴唇并拢表示和谐宁静、端庄自然。

6. 嘴唇半开表示疑问、奇怪、惊讶。

7. 嘴唇向上表示善意、礼貌、喜悦。

8. 嘴唇向下表示痛苦悲伤、无可奈何。

9. 嘴唇撅着表示生气、不满意。

10. 嘴唇紧绷表示愤怒、对抗、决心已定。

(二)眼睛动作

1. 眼睛正视表示严肃、庄重平和。

2. 眼睛仰视表示思索、盘算。

3. 眼睛斜视表示轻蔑、鄙视。

4. 眼睛俯视表示羞涩、含蓄。

5. 开始讲话前看着某一个听众,而不是看整个集体。

6. 缓慢而平均地与现场每一个听众接触眼神。

7. 目光停留在每个听众身上三至五秒钟,保持适度的暂停,给每个人说完一个整句或表达一个完整想法的时间就差不多了。

8. 注意听众反映,如果有人对你绷着脸,千万别让他的不快传染到你身上,那也许只是专心致志的神情而已。

9. 回答听众问题时,应缓和地将眼神平均扫视全场。

（三）眉眼要求

1. 当惊喜时,你要神采飞扬、眉毛上挑且微微颤动,展现喜上眉梢之态。
2. 当忧愁时,你要显得忧心忡忡,应皱着眉头,给人以一种若有所思的感觉。
3. 当愤怒时,应横眉冷对,使眼睛圆睁,满脸杀气。
4. 当平静时,应表现出目光平视或凝视,给听众一种思索和情感交流之感。
5. 让听众的表情随着你的眼神变化,这样就给你的演讲奠定了基础。

（四）目光语的不良习惯

1. 视线不与观众交流,盯着天花板、窗外、资料,冷落观众。
2. 长时间死死盯着某一观众,使对方受到目光侵犯,感受到压力。
3. 眼神左右漂移或眼动头不动,让人感觉到演讲者情绪紧张或心不在焉。
4. 做某些需要眼神辅助的手势时,手到而眼未到。
5. 当众说话时挤眉弄眼。
6. 眼神暗淡无光,没有体现作品的思想和情感。

二、表情肌训练

在讲话和演说中,我们可能会表现出七情六欲,这可以用脸部的表情肌去完成。一般认为,表情肌是能够训练的,也就是说,如果我们了解了那些表情肌,参与了某种情绪的表演,以后就可以尝试去做了。以下罗列了一些脸部表情与表情肌之间的关系。

愉快：嘴角向后及上拉,眉毛平展,眼睛平眯,瞳孔放大。

抑郁：嘴角前及下垂,眉毛紧锁,面孔显长。

高兴：眉毛上扬,嘴角向上,口微张。

蔑视：双眼微闭,视角下斜,抬面颊。

痛苦：皱双眉、半眯双眼、嘴角下拉。

生气：眼睛圆大,眉毛倒竖,微闭口唇,紧咬牙关。

当然,脸部表情的熟练运用必须与演讲的内容结合起来,适时、适事、适情、适度的使用,切忌矫揉造作和牵强附会。

（一）眉目练习

1. 眉毛上下转动五次,倘若转动不好亦不要紧,只要收缩上眼睑的肌肉就达到了目的。
2. 将黑眼珠上翻慢慢转圈,左转五圈,右转五圈,这一节对消除眼睛疲劳亦很有效。
3. 将食指置于双目中间,做对眼状十秒,然后放松,重复五次。
4. 将两手食指置于双眼左右,眼珠尽量不看食指保持十秒,放松。重复五次。
5. 左右眼睛交替闭目,难以闭合的一只眼要重点练习,倘若双目都能同等程度地一闭一合,眼神练习便达到了及格。

（二）面部练习

1. 食指抵住两边嘴角,慢慢上升,保持十秒钟。
2. 接着做适中的笑脸,嘴角更往上挑,保持十秒钟,其他部分保持松弛状。

3.嘴角接平瞳孔的延长线,作大笑状,持续十秒钟,复原。

4.手指沿颧骨按住面部,反复做笑容和松弛状,确保肌肉运动。

5.最后放松脸部的肌肉,做一个自己喜欢的笑容。

你会发现自己的表情比做操前生动得多。

(三)笑容保持操

1.作大笑状,嘴角用食指固定,不让肌肉复原,保持十秒钟。

2.回到适中的笑,固定嘴角,保持十秒钟。

3.用食指抿住嘴角回到微笑状,保持十秒钟。

4.抿嘴,嘴角略微上挑,保持十秒钟。

5.最后,食指按住嘴角,尽量嘟嘴,保持十秒钟。

每日坚持做这节操,可增加表情的美感。

三、情景表演

(一)大家来表演

1.喜悦:面部肌筋放松,嘴角向上,眼色明亮。

2.悲哀:面部肌筋放松,嘴唇微升,眉目低垂。

3.快乐:面部肌筋放松,嘴唇大开,双眼眯缝。

4.惊讶:面部肌筋收缩,嘴唇大开,眉目骤张。

5.坚定:面部肌筋收缩,嘴唇紧闭,目光炯炯。

6.愤怒:面部肌筋收缩,嘴角向下,怒目圆睁。

(二)朗读下列诗句,用眼神表现出括号中提示的表情

1.我,常常望着天真的儿童。(微笑)

2.虽然素不相识,我也抚抚红润的小脸。(亲切)

3.他们陌生地瞅着我,歪着头。(陌生)

4.孩子们像一群小鸟打量着一个恐龙蛋。(惊奇)

5.他们走了,走远了……(失望)

(三)目光练习——打动对方的目光交流

向您的同组学员讲一段您亲身经历的故事,在演讲中注视每个人五秒钟。避免像摇头扇一样按顺序看。

四、课外训练

(一)认识自己的面部表情

器材:镜子、摄像系统。

内容:认识自己未训练之前的各种基本表情。

方法与步骤:

1.对着镜子,酝酿不同的心情,选择自己在喜、怒、哀、乐、惧五个方面具有代表性的表情脸谱。无法表达的人,需要反复练习,以自以为能够准确选择为止。

2.面对摄像系统,录制自己的五种表情脸谱。

3.小组观看,每人反馈对自己表情的理解,并提出修改意见。

4.对照小组成员的理解和修改意见,对着镜子进行改进和训练,可以由小组成员给予帮助。

5.在单人镜子训练时要特别注意体验表情肌肉的状态,并巩固下来。日常生活中要保持留意和应用。

6.再由摄像系统拍摄矫正后的表情脸谱。

7.以课件的形式,撰写实验训练报告。报告包括以下三方面内容:

(1)自己原来面部表情的特点以及存在哪些不足。

(2)如何进行矫正,有何感受和体会。

(3)前后表情有何不同,如何进一步改进,如何巩固,如何应用。

(二)特定面部表情训练

器材:镜子、摄像系统。

内容:对常见的微笑、喜悦、忧虑、愠怒、惊讶、悲伤等表情脸谱进行认识和训练。

方法和步骤:

1.对着镜子,分别酝酿上述心情,选择自己在微笑、喜悦、忧虑、愠怒、惊讶、悲伤六个方面具有代表性的表情脸谱。无法表达的人,需要反复练习,以自以为能够准确选择为止。

2.面对摄像系统,录制自己上述的六种表情脸谱。

3.小组观看,每人反馈对自己表情的理解,并提出修改意见。

4.对照小组成员的理解和修改意见,对着镜子进行改进和训练,可以由小组成员给予帮助。感觉有明显进步后,可以进入下一环节。

5.在单人镜子训练时要特别注意和体验表情肌肉的状态,并巩固下来。日常生活中要保持留意和应用。

6.再由摄像系统拍摄矫正后的表情脸谱。

7.以课件的形式,撰写实验训练报告。报告包括以下三方面内容:

(1)自己原来面部表情的特点以及存在哪些不足。

(2)如何进行矫正,有何感受和体会。

(3)前后表情有何不同,如何进一步改进,如何巩固,如何应用。

(三)面部情达意、意传情训练

器材:镜子、摄像系统。

内容:在模拟情境中,就咨询与治疗过程常用的表情,比如关心、理解、赞许、同情、疑义、异议等进行学习和训练。

方法和步骤:

1.运用上述训练的技巧,酝酿自己的相应的心情,首先对着镜子,就关心、理解、赞许、同情、疑义、异议等表情进行尝试练习。

2.小组成员模拟来访者说一段情节,由学生作出关心、理解、赞许、同情、疑义、异议等六种表情,用摄像系统拍摄下来。

3. 小组讨论,提出反馈意见和改进的建议。

4. 单人对着镜子进行训练,感觉有明显进步后,可以进入下一环节。

5. 小组成员再次模拟来访者说另一段情节,由学生作出关心、理解、赞许、同情、疑义、异议等六种表情,用摄像系统拍摄下来。

6. 以课件的形式,撰写实验训练报告。报告包括以下三方面内容:

(1)自己原来面部表情的特点以及存在哪些不足。

(2)如何进行矫正,有何感受和体会。

(3)前后表情有何不同,如何进一步改进,如何巩固,如何应用。

任务二　手势语训练

任务导引

古罗马政治家曾这样说:"一切心理活动都伴有指手画脚等动作,手势恰如人体的一种语言,这种语言甚至连最野蛮的人都能够理解。"

我们要学会恰当地运用手势,增强演讲的说服力和感染力,同时彰显演讲者本人的自信和风采。

知识必备

手势是指从肩部到指尖的各种活动,包括臂、肘、腕、掌、指的各种协调动作。手势语能够表达心理活动、抒发思想情感、传递某种信息,是口语交际的重要辅助手段。

一、手势动作在演讲中所起的作用

手势语是演讲者运用手指、手掌、拳头和手臂的动作变化,表达思想感情的一种态势语言,它是态势语言的重要组成部分。美国心理学家詹姆斯认为,在身体的各部分中,手的表达能力仅次于脸。在演讲中,手势有着不可低估的作用。恰当地运用手势对于加强口语的语势,补充口语的不足,表现演讲者的体态形象,增强演讲的说服力和感染力都有着重要作用。

二、手势动作必须遵循的原则

(一)雅观自然

体态语言要做到端正、高雅,符合生活美学的要求。人们听演讲,除了获得信息,受到启迪这外,也需要获得美的享受。演讲的体态动作要做到姿态优美、恰如其分,符合人们的审美习惯。演讲者的手势贵在自然,自然才见感情的真实流露,自然才能真实地表情达意,才能给人以美感。优美自然的体态语言还必须符合演讲者的性别、年龄、经历、职业及性格等特征。

(二)保持三个协调

1.手势与全身的协调。演讲者的手势从来不是单独进行的,它的一举一式,总是和声音、姿态、表情等密切配合进行的。演讲以讲为主,以演为辅,没有动作的演讲只能讲话而已,但动作要和演讲者的体态协调才美。

2.手势与口头语言的协调。手势的起落应和话音的出没是同步的,不可互为先后。手势要落在相应的字词上。出手要快,收手要慢。如果话说出去了,手势还没有做;或话已讲完,手势还在继续,不仅失去了它的意义,也使听众感到滑稽可笑。

3.手势与感情协调。演讲中感情激昂时手的幅度、力度可大,否则小一点,手势幅度和感情是成正比的。例如,说下面这段演讲词时的动作幅度就应该大。

如果说,中国是头沉睡的雄狮,就需要我们每一个人用热情去唤醒,让他咆哮,让他呐喊!如果说,中国是条俯卧的巨龙,就更需要我们做主人的用双手去托起,让他腾飞,让他振兴,让他永远屹立于世界强国之林!到那时,我们都将会自豪地说:"我是中国的主人。"

而说下面这段演讲词时的动作幅度就应该小。

青年人有青年人的脚步,老年人有老年人的脚步,但不管是谁,无论你迈的是什么样的脚步,都是凭着两只脚,一步一步地走完漫长而短暂的人生之路的。朋友们,我们正在走着这条路,请经常回头看看自己走过的脚步,更不妨仔细想想,在未来征途中,我们的双脚该怎样迈步,往哪迈步。

(三)适宜、适量、简练

1.与演讲内容相适宜。从整体上既要有助于有声语言的表达,又要给人以和谐的美感。手势动作只有在与口语表达密切相配合时,其含义才最为生动具体。演讲者的手势必须随演讲的内容、自己的情感和现场气氛自然地表现出来,手势的部位、幅度、方向、力度都应与演讲的有声语言、面部表情、身体姿态相适宜,协调一致,切不可生搬硬套勉强去凑手势。

2.手势动作要适量,要不多不少。手势动作过多,就会显得轻挑作态、喧宾夺主,会使听众感到眼花缭乱,听众甚至会拿演讲者的动作寻开心。但是,如果演讲者在台上从头到尾都不运用手势,那样就会失掉演讲的感染力和活力,演讲者的气质、风度也就无法体现出来,听众不能深刻理解演讲的思想内容而感到枯燥无味。

3.手势动作要简单精练。体态语言毕竟是口语的辅助手段,使用时切忌过多过滥,毫无节制,手势动作本身要简单、明了、不刻意雕琢,应尽量做到少而精,以免干扰有声语言的表达。正像说得多不一定就表明语言能力强一样,态势语言表演过多,不一定能加强演讲效果。所以演讲中的手势动作应简练、得体。演讲者每做一个手势,都要力求简单精练、清楚明了、干净利索,不可琐碎,不可拖泥带水。小动作千万不要做,重复动作也不要多做。

(四) 因人制宜

在演讲中态势语的恰当运用可以表现一个人的成熟、自信、涵养、气质和风度。演讲者要根据自身条件,选择符合自己的身份、性别、职业、有表现力的手势。就性别而言,男性的手势一般刚劲有力,外向动作较多;而女性的手势主要是柔和细腻,内向动作较多。就年龄而言,老年演讲者因体力有限,手势幅度较小,精细入微;而中青年演讲者身强力壮,手势幅度较大,气魄雄伟。就身高而言,个子比较矮小的演讲者可以多做些高举过肩的手势来弥补不足,这样可以使自己形体显得高大一些,而个子较高的演讲者,可多做些平直横向动作。

对于在什么情况下该打什么手势,做什么动作,是无法确定的,全靠演讲者自己摸索、模仿。但初学者一定要注意:不要去追求那种千人一招、万人一式的模式化的态势动作。每个人都有自己的特点,突出自己的特点并美化定型就行。

(五) 演讲中忌讳的动作

演讲手势贵在自然,切忌做作;贵在协调,切忌脱接;贵在精简,切忌泛滥;贵在变化,切忌死板;贵在通盘考虑,切忌前紧后松或前松后紧。除此之外,以下一些手势动作切记不能在演讲中出现的:拍桌子;拍胸脯;拍手掌;拳头对听众;手指向听众指指点点;双手叉入口袋;背着手;双手交叉在胸前;双手叉腰;双手乱动或乱晃;挠痒痒、抠鼻了、揉眼睛、抓耳挠腮等;摆弄衣角纽扣等;乱动话筒;拿桌上的东西;反复用手摸头发。

三、手势动作的分类

(一) 按表达功能特点分类

1. 情意性手势。在演讲中运用较多,表现方式也极为丰富。这种手势语主要用于带有强烈感情色彩的内容,能表达出演讲者的喜、怒、哀、乐。它的表达情深意切,感染力强。如在演讲中说道"我们一定要扭亏为盈",同时右手由右上方向左下方劈下,并在句尾的"盈"字顺势握成拳头,显得有力而果断,给人以信心和力量。

2. 指示性手势。这种手势主要用于指示具体人物、事物或数量,给听众一种真实感。例如,"作为一个国家,振兴中国的任务之一,只有一个选择,就是必须走建设具有中国特色的社会主义道路"。配合有声语言,右手上举于头侧握拳伸出食指,引起听者对这一神圣选择的关注。它的特点是动作简单,表达专一,一般不带感情色彩。指示性手势有"实指"和"虚指"之分。实指涉及的对象是在场听众视线所能看到的;虚指涉及的对象是远离现场的人和事,是听众无法直接看到的。

3. 象形性手势。这种手势主要用模拟演讲中的人或物的形状、高度、体积、动作等,给听众以生动、明确、形象的印象。例如:"什么是爱?爱,不是得到而是奉献!"配合有声语言,双臂在胸前平伸,臂微弯,手心朝上,模拟献物状,会加深对方对爱的理解。这种手势常常略带夸张色彩,不能机械的模仿,不能过分的夸张和有过多的表演痕迹。

4.象征性手势。这种手势的含义比较抽象,如果能配合口语,准确、恰当运用,则能启发听众的思考,引起听众的联想,给听众留下鲜明的具体的印象。例如:"对学生而言,我们去的是国家建设最需要的地方!"配合有声语言,右手向前方伸出,象征西部、边疆等最需要的地方。

(二)按活动的区域分类

1.肩部以上范围的手势,称为上区手势。手势在这一区域活动,一般表示理想、希望、号召、鼓动、喜悦、祝贺等;手势向内、向上,手心也向上,动作幅度较大,大多用来表示积极肯定的、激昂慷慨的感情。

2.肩部至腰部范围的手势,称为中区手势。手势在这一区域活动,多表示叙述事物、说明事理和较为平静的情绪,一般不带有浓厚的感情色彩。其动作要领是单手或双手自然地向前或两侧平伸,手心可以向上、向下,也可以和地面垂直,动作幅度适中。

3.腰部以下范围的手势,称为下区手势。手势在这一区域活动,一般表示憎恶、鄙视、反对、批判、失望等。其基本动作是手心向下,手势向前或向两侧往下压,动作幅度较小。

(三)按使用单、双手分类

用单手做的手势叫单式手势;用双手做的手势叫复式手势。它们能在不同程度上辅助口语的表情达意。在运用时要注意以下三点:

1.感情的强弱。一般来说,讲到批评或表扬,肯定或否定,赞同或反对的内容,其情感特别强烈时,则可用复式手势。在一般情况下,用单式手势较为合适。

2.听众的多少。一般来说,会场较大,听众较多的场面,为了强化手势的辅助作用,激发听众的情感,可以用复式手势。反之,用单式手势较为合适。

3.内容的需要。形式是为内容服务的,这是决定用单式手势或复式手势的最根本的依据。如果离开了内容的需要,即使会场再大,听众再多,也不宜用复式手势。同样,根据内容的需要,应该用复式手势时,如果使用单式手势,则显得单薄无力。

四、手势动作的运用

(一)手指的运用

在演讲中手指的动作是十分常见的,运用起来人人都会,简单明了。但有一点,不少演讲者都不太注意,那就是不能用手指直接指听众、指他人,这是一种缺乏礼仪常识和不礼貌的举动。因此,在演讲中、生活中每一个人都要避免用手指直指他人的习惯。手指的运用主要表示以下几种情况:

1.表示数目。

2.表示态度。

3.指点事物或方向。

4.凝聚注意力。

5. 表示微小或精确。

(二)手掌的运用

1. 推掌表示坚决、否认、果断、排斥、势不可挡等意。

2. 伸手(单手或双手掌心向上)表示请求、交流、许诺、谦逊等。

3. 抬手(单手或双手心向上、两臂抬起)表示号召、唤起、祈求、激昂、愤怒、强调等。

4. 摆手(掌心向下)表示否认、蔑视、不屑一顾等。

5. 压手(掌心向下)表示要安静停止或气愤、激动等。

6. 挥手表示兴奋、果断、鼓动、呼吁、前进、致意等。

7. 手掌放在胸前表示自己、祝愿、愿望、心情等。

8. 两手心相对表示距离、物状、说明、描述等。

9. 手掌放在身体一侧表示憎恨、鄙视、气愤、指示人和事等。

10. 两手由分而合表示亲密、团结、联合等。

11. 两手平端向上挥动表示鼓动、号召、激励听众行动等。

(三)拳头动作

拳头的动作在演讲中一般表示激动、信心、自豪、义愤、仇恨等。拳头动作有较大的排他性,一般在演讲尽量少用。

延伸阅读

一、世界各地的手势语

手势语是体态语的一种。体态语包括眼神、走路姿势、站立的姿势以及手势等。在国际交往中,由于语言不同,有时往往要借助某种手势。著名人类学家霍尔教授曾经说,一个成功的交际者不但需要理解他人的有声语言,更重要的是能够观察出他人的无声信号并且能够在不同场合中正确使用这些信号。下面是一些常见的手势语在不同文化中的含义:

1. 翘大拇指。在中国,翘大拇指表示"好",用来称赞对方干得不错、了不起、高明,这个意思在世界上许多国家都是一样的。英美人伸大拇指,向上翘,意为"It's good"或"It's OK"。但是在一些国家该手势还有另外的意思。比如,在日本,它表示"男人""你的父亲""最高";在韩国,还表示"首领""自己的父亲""部长"和"队长";在澳大利亚、美国、墨西哥、荷兰等国,则表示"祈祷命运";到了法国、印度,在拦路搭车时可以使用这一手势;在尼日利亚,宾客来临,要伸出大拇指,表示对来自远方的友人的问候。在澳大利亚,竖大拇指则是一个粗野的动作。如果将大拇指急剧向上翘起,在美国是指责对方"胡扯",而在希腊,意思是要对方"滚开"。

2. 向下伸大拇指。在中国,把大拇指向下,意味着"向下""下面"。在英国、美国、菲律宾,大拇指朝下含有"不能接受""不同意""结束"之义,或表示"对方输了"。墨西哥人、法国人则用这一手势来表示"没用""死了"或"运气差"。在泰国、缅甸、菲律宾、马来西亚、印度尼西亚,拇指向下表示"失败"。在澳大利亚,使用这一手势表示讥笑和嘲讽。在突尼斯,向下伸出大拇指,表示"倒水"或"停止"。

3.将拇指和食指弯曲合成圆圈,手心向前。在中国表示数字"零"或"三";在日本、朝鲜、缅甸表示金钱;在泰国表示没问题;在印度尼西亚表示什么也干不了,什么也没有以及不成功;在英美等国,一般用来征求对方意见或回答对方征求意见的回话,表示同意、了不起、顺利,一般相当于英语中的"OK";在荷兰表示正在顺利进行;在巴西则认为是对女性的引诱或对男性的侮辱。

4.伸出食指。世界上使用这一手势的民族也很多,但表示的意思却不一样。中国人向上伸食指,表示数目,可以指"一",也可指"一十""一百""一千"……这样的整数。在日本、韩国、菲律宾、斯里兰卡、印度尼西亚、沙特阿拉伯、墨西哥等国,食指向上表示只有一个(次)的意思。在美国表示让对方稍等,在法国,学生在课堂上向上伸出食指,老师才会让他回答问题。在新加坡,谈话时伸出食指,表示所谈的事最重要。在缅甸,请求别人帮忙或拜托某人某事时,都要使用这一手势。在澳大利亚,在酒吧、饭店向上伸出食指,表示"请来一杯啤酒"。在墨西哥、缅甸、日本、马来西亚,这一手势表示顺序上的第一。在中东,用食指指东西是不礼貌的。

5.伸出食指和中指做"V"字状。"V"是英文"victory"的第一个字母,故在英国等国此手势含有"胜利"之意。但在塞尔维亚语中这一手势代表"英雄气概",在荷兰语中则代表"自由"。不过,做这一手势时务必记住把手心朝外、手背朝内,在英国尤其要注意这点,因为在欧洲大多数国家,做手背朝外、手心朝内的"V"形手势是表示让人"走开",在英国则指伤风败俗的事。在中国,"V"形手势表示数字"二""第二"或"剪刀"。在非洲国家,"V"形手势一般表示两件事或两个东西。

6.食指弯曲:这一手势在中国表示"九";在日本表示小偷,特别是那些专门在商店里偷窃的人及其偷窃行为;在泰国、新加坡、马来西亚表示死亡;在墨西哥则表示钱或询问价格及数量的多少;在韩国表示有错误、度量小;在缅甸表示数字"五";英美人用这一手势来招呼某人到他那里去。

7.将手掌向上伸开,不停地伸出手指。这个动作在英美国家是用来招呼人的,意即"come here"。

8.伸出中指:向上伸中指在中国有些地方表示"胡扯",在四川等地用这一手势来表示对对方的侮辱;在菲律宾,表示愤怒、憎恨、轻蔑和咒骂;在美国、法国、新加坡,表示愤怒和极度不快;在墨西哥表示不同意;在法国还表示"下流行为"。

9.伸出小指。在日本表示女人、女孩子、恋人;在韩国表示妻子、女朋友;在菲律宾表示小个子、年轻或表示对方是小人物;在泰国、沙特阿拉伯表示朋友;在缅甸、印度表示要去厕所;在英国表示懦弱的男人;在美国、韩国、尼日利亚还可以表示打赌。

(摘编自百度文库)

二、演讲中的手势技巧详解

演讲中不但有讲,而且有演。"讲"不是一般地说话唠嗑,在声音、音调等方面有一定的要求;"演"不是一般的表演,而是一种"演示"。演讲中的道具没有别的,除了面部表情之外,主要是依靠手势,可见手势在演讲中是十分重要的。手势是演讲者诉诸听众视觉、给听众以演讲者直观形象的构成部分。因此,手势既可以引起听众注意,又可以把思想、意念和情感表达得更充分、更生动、更形象。手势的运用没有什么固定模式,完全是由演讲者的性格和演讲的内容以及演讲者当时的情绪支配的。手势的运用各有各的习惯和技巧。中心问题是要与演讲言词的意义相协调,突击演讲的内容和情感。

演讲手势贵在自然,切忌做作;贵在协调,切忌脱接;贵在精简,切忌泛滥;贵在变化,切忌死板;贵在通盘考虑,切忌前紧后松或前松后紧。演讲的手势可以说是"词汇"丰富,千变万化,没有一个固定的模式,作为一个出色的演讲者平时要认真观察生活,刻苦训练,积极付诸实践。下面介绍演讲中常用的手势:

1. 拇指式。竖起大拇指,其余四指弯曲,表示强大、肯定、赞美、第一等意。

2. 小指式。竖起小指,其余四指弯曲合拢,表示精细、微不足道或蔑视对方。这一手势演讲中用得不多。

3. 食指式。食指伸出,其余四指弯曲并拢,这一手势在演讲中被大量采用,用来指称人物、事物、方向,或者表示观点甚至表示肯定。胳膊向上伸直,食指向空中则表示强调,也可以表示数字"一""十""百""千""万"。手指不要太直,因为面对听众手指太直,针对性太强。弯曲或钩形表示数字"九"……

4. 食指、中指并用式。食指、中指伸直分开,其余三指弯曲。这一手势在一些欧美国家及非洲国家表示胜利的含义,由英国首相丘吉尔在演讲中首创。

5. 中指、无名指、小指三指并用式。该手势表示数字"三"。

6. 食指、中指、无名指、小指四指并用式。该手势表示数字"四"。

7. 五指并用式。五指并伸且分开,该手势表示数字"五"。指尖并拢并向上,掌心向外推出,表示"向前""希望"等含义,显示出坚定与力量,又叫"手推式"。

8. 拇指、小指并用式。拇指与小指同时伸出,其余三指并拢弯曲,该手势表示数字"六"。

9. 拇指、食指、中指并用式。三指相捏向前表示"这""这些"或数字"七"。

10. 拇指、食指并用式。并拢表示肯定、赞赏之意;二者弯曲靠拢但未接触,则表示"微小""精细"之意;分开伸出,其余三指弯曲表示数字"八"。

11. "O"型手,又叫"圆形手",曾风行欧美,表示"好""行"的意思,也表示"零"。

12. 手仰式。掌心向上,拇指自然张开,其余弯曲,表示包容量很大。手部抬高表示"赞美""欢欣""希望"之意;平放是"乞求""请施舍"之意;手部放低表示无可奈何,很坦诚。

13. 手俯式。掌心向下,其余弯曲,表示审慎提醒,抑制听众情绪,进而达到控场的目的,同时表示反对、否定之意;有时表示安慰、许可之意;有时又用以指示方向。

14. 手切式。五指并拢,手掌挺直,像一把斧子用力劈下,表示果断、坚决、排除之意。

15. 手啄式。五指并拢呈簸箕形,指尖向前,表示"提醒注意"之意,有很强的针对性、指向性,并带有一定的挑衅性。

16. 手包式。五指相夹相触,指尖向上,就像一个收紧了开口的钱包,用于强调主题和重点,也表示探讨之意。

17. 手剪式。五指并拢,手掌挺直,掌心向下,左右两手同时运用,随着有声语言左右分开,表示强烈拒绝。

18. 手抓式。五指稍弯、分开、开口向上。这种手势主要用来吸引听众,控制大厅气氛。

19. 手压式。手臂自然伸直,掌心向下,手掌一下一下向下压去。当听众情绪激动时,可用这手势平息。

20. 手推式。见"五指并用式"。

21. 抚身式。五指自然并拢,抚摸自己身体的某一部分。抚胸表示沉思、谦逊、反躬自问;抚头表示懊恼、回忆等。

22. 挥手式。手举过头挥动,表示兴奋、致意;双手同时挥动表示热情致意。

23. 掌分式。双手自然撑掌,用力分开。掌心向上表示"开展""行动起来"等意,向下表示"排除""取缔"等;平行伸开还表示"面积""平面"之意。

24. 举拳式。单手或双手握拳,平举胸前,表示示威、报复;高举过肩或挥动或直锤或斜击,表示愤怒、呐喊等。这种手势有较大的排他性,演讲中不宜多用。

25. 拳击式。双手握拳在胸前作撞击动作,表示事物间的矛盾冲突。

26. 拍肩式。用手指拍肩击膀,表示担负工作,责任和使命的意思。

27. 拍头式。用手掌拍头,表示猛醒、省悟、恍然大悟等意。

28. 捶胸式。用拳捶胸,辅之以跺脚、顿足,表示愤恨、哀戚、伤悲。演讲中不太多用。

29. 手搓式。双手摩擦,意味做好准备,期待取胜;速度慢表示猜疑;在冬天则表示取暖;拇指与食指或其他指尖摩擦,通常暗示对金钱的希望。

30.手颤式。单手或双手颤动,必须与其他手势配合才表示一个明确的含义。主要有以下三种。

①双手同时上扬,稍高(可平头,但不可太过头),这个动作一般用于结尾,因为演讲的结尾多抒情言志,这个动作可以帮助提高气势。

②单手上扬,高度适中(与肩齐高为宜),这个动作一般用于演讲过程中,要么叙述的地方,要么情绪稍高的地方,这样可以增加叙述时的视觉效果,也可以使情绪更好的抒发。

③单手握拳,用力一扬,切忌过高(只要自然地在胸前就好)。这个动作不要随便用,一般用于表明决心或表明志向的场合,如果使用不恰当的话会"过犹不及"。

(摘编自中华口才网)

技能训练

一、手势语解析

1.同志们,伟大来自于伟大的理想。

解析:说"伟大的理想"时,右手臂向右上方伸展出。

2.事情大的力量往往就是这样,你认为你行,你就行;你认为你不行,即使你行也不行。

解析:说第一分句时向左看,右手掌向内向上;说第二分句时向右看,右手掌向外向下劈出。手势幅度不宜过大。

3.人与人之间只有很小的差异,却造成了巨大的差异;这很小的差异就是一个心态是积极的,一个心态是消极的;所造成的巨大差异就是一个成功,一个失败。

解析:说这三个句子时,目光不要看同一个方向,可以是左看——右看——左看;说"一个成功"时,右手掌向内向上,说"一个失败"时,右手掌向外向下。

4.德国诗人歌德说:你若失去了财产,你则失去了一点;你若失去了荣誉,你则失去了许多;你若失去了勇气,你则失去了一切。同志们,财产是一点,荣誉是许多,勇气才是一切啊!只要我们不失去勇气,我们必然会反败为胜的!

解析:说"一点""许多""失去了一切"时,可以分别用拇指、食指、中指撮合,右手掌向右前伸出和右手掌向右下劈出表示;说"反败为胜"时可用右手指右上方有力伸出。

5.星移斗转,万象更新。当然也有亘古不变的,那就是理想信念永远具有激励人的美好而神奇的力量。火炬总会带来光明,罗盘永远指向希望、成功、胜利的彼岸。

解析:说"理想信念"时,右手掌向右上举起与头部齐;说"神奇的力量"的,右手握拳,作宣誓状;说"指向希望、成功、胜利的彼岸"时,右手掌向右前伸展(也可分三步逐层展出指向右前方)。

6.有人说,女性是月亮,她温柔、耐看、有回味,阳刚之气中,应该有阴柔的关怀和温和。然而我要说:女性不仅仅是月亮,女人将是,并且,终将会成为一轮耀眼夺目的太阳!

解析:说"耀眼夺目的太阳"时,右手臂向右上方展出。

7. 两千多年前,马其顿国王亚历山大率军出征印度,途中断水,全军将士四处找水。结果卫士找回来的却只有一杯水,便把它献给了国王。这时,亚历山大下令立即把部队集合起来,端着这仅有的一杯水,充满信心地对士兵发表简短的演讲:"水源已经找到了,我们只要前进,就一定能够找到水的!"话音刚落,大家只见国王把手中的那杯水"刷"地泼在地上。将士们顿时精神振奋,怀着强烈的希望,不顾干渴的煎熬,跟着国王,加快了前进的步伐。

解析:说"一杯水"时,右手食指上指;说"'刷'地泼在地上"时,右手掌作握杯状,抬至胸前由左向右下移动,作洒水状。

二、按内容要求设计相应的手势,然后表演出来

(一)短句训练

1. 看!太阳起来了,它光芒四射,普照人间。
2. 什么是爱?爱并不是索取,而是奉献!
3. 小赵,真是个好样的!
4. 同志们,千万注意,这次实验是非常关键的一次。
5. 这种损人利己的行为,我们是坚决反对的。
6. 她轻轻地躺倒在草地上,仰望着蓝蓝的天空。
7. 高大的建筑物突然陷入地下。
8. 你为什么要这么做?
9. 别看你人长得高大,干起事来是这个。
10. 大灾面前有大爱,伸出我们的援助之手,把爱洒向汶川!

(二)演讲片段训练

1. 明天从不向任何人作保证,无论青年或老人,今天可能就是你最后一次看到你所爱的人。因此,别再等待了,今天就开始!因为如果明天永远不来,你也许会遗憾今天没来得及微笑、拥抱、亲吻,会遗憾自己忙碌得只能把它们归为一个最后的愿望。保护周围你爱的人吧,告诉他们你多么需要他们。爱他们,善待他们,用些时间对他们说:"对不起""原谅我""劳驾""谢谢"以及你知道的所有爱的话语。(加西亚·马尔克斯)

2. 人生在世,注定要受许多委屈。而一个人越是成功,他所遭受的委屈也越多。要使自己的生命获得价值和炫彩,就不能太在乎委屈,不能让它们揪紧你的心灵、扰乱你的生活。要学会一笑置之,要学会超然待之,要学会转化势能。智者懂得隐忍,原谅周围的那些人,在宽容中壮大自己。(莫言)

3. 文学和科学相比,的确没什么用处,但文学最大的用处,也许就是它没有用处。教育也如此,所谓的分数、学历、甚至知识都不是教育本质,教育本质是:一棵树摇动另一棵树,一朵云推动另一朵云,一个灵魂唤醒另一个灵魂。(莫言)

4. 正值青春年华的我们,总会一次次不自觉望向远方,对远方的道路充满憧憬,尽管忽隐忽现,充满迷茫。有时候身边就像被浓雾紧紧包围,那种迷茫和无助只有自己能懂。

尽管有点孤独,尽管带着迷茫和无奈,但我依然勇敢地面对,因为这就是我的青春,不是别人的,只属于我的。(村上春树)

5.我们曾如此渴望命运的波澜,到最后才发现:人生最曼妙的风景,竟是内心的淡定与从容……我们曾如此期盼外界的认可,到最后才知道:世界是自己的,与他人毫无关系。(杨绛)

6.人的生活方式有两种,第一种是像草一样活着。你尽管活着,每年还在成长,但是你毕竟是一棵草;你吸收雨露阳光,但是长不大。人们可以踩过你,人们不会因为你的痛苦而产生痛苦;人们不会因为你被踩了,而来怜悯你,因为人们本身就没看到你。所以,我们每一个人都应该像树一样成长。即使我们现在什么都不是,但是只要你有树的种子,即使被人踩到泥土中间,你依然能够吸收泥土的养分,自己成长起来。也许两年、三年你长不大,但是十年、八年、二十年,你一定能长成参天大树,当你长成参天大树以后,遥远的地方,人们就能看到你;走近你,你能给人一片绿色、一片阴凉,你能帮助别人。即使人们离开你以后,回头一看,你依然是地平线上一道美丽的风景线。树,活着是美丽的风景,死了依然是栋梁之才。活着死了都有用,这就是我们每一个同学做人的标准和成长的标准。(俞敏洪)

5.中国社会有个通病,就是希望每个人都照一个模式发展,衡量一个人"成功"的标准也是一元化:在学校看成绩,进入社会看名利。真正的成功应是多元化的。成功可能是你创造了新的财富或技术,可能是你为他人带来了快乐,可能是你在工作岗位上得到了别人的信任,也可能是你找到了回归自我、与世无争的生活方式。每个人的成功都是独一无二的。(李开复)

三、自行准备一个比较励志的演讲片段,设计面部表情和手势,并当众演讲

任务三　体态语训练

通常演讲者的出场,只是从后台走到讲台,虽然还没开口说话,但演讲者的走姿、站姿、表情等对观众已经产生了首轮效应。心理学中,首轮效应又称"第一印象效应",也有人将首轮效应理论直接叫作"第一印象决定论"。这种印象往往会直接左右着人们对事物的评价,因此,演讲者出场这短短的几秒时间有时甚至影响到后面的演讲效果,它的重要性可见一斑,演讲者不可忽视。

体态是指说话时身体的样式和动作,即头态、身姿、脚距、臂势、手势等。体态语是通过人身体的各种姿态传神、传情、传递信息的一种体态语,具有传情达意的作用,是人体内在情感的外露。俗话说"坐如钟,站如松,行如风"。还有句话说"站有站相,坐有坐

相"。这些都是强调人们在交际时应有正确的体态语。在人际交往中,与口语表达密切相关的体态语有头部语、站姿语、坐姿语和行姿语。

一、头部语

头为仪容的主体,它的位置应当平正闲适,而不要偏侧倾斜,头部动作不宜过多,应该和身躯手势相应。

头部语表情达意的方法一般有以下几种:点头可表示赞同、肯定、鼓励;摇头可表示反对、否定、怀疑;偏头可表示诧异、犹豫、不解;低头可表示谦逊、顺从、娇羞、忧虑、深思;垂头可表示无奈、沮丧、回避;昂头表示勇敢或高傲;后仰表示恐惧、退让、迟疑、软弱或失望;倾斜表示得意或愉悦;左右微摇表示怀疑否定、反对或不忍;前倾表示倾听、期望,有时也表同情或关心;微倾表示观察或思考;头部端正表示自信、严肃、正派、自豪、有勇气、有魄力的精神面貌。

二、站姿语

站姿语是通过站立的姿态传递信息与情感的语言。不同的站姿给人的印象不同,也传递出不同的信息和情感。站立时,脊背直立,胸部挺起,双目平视前方,表示愉悦、自信;弯腰躬背的立姿是精神不振或意志消沉的表现。

鲁迅先生说过:"演讲有三美:意美以感心,一也;音美以感官,二也;形美以感目,三也。"演讲必须站着,这是一个基本原则。古今中外成功的演说家都是站着演讲的,就是在联合国的讲台上,不管是国家元首,还是政府要员,也都一律站着讲。其原因就在于以下几点:第一,表示对听众的尊重;第二,避免长篇大论,或埋头念稿子的毛病;第三,显示演讲者的精神风貌;第四,增强和听众的交流,调节会场的气氛;第五,演讲者站立,可以给人一个完整的形象,只有站立,才能使手势、身势自由地摆动,才能给人一个完整的形象,才能给人美的感觉。当代演讲大师曲啸老师有时一天连讲四场,但他从不坐着讲,他说:"听众就是演讲者的镜子,而且是多棱镜,从各个角度来反映演讲者的形象。演讲者的体态、风貌、举止、表情都应给听众以协调平衡乃至美的感受。要想从语言、气质、体态、感情、意志、气魄等方面充分地表现出演讲者的特点,也只有在站立的情况下才有可能。"

演讲者站在台上,要像青松一样挺立,不能掉肩斜背;可一脚略前,一脚稍后,或呈稍息式,但绝不可扭曲身子,或过分侧向一方,以斜背对场中另一方,这是对场中听众不一视同仁的表示;两脚不可靠得太拢,也不宜跨得太开;演讲中应有所变换。站姿应自然、大方、不拘谨、不呆板,身子要正,无论动与不动,都应当体现出一种体态美。

站要直:双肩相平、下沉外展,上身和两脚与地面要基本垂直,挺胸、收腹、立腰,和谐有朝气。

立要稳:讲话者的重心应放在自己脚上,而不应该依靠讲台之类的支撑物。常见站立姿势有三种,第一种适用于女性,后两种适用于男性。

第一,"丁"字步。左脚脚尖十二点钟方向,右脚脚尖两点钟方向,右脚脚后跟靠于左脚后三分之一处。两脚可以互换位置调剂,减轻疲劳。

第二,"平分式"。两脚分开,与肩同宽,身体的重量自然平均分散在两只脚上。这种站姿不适宜长时间的讲话。

第三,"稍息式",也就是介于立正和稍息之间的姿势。一脚稍前,一脚稍后,两脚之间约为七十五度,脚跟距离在二十厘米左右。重心主要压在后脚上,它也可以两脚互换位置调剂,减轻疲劳。长篇演讲者一般都采用这种站姿,在演讲时被广泛使用。

手要松:站立时两手的姿势有以下几种:双手自然垂下放在身体两侧;两手相叠放在腹部;一手拿物,一手垂下;两手按在讲桌边。

头要正:头部抬起,双目平视听众,下颌微收,脖颈挺直,面带微笑,精神饱满。歪头斜脑即有损形象,又不利于发声和情感的表达。

肩要平:不要耸肩,也不要一高一低,做动作时两肩要平稳。

眼要亮:眼睛要聚焦,要始终用眼神与听众交流。

脸要笑:没有笑脸不开店,没有笑颜不开口。

腿要美:臀内侧、大腿内侧肌肉收紧,双腿并拢直立,重心落于脚掌,挺拔自然。优美的站姿取决于腿美的程度。

三、坐姿语

"行如风,坐如钟,立如松"。坐姿语是通过各种坐姿传递信息的姿态语。不同的姿势传递出不同的信息。如男性微微张开双腿而坐,是稳重、豁达的表示,将一条腿架在另一条腿上,即跷起二郎腿的坐姿,则表示轻松、自信;女性并拢双膝而坐,是庄重、矜持的表示,双腿交叉又配合交臂的坐姿,则表示自卫、防范。

完整的坐姿包括入座、坐定、起座三个程序。入座要从容大方、轻稳缓和,款款走到座位前,背向椅子,轻缓落座。女士要双手从臀部捋过裤、裙,顺势坐下。起座要舒缓、自然,右脚可向后收半步,用力蹬地,起身站立,或用手掌支撑大腿,重心前移,起身站立,给人以高贵、文雅、自然大方的感觉。

坐定后,头要正,下颌微收,双目平视对方,面带微笑。腰直、挺胸、收腹。双肩自然下沉,双臂自然弯曲。两手自然放在膝盖或腹收或桌面上。女士还可双手呈互握式,右手握住左手手指部分,放于腹前双腿上。臀部占椅子面积的二分之一。

女士双腿并拢,小腿与地面垂直,双膝和双跟并拢。男士双脚向外平移,两腿间距离不得超过肩宽,小腿与地面垂直,双膝分开。男士一般两脚张开,大致与肩同宽。

四、行姿语

行姿语是通过行走的姿态传递信息的姿态语。行走时,演讲者要抬头挺胸、步履稳健、自然轻盈,不慌张、不摇晃,不扭肢摆腰。头部抬起,下颌微收,双目平视前方(约五米处),面带微笑,精神饱满。腰直、挺胸、收腹,上身略前倾。双肩自然下沉,手臂放松,手指自然弯曲,以肩关节为轴,上臂带动前臂摆动。两臂前后摆动的幅度不得超过三十度。每迈出一步,前脚跟到后脚跟之间的距离,一般为一至一个半个脚长。脚落地的位置,女士行走时两脚内侧着地的轨迹应在一条直线上。男士行走时两脚内侧着地的轨迹应在两条直线上。女士步速标准为每分钟一百二十步,男士每分钟一百一十步。

延伸阅读

美国第十六任总统林肯,第一次说话在公众场合说话,嗓音都变了,好像有棉花堵住了嗓子,满脸通红,不知道手往哪儿放。经过长期苦练,林肯终于成为世界著名演说家、雄辩家、交谈家,回答问题经常出人意料,精彩绝伦。在葛底斯堡的演说,总共才三分钟十句话,竟使一千多人落了眼泪。现在该演说已经铸成金文,放在英国的牛津大学里,作为英文的演说的典范。那么,林肯卓越的口才是如何练就的呢?

第一,爱诵读。对于出身低微、家境贫寒的林肯而言,读书是件非常奢侈的事情。一旦费尽心思得到一本好书,他都会仔细阅读。看到精妙的语言,他还会忍不住大声朗读,甚至背诵下来。《拜伦诗集》《哈姆雷特》《李尔王》等是他经常背诵的篇目。如此读书使他博闻强识,说话和演讲时,他可以将这些通过读书得到的妙语信手拈来,运用自如,让人觉得他的语言美妙而又富有哲理。

他曾经这样说起自己的读书心得:"我用两种感官去领会书中的意思,这是因为当我朗读的时候,我不但看到所读的东西,而且听到它。两种感官同时发挥作用,即使不能加深理解,也能记得更牢。"

第二,善模仿。为了练习自己演讲时的姿势和发音,林肯经常徒步到法庭去听律师们的辩护,看他们如何批驳谬误,如何做手势,如何让声音更动听。偶尔遇到福音传教士的布道,他也会仔细揣摩他们的动作和发音方法。听完后,在回家的路上,林肯就会迫不及待地学着律师和传教士的样子,将田野里的树桩及成片的庄稼当作听众,对着它们大声演讲,反复模仿他们的动作、神态、语气以及语调,以锻炼自己的演讲能力。长久的模仿,让他吸取了百家之长,使他在日后的演讲中语气恰当,声音自然流畅,为其演讲增辉不少。

第三,勤思考。除了机敏的反应和美妙的语言。更让人折服的是林肯在演讲中阐释的深刻思想。这些都来源于他平时的勤思。二十二岁那年,林肯看到了拍卖黑奴的悲惨场景,开始思索贩卖黑奴的对错,他买了一些法律和逻辑方面的书,决定用确凿的论据批驳"白人贩卖黑奴天经地义"理论的荒谬。他将推理过程一步一步地记录下来:"不管甲怎样确证他有权奴役乙,难道乙就不能抓住同一论据证明他也可以奴役甲吗?你说因为甲是白人而乙是黑人。那么,就是以色为依据了。难道肤色浅的人就有权去奴役肤色深的人吗?那你可要小心,因为按照这个逻辑,你就要成为你所碰到的第一个肤色比你更白的人的奴隶……"从这一大段论述中,林肯得出了以"肤色的黑白"等作论据,推不出"白人可以奴役黑人"的结论。这坚定了他解放黑奴的信心,也促使其在1862年9月22日发表了著名的《解放黑人奴隶宣言》。林肯抓住一切时间和机遇,爱诵读,善模仿,勤思考,终于成为一名知识渊博、思维敏锐、谈吐幽默的演讲家、雄辩家。

(摘编自百度网)

 技能训练

一、站姿训练

常言道:"站如松。"这指站立要像松树那样端正挺拔。站姿显现的是静态美。站姿也是训练其他优美体态的基础,是表现不同姿态美的起始点。规范的站姿要求头正,两眼平视前方,嘴微闭,收颌梗颈,表情自然,稍带微笑;两肩平正,放松并稍向后下沉;两臂自然下垂,中指对准裤缝;挺胸收腹腰正,臀部向内向上收紧;两腿立直贴紧,两脚跟靠拢,脚尖向外夹角六十度。

良好的站姿从侧面看应是后脑勺、肩、臀部、后脚跟尽可能在同一条直线,但由于生活中大部分人没有经过形体训练,因此会出现颈部前伸、驼背、胸部不挺括、塌腰挺肚、耸肩等形体毛病。形体训练能从脊柱上给予调整,消除这些形体问题。

拉脖子:想象头顶有根绳子向上提并将颈椎拉直,同时注意做到不抬下巴,也不压出双下巴,两肩打开下沉,肚脐眼向后靠,尾椎骨向内收,尽量使颈椎、胸椎、腰椎、尾椎在感觉上成一直线,膝关节用劲站稳,自然呼吸,有空即可练习。

靠墙站:背靠墙,尽量让身体的头部、肩、臀、脚后跟等部位贴向墙,每次站十分钟,可早晚练习。

沉肩:两腿分开,两手自然放在身体的两侧,感觉肩上有石头压着,尽量往下沉,两手尽量向下伸去摸膝关节,随时可练习。

半脚尖站:两手轻轻扶在椅子背或窗台,双脚并拢,尽量夹紧,把臀部尽量往上提收,肚脐眼向内收,但不能憋气,自然呼吸。两肩尽量打开,脖子拉长,眼睛盯着一个点尽量不动,两嘴角往上翘,尽可能露出八颗牙齿的微笑,每次练习两分钟,可每天早晚坚持一段时间。

二、走姿训练

走姿是一种动态美。每个人都是一个流动的造型体,优雅、稳健、敏捷的走姿会给人以美的感受,产生感染力,反映出积极向上的精神状态。

在行走之时,每个人亦应注意自己的仪态与风度,稳健、自如、轻盈、敏捷是仪态优雅、风度不凡的体现。基本体态的要领是:头顶天,两肩打开,肚脐向后贴,注意提收腹部、大腿以及臀部等肌肉,放松两肩,挺胸直背。

具体而言,要做到正确而优美地行走,应当注意下列几个步骤:第一,走动时上体前屈,以腰动带动腿动和脚动;第二,行进时应将腿伸直,而要做到这一点,首先要使膝盖伸直;第三,行走时应上身挺直,并且始终目视自己的正前方;第四,走路时应将注意力集中于后脚,并且使脚跟首先触地,女性穿高跟鞋时应全脚掌落地;第五,步行时应保持相对稳定的节奏,不论是步幅、步速还是双臂摆动的幅度,均须注意此点;第六,前进应当保持一定的方向。从理论讲,男女行走的最佳轨迹应是平行线。

平时在行走的过程中,要注意养成良好习惯,克服一些不雅的仪态,如:上看下看、左顾右盼;驼背弯腰、缩脖摆胯;连蹦带跳、手舞足蹈;摇摇晃晃、东倒西歪等。平时坚持不懈的努力才能使演讲更加成功,这也表现了一个演讲者自身的修养水平。

三、坐姿训练

坐姿语是通过不同的坐的姿势传递信息的姿态语。坐姿能表现出人的修养、情感。比如:男性微微张开双腿而坐是权威、豁达、自信的表示;将一只腿架在另一只腿上,即跷起二郎腿的坐姿,则是轻松、自在、自然的表示;女性如果并拢双膝而坐,是庄重、矜持、有涵养的表示。

(一)正规坐姿的训练

正规坐姿又称"正襟坐姿"或"庄重坐姿"。这种坐姿表示庄重和尊重对方,多用于初次见面、领导接见、外事会谈、业务谈判、面试等严肃的场合。

训练要求:台上摆放三至五张椅子,学员们分组依次上台入座。坐下时要求上身挺直,精神集中,两手平放在膝上或手按着手,双腿并拢或略为分开,臀部一般只坐在椅子的前半部,整个坐姿就像个"L"。女性也可采用双膝并拢或脚踝交叉的姿势。注意不可过于紧张,那样会给人呆板僵直的形象。

(二)休闲坐姿的训练

这是一种潇洒轻松、自由自在的坐姿。这种坐姿表示宽松、随意、融洽、和谐、不拘礼节,多用于非正式交际场合,如在家中或休闲场所与非常熟悉和了解的亲人、朋友、同学、邻居等随便聊天。

训练要求:身体可以稍稍斜着,双手不受拘束,可以交叉放在胸前,或自由伸展,双腿也可以随意摆放。但一定要注意文明与雅观,同时男女的坐姿也要区别对待。

(三)半正规半休闲坐姿的训练

这种坐姿显得轻松、自如、不拘谨,可以营造和谐融洽的友好气氛,加深彼此的了解和友谊,缩短双方的心理距离,一般适用于交谈、接待、座谈会、联谊会等场合。

训练要求:介于正规坐姿和休闲坐姿之间,坐的姿势轻松自在,如头部稍稍后仰,背靠椅背,手随便放在扶手上,腿可以架在另一条腿上等。发言时要偏向正规坐姿,听别人讲话时可以适当随意些。

四、上下台时的步姿语训练要求

上台前:在讲台的侧面或前排候场,此时要看好地形、路线、了解观众的情况;整理好自己的衣服、资料、道具、发型等;请工作人员调整好音响及话筒高度;调整心态,酝酿感情。

上台时：听到请自己上场的声音时，要与主持点头致意，然后从容不迫、落落大方、潇洒自信、面带微笑地走向讲台，走到舞台三分之一或一半时要甩头看观众，在离讲桌或立杆话筒还有半步时，轻松自然地转体、鞠躬后，再横跨一步进入到讲桌或立杆话筒的讲话位置。鞠躬表示一般敬意时，上身前倾十五度；表示特别敬意时，则弯曲九十度；演讲者上台演讲时，上身前倾四十五度，目视下方点头，然后抬头起身，目视听众，以表示对听众的谢意。

上台后：不要急忙开口，而应用亲切的目光注视或扫视会场几秒钟，使听众的大脑做好接收信息的准备。

下台时：步姿的要求与上台一样，一定要前后一致，善始善终。

上下台时的步姿一定注意不能松松垮垮，随随便便，弓背弯腰；不能娇柔做作，扭捏作态，怪模怪样；不能缺乏谨慎，匆匆忙忙，大步流星；不能过于迟缓，拖拖拉拉，委靡不振。

任务四　服饰语训练

 任务导引

在口语表达活动中，服饰非常重要，它无时无刻不在向观众展示自己的形象和风度。

 知识必备

服饰语是通过服装、发型、饰物等传递信息的态势语。在人际交往中，衣着整齐、服饰得体，不仅会给人留下美好的"第一印象"，而且会让自己产生良好的"自我感觉"，提高自信心，从而使自己在口语交际中获得较好的效果。我们研究发现，服饰语在口语交际中具有重要的作用，它不仅可以展现人的内在精神面貌、生活情趣和审美追求，而且有时候在某些场合还成为决定成功的关键因素。

一、服饰搭配原则

在服饰打扮上，应遵从国际公认的"TPO"的原则（时间 Time、地点 Place、场合 Occasion），并根据不同的社交场合，穿着与自己身份、年龄、职业、身材相称的服饰，传递出谨慎大方、精明能干、诚实可靠的信息。

（一）服饰与体态的协调

演讲者在考虑服饰时，必须有整体美感意识，服饰要和体形、肤色相适应，不可为个别部位的美而破坏了整体形象美。

肤色偏黄的人，不宜选用半黄色、土黄色、灰色的服装，否则会显得精神不振和无精打采；肤色偏黑的人，不宜着颜色过深或过浅的服饰，而应选用与肤色对比不明显的颜色；白色衣服任何肤色的人穿效果都不错，因为白色的反光会使人显得神采奕奕。

全身着装颜色搭配最好不超过三种颜色，而且以一种颜色为主色调，颜色太多则显得乱而无序,不协调。

对于高大的人来说,服饰颜色宜选择深色、单色,太亮、太淡、太花的色彩都有一种扩张感,使着装者更显高大;对于较矮的人来说,服色宜浅淡、明快、柔和,上下色彩一致可以给人修长之感;对于较胖的人来说,不宜穿过紧的服饰,色彩应以冷色调为佳,过于强烈的色调就更显膨胀;对于偏瘦的人来说,服饰颜色应以明亮、柔和为好,太深太暗的色彩显得人瘦弱。

(二)服饰与内容的协调

服饰的颜色要与演讲者的思想感情和演讲内容的特点协调一致。因为颜色给人的感觉是很敏感的,不同颜色所表达的不同寓意和象征作用,已经在人们思维中形成了较为牢固的观念。比如:深色给人深沉、庄重之感;浅色让人觉得清爽舒服;白色使人感到纯洁;蓝色使人感到恬静;红色、黄色则使人感到喜庆、愉快。如果演讲的内容是严肃、郑重的,或愤怒、哀痛的,则穿深色衣服比较合适;如果演讲的内容是欢快喜悦的,则穿浅色的、鲜艳的衣服会更适宜。

(三)服饰与听众的协调

演讲者的服饰款式与色彩一定要注意与演讲的现场气氛相协调,与季节相符合,与广大听众的装束相协调。不可过于华丽时髦,那样会分散听众注意力,引起非议,破坏演讲气氛。如果演讲者穿的服饰太奢侈华美,则会影响听众的注意力和精神。但演讲者的服饰过于随便也是不行的,这是对听众的不尊重、不礼貌;听众也会对演讲者产生不好的印象。

(四)服饰与身份的协调

服饰对人体有扬美与遮丑的功能,它可以反映人的精神风貌、文化素质和审美观念。演讲者的衣着应该典雅美观、整洁合身、庄重大方、色彩和谐、轻便协调。具体而言,演讲者的服饰要外表整齐、干净、美观,风格高雅,便于行动,与自己性别、年龄、职业等协调,充分体现出自己的特点与神韵。例如:在校学生就不宜在演讲时身着高档的、名牌的服饰;不要打扮得珠光宝气、艳丽夺目,而应朴素、整洁,着重体现青春气息;上了年纪的人演讲服饰就应该庄重典雅,而不能给人花枝招展、花里胡哨的感觉;男性演讲者的服饰不能过于随便和随意,女性演讲者不宜穿着过于奇异、袒胸露背的服饰,否则会引人议论,影响演讲效果。

二、服饰搭配技巧

演讲时不宜以单色调打扮,而是在某一色调基础上求得变化。配色时不要太杂,一般不超过三个颜色。演讲者的衣饰配色要考虑到演讲场地的灯光颜色。在灯光下,所有的颜色都会带上若干黄色色调。因此,黄色看起来几乎变为白色,橙黄色变成黄色,浅绿色变绿色,深蓝色变黑色,紫罗兰变红色,鲜绿色变得暗淡……所以如果演讲是在晚间进行,选择衣饰时最好是在灯光下进行。

(一)男士服装

男士应选择中高档次的中山装或西服,给人以庄重、挺拔、大方之感。西装以蓝色、灰色、米色为主。

1. 衣服颜色越深,越显得有权威。
2. 面料最好是羊毛,其次是化纤、混纺。
3. 衬衫颜色,白色、深浅色混合为最佳。
4. 领带不要太长或太短。
5. 衣着要平整,干净。
6. 鞋要和衣着相配,袜子要深色。
7. 头发要整齐,并在衣领外面。

(二)女士服装

女士既可着深色制服、套装,也可着旗袍,以展现女性的妩媚、典雅、柔美。

1. 穿着要保守。
2. 套裙会增强女性形象。
3. 裙子的长度以稍过膝为宜。
4. 珠宝佩戴要合适。
5. 鞋和衣服要搭配。

(三)容貌及配饰

容貌包括发式和面容。头发要洗干净、修剪整齐、光滑柔顺。男士发型要求前不覆额、侧不掩耳、后不及领,女士头发不要有过多的装饰及怪异的造型。容貌虽然离不开先天的遗传,但通过一定的妆饰,可以突出容貌优点,淡化容貌缺陷,创造一种和谐的整体美。在配饰上青年人应张扬青春风采,以体现自然美、个性美。中年人应展现成熟风韵,以体现沉稳、俊逸之美。老年人应突出深沉理性,以体现睿智、淡定之美。

1. 项链:男士演讲时一般不戴项链,女士戴的项链不要太大,要小巧精致。也可以按照衣服的颜色、样式佩戴其他颜色的项链。
2. 戒指:不要太大,颜色不要太艳丽,最好不佩戴能反射光线的戒指。
3. 胸针、胸花:女士在演讲中常用。男士除了在一些社交演讲时佩戴胸花外,其他演讲,尤其是赛事演讲不要戴,有时在一些严肃的场合演讲可以佩戴徽章。
4. 发卡:尽量不戴,如果非得借助发卡把头发盘起来,则要把头发固定好,一旦发卡松落就不好收场。
5. 耳环:演讲时最好取下不戴,要戴只能带一些小型轻巧的。如果耳环太大,在做头部动作时可能会摇摇晃晃,给人一种累赘感。

延伸阅读

一、职业男士基本服饰搭配技巧

成功人士的穿着打扮是十分重要的,它在潜移默化间影响着你的人际关系或事业前途,特别是男士的定制西装。

1. 细条纹或者方格越不明显的西服较好,尽量选择那种只有细看才能看得出图案的面料。

2.男士的西服应为深灰色素面、深蓝色素面、深灰色细条纹、深蓝色细条纹、深灰色方格等。

3.衬衫的禁忌:透过男人的衬衫能隐隐约约看到穿在里面的T恤,就如女人穿着能透出里面内裤的裤子一样尴尬。

4.如果系领带的话,领带尖可千万不要触到皮带扣上!除非是在解领带,否则无论何时何地松开领带都是很不礼貌的。如果不系领带,那么不要扣紧衬衫的领,衣领带纽扣的衬衫严禁搭配双排扣西服。

5.如果穿的是三粒扣的西装,可以只系第一颗纽扣,也可以系上上面两颗纽扣,就是不能只系下面一颗,而将上面两颗扣子敞开。

6.别相信便宜货:一件便宜的羊绒衫实际上远远比不上一件好一点儿的羊毛衫。

7.别留痕迹:作为商务西服,在西服定制的时候不要把任何与名字有关的字母或号码穿在身上。

8.不要买人造纤维的袜子,最好穿羊毛、丝毛、毛棉混纺、纯棉袜子。穿着正装一定不要穿白色的袜子。

9.腰带和鞋在质料和颜色方面都要一致。

10.拥有一个干净利落的发型与一双干净的好鞋,胜过一套昂贵的西服套装。皮鞋应该是纤尘不染、光亮可鉴的,所以任何时候都不要让它显得风尘仆仆。

(摘编自品牌服装网)

二、法国女人为何能打扮得如此优雅

半年的法国交换生生活,我发现法国女人有自己的生活艺术她们显然生活得更有质量,更优雅、更精致。相比之下,我们的社会太过随便,优雅的艺术行将灭绝。在此写下最冲击我的几项,与大家共勉。

1.时时刻刻,穿的对比穿什么更重要。

法国女人很懂得穿衣裳,绝少见到有人以花衬衣配花短裙的,否则会被人讥笑。走在大街上婀娜多姿的法国女士,她们的衣服不一定华贵,但是裁剪适体,颜色搭配得宜,再加上一些配件,美得令人要行"注目礼"。

2.没有小黑裙的女人就没有未来。

打开法国女人的衣橱,永远都挂着一件完美的小黑裙。"没有小黑裙的女人就没有未来"。

3.香水是最亲密的细节。

走在巴黎,我注意到香水的广告无处不在。法国人酷爱香水。你选取的香水能够反映你的品味。我们相随着岁月在变化,品位也越来越精良。在屈伸问候某人时,闻到这个人的香水味,会有一种不可思议的感觉。一种属于自己的香水是你与人共享的亲密小细节。

4. 睡衣也很讲究。

法国女人不降低自己的穿衣标准,即便不是白天,不用出现在公共场合。无论你是未婚、刚刚结婚还是已经结婚多年,无论是和室友同住还是一个人住。即便只有一只猫陪伴,在穿着睡衣的时候也应该看起来是体面且漂亮的。

5. 对时尚潮流了如指掌,跟风的却只限于配饰。

法国女人深谙自己的穿衣准则,她们不会投资全套流行服饰,却会大胆尝试新的配饰,新一季的手袋、珠宝、帽子,第一时间被消化融合在她们的身上,哪怕是一个新的别针,也要以完美的方式来佩戴。

6. 身上的颜色不要超过三种。

巴黎街头时髦女人的看家本领往往是运用黑、灰、白三色,在此基础上加入其他颜色作为点缀,例如,灰色配艳红,优雅又抢眼。身上的颜色不要超过三种,才是优雅而不平庸的秘诀。

7. 每个女人都要有一百双鞋。

女人有一双漂亮的鞋子就不会丑陋。鞋的概念只包括漂亮的高跟鞋、靴子、优雅的芭蕾舞鞋。法国女人一般是不会穿着运动鞋出门的。

8. 丝巾。

大多数法国女人都坚信:一方丝巾会让女人更加高雅。法国女人似乎天生就懂得怎样将丝巾系得迷人,例如将丝巾作为头巾用,搭配太阳镜是夏日的常见组合。而将丝巾系在包上或直接系在腕上作为点缀也别有韵味。

9. 指甲。

我打赌,在法国你绝对找不到亚克力指甲贴。大多数法国女人的指甲都是短短的,修剪整齐,指甲油干净,用中性色或红色。如果看见有人涂着夸张色彩的指甲,这个人一般是来自国外的。

10. 发型。

发型在法国女人的生活中扮演着重要的角色。自然的卷发是众多法国女人的最爱。

11. 口红。

法国女人的手袋里会永远放两支口红,白天用优雅的哑光色,晚上用性感的亮光色。哪怕不换衣服,口红的转变也能轻易地展现白天与夜晚不同的风情。

事实上,她们对于一切让自己变得更完美的事情都非常热衷,即便是百货公司的售货员也打扮得无懈可击,精致的妆容、一丝不苟的制服与完美发型,法国女人注意自己身上的每个细节。

12. 吃零食并不优雅。

绝大多数法国人都不吃零食。她们有着绝佳的饮食习惯,符合营养学,不会让体重超重。"不饿的时候就不吃"。这条准则也被每个法国女人坚定地奉行着,她们吃得精而少,因此既兼顾美食,也能保持窈窕的身材。

13. 香槟。

顶级的香槟之一"香槟王"出于17世纪末的神父之手,这种有绚烂气泡的饮料被视为催情圣品,代表了法国女人的性感与妖娆。关于香槟,这里有两个小窍门:草莓能激发香槟的香气;香槟与鱼子酱的搭配也是绝佳的开胃菜。不过,喝香槟的时候请注意,千万别碰杯,否则优雅尽失。

14. 美食器皿。

"美食美器"的贵族精神深植于每位追求高质量生活的法国女人心中,她们会尽力将餐桌布置的尽善尽美,招待客人从来不是只有好吃的食物这么简单。艺术品在法国女人生活中是不可或缺的。

15. 全身通畅。

法国女人绝不会允许自己便秘。虽然这两个字在这里说得感觉有点突然破坏优雅的氛围,但内里干净很重要。只懂得花重金购置奢侈品,却不花心思维护健康——这种人会被认为是假冒伪善的暴发户。

"如果你容忍废物在你身体里腐烂发酵,向你的血液释放毒素,你的皮肤又怎会干净白皙?"

16. 补水、补血都无比重要。

想要有好的皮肤,得大量喝水,每天补充铁质。许多法国女人睡前会喝一大杯水,早上醒来后喝一大杯水,白天也会喝好多水。

17. 人不能太懒。

法国女人最膜拜的运动就是走路。平日上班,都尽量以步行代替驾驶。

18. 收藏。

法国女人热爱找寻手工制作的首饰、家具,或者说,玩转圣多安跳蚤市场是每个法国女人必备的本事。

19. 艺术品位。

小小的巴黎市区容纳了将近四百间博物馆。除了闻名世界的卢浮宫博物馆、奥赛博物馆,还有毕加索博物馆、罗丹博物馆,甚至还有雨伞博物馆、自行车博物馆、纽扣博物馆等。法国女人的生活就是和博物馆息息相关的,钱包里放一张博物馆通卡,闲暇时逛逛博物馆也是她们热衷的休闲方式。生活在一个充满创意的城市里,法国女人早已学会将艺术元素融入自己的日常生活中。

20. 变的是我,而非时尚,时尚的是我。

这句名言出自香奈儿之口。法国女人对时尚不是随随便便地说"不",而是仔细思考什么是必要的,什么需要的。

21. 才智才是最佳美容品。

一般来说要在法国受欢迎,一张漂亮的脸蛋是远远不够的。

在其他地方,如果你和别人大谈自己在哲学、古典音乐、诗歌等领域的追求抱负,可能会被人视为"自命不凡"或被视为炫耀,但法国人却钟爱这些话题。

22.优雅地生活,优雅地老去。

法国女人擅长打扮的能力其实是一种高雅的傲慢。她们天生就有风格,也难怪她们多些傲慢。法国女人是真正的傲慢,已经傲到骨头里了。优雅的打扮可以学,但傲慢的气质是学不来的,因为它自于一种生活态度,那种态度就是优雅地生活,优雅地老去。

浑浑噩噩地过日子,再容易不过了。许多人这样过了一辈子……在不知不觉中生命流逝了。没有惊艳过,没有为生活投入热情,没有真正地活过。

(摘编自搜狐网)

 技能训练

一、搭配训练

(一)活动要求

1.请各组选出四件上衣、四件裤子及三件其他单品(如外套、背心)。

2.请搭配出十套服装,并配合所需的饰品(如鞋子、项链、眼镜、围巾等)。

3.请该组的模特儿们穿上服饰,并拍照。

4.请将照片作成投影片,以方便说明及播放。

5.由全班各组评分作为成绩的依据,并由全班票选出最佳造型。

(二)工作分配

1.摄影组——负责拍照。

2.计算机美工组——将照片作成投影片。

3.文编组——说明各个造型的特色与适用场合。

4.搭配组——搭配服饰。

5.道具组——配合摄影的工具。

6.模特儿组——负责服饰展示。

7.上台报告人员及计算机操作者。

(三)注意事项

1.每一位同学应至少提供一件衣物或饰品。

2.每一位同学应至少担任一项工作。

3.请将上衣以阿拉伯数字标号、裤子则以英文字母标号,以方便在讲解搭配时说明。

(四)投影片制作内容

1.先展示各组所选择的上衣与裤子,并个别加以编号。

2.展示搭配服饰时应注意服饰适合的场合以及所使用的饰品与配件。

3.选出本组所认为的最佳装扮。

(五)搭配活动应准备之物品

1. 服装。

2. 配饰(如背包、帽子、眼镜、皮带、鞋子、饰品等)。

3. 造型用品(如梳子、发胶等)。

4. 照相机等工具。

5. 道具(如书本、球、饮料等)。

二、自我服饰设计训练

按照演讲的要求对自己进行服饰和妆容的设计,以最佳状态呈现在同学面前,由同学选出最佳变身选手。

项目四　拟稿演讲训练

任务一　演讲稿写作训练

 任务导引

1.拟稿演讲是根据指定的题目或限定的主题,事先写好演讲稿并经过精心设计和反复演练的演讲。因此,演讲稿在一定程度上决定了拟稿演讲的成败。古语说:"凡事预则立,不预则废。"只有精心准备、认真编写演讲稿,才能使演讲收到良好的效果。

2.初学演讲者往往人为地割裂了演讲稿与演讲的有机联系,着重考虑上台后如何去"演"去"讲",对演讲稿为演讲服务的重要性认识不足。作为初学演讲者,不但应认真撰写演讲稿,还应充分把握演讲稿的写作要求,努力达到演讲稿为演讲服务的目的。

 **知识必备**

一、演讲稿概述

(一)演讲稿的含义

演讲稿也叫"演说词",它是在较为隆重的仪式上或某些公开场合发表个人的观点、见解和主张的文稿,是演讲者进行演讲的主要依据,体现着演讲的目的、内容。

演讲稿是人们在工作和社会生活中经常使用的一种应用文体。它可以用来交流思想,表达主张;也可以用来介绍自己的学习、工作情况和经验……演讲稿具有宣传、鼓动、教育和欣赏等作用,它可以把演讲者的观点、主张与思想感情传达给听众,使他们信服并产生共鸣。

(二)演讲稿的特点

1.整体性。

演讲稿并不能独立地完成演讲任务,它只是演讲的一个文字依据,是整个演讲活动的一个组成部分。演讲主体、听众对象、特定的时空条件,共同构成了演讲活动的整体。撰写演讲稿时,不能将它从整体中剥离出来。为此,演讲稿的撰写首先要根据听众的文化层次、工作性质、生存环境、品位修养、爱好愿望来选择演讲内容和表达方式,以便更好地沟通;其次还要对声调的高低、语速的快慢、体态语的运用进行设计并加以注释,以达到最佳的传播效果;另外,还要考虑演讲的时间、空间、现场氛围等因素,以强化演讲的现场效果。

2. 口语性。

演讲稿是根据口头发表的需要而写出的文稿,口语性是演讲稿区别于其他书面表达文章的重要方面,因此演讲稿要做到"上口"和"入耳"。所谓"上口",是指词句适合口语表达,讲得顺口,自然流畅,具有平时交谈时"讲"的特征;所谓"入耳",是指听起来明白易懂,没有什么理解障碍。演讲稿只有做到了上口和入耳,才能使演讲者和听众之间顺畅地交流思想情感和信息。具体要做到把长句改成短句;把倒装句改为正装句;把单音节词换成双音节词;把生僻的词换成常用的词;把听不明白的文言词语、成语加以改换或删去。这样,才能保证讲起来朗朗上口,听起来清楚明白。

3. 临场性。

演讲活动是演讲者与听众面对面的一种交流和沟通。听众会对演讲内容及时作出反应:或表示赞同,或表示反对,或饶有兴趣,或无动于衷。因此,写演讲稿时,要考虑听众的情况和可能出现的种种反应,也要充分考虑演讲时可能出现的种种问题以及应付各种情况的对策。在保证演讲稿内容完整的前提下,要注意留有伸缩的余地。比如,储备几个能说明问题的例子或生动幽默的趣闻轶事,以便在必要而恰当的时间插入。

4. 鼓动性。

鼓动性是指演讲能激发听众热情,唤起听众共鸣的特性。好的演讲都有一种激发听众情绪,唤起听众情感共鸣的鼓动性。演讲稿的鼓动性特点首先要求演讲稿的思想丰富,见解精辟,发人深省,以事感人,以理服人;其次要求演讲稿的语言表达形象、生动,富有感染力。如果演讲稿写得平淡无味、毫无新意,即使在现场"演"得再卖力,效果也不会好。可见鼓动性是演讲成功的一个重要因素。

(三)演讲稿的种类

演讲稿按照不同的分类标准,可以分成很多种类型。这里主要根据演讲稿的表达方式和演讲稿的内容性质将演讲稿大体划分为以下几种类型。

1. 按表达方式分。

(1)议论型演讲稿。

议论型演讲稿以议论为主要的表达方式,具备正确、深刻的论点,使用确凿而充分的论据,进行富有逻辑性的论证。这类演讲稿最明显的特征是对听众晓之以理,以理服人。它通过准确揭示概念的内涵和外延,恰当的判断,严密的推理,层层深入的论证,来反映事物的本质,从而起到宣传真理,推动社会进步的作用。

(2)叙事型演讲稿。

叙事型演讲稿以叙述为主要的表达方式,辅以适当的议论、说明和抒情。叙事型演讲稿通过对人物、事件、景物的记述和描述,表达演讲者的思想、感情、观点、主张,进而反映社会生活的本质和规律。演讲稿中的叙事,其最终目的是充分证明演讲者的观点和主张的正确性,从而进行宣传教育。这类演讲稿最主要的特点是通过对客观事物真实的记叙，打动听众的情感，让听众最终认同演讲者的观点、主张。

(3)抒情型演讲稿。

抒情型演讲稿以抒情为主要的表达方式，在演讲中抒发演讲者的爱恨、悲喜等强烈的感情，对听众动之以情，以"情"这把钥匙来开启听众的心灵。它既可以直抒胸臆，又可以借助叙述、议论来间接抒发感情，以激起听众的共鸣。抒情型演讲稿的主要目的在于以"理"驭"情"，"抒情"是手段，"说理"才是目的，使听众在浓烈的情感作用下明辨是非，认识真理。

2.按内容性质分。

(1)政治鼓动类。

政治鼓动类演讲稿是指政治家或代表某一权力机构的要员阐述政治主张和见解的演讲稿。各级领导的施政演说、新当选的领导人的就职演说、政治家的竞选演说等，都属于这一类型。著名的政治鼓动类演讲稿有《林肯在葛底斯堡的演讲》《丘吉尔在美国圣诞节的即兴演讲》以及马丁·路德·金的《我有一个梦》等。

(2)学术交流类。

学术交流类演讲稿是传播、交流科学知识、学术见解及研究成果的演讲文稿。随着科学事业的发展，经济、文化建设的需要，国内外学术交流活动的日益增多，学术演讲或学术报告的活动也越来越多。不仅专业科学技术工作者要参加各种各样的学术活动，进行学术演讲，一些机关、企事业单位的领导也要经常参加学术类的活动。因此，学术交流类演讲稿在现实生活中也具有广阔的应用范围。

(3)思想教育类。

思想教育类的演讲稿是针对现实生活中人们的思想动态和思想问题，以真切的事实、有力的论证、充盈的感情来讴歌真善美、鞭挞假恶丑，引导听众树立正确的世界观、人生观、价值观，激励听众为崇高的理想、事业而奋斗的演讲稿。这类演讲稿大多用于演讲比赛、主题演讲会、巡回报告等。

(四)演讲稿的作用

许多初学演讲者认为，演讲稿只要写个提纲，打个腹稿就行，无需完整的准备；还有人认为有了成文的演讲稿，演讲就会囿于文辞，照本宣科，使演讲失去其生动性和灵活性。这种看法是片面的。虽然照本宣科、念稿式的演讲会使听众厌烦，但我们不能因为演讲稿可能导致的这种消极影响而忽视了它在演讲中的积极作用。事实上，成功的演讲，大都是备有完整文稿的。具体而言，演讲稿的作用表现在以下几个方面：

1.稳定演讲者的情绪。演讲者由于预先设计好了蓝图，心中有底，思路畅通无阻，便可以消除演讲时的种种顾虑和恐惧心理，轻松自如，有利于一心一意加强态势技巧，使演讲声情并茂，圆满成功。因此，演讲稿对刚刚开始学演讲的人或者经常怯场的人具有稳定剂的作用。

2.梳理演讲者的思路。在进行准备的时候，演讲者就开始对演讲有了自己的构思，等到演讲稿完成的时候，大脑中的组织构架图也形成了。同时，在对演讲稿的熟悉阶段，演讲者也会依据演讲稿不停地梳理演讲的思路。

3.提示演讲的内容。在演讲时,如果演讲者一时忘了后续的内容,演讲稿就能帮助演讲者找回思路,不至于中断演讲进程。另外,通过撰写演讲文稿,演讲者还可以进一步修改、充实演讲内容,保证内容的完善,保证演讲的质量。

4.约束演讲的时间和内容。演讲通常限制时间,要在一定的时间范围内完成。人在固定的时间内演讲所能达到的最快速度是有限的,演讲者在撰写演讲稿时,就需要根据所限定的时间去设计演讲稿的深度、广度和长度,可以按字数的多少来计算演讲的时间,可以计算演讲的速度,有计划地在限定的时间里完成演讲。如果没有准备好演讲稿,时间往往难以掌握得当。

5.促进演讲作文法的研究。演讲是一门独立的学科,演讲稿的写作有别于一般文章的写作,也不同于平常讲话记录。近年来,演讲的作用越来越被人们认可、重视,因此也带动了演讲稿写作的研究热。演讲稿写作中修辞的运用、层次与结构的安排以及语言风格的选择等都成了研究的对象。

二、演讲稿写作的前期准备

(一)材料的收集与选择

俗话说:"巧妇难为无米之炊。"写作亦是如此。在演讲中,材料是思想观点形成的基础。思想观点的阐述,以材料作支撑,没有真实、具体、生动、新颖、充分的材料来阐明思想观点,演讲就很难获得成功。然而,"冰冻三尺,非一日之寒",演讲所需的材料,需要平时的积累。因而善于收集材料就显得极为重要了。获得材料的途径有很多,概括起来主要有两个方面:一方面是获得直接材料,即演讲者自己的生活经历、经验和思想等;另一方面是获得间接材料,主要是指从图书、报刊、文献、网络、媒体等渠道所获得的材料,这是最重要、最广泛的材料来源。

成功的演讲稿都是妥当选择、使用材料的产物,所以,材料的选择是演讲稿写作的一个重要环节。一般来说,演讲稿材料选择要遵循以下四个原则:

1.围绕主题筛选材料。主题是演讲稿的思想观点,是演讲的灵魂。素材既是演讲稿主题形成的基础,又是表现演讲主题的支柱。也就是说,演讲稿的思想观点必须靠素材来支撑,素材必须能充分地表现主题,有力地支持主题。因此,凡是能充分支持、说明、突出所要撰写演讲稿主题的素材就选用,反之,与所要撰写演讲稿主题无关的,不能充分支持、说明、突出主题的素材都要剔除和舍弃。

要在撰写演讲稿时真正做到围绕主题选材,就必须从以下两点入手:首先,对素材进行全面分析,以演讲稿主题表现的需要为衡量素材的唯一标准,绝不凭着片面的印象或自己的喜好就信手拈来,滥竽充数。其次,杜绝"家有敝帚,享之千金"的思想,对不能突出主题,不能为表现主题服务的素材即使是"千金",也要毫不犹豫地舍弃。

2.选择真实、准确的素材。演讲的目的是说服人、教育人、影响人。演讲稿所选择、使用的素材既要符合客观实际情况,又要反映客观事物的本质。演讲稿中选择、使用的素材如果是捕风捉影、道听途说的,或是无中生有、胡编乱造的,演讲时不仅不能说服听众,而且会漏洞百出,所谓"不精不诚,不能感人"。演讲稿材料的来源是多渠道的,或亲身经历,或从书刊报纸、广播电视上获得。不论以何种方式得到材料,都必须验证、推敲它的真实可靠性。只有真实、准确的材料才是有力量的,演讲起来也才具说服力和感染力。真实、准确的素材,首先要求它不是假的、瞎编的素材,其次它不是偶然的、个别的现象,而是能够准确反映客观事物本质的素材。只有同时符合这两条要求的素材,才是真实的、准确的。

3. 选择典型、新颖的素材。素材典型、新颖才能表现出鲜活的内容。一篇演讲稿,如果选用的都是人尽皆知的陈旧素材,而缺乏新颖的、典型的材料,其内容恐怕很难有什么新意。巴尔扎克说过:"第一个形容女人像花的是聪明人,第二个再这样形容的是傻子。"这句话对演讲稿选择素材也是有警戒意义的。所以,在撰写演讲稿的过程中,要注意选择那些新颖的、典型的材料,使主题表现得更深刻、更有力。

选择典型素材,就是选择最能反映事物特征、最有代表性、最能有力地揭示事物的本质、最能够表现主题的素材。演讲稿的素材选择在于精,不在于多。演讲稿只有选择这些以一当十的"精英"素材、典型素材,才能更集中、更突出地论证演讲的主题,增强演讲的表现力。选择新颖的素材,就是要善于以新的观点,从新的角度捕捉社会生活中层出不穷的新事实、新经验、新问题,并进行新的认识、新的评论,以此论证演讲稿的主题;就是要善于选择一些虽然不是新出现的,但人们却没有用过的事实以及能够旧话新说、旧题新作,能够从中发掘出新鲜意义的素材,以此给听众耳目一新的感觉。

4. 选择有针对性的素材。演讲稿最终是要拿来演讲给听众听的,要让演讲从思想、情感、理论上打动、征服听众,选材上必须具有现实针对性。听众的政治素质、社会地位、文化素养、兴趣爱好以及心理需求的差异,都对演讲稿撰写时材料的选择、使用具有制约作用。因此,撰写演讲稿必须要了解听众,并针对听众不同的理解程度、不同的心理需求、不同的兴趣爱好,选择使用听众感兴趣、能理解、易接受的素材。这样,听众不仅心领神会,而且会饶有兴味。一般而言,针对青少年的演讲应形象有趣,寓理于事,举例要尽量选择他们所崇拜的人或有轰动效应的事;针对工人、农民的演讲,要生动风趣、通俗浅显,尽可能列举他们周围的人或发生在他们中间的事作例子;针对知识分子的演讲,材料则必须具备一定的理论水准。总之,一切从听众出发,选择有针对性的素材,是演讲稿素材选择的重要原则之一。

(二)主题的确定

主题是演讲者在演讲中所要表达的中心思想或基本观点。它体现了演讲者对所阐述问题的总体性看法,是整个演讲稿的"灵魂"和"统帅"。为了使演讲真正起到宣传、教育、鼓舞群众的作用,演讲稿的主题必须正确、鲜明、集中、深刻。

1. 主题要正确。主题正确是指演讲稿所确立的主题观点能够反映自然和社会的本质和发展规律,能够符合自然和社会的发展趋势。演讲作为一种宣传工具,如果观点不正确,演讲便没有了意义和价值,甚至还可能将听众引向歧途。因此,写演讲稿时,一定要把握和揭示事物的本质和规律,所确立的观点要符合客观真理,体现正确的世界观、人生观、价值观。另外,演讲稿所阐述的思想一定要跟上时代的节拍,积极向上,宣扬真善美,鞭挞假恶丑,坚决杜绝那些颓废、消极甚至反动的思想。

2. 主题要鲜明。演讲的主题必须旗帜鲜明,肯定什么、否定什么、赞颂什么、贬斥什么,要清楚明白,绝不可似是而非、模棱两可。主题的鲜明性基本有两种倾向:一种是积极进步的,一种是消极落后的。一个优秀的演讲者,一定要旗帜鲜明地肯定和弘扬那些积极、向上、进步的事物,否定和鞭挞那些消极、颓废、落后的事物。

3. 主题要集中。主题要集中,就是说演讲稿一定要有集中的主题。古人说:"意多乱文。"演讲也是如此。一般来说,一篇演讲稿只能有一个主题,全文都要围绕这个主题展开,否则就容易出现聚焦模糊、思想枝蔓的缺点。只有主题单一集中,才有助于把问题讲清楚、讲透彻,从而使演讲重点突出,给听众留下深刻印象。因此,在撰写演讲稿时最好的方法就是坚持主题集中、单一,并组织相应的材料围绕这一主题展开论述,集中、突出地向听众传递一种思想或观点。

4. 主题要深刻。主题要深刻,即演讲的主题能揭示事物的本质,由表及里,使听众受到启示。无论叙事、论理,都不能停留在表面,而需要从感性认识上升到理性认识。立意深远才会对听众产生普遍而深刻的教育作用。

三、演讲稿正文的写作技巧

(一)标题

标题是演讲稿重要的组成部分,具有高度的概括性和明确的指向性。好的标题能给人留下鲜明的印象,引起听众浓厚的兴趣,为演讲的顺利开展创造条件。新颖、生动、恰当的演讲标题,都是演讲者经过认真思考、反复推敲而成的。具体说来,标题的拟定要遵循四项原则,即文题相符、长短适度、遣词得体、合乎身份。下面,简单介绍拟题时需要注意的问题。

1. 拟题时间。拟题可先可后。先拟就是先写标题,后写演讲稿。这样做可以按题行动,容易做到文题相符、不走题;后拟是写完演讲稿再定标题,这样做的好处是全稿在胸,拟题准确。

2. 标题内容。标题内容必须与整个演讲稿的内容直接相关。如马寅初的《北大之精神》告诉了人们演讲的主旨;蔡畅的《一个女人能干什么》则表现了演讲的内容;朱自清的《论气节》指明了论述的对象。

3. 标题的字数。标题要简短明快。标题的字数要精简,句子不要太长,意思要清楚易懂。例如,奥斯特洛夫斯基的《生活万岁》、陈独秀的《妇女问题与社会问题》、郭沫若的《科学的春天》都是好标题。然而简短明快却空洞无物、过于宽泛也不行。如《信念》《责任》等就不能称得上是好标题。

4. 拟题的具体方法。

(1)揭示主题。例如:《用爱点亮一盏心灯》《我的未来不是梦》《我骄傲,我是"90后"》

《莫让年华付水流》等。

(2)提出问题。例如:《人生的价值在哪里》《失败,意味着什么》《幸福是什么》《什么是男子汉》等。

(3)划定演讲范围。例如:《大学生的任务》《青年的选择与祖国的未来》《制造国旗的人们》《妈妈的眼睛》等。

(4)运用正副标题。正标题揭示演讲主题、提出问题或划定范围;副标题说明演讲的具体时间、地点等信息。例如:《深化合作伙伴关系　共建亚洲美好家园——在新加坡国立大学的演讲》《大学要做的几件事——在四川农业大学的演讲》等。

(二)开头

演讲稿的开头,也叫"开场白",它在演讲稿的正文中处于显要的地位,具有重要的作用。出手不凡的开头,能唤起听众的兴趣和求知欲,使听众非听下去不可。因此,好的演讲稿,一开头就应该用简洁的语言把听众的注意力吸引过来,以达到出奇制胜的效果。下面介绍几种演讲稿开头常用的方法:

1.开门见山,揭示主题。演讲稿一开始就用精练的语言交代演讲意图或主题,然后在主体部分展开论证和阐述。这种开头方式很常见,运用这种方法,必须清楚地把握演讲的主题、目的,一开始就向听众亮出观点,使听众一听就知道演讲的中心是什么。如俞敏洪在四川农业大学的演讲《大学要做的几件事》的开头:

同学们,今天我们要讲一讲大学生活,因为大学生活对于我们这四年来说是非常珍贵的。我们要做好哪几件事情,才能够使大学生活变得更加有意义呢?我总结了四大要素,即三个追求、一个准备:追求知识、追求友谊、追求爱情,为工作做好充分的准备。

2.介绍情况,说明根由。这种开头通过向听众叙述一件事情或讲述一个故事来抒发情感、表达思想、提出观点或发表议论。这种开场白对即将演讲的内容作出了必要的介绍和说明,可以迅速缩短与听众的距离,使听众急于了解下文,为进一步向听众提示论题作了铺垫。例如,1941年7月3日斯大林在广播演说的开头:

德国从6月22日向我们祖国发动的背信弃义的军事进攻,正在继续着。虽然红军进行了英勇的抵抗,虽然敌人的精锐师团和他们精锐的空军部队已被击溃,被埋葬在战场上,但是敌人又从前线调来了生力军,继续向前闯进……我们的祖国面临着严重的危险。

3.提出问题,引起关注。这种方法是根据听众的特点和演讲的内容,提出一些激发听众思考的问题,以引起听众的注意;同时让听众带着问题听演讲,充分调动了听众的兴趣。

同学们,当前我们大学生求职出现了前所未有的困难,原因是什么呢?是我们国家的人才太多了吗?是我们学的东西过时了吗?还是我们的专业知识不再符合社会需求了呢?面对这么多的问题,我们这些即将走出校门的大学生又该如何应对呢?

4.解释题目,表明观点。在演讲稿的开头对演讲的题目或内容进行解释,从而表明自己的观点或演讲的目的,这种开头能起到引领下文或深化主题的作用。如题为《传播快乐》演讲稿中的开头:

> 快乐是什么?一千个人会给一千个答案。我认为,快乐是一种自如的心境,是一种美妙的感觉,是对生活切身体验、深刻感悟之后的喜悦和幸福。我们要背起行囊向快乐出发,因为快乐就像阳光、空气和水,是我们生活中不可或缺的养分。

5.引用导入,表达情感。演讲稿开头可以直接巧妙地引用诗词、格言或警句作为导入,顺势引入演讲稿的主体内容。用这种方法开头,既能点明演讲稿的主旨,又能增强文采,展现出深厚的文化底蕴,同时有利于演讲者思想情感的表达,起到言简意赅的作用。如题为《自律,使我们走向成功》演讲稿的开头:

> 俄国著名作家安烈耶夫曾说,一个人最大的胜利就是战胜自己!毕达哥拉斯说过,不能约束自己的人不能称他为自由的人。勃朗宁也说,一个人一旦打响了征服自己的战斗,他便是值得称道的人。

6.寓庄于谐,引人入胜。这种开头方式就是在开场白部分使用诙谐、戏谑、风趣的语句或故事,寓庄于谐,营造愉悦、轻松的现场氛围,让听众在大笑之后,愉快地接受演讲者的观点。如有一篇题为《盲从的害处》的演讲稿。演讲者开头介绍他刚经历的一件事:

> 上班了,大家陆续来到办公室,发现最早来的一个人在仰望天花板,大家也都仰起头来。过了好久,没有发现什么异状,但大家还是抬首仰望。最初仰头的人反而发生疑问:"你们都在看什么?""我们都看你在看……"那人哑然失笑:"我刚才点了滴眼药。"

(三)主体

演讲稿主体是开头和结尾之间的文字。这一部分要做到内容充实丰满,有血有肉;要围绕中心论点,处理好论点与论据间的关系,合乎逻辑地逐层展开论述,做到层次清楚,过渡自然;还要组织和安排好演讲高潮,使演讲者和听众在情感上产生强烈的共鸣,达到使"快者掀髯,愤者扼腕,悲者掩泣,羡者色飞"的境界。演讲稿主体部分的写作直接关系着演讲稿正文写作的成功与失败。演讲稿主体的写作要注意以下几个方面:

1.内容要紧扣主题。

"总文理,统首尾",指的是从开头到结尾,展开论证也好,进行叙述也好,纵然千波百转,也要紧扣主题。对一个问题的剖析可能是多侧面、多角度的,但无论多少个侧面和角度,必须围绕一个中心论点;一篇演讲稿可能包含几个问题,但无论多少个问题,它们都应当相互联系,并有主次之分。因此演讲者必须紧扣主题,理清结构脉络,分清材料的主次轻重,切不可"开口千言,离题万里"。

2.条理要清楚,层次要分明。

材料的组织安排一定要井然有序、有条不紊。要做到这一点,就必须在科学分析的基础上,把散乱的材料分门别类,分清主次和先后,把它们组织安排好,从而更充分、更有利地表现主题。比如,哪些应该先说,哪些应该后讲,哪些要详讲,哪些要略说;如何开头,如何结尾,如何照应,如何过渡,都要有周密的计划。这样才不至于眉目不清、条理不明、乱七八糟、支离破碎。演讲稿特别要处理好层次与段落、过渡与照应之间的关系。

3.结构要富于变化。

演讲稿的内容应当千波百折,有起有伏,富于变化,多姿多彩,以其结构的艺术性吸引、打动并说服听众。心理学家认为,人听讲话时的注意力每隔五至七分钟就会有所松弛,而跌宕起伏、张弛有致的结构,就能很好地适应听众的这一特点。演讲者应当时而严峻的说服,时而轻松的谈笑,时而慷慨陈词,时而诙谐幽默,甚至可以根据需要适当穿插一些奇闻异事、诗文警句等。这样会使内容丰富多彩,也使形式摇曳生辉,使听众精神振奋,乐于倾听。常见主体部分展开的结构形式有以下五种:

第一种:并列式。并列式结构就是围绕演讲稿的中心论点,从不同角度、不同侧面进行论述,其结构呈放射状四面展开,宛若车轮之轴与其辐条。每一侧面都直接面向中心论点,证明中心论点。如题为《青春是什么》的演讲,分为以下四个并列的层次进行论述:青春是一粒种子;青春是一轮朝日;青春是一部著作;青春是一首乐章。

第二种:递进式。递进式结构先将演讲主旨进行分析解剖,然后从表面、浅层入手,采取步步深入、层层推进的方法,最终揭示深刻的主题,犹如层层剥笋。用这种方法来安排演讲稿的结构层次,能使事物得到深入阐述和证明。这种方式的特点是由表及里,由浅入深,逐步推进,具有较强的说服力。如题为《为了孩子的明天》的演讲就是这样的结构:开头提出当前学生"高分低能"的事实;第一层分析出现这种现象的外部和内部原因;第二层论述过分追求分数对孩子们的种种危害;第三层指出怎样将学生从"苦海"中解救出来的具体措施。全文由现状分析到追究根源,又由根源到危害,最后提出解决问题的办法,逐步深入,很自然地为结尾的号召作了铺垫。

第三种:对比式。对比式结构将不同事物或同一事物的不同方面进行对照,通过分析对比其相同或相异处来说明道理。俗话说,有比较才有鉴别,对比式用得好,不用多费口舌,道理可不点自明。如题为《诚信,做人之本》的演讲,分别从诚信者如何步入成功、失信者如何走向失败,正反两方面进行对比论述,从而给人以很大的启示。

第四种:总分式。总分式结构先总说后分说,先提出论点,然后再针对论点,从几个方面分别摆事实、讲道理,加以论证。例如,演讲稿《科技是第一生产力》的正文就属于总分式。

第五种:连贯式。连贯式结构按照时间、空间、情节、因果、问题等顺序安排演讲内容。比如,演讲稿《少年中国说》的正文就属于连贯式。

4.制造演讲高潮。

高潮不仅能渲染气氛、产生良好的现场效果,而且能加深听众的印象。林肯在葛底斯堡的演讲,不到三分钟,听众鼓掌五次。陈毅 1962 年在广州做关于知识分子的长篇演讲时,听众欢笑声达六十二次。高潮能产生强烈的现场效果,所以演讲者要尽可能地制造高潮,调动听众情绪,如果一次演讲没有高潮,那么它必然是平淡无奇的。

如何制造演讲高潮呢？李燕杰作过精深的论述。他说:"一次演讲,怎样达到高潮？这需要演讲者在感情上一步一步地抓住听众,在理论上一步一步地说服听众,在内容上一步一步地吸引听众,使听众内心激情逐渐地燃烧起来,演讲将自然地推向高潮。"许多富有经验的演讲者也正是这样,或者通过对所举事例准确恰当的阐释分析,从中提炼出演讲的主要观点及深刻哲理;或者运用比喻和排比等修辞手法,对演讲中心进行精当、透辟的议论;或者运用充满感情的语言、自然得体的动作以及真挚热烈的感情,为听众创造真切动人的情感交流的氛围,从而把演讲推向高潮。

(四)结尾

俗话说得好:"编筐编篓,全在收口。"演讲稿的结尾是演讲稿内容的高度浓缩,是演讲稿主题的升华,是演讲稿的重要组成部分。因此,撰写演讲稿绝不可虎头蛇尾,而要给演讲稿一个坚实有力的"豹尾"。

1. 总结全文式。演讲稿结尾最常用的方式,就是用极其精练的语言,总结收拢全篇,概括和强化主题。这不仅帮助听众回忆了前面所讲的内容,而且能画龙点睛,给听众留下完整而深刻的印象,使整个演讲显得结构严谨,通篇浑然一体。例如:

> 同学们,因为承担起了责任,人生的天空会更蓝,阳光会更明媚;因为漠视责任,心灵之夜会更黑,寒风会更彻骨。勇于承担责任,会使你的人格更具魅力,生命更加精彩,人生便也有了不断前进的动力!

2. 前后照应式。与开头意思重合但又在意境上高出开头的结尾形式,称为前后照应式。这种结尾与开头呼应的方法,使整篇演讲首尾呼应,结构完整。值得注意的是,使用前后照应式的结尾,不应与开头简单地重复,而应加深主旨,耐人寻味。例如:

> (开头)绿色,也许是七彩色中最简单的一种;军服,也许是服装中最普通的样式,但我却深深地挚爱那和大地同绿的军服。
>
> ……
>
> (结尾)我深知从戎的道路是崎岖坎坷的,有风雪,也有泥泞,但我既然选择了远方,我便会面对军旗的召唤,身着绿色的军服,义无反顾地风雨兼程。我将用我的青春和热血为那永不褪色的军旗,为我那深深挚爱的绿色军服增添明艳的色彩。

3. 幽默式。除了某些较为庄重的场合外,利用幽默结束演讲可为演讲现场带来欢声笑语,使演讲更富有趣味,令听众在笑声中深思,给听众留下一个愉快的印象。演讲者利用幽默结束演讲时,要做到自然、真实,使幽默的动作或语言符合演讲的内容和自己的个性,切忌矫揉造作、装腔作势。例如,鲁迅先生《在上海中华艺术大学的演讲》的结尾:

以上是我近年来对于美术界观察所得的几点意见。今天我带来一副中国五千年文化的结晶。请大家欣赏欣赏。

说时,鲁迅一手伸进长袍,把一卷纸徐徐从衣襟上方伸出,打开来看,原来是一副病态十足的月份牌,引来大家哄堂大笑。鲁迅在笑声和掌声中结束了他的演讲。

4.引用式。引用谚语、成语、格言、警句、诗词等方式结尾,言简意明,多有韵律,从而使内容充实丰满,具有哲理性和启发性。例如,马丁·路德·金在《我有一个梦想》的演讲中,用一首古老的歌曲作为收尾:

终于自由了,终于自由了,感谢万能的主,我们终于自由了。

5.号召式。演讲者在结尾时运用一些情感激昂,富有鼓动性、号召性的语言,注以巨大的情感力量,把听众的情绪推到浪峰上,从而进一步激起听众的情绪、信念,促进行动。古今中外的演讲家大都善于运用这种方法收场。例如:

自信吧,年轻的朋友;自信吧,亲爱的同学。在人生的海洋里,驾着你事业的航船,摇动你奋斗的双桨,扬起你自信的风帆,就一定能达到理想的彼岸!

6.祝贺式。诚挚的祝贺和赞颂本身就充满了情感的力量,容易拨响听众的感情之弦,产生和谐的共鸣。所以,用祝贺和赞颂的言辞结尾,能造成欢乐愉快、热情洋溢的气氛,使人们在愉快中增加自豪感和荣誉感,激励人们满怀信心地去创造未来。例如,在迎新茶话会上演讲的结尾:

最后,在春节即将来临之际,我借此机会向全市的父老兄弟姐妹们,拜个早年。祝老年人春节愉快、身体健康、寿比南山!祝中年人春节快乐、家庭幸福、事业成功!祝年轻人春节欢乐、爱情甜蜜、前程无量!祝大家年年幸福年年富,岁岁平安岁岁欢!谢谢大家!

延伸阅读

导读:本文是俞敏洪在四川农业大学的演讲。俞敏洪,新东方教育科技集团创始人,洪泰基金联合创始人、英语教学与管理专家。有人这样评价他:"一个善于在演讲中激励学生的'圆梦大师',一个没有一点架子、任由员工'开涮'的亿万富豪,一个创业伙伴们骑到他头上却不得不服气的校长。"

俞敏洪的励志演讲对当代青年的思想信仰产生了巨大的引导和激励作用,尤其是中国广大学生群体。他演讲的内容大多是自己的亲身奋斗经历和日常生活里的思考感悟以及对社会现象的评价。俞敏洪的演讲具有以下特点:内容真实丰富;结构清晰;语言通俗易懂、幽默诙谐且极具感染力和鼓动性。他的演讲让听众听了热血沸腾并深受启发和鼓舞!

同学们,今天我们要讲一讲大学生活,因为大学生活对于我们这四年来说是非常珍贵的。我们要做好哪几件事情,才能够使大学生活变得更加有意义呢?我总结了四大要素,即三个追求、一个准备:追求知识、追求友谊、追求爱情,为工作做好充分的准备。

所谓追求知识,我们要分成两个领域讲,即专业知识和普遍知识。

对待专业,一种态度是我喜欢所以我学习。不管是研究水稻还是研究小麦,你一看到就喜欢得疯狂,就要研究,你都不用去问这个专业在这个世界上是否需要。既然大学设置了这个专业,表明这个世界必然需要这个专业。

如果说你不太喜欢,但是你觉得学这个专业未来能找到一份好工作,可能会成为你生存的工具,照样可以学。我从来没有喜欢过英语,到现在为止我还依然坚持在学英语。为什么?因为英语变成了我的工具。我当时考大学,不是因为我喜欢英语,是因为当时考英语专业不用考数学。我喜欢中文,也喜欢中国历史和中国哲学,但是最后我不得不学英语,我发现英语对我有用。因为我学英语,我在北大当了老师;因为我学英语,最后做成了新东方;因为我的英语水平,敢把新东方弄到美国去上市;因为我的英语交流水平,任何美国投资者给我打电话我都不害怕,使新东方的股票非常稳定。

同学们,当你们登山的时候,你可以不喜欢手中的拐棍,但是你不能扔掉那根拐棍,脱离那根拐棍,你就登不上山了。我发现英语就是我的拐杖,让我在新东方的事业这座山峰上不断往上攀登,那我就不能把它扔掉。到现在为止,尽管我很忙,但是每天也依然要抽出半个小时到一个小时来读读英语、学学英语、背背单词,保证每天一点点地成长和进步。

专业学到什么水平算是学到家了呢?我常常说,专业水平就是在全中国这个领域中,你能算是前一百位就非常了不起了。当然,要尽可能地把范围缩小。比如说,我曾经希望自己是全中国前一百位的英语专家,后来我发现一点希望都没有。几十万留学生在往国内跑,我哪比得过他们。后来我只能缩小范围,我专门研究了英语的词根、词汇、词源,研究了以后我发现,这方面,我在中国应该算是一流专家了。

选专业不是一个儿戏,是终身的选择。你要知道,一旦选定了,即使不喜欢,也得搞下去。为什么?因为即使你没有任何事业,但是有专业,人们就会录用你,你就会有饭吃了。另外,专业课的水平尽可能要考得好一点。为什么呢?两个原因:一是你专业课水平高,未来找工作要相对容易一点儿;二是未来十五年全世界所有的大学都会全面向中国开放,每一个人都有可能到国外去留学,那个时候,如果你的专业成绩非常低,留学就没有希望了。

选定了专业,一定要把专业领域的前三本书读得滚瓜烂熟,把三本书任何一个思想观点都转化成你自己的思想观点,最后你就有可能变成这个专业的顶级人士。奠定了所有的理论和理论框架基础,未来你想要在这中间纵深发展,是绝对有无穷无尽的潜力的。

在大学除了读专业书籍,还有就是要广泛地读书。文科的读理科,理科的读文科。哲学史、科学史、文学史、生物史,然后是社会学、地理学、心理学、政治学、经济学,还有随笔、散文、诗歌都得去读。读书其实很简单,一个星期读两本书是轻轻松松的事情,毕竟要你精读的书很少。大学要读多少才算大学毕业生呢?同学们至少要读四百本以上。梅贻琦说过一句话:"所谓大学者,非谓有大楼之谓也,有大师之谓也。"一个大学如果有伟大的老师,这个大学的学生必然伟大。但是我还想再说一下,大学非为有大楼之谓也,而是读书变成大学问之大雅。好像一张纸上写满了字,不管写多少字,就只是一张纸,薄薄的。但是,如果你读了大量的书,你就会变成一本书,厚厚的,让人一看就很厚重,让人一看就有学识,让人一看就觉得你是值得交往的人。

所以说,同学们一定要多读书。我在北大读了八百多本书,新东方还有一个极端的人物,就是我的班长王强老师,他在大学的时候读了一千五百多本书。我们在北大的时候有一个非常好的习惯,我们互相比着读书。相信我们农大的同学有这么好的环境,在有山有水的地方,读一两本书是轻轻松松的事情。我们要去读《红楼梦》《三国演义》,我们应该读马尔克斯的《百年孤独》,我们应该读普鲁斯特的《追忆似水年华》,我们要去读朱光潜的《西方美学史》,我们也应该去读《西方哲学史》。像现在出版的好的著作大家也应该读,比如说《明朝那些事》,比如说著名的经济史作家吴晓波写的《激荡三十年》等。

凡是读书多的人,发展潜力一定是强的,因为你有厚度,你的事业就有高度。新东方有一句话:底蕴的厚度决定着事业的高度。什么叫底蕴?底蕴就是你读了多少书,走了多少路。书都没读过,你怎么会有思想?书都没读过,你怎么能从多个视角来考虑问题?书都没读过,你怎么能有创新意识?书都没读过,你怎么知道仰望星空?

我们在大学要做的第二件事情是什么呢?就是要多交朋友。我做得最成功的一件事就是这辈子交了不少好朋友,而且和好朋友一起做成了新东方这么大的一个事业。所以,我觉得在大学除了读书以外,最重要是要交朋友,只有在大学能交上你一辈子的朋友还有高中的时候也有可能。为什么?高中、大学这七年同学之间没有任何利益冲突,而且七年大家一起,或者四年大家一起,彼此知根知底,人品怎么样、个性怎么样、胸怀怎么样、才能怎么样,你完全清楚。你要知道,走进社会工作以后,要不就是同事工作关系,常会争权夺利;要不就是上下级工作汇报关系;要不就是跟外面的人关系,相互有求。通常很难再出现真正完全心灵相通的朋友以及事业上互相帮助的朋友。

交到好朋友有两个最重要的前提条件:第一,你自己本身是一个好人;第二,追随比你更加厉害的人。

首先是自己做个好人。谁也不愿意去跟一个不好的人交朋友。不好不是说你杀了人,做了违法的事,不好体现在比较自私,分享别人的东西可以,别人分享你的东西就不行,不好表现为心地阴暗,表现为背后老说别人的坏话。同时,还要主动地去交朋友,你要主动对别人微笑,别人才会对你微笑。人是一种反应动物,就是你给我一个什么动作,我就可能会对你有一个什么动作。我庆幸我是一个喜欢为别人服务的人,比如说,从小到大,因为我的成绩不好,又希望老师表扬我,所以我就老在班上打扫卫生,结果就一直做我们班的卫生代表;进了北大以后,卫生不用我打扫了,教室有别人打扫,但我发现宿舍没有人打扫,那就我打扫吧,还打水,所以我们宿舍基本上没排什么卫生值日表。

我大学毕业的时候,也没有同学说你真伟大,为我们打水、扫地这么多年!但是,十年以后,有些事情就体现出来了。新东方做到一定程度,我觉得应该找一些我的好朋友、大学同学跟我一起做新东方。我知道,要把他们弄回来是很不容易的,但是,他们不回来,新东方肯定做不大。后来,他们说了一番话我特别感动。他们说,在大学四年,知道你一直是个好人,知道你是一个可靠的人,也知道你有饭吃的时候,我们肯定不会喝粥,你有粥的喝的时候,我们肯定不会饿死。最后,大家就一起回来了,新东方就做大了。

第二就是要追随比你更加厉害的人。张良追随了刘邦,他才能成功。所以要追随心胸比你博大,志向比你高远,胸怀比你开阔,在某个领域方面又比你更加厉害的人,这样你就能学到很多东西。

我从小到大有一个心态,我到今天也不理解,就是没有任何妒忌心理。我们班的同学,比如说从小学到高中评三好学生,我会拼命地为他们鼓掌,我心里一点难过都没有。当然我也没法难过,永远在全班二十名之后,怎么难过?但这个给我养成了一个良好的心态,就是我看到比我厉害的人,我会产生一种崇拜心理,包括对我的部下。不管哪个领域,比我厉害的,我就会觉得很喜欢。

我在北大一无是处,为什么我能交到像王强老师、徐小平老师等这样对新东方来说比较关键的人物,因为他们在大学的时候给了我很多的影响。比如说王强老师,他喜欢读书,一进北大就把自己的生活费一分为二,一半用来买饭菜票,一半用来买书。当时中国的大学生都由国家发补助生活费,一个月二十二块钱。我们当时也能活下去,因为土豆烧牛肉一份只要一角五分钱。当时一本书只要五角钱,我记得朱光潜的《西方美学史》两册只要八角四分钱。王强老师有个习惯,买书的钱,绝不用来买饭菜票。饭菜票吃完了怎么办?他就开始拿我的。我发现这个习惯很好,我就开始向他学习,我也把我的生活费一分为二,一半用来买书,一半用来买饭菜票,我要把饭菜票吃完了,我就拿他的饭菜票。每到星期六、星期天,我们就拿着钱去买书。那时,我刚从农村进北大,完全不知道买什么书,所以我就干脆跟着王强,他买什么书我就买什么书。

跟徐小平打交道也是。徐小平在北大其实已经是我的老师了,他教中国音乐史,一句话下来,就让你的心"怦"地跳一下,所以我就觉得这个老师讲得真好!我就想跟他交朋友。他当时担任北大团委文化部的部长,所以每到星期五的晚上,他都会请一帮北大的年轻老师到他家里去聊天。学生当然很想听了,但是学生坐在年轻老师中间听老师聊天,老师肯定是不干的。我说,徐老师,我能留下来听你们聊天吗?徐老师表示不太方便,他说:我们老师聊的都是男人和女人的事情,你太年轻,会被污染的。我的反应速度很快,当场就说:徐老师,我刚好需要这方面的启蒙知识。所以,徐老师就没有办法了,他说:你坐在这儿听我们聊,下不为例。结果我就找到机会了。为什么?当年中国是没有矿泉水的,矿泉水是20世纪90年代以后才有的。他们聊天聊得很口渴,我就开始给他们煮水泡茶;等他们晚上肚子饿了,我就出去给他们买方便面,给他们泡方便面。到了第二个星期,我就打电话过去,我说:徐老师,你们还需要那个煮水、泡茶、泡方便面的人吗?他说:如果你愿意来煮水、泡茶、买方便面,你就过来吧。结果,我就又过去了。

如果有可能的话,在大学谈一场恋爱也是不错的。

回顾过去,发现我的大学生活一片空白。究其主要原因,不是因为我成绩差,而是因为我在大学没有谈过恋爱。谈恋爱有一个前提条件,就是你真正爱上一个人,真爱上一个人以后,接下来的一件事就是你一定要真诚地告诉她你爱她,千万不要怕。我在大学爱过很多女孩,但是从来没有敢去告诉任何一个女孩我爱她。每次我在想癞蛤蟆想吃天鹅肉,我怕一说出来,会挨两个耳光。我想说的是,你爱上了一个人,你又不去告诉他,自己一个人非常痛苦,有什么必要呢?你去告诉她,真诚地追求他,直到最后没有希望了,你也心死了,对自己也有一个交代。

如果两个人相爱了怎么办?非常简单,要一心一意地爱!什么叫一心一意?不是说大学只能谈一次恋爱,而是一次只能爱一个。同学们请记住了,这是我对你们的最低标准了。真正的恋爱要爱到什么地步呢?要爱到这种地步,就是"为什么我的眼中充满泪水,是因为我爱你爱得深沉"。如果没有这种感觉,表明你们的爱情没有到位。但即便爱到这种深沉的地步也会出问题。对方如果离开你,你怎么办?所以,谈恋爱要谈得大度。什么叫大度?爱情是一种缘分,朋友之间永远要忠诚,但爱情中只有爱。如果我爱你,必然对你忠诚;如果我已经失去了爱,对你没感觉了,我离开你也是很正常的。所以,爱情有分有合。离开你,你只有一种方式,就是祝福她一路走好,你的幸福就是我的幸福。

我始终相信这个世界上有缘分之说,在某一个时间或空间点上一定会有一个和你终身相守的人在那等着你,两个人手牵手走向生命的未来。所以,一定要珍惜生命,爱情带来的任何痛苦会随着时间的推移,变成你回忆的美酒,这是任何一个谈过恋爱的人都知道的。那么,珍惜生命!

在大学谈恋爱,其实不一定会有结果的。它美就美在过程,在校园中留下你美好的足迹,有一份青春的美好回忆,这是最重要的。

毕业以后,大家都要开始工作,工作是我们走向未来必不可少的部分。我刚开始留在北大,想反正也是一个职业,我就当老师吧。开始,我一个班五十个同学,最后跑得剩了三个。但是,我这个人是比较努力的人,每次上完课,我就冲到别的优秀老师那去听他们讲课,拼命做笔记,记住他们每一句话怎么讲的,完了我自己再回去对比,换我讲是不是能讲得更好。过了一年,我发现我的学生都回来了。到第二年的时候,不光我的学生回来了,而且五十人的教室里容纳了一百个学生,那就意味着我上课比较成功了。到第三年,我就被北大评为优秀老师了。我本来在北大是打算临时当个老师,但是到了第二年以后,我就把老师当成我的终身梦想,当时就下了一个决心:这辈子我死了都不可以离开学校的讲台。到今天为止,我也依然是一名老师。

我们从有一个职业开始,也许慢慢就能做成一个事业。所以到后来,我觉得自己要出国,再后来从北大离开,当时其实我不想做事业,只是想赚更多的钱,以尽早出国。但是,做着做着,新东方学校就做大了,最后我就只能把它当作一个事业干。这个路径同学们是可以模仿的。先找一份工作养活自己,紧接着给自己足够的时间,如果热爱这份工作(或者换一份你热爱的工作),把它做成你一辈子想做的工作。然后,用你在这个工作中学习的经验,慢慢地开创自己的事业,这是最正确的方法。

现在大家都在鼓励大学生创业,我也鼓励。统计数据表明,大学生没有工作经验创业99.9%会失败。成功率太低了,为什么?因为创业需要几个基础:第一,你需要知道如何处理人和事的关系,这个你必须工作一段时间才有这个本领;第二,你需要熟悉一个行业的经验和运作的模式。比如说,未来你要想办培训学校,你不到像新东方这样的机构来干两年,你不一定能干成。总而言之,创业不一定会成功,成功了也不一定会长久,长久了失败了也不一定不成功。生命总是会有机会的,抱着一种良好的工作心态,先从最基础的做起,锻炼自己的能力、心胸,最后你总能成长起来。

我相信这个世界上每一个人都能成功。希望我们在座的同学从今天做起,让自己由平凡走向伟大,由失望走向希望,由懦弱走向勇敢。用在大学的这种积极上进的心态走向未来,一辈子永远往前走!

谢谢大家!

(摘编自《大学要做的几件事》)

 技能训练

一、简答题

1.什么是演讲稿?请详细阐述演讲稿的特点。

2.演讲稿可分为哪几种类型?请结合实例说明。

3.收集和选择演讲稿的材料有哪些方法?

4.怎样确定一篇演讲稿的主题?

5.演讲稿的开头、结尾分别有哪些方法？请附实例说明。
6.演讲稿主体的写作有哪些要求？

二、写作训练

1.以"我爱我专业"作为演讲稿题目，从教材提供的开头、结尾的写作方法中，分别选用一种方法，撰写该篇演讲稿的开头、结尾。

2.请从下列未完成的句子中，选一个你喜欢的题目，先完成句子，再以它作为题目，写成一篇五百字左右的演讲稿。

(1)假如我有……
(2)影响我最深的……
(3)我看了……
(4)我最爱……

3.以身边的事情为话题，写一篇约三分钟的演讲稿。(以下话题供参考)

(1)关于自我的介绍(介绍自己的家乡、特长、爱好、家庭、学业打算、难忘的事情、经历等)。
(2)关于自己身边的人(父母、老师、同学、朋友等)。
(3)介绍你读过的书、爱读的书、想读的书(电影、电视剧等)。
(4)介绍发生在你身边的奇闻、怪事、新闻。
(5)业余生活怎么过，人际关系该怎么处，钱该怎么花，该树立怎样的人生观等。

围绕上述参考话题，每位同学写一篇演讲稿，并在实训课模拟演讲，大家共同评议。

任务二　演讲稿记忆训练

任务导引

演讲稿对演讲者而言，相当于说书人所用的"底本"，因此，一篇好的演讲稿写作完成之后，演讲者要凭较强的记忆力将演讲稿的主要材料、观点、事例等牢记于心，这样演讲起来才能左右逢源、游刃有余。因此，演讲稿的熟练记忆对成功演讲非常重要，演讲稿的记忆也是初学演讲者要掌握的最基本的演讲技能。

知识必备

一、演讲稿记忆的重要性

记忆，是学习的重要环节，是巩固知识的重要手段。科学记忆，有利于提高学习效率，有利于加速知识积累。所谓记忆能力，是指人对过去经验或经历的事物的反应能力。个体经验的积累和行为的逐渐复杂化就是靠记忆来实现的。离开了记忆就不能积累和形成经验，离开了记忆甚至连最简单的行为和动作都不可能实现。

演讲者在整个演讲的过程中,片刻也离不开记忆。在演讲前的准备阶段,演讲者要博览群书,通过记忆储备大量的材料和信息,这样在撰写演讲稿时,才可能如探囊取物一样,迅速、准确地把与主题相应的材料、信息组织到自己的演讲稿中。演讲中,演讲者更要凭良好的记忆力将演讲稿的主要内容牢记于心,这样演讲起来才有助于克服紧张情绪,熟练地运用各种态势技巧,从而达到最佳的演讲效果。因此,演讲稿的熟练记忆是演讲前必须做好的准备工作。

二、演讲稿记忆的步骤

记忆演讲稿,一般分为以下三个步骤。

(一)识读

识读即阅读。了解并熟悉演讲稿的整体与细节,把握题旨,掌握例证阐述的材料以及演讲稿主体部分的论证结构。

首先,要记住演讲稿的观点和使用的具体材料。每篇演讲稿都由观点和例证材料两部分组成。一篇好的演讲稿,总是有明确的思想内容和鲜明的主题的。因此,记忆演讲稿,首先要从思想内容入手,把握主题和中心思想,找出各部分"意义的据点",提纲挈领,在此基础上记忆全篇讲稿内容就容易得多了。

其次,要熟悉材料论据阐述思想观点的过程,即论证过程,这个过程就是演讲稿的逻辑结构。一般来说,演讲稿的逻辑结构一般分为以下几种:并列式、递进式、对比式、总分式、连贯式。演讲者把握了演讲稿的逻辑结构之后,就厘清了演讲稿的脉络,对演讲稿的记忆也会有极大的帮助。

(二)响读

朱熹说过:"凡读书,须要读得字字响亮,不可误一字,不可少一字,不可多一字,不可倒一字,不可牵强暗记。"这样,才能达到他所说的"逐句玩味""反复精读""诵之宜舒缓不迫,字字分明"。在这个过程,演讲者可设计演讲的动作、表情和姿态,琢磨演讲稿临场情境与听众交流的心理和生理反馈。甚而一个字的读音,一句话的抑扬顿挫,标点、语气的恰到好处,也无不在其中。只有如此,演讲者才能从有理有据、有情有感、有声有色的响读中加以体会和记忆。

(三)情读

心理学家认为:"情感主要是和大脑两半球的活动联系着的。"引起各种情感的条件刺激既有现实的第一信号,又有现实的第二信号。语言也是有表情的。演讲稿中,有些内容具有浓烈的感情色彩,它能引起演讲者的喜怒哀乐、好恶爱憎,导致演讲时语气、音量、语速和态势都会不断发生变化。情读就是要理解并感受演讲稿所蕴含的思想情感并适度、真实地表达出来。就像演员背台词一样,演讲者要让自己在记忆演讲稿时进入"角色",这样也会加速对演讲稿内容的记忆。

总之,演讲稿的记忆,一般都要经过这三个步骤,即首先要用眼睛——识读,其次要使用口舌——响读,最后要动心思——情读。演讲者只有掌握了演讲稿所表达的观点和思想内容,把握住它的逻辑结构,再运用眼、口、心综合记忆,这样才会快速并牢牢地记住演讲稿。

三、演讲稿记忆的方法

(一)机械记忆法

机械记忆即通常所说的"死记硬背",是最基本的一种记忆方法,对于初学演讲者来说,也是一种必要的准备方式,但这种方法不仅会消耗演讲者大量的时间,而且容易造成演讲者心理麻痹。在实际的演讲过程中,现场一旦出现意外情况,打断了演讲者的思路,演讲者机械记忆的链条往往就会被截断,演讲者脑海中就会一片空白,导致演讲停顿。此外,单纯的机械记忆,还极易形成机械单调的"背书"节奏,使整个演讲过程缺少应有的激情和鼓动性。因此,一般来说,我们并不提倡用这种方法记住整篇演讲稿,但机械记忆在记忆演讲稿中某些内容时是需要的,如一些人名、地名、历史、数据等的记忆。

(二)提纲要点记忆法

提纲要点记忆的一般程序:首先,将演讲稿的主题、观点、实例和数据等做好演讲笔记,整理成便于翻阅的卡片。其次,对笔记或卡片上的材料进行深思、比较,整理出一份粗略的演讲提纲,提纲注明各段的小标题。最后,在各段小标题下面按序补充那些重要的概念、定义、数据、人名、地名或其他关键性词句。至此,一份演讲提纲已基本完成。在整理演讲材料和编排纲目的过程中,演讲者应反复思考和熟悉了自己的演讲内容,而在演讲时仅仅将演讲提纲作为提示记忆的依据即可。

(三)画图记忆法

画图记忆也是记忆演讲稿的一种办法。图画是具体形象化的作品,最便于记忆,尤其是自己画的图画。因此,我们在记忆演讲稿时,可以将演讲稿的内容用图画表示,画好后,仔细看看,记住顺序。演讲时,这些图画就会依次清晰地浮现在演讲者的脑海里了。这个办法符合记忆特性,而且简单易学,初学者可以试一试。

美国幽默大师马克·吐温最初每逢演说必要带底稿,后来他想出一种奇妙的方法帮助记忆,使他演说不再需要底稿了。就此《Harpers》杂志登载了他的叙说:"数字令人最难记,因为它是单调的,没有明显的外形。假如,你能在脑子里用一幅图画与数字连在一起,那就可以使你记牢。倘若那幅画是你自己想象出来的,那更可以使你永不会忘记。我曾有此经验,因为在三十年前,每晚我都有一次演讲,我必须每晚写一页简要的底稿帮忙。每一段意思的头两句都要写出,这样一共有十一句。但某天晚上我却把语句的次序记错了,弄得我窘迫不堪。于是我想出一个方法,就是在我指甲上用墨水写出十个号码,第二天晚上我就这样登了台,随时不停地注视自己的指甲,但马上又忘记刚才看的哪个指甲了。于是看完一个便将那个号码拭去。下边的听众都奇怪为什么我总注意自己的指甲,结果那次的演说又告失败了。猛然间我想到了用图画代表次序的方法!于是问题解决了,两分钟之内,我用笔画出六个图来,可以代表十一句话,这样一下子就记住了。至今只要闭上眼睛还觉得图画如在眼前。这件事已过了二十五年,但由于图画的帮助,我仍能把演说稿重写出来。"

(四)印象记忆法

印象对人的记忆帮助非常大。如果对要记的事物有深刻且生动的印象,往往很容易就记住了。要想获得对事物深刻的印象,首先要做的就是集中注意力。

西奥多·罗斯福有惊人的记忆力,凡是与他打过交道的人都对之称奇,因为他对事物的印象如同刻在钢板上,难以抹去。这是他用毅力不断练习的结果。他训练自己能在混乱的场合中集中注意力于一事。1912年,在芝加哥举行某次会议,他住在国会饭店的楼上,开会前街上众多群众热烈的欢呼声,喧嚣的军乐队、鼓乐声,来来去去的政界人士都不曾使他受干扰。他坐在屋里的摇椅上,仿佛对窗外的喧嚣一无所闻,专心读着古希腊历史学家希罗多塔斯的传记。当他在巴西荒林中旅行时,刚抵达露宿帐篷,便选择一棵大树下的干净处,坐在小椅子上读着《罗马帝国的衰落与灭亡》一书,由于整个注意力都集中于书本,竟未察觉天已降雨。可见他的注意力之集中,这样记事情当然容易记牢。

因此,记忆时只要聚精会神、专心致志、排除杂念和外界干扰,大脑皮层就会留下深刻的记忆痕迹而不容易遗忘。反之,如果精神涣散、一心二用,就会大大降低记忆效率。为此记忆演讲稿时,应该做到注意力高度集中,这样才能提高记忆效率。

其次,多种感官同用可加深印象。在记忆演讲稿时,综合运用视听器官的功能,可以强化记忆,提高记忆效率。

林肯有个习惯,就是高声朗诵他所打算要记住的事物,当别人问他为什么要这样时,他的解答为:"当我高声读时,有两种官能在工作。第一,我的眼睛看见了我所读的东西;第二,我的耳朵也听见了我所读的东西。因此,我容易记牢它。"

所以,为了加深印象,我们既要用眼睛看,还要用耳朵听你想记忆的东西,而且有可能的话还要接触到、嗅到它。但是看见是最重要的。因为肉眼所得的印象比较牢固。我们常会遇见一个人就觉得他的面貌很熟,但却想不起他的名字,就是这个道理。究其原因是由于从眼睛通到脑子去的神经比从耳朵通到脑子的多十倍,无怪乎有句古语:百闻不如一见。

(五)多复习记忆法

多作准备,多多复习,再长的演讲稿也能很好地记住。过目不忘的天才毕竟是少数,熟练掌握演讲稿的方法就是多复习,可是盲目机械的复习远远不够。如果能够按照一种符合心理学规律的方法来复习,效果会更好。

一位教授曾让他的学生背许多枯燥无味的拼音字母,他发现学生们在三天之内复习三十八次即可背熟,但若令他们一气背熟,则需复习六十八次。他再让学生记其他东西,得到的测验结果亦是如此。

这给了我们一个重要的启示,一个人坐下来连续记忆一段书文,反复读到能记熟为止所用的时间,比有适当休息、间隔一段时间再记忆所用的时间多一倍。这是因为头脑在工作后需要休息一下,便不易因使用过度而疲倦。既然要多复习才能记牢,那么,我们就不要到该去演讲的前一天晚上才开始记忆演讲稿,多多复习才能让演讲更加出色。

（六）联想记忆法

詹姆斯教授说过:"出现在我们心中的任何事件,必先有个引出,而且在被引出之前,似乎已有一些联想的事物本就存在心里。谁最能多想他已往的经验,并将它们交织成最有系统的关系,那个人的联想力便是最好的。"因此,我们要记住一个新朋友,就要全力注意他的面貌、身材、服装,仔细听他谈话的声调,对他的特点留下深刻、清楚、生动的印象,然后和他的姓名连在一起,再次见面时,这些深刻的印象会使你想起他的姓名。我们经常遇到这样的情况,当你和某人见过两三次面之后,再次见到他时,能大概记起他的职业等一些基本情况,却想不起对方的姓名,这是因为,一个人的职业是固定而具体的,有一种意义存在,而他的名字却是抽象的。假如你想记住一个人的姓名,最好想办法把他的姓名和职业或者其他相关信息连在一起。联想对记忆的帮助非常大,具体方法有以下两种:外界的刺激;与已有的记忆相关联。

如果把它应用到演讲上:第一,你可以借助外界的刺激,如底稿,想起你的演说要点,但是总低头看底稿是不会受到听众欢迎的。第二,你可以与心中已知的事件联想,记起演讲要点,由第一个要点联想到第二个,再由第二个联想到第三个。

虽然说起来简单,可是初学演讲的人由于恐惧,缺乏从容思索的能力,通常很难做到。这里有个简单的方法,就是把讲稿中的各要点,简化成几个字,再组成一句或几句有趣的话,这样在演讲时,讲了第一点后,很自然想到以后各点。这种方法对于要点的记忆很有帮助。

延伸阅读

十二种能提高记忆力的日常小事。

1. 咀嚼。

英国诺森比亚大学今年初公布的一项研究表明,咀嚼口香糖有助记忆。研究人员认为,嚼口香糖时不断咀嚼的动作加快了心脏的运动,增加心脏向头部供应的血液量,从而促进大脑活动,有助于提高人的思维能力。同时,咀嚼促使人分泌唾液,而大脑中负责分泌唾液的区域与记忆和学习有密切关系。脑部的海马体细胞,也就是管学习的部分,会随着年纪渐大而衰微,短期记忆力也会衰退。研究人员用扫描方法发现,咀嚼的动作或下巴的张合可以增加海马区内的细胞活动,防止其老化。研究人员对老鼠做了实验发现,牙齿拔掉的老鼠,在同样老化的过程中,记忆力不如牙齿完好的老鼠。

2. 平和心态。

美国科学家研究表明,保持心情平静、沉着,保持精神集中,使大脑获得良好的休息,有助于提高记忆力。获得这一良好状态的一个实用方法是思维按摩。据德国《焦点》杂志2001年11月报道,这种方法会促使锻炼的人通过运动和触摸获得隐藏在体内的潜力和能力。具体方法包括用拇指和食指从上到下轻轻地按摩整个耳朵,用两只手的手指触摸位于发际和眉毛之间的两个穴位。这些方法会促进血液流动,消除记忆障碍和增强记忆力。当然,提高记忆还与身体条件、周围环境等因素有关,科学家发现,合理多用脑会推迟神经系统的衰老,有助于保持和提高记忆力。

3. 睡眠。

美国专家经过研究发现,学习之后睡觉的学生比学习后整夜不眠的人记忆力强。要以正确的方法学习并需要适当休息,而睡好觉是增强记忆力的起点。专家们将志愿者分为两组,让他们在六十秒钟内记住显示在电脑屏幕上隐藏在竖线条中的三条斜线。然后让其中一组头天晚上睡觉,另一组不让睡觉。第二天和第三天晚上两组人都睡觉。第四天进行测验,让志愿者回忆在电脑屏幕上看过的斜线。第一天晚上睡觉的一组人记忆力明显高于当晚没有睡觉的人。

4. 音乐。

音乐可以改善机体的状况,促进思维的发展,使记忆深化。因为人体的大脑是巨大的信息贮存库,是记忆和思维的重要器官。听一些轻松愉快的抒情音乐能使人体内一些有益的化学物质,如乙酰胆碱释放量增多,乙酰胆碱是细胞之间信息传递的一种主要神经递质,它对改善记忆有着明显的效果。

5. 少用电子产品。

日本东京第三北品川医院的筑山节院长表示,近三年来二十五至三十五岁的年轻人患健忘症的愈来愈多,而其中大部分人都爱用电子产品。经检查,这些患者的脑神经细胞没有任何异常,只是大脑的血流量低。筑山节院长说,患者中多数是从小使用电脑、移动电话等科技产品的年轻一代。他指出,常用电子产品的人大脑利用率低,大脑活动少,血液的流动也相应降低,以至影响到大脑机能。

6. 聊天。

闲聊是大脑的活化剂,闲聊是在宁静、温馨、舒适、祥和的环境中进行的。亲朋好友即兴聊天、互通信息、交换思想、交流感情会使人处于平和、轻松、友善的气氛中,有利于消除紧张情绪,增强大脑的活力,开发人的智慧。

7. 补充糖分。

纽约大学的研究者发现,葡萄糖的水平也与记忆力有关,通过节食或健身来减肥可以改善葡萄糖的正常水平,而保持葡萄糖的正常水平则有利于保持良好的记忆力。纽约大学医学院的克维特认为:大脑侧面脑室壁上的海马状隆起物和人的记忆有关,葡萄糖水平不正常的人记忆力较差,他们脑室壁上的这种海马状隆起物也会相对较小。

8. 考眼力的游戏。

大量的实践证明,在坚持玩考眼力游戏(比如"连连看")一段时间内,人的记忆力可以迅速提高!这并非虚有其表,不信,你可以试试。当你在前几次玩的时候,你老忘记刚刚看到的东西,而经过一段时间的训练以后,你会发现,乱点都能找出且一一对应。为什么?难道是你的运气突然加强了?其实不是的,那是因为你在不久前看到的图片在你脑海里面"存"了下来,当你再次看到本图的另外一张图时,你自然而然手就自动点击下去,而这也仅仅是凭借你的记忆力达到的。

9. 健身。

生命在于运动,健身有助于人们保持身材、预防疾病,而最近科学家们还发现了健身的另一个重要功能——防止记忆力衰退。我们都知道健身可以减肥,但同时健身也可以防止记忆衰退。纽约大学医学院克维特博士认为:人们通常认为人一出生就有大脑,而大脑会随着人们年龄的增长而逐渐衰退直到死亡,但现在人们发现很多因素可以促进大脑的自我更新,而锻炼身体就是其中的一个促进因素。

10. 经常使用左肢。

左侧体操有益记忆,生理学家提倡在日常生活及运动中,要多使用左上肢及左下肢,尤其要多用左手活动,以减轻大脑左半球的负担,从而加强大脑右半球的协调机能。这是增强记忆力的有效方法。

11. 弹琴。

这是一种非常有利于脑器官的锻炼方法,弹琴时眼看乐谱,大脑则根据乐谱内容对手指发出种种指令,然后手指与大脑紧密配合作出复杂而快速的动作,这一系列默契的配合和手指的动作,对大脑是一种有效的锻炼。科学家有另一项新发现:手指与大脑之间有着有机联系,弹琴动作本身就促进了60%以上大脑皮层在积极活动,此时脑部的血液循环比平时可增加5%~15%,这有利于健脑和增强记忆力。

12. 提高责任心。

关于健忘的问题以上讲了很多,但是有时候,记忆力的第一要素其实是"记忆的责任心"。记忆任何东西,首先要有记忆的责任心,也就是记忆方面的积极性。许多人都有体验,一个电话号码如果不想记,即使千百次地用它还得去查。为什么?因为没有记忆的责任心。当没有责任心的时候,一个东西反复出现,还是记不住。所以,注意提高自己对工作、对事、对人的责任心,对于培养记忆力也是有很大帮助的。

(摘编自百度文库)

技能训练

一、简答题

1. 演讲稿记忆的重要性体现在哪些方面?
2. 演讲稿记忆一般分为哪几个步骤?请具体阐述。
3. 我们可以采用哪些方法快速记忆演讲稿,请结合实际举例说明。

二、趣味测试:测测您的记忆力

(一)词语组测试

请用一百五十秒记忆下面二十个词语。

树　鹅　板凳　汽车　手套　手枪　镰刀　麻花　球拍　蛋糕
筷子　婴儿　医生　钥匙　月饼　衣扣　拐杖　衣架　药酒　按铃

说明:每个词语得一分,一百五十秒内记忆多少个词语就得多少分。您的得分:____分。

(二)数字组测试

1. 请您用二十秒记忆如下数字。

817263　　544536　　271899　　531246

说明:每个数字得一分,二十秒内记忆多少个数字就得多少分。您的得分:____分。

2. 一百五十秒记忆如下数字。

798465231349675513872794826136

说明:每个数字得一分,一百五十秒内记忆多少个数字就得多少分。您的得分:____分。

(三)请用三分钟记忆如下扑克牌

红桃Q　方块8　梅花5　红桃A　黑桃J　方块9　梅花4
黑桃2　红桃K　黑桃6　方块2　梅花7　红桃4　方块K
梅花6　黑桃7　红桃5　黑桃7　梅花Q　方块9　红桃6

说明:每张牌得一分,三分钟内记忆多少个数字就得多少分。您的得分:____分。

总分:词语题得分(　　)+数字题一得分(　　)+数字题二得分(　　)+扑克题得分(　　)=(　　)分。

测试分析:

1. 总分在六十分以上,说明您的记忆能力非常好。
2. 总分在四十至六十分,说明您的记忆力很好。
3. 总分在二十二至四十分,说明您的记忆力一般。
4. 如果总分在二十二分以下,说明您的记忆力相对较差,需要注意科学用脑、科学饮食、科学的学习与休息。

三、记忆演讲稿训练

1. 比一比:看谁记得快!将全班同学分成若干小组,每组抽取其中的一段进行记忆,三十分钟后,每组推举记得最快的同学现场模拟演讲。

(1)杨澜在莫斯科的"申奥"演讲片段。

　　北京是一座充满活力的现代都市,三千年的历史文化与都市的繁荣相呼应,除了紫禁城、天坛和万里长城这几个标志性的建筑,北京拥有无数的戏院、博物馆,各种各样的餐厅和歌舞场所,这一切的一切都会令您感到惊奇和高兴。我相信在座的许多人都曾为李安的奥斯卡获奖影片《卧虎藏龙》所吸引,这仅仅是我们文化的一小部分,还有众多的文化宝藏等待着你们去挖掘。除此之外,北京城里还有千千万万友善的人民,热爱与世界各地的人民相处,无论是过去还是现在,北京历来是各个民族和各种文化的汇集地,北京人民相信,在北京举办2008年奥运会,将推动我们文化和全世界文化的交流。

(2)奥巴马在上海复旦大学的演讲片段。

　　这是我首次访问中国,她的美丽壮观让我无比兴奋。在上海,我目睹了这里举世瞩目的发展成就——摩天大楼拔地而起,繁华的街道车水马龙,创业活动蓬勃兴起。看到这些标志着中国奔向21世纪的元素符号时,我惊叹不已。同时,我也非常渴望能参观那些讲述中国辉煌历史的文明古迹。明天和后天我将要去北京进行访问,我非常希望能有机会去游览雄伟壮丽的故宫和令人叹为观止的长城。这是一个拥有辉煌历史的国度,同时,这也是一个坚信拥有灿烂的明天的国度。

(3)俞敏洪《水的精神》演讲片段。

　　每一条河流都有自己不同的生命曲线,同样每条河流都有自己的梦想,那就是奔向大海。我们的生命有时候会像泥沙,慢慢地沉淀下去。一旦你沉淀下去了,也许你不用再为了前进而努力,但是你却也永远见不到阳光。所以不管你现在的生命是怎么样的,一定要有水的精神。像水一样不断地积蓄自己的力量,不断地冲破障碍。当你发现时机不到的时候,把自己的厚度积累起来。到有一天时机来临的时候,你就能够奔腾入海,成就自己辉煌的一生。

2.请用本文提到的记忆方法尽快记住《爱迪生欺骗了世界》这篇演讲稿。比一比,看谁记得快!

　　世界上很多非常聪明并且受过高等教育的人,无法成功。就是因为他们从小就受到了错误的教育,他们养成了勤劳的恶习。很多人都记得爱迪生说的那句话吧——"天才就是99％的汗水加上1％的灵感"并且被这句话误导了一生。勤勤恳恳的奋斗,最终却碌碌无为。其实爱迪生是因为懒得想他成功的真正原因,所以就编了这句话来误导我们。很多人可能认为我是在胡说八道,好,让我用一百个例子来证实你们的错误吧!事实胜于雄辩。

　　世界上最富有的人,比尔盖茨,他是个程序员,懒的读书,他就退学了。他又懒得记那些复杂的 dos 命令,于是,他就编了个图形的界面程序,叫什么来着?我忘了,懒得记这些东西。于是,全世界的电脑都长着相同的脸,而他也成了世界首富。

世界上最厉害的餐饮企业——麦当劳。他的老板也是懒得出奇,懒得学习法国大餐的精美,懒得掌握中餐的复杂技巧。弄两片破面包夹块牛肉就卖,结果全世界都能看到那个"M"的标志。

必胜客的老板,懒得把馅饼的馅装进去,直接撒在面饼上边就卖,结果大家管那叫"PIZZA",比十张馅饼还贵……还有更聪明的懒人:懒得爬楼,于是他们发明了电梯;懒得走路,于是他们制造出汽车,火车,和飞机;懒得一个一个的杀人,于是他们发明了原子弹;懒得每次去计算,于是他们发明了数学公式;懒得出去听音乐会,于是他们发明了唱片、磁带和 CD。这样的例子太多了,我都懒得再说了。

我以上所举的例子,只是想说明一个问题,这个世界实际上是靠懒人来支撑的。世界如此的精彩都是拜懒人所赐。现在你应该知道你不成功的主要原因了吧!懒不是傻懒,如果你想少干,就要想出懒的方法。要懒出风格,懒出境界。像我从小就懒,连长肉都懒得长,这就是境界。

(摘编自百度文库)

任务三　演讲心理素质训练

"演讲是需要勇气的",进行了良好的演讲创作,接下来就进入了演讲表达的环节,也就是把演讲推入到最后的实施阶段。这一时期对演讲者心理素质的考验更为严峻。培养良好的心理素质,有助于演讲者增强演讲的活力和趣味,使演讲过程达到最佳境界,让演讲发挥最大的作用。

演讲是一种复杂的、高难度的综合性精神劳动,也是一门综合艺术,它不仅要求演讲者有较高的思想道德修养、丰富的文化知识储备、娴熟的口语表达技巧,还要求演讲者具备良好的心理素质。因此,演讲者自身优秀的心理素质也是取得演讲成功的重要前提。

一、心理素质与演讲心理素质

心理素质是以人的自我意识发展为核心,包含认知能力、需要、兴趣、动机、情感、意志、性格等因素有机结合的复杂整体。它是一个人在思想和行为上表现出来的比较稳定的心理倾向、特征,是人进一步发展和从事活动的心理条件和心理保证。

131

演讲心理素质,指的是演讲者在整个演讲活动中所表现出来的比较稳定的心理倾向、特点。演讲能否成功很大程度上取决于演讲者心理素质的好坏。演讲中对人的心理素质方面的要求贯穿了从发声训练开始,到演讲完成的各个环节。克服心理障碍,具备健全的心理素质,是演讲获得成功的前提条件。

二、演讲者应具备的心理素质

卡耐基说过:"要想成功演讲,就必须要有强烈的欲望,保持高度的热忱,具备坚强的毅力,翻越一座座高山;更重要的是,要相信自己一定会成功。"因此,对演讲者来说,良好的心理素质是演讲成功开始的必要前提。作为一名成功的演讲者,应具备以下心理素质。

(一)充分的自信心

自信是个体对自己认识活动和实践活动的后果抱有成功把握的一种预测反应,是一种推断性的心理过程,具有明显的理性思维色彩。充分的自信可以让人发挥意志的调节作用,坚定意志;可以促使智力呈现开放状态,更有效地发挥演讲者的创造性。具有自信心的人,在整个演讲活动中能始终保持清醒的头脑,很少有心理负担,精力充沛,思维活跃,易于触发创造性思维,并且能左右逢源、随机应变和临场发挥;相反,缺乏自信心的人,意志薄弱,时时产生一种消极的自我暗示,越怕失败,越怕人取笑,就越分心,越忧心忡忡,无形中束缚实际能力的发挥,导致演讲失去光彩。因此,自信心是演讲者重要的心理支柱,对于演讲的结果具有重要的影响。

(二)强烈的成功欲

这是自我价值实现的一种满足感,属于马斯洛的"人的需要层次论"中最高层次的需要,它可以帮助人塑造一种追求完美的心理品格。成功欲是促进演讲的重要内驱力,它在演讲行为中起着巨大的推动作用。它可以触发演讲者的心理动机,使演讲者对演讲结果高度关切,进而引起演讲者对演讲内容与演讲技巧的关注,促使演讲不断改进,以取得更好成绩。

(三)敏锐的观察力

敏锐的观察力也是演讲者必须具备的心理素质之一。演讲者敏锐的观察力主要体现在以下三个方面:准备演讲时,能从日常生活中获取素材,并通过分析和判断,从中发现能反映生活本质和社会主流的东西,充实、丰富演讲内容;演讲中,可以根据现场听众的表情变化及场上的气氛变化,把握、了解听众的心理,及时调整演讲的内容、方式、节奏;演讲过后,能通过周围的反应,综合分析自己演讲的成败得失,让自己的演讲臻于成熟。

(四)丰富的想象力

想象力是人们在头脑中对已有的形象材料进行加工改选而创造新形象的能力。想象力是人们进行实践活动的必要条件,更是决定演讲是否成功的必要条件。演讲中,想象力如同"点金术",有了它就可"思接千载""视通万里",将各种各样的事物与主题巧妙的组合起来,使演讲内容充实、新颖,增强演讲的感染力。可见,丰富的想象力是演讲者保持演讲生动、有趣、精彩的关键。

(五)良好的思维能力

思维能力是人类最重要的认识能力,也是人的智力的核心。"言为心声",演讲的内容就是演讲者对问题思考的结果。演讲者能否以理服人取决于其思维的优劣。演讲者的良好思维主要包括思路清晰、逻辑严密,让人听后不会觉得前后矛盾;思维有一定的独立性和灵活性,特别是在同一主题的演讲中,独到的思维角度将给人耳目一新的感觉,能很好地吸引听众的注意力。

(六)充沛的激情

著名演讲家艾伯特·胡巴德鲁说:"在演讲中赢取观众信任的,是演讲的态度而不是讲稿的内容。"演讲者在演讲时表现出来的激情对演讲的成功起着关键性的作用。这一方面是因为演讲者对演讲的热情将对他自身的行为产生巨大的动力作用,可以让演讲者完全投入到演讲当中;另一方面是因为演讲者一走上台便成为全场注目的焦点,此刻听众的情绪尽握手中,因此演讲者的感情投入是带动全场气氛的关键。闻一多先生的《最后一次演讲》之所以能鼓动人,正是因为他将自己的情感诉诸演讲当中;一提到马丁·路德·金的《我有一个梦想》,人们脑海中浮现的首先是演讲者感情炽热、激情澎湃的面容。

(七)坚强的自控力

自控力是指演讲者合理控制自己的情绪和意志的心理适应能力。这是演讲时能正常调动自己的思维,组织和运用自己语言的决定性因素。自控力强的演讲者,既能做到"我所不愿为",又能做到"不为所愿为",因而能适应客观环境,主动调节自己的情绪和情感,言谈举止得体。

三、演讲心理素质的训练

现实生活中,随处可见这样的人:对着熟悉的朋友,可以滔滔不绝,面对陌生人,则变得口吃结巴;在日常交流中,妙语连珠,在正规场合,却词不达意……在日常生活中,心理素质起着至关重要的作用。因此,我们认为优秀的心理素质是口语有效表达的保证。演讲也是如此,但演讲心理素质的培养是一个长期的过程,平时有针对性地多做这方面的训练是非常必要的。下面,介绍几种常用的训练方法。

(一)克服紧张情绪

据调查,99%的人,包括著名的演说家,在登台时都会有一定程度的恐惧和紧张。对于初学演讲或初次登台演讲的人来讲,最大的"敌人"就是紧张。这种情绪产生后,演讲者很难控制,并进而影响演讲效果。

心理学的研究告诉我们,适度的恐惧与紧张可以提升人的反应能力,加快思维的运作。因此,在演讲时首先要视"紧张"为演讲过程的一部分,告知自己在这种状况下,紧张是正常的,而不紧张才是不对的。其次,可以运用积极的自我暗示来帮助克服紧张情绪。自我暗示就是通过运用内部言语或者书面表达的形式给自己灌输某种观念,并使它影响自己的心理和行动。积极的自我暗示对人的情绪和行为有着积极影响,既可以松弛过分紧张的情绪,又可以增强自信、激励自己。例如,在演讲前感到紧张、焦虑,演讲者就可以自己对自己说:在公众场合并不可怕,自己准备得很充分,着装又很得体,自己的头脑又和聪明,一定能讲得很好,并且不断暗示自己冷静些,别紧张,很快就会过去了。这种暗示不断重复,就能在一定程度上缓解或者消除紧张情绪。

(二)学会与听众沟通

演讲表面看是演讲者主动讲,听众被动听,好像是一种单向交流。其实在演讲中,演讲者要注重与听众的交流,随时注意听众的反馈,并调整自己的演讲状态,如果能力允许,还可适度调整演讲内容。在演讲过程中,演讲者千万不要自视甚高,不论演讲者的知识多么丰富,阅历如何广博,准备怎样周详,但是千万不要忘了"群众才是真正的英雄",听众中不乏真知灼见者,在演讲中,演讲者与听众往往也是可以"讲听相长"的。另外,还可以通过适当地赞赏听众来表示友好,缩短彼此间的心理距离。

(三)运用心理分析

心理分析是指根据心理现象之间及心理现象与行为之间的因果关系,由一种心理现象推知另一种心理现象、心理特征或行为的方法。通过心理分析可以判断一个人的气质类型、性格特征、智力状况、才能、爱好、行为特征等。因此,演讲者可以运用心理分析的方法明确自己的气质类型及不同气质类型的优劣势,发挥优势、避开劣势,从而在演讲活动中取得最佳的效果。传统心理学将人的气质类型分为四种:胆汁质、多血质、黏液质、抑郁质。演讲者要对自己的气质类型有比较冷静、理智的辨证认识,并在此基础上"扬长避短",如胆汁质的要克制自己情绪,以免过度热情;多血质的要多听取他人的意见,避免发生"一言堂"现象;黏液质的要注意感情的投入,避免给人产生冷漠感;抑郁质的则要有意识地多参加口语交际活动,以外在的行动改变自己气质方面的不足。

(四)增强抗挫折能力

良好的心理素质很大程度上取决于一个人对失败的态度,一个人的自信很大部分来源于其对失败的认知。演讲者要认识到演讲活动是会遭遇失败的,所以保持一颗平常心是顺利进行演讲的保证。萧伯纳是20世纪上半叶最出色的演说家,但他年轻时是一个非常胆怯的人,去拜访别人时,常常在河堤上走了二十分钟或更多的时间以后,才壮起胆子去敲人家的门。对于这一点,就连他自己也承认:"很少有人像我这样为着单纯的胆小而痛苦,或极度地为它感到羞耻。"于是,他下决心改变自己,加入了伦敦的一个辩论学会,每逢有公众讨论的聚会,他必定参加;并且,全心投入社会运动,到处演讲。正是面对失败的坦然和失败后的奋发,萧伯纳最终成为一位成功的演说家。在演讲活动中,并不是所有事态都会朝着我们期望的方向发展,一旦出现你所不愿意看到的事情,听到你所不愿听到的话,遇到你所不愿意遇到的场景,必须善于自我控制情绪,有较好的临场应变能力。

四、怯场心理的产生及克服

怯场是指在人多的场合发言、表演等,因紧张害怕而神态举动不自然。怯场是一种常见的心理表现,很少有人能够心情平静、信心十足地登上演讲台,即使职业演讲者也是如此。或在演讲前心中忐忑不安:我是否已准备充分?听众喜欢听吗?我会不会一上台就把演讲的内容忘得一干二净?或是出现心跳加快、血压升高、手心出汗、口干舌燥、声音颤抖、四肢僵硬、肌肉抽搐、头晕眼花等情况。这些都是怯场心理的具体表现。

(一)造成怯场心理的原因

造成怯场心理的原因多种多样,往往因人而异,但下面几点原因却带有极大的普遍性:

1. 评价忧虑。评价忧虑是造成怯场心理的最主要、最棘手的因素。现代心理学认为,在任何存在评价的场合,人们一般很难发挥自己原有的水平。而在演讲中,由于评价是单向的,也就是说听众是演讲者的唯一"裁判",而演讲者作为被"裁判"的人,却没有任何辩解的机会,在这种情况下演讲者的忧虑会更多,心理负担会更重。

2. 听众的地位。如果演讲者面对的听众比演讲者的地位高,或者演讲者认为听众比自己重要,演讲时心里便会感到特别紧张。

3. 听众的人数。一般情况下,人都愿意在小范围内讲话。如果听众人数很多,演讲者便会非常谨慎,因为他们觉得一旦演讲中出错或表现不佳,自己的形象就会在众人面前受到影响,因此,演讲中过分的小心谨慎也会加大演讲者怯场的可能性和程度。

4. 对听众的熟悉程度。大多数人在熟人面前讲话比较自然,而面对陌生人讲话时常常会感觉紧张。演讲者演讲时要面对众多陌生的听众,而这些听众在几十分钟甚至十几分钟内会对演讲者作出第一次印象性评价。面对不熟悉的陌生人,担心陌生人对自己作出坏的第一印象,这往往会引起演讲者的怯场。

5. 听众的观点。如果演讲前,演讲者知道全场听众或大多数听众所持观点和自己演讲中所要阐述的观点是一致的,那么演讲者便会信心十足。反之,演讲者便会产生心理负担。

6. 事前的准备情况。若演讲者在演讲前,心里老是觉得自己对演讲准备的不充分,感到有出丑的可能,则可能会诱发怯场。

(二)克服怯场的方法

1. 充分准备。对付怯场心理最有力的武器就是诚心实意地告诉自己对本次演讲准备得十分充分:选题对听众很有吸引力;对选题已考虑周详且收集到了所有所需资料;演讲稿紧扣主题,安排有序;经过反复演练,已能恰到好处地把握演讲时间;对自己的仪表和临场表现有充分信心;有能力很好地应对演讲过程中出现的各种意外情况。既然自己什么都准备好了,那么任何担心、忧虑都应当是多余的。

演讲与口才

2.适应变化。如果原计划给二三十人做演讲,到场后发现听众有二三百人,怎么办?如果准备了一份非常正式的演讲稿,走上演讲台却发现大家都穿着牛仔服和T恤衫之类的休闲服,应该怎么办?准备了长达两个小时的内容,可上场前主持人只给十五分钟的演讲时间,又该怎么办?诸如此类的问题有可能引起演讲者怯场。在这些情况下避免怯场的有效办法是演讲者适应变化。

3.练习放松。

(1)想象性放松。想象自己进入了最容易放松的情境,如想象自己正在幽静的公园里散步,或在温暖的沙滩上晒太阳,或正躺在一望无际的草原上呼吸带有青草清香的空气……这样可以消除生理上的紧张带来的疲惫感,稳定情绪,还可以吸入充分的氧气,以便在演讲中更好地控制自己的声音。

(2)肌力均衡运动。肌力均衡运动是指有意识地让身体某一部分肌肉有规律地紧张和放松。比如可以先握紧拳头,然后松开;也可以固定脚掌,压腿,然后放松。做肌力均衡运动的目的在于让自己某部分肌肉紧张一段时间,这样不仅能放松肌肉,而且能放松身心。

(3)呼吸调节法。采用这种方法可以消除杂念和干扰,起到放松的效果。具体做法是,脚撑地,两臂自然下垂,闭合双眼,把注意力集中在呼吸上,静听空气流入、流出时发出的微弱声音。然后,以吸气的方式连续从一数到十,每次吸气时,注意绷紧身体,在头脑中反映出数字,在呼气时说"放松",并在头脑中再现"放松"这个词,这样连续数下去。注意节奏放慢,让身体尽量松弛,直到感觉到镇静为止。

4.转移注意力。演讲前与主办方的相关人员聊聊天,或走进听众中去了解、听取听众意见,或去做一些有意义的活动,这样往往可以帮助自己暂时转移注意力,让自己从焦虑的情绪中摆脱出来,更好地放松。

5.增强自信心。有人说自信心是事业成功的前提。在这里,我们要说,自信心是演讲的镇静剂。演讲者增强自信心有两个原则:一是减少对自己的否定性评价,增加肯定性评价,时刻想到:"只有我才最有资格、最有能力、最有把握做好这件事","我现在的状态不错","我做得很棒","别人都很尊敬我"等;二是参与一些容易成功的活动或社交情境,通过多次的锻炼,逐渐增强自信心。

6.恰到好处的幽默。幽默是演讲中的调味品。优秀的演讲者和有引力的演讲内容,再加上恰到好处的幽默,这样才能创造出成功的演讲。所以,当演讲者遇到怯场心理的袭击时,不妨用幽默来化解,在听众轻松的笑声中将自己从怯场心理中解脱出来。

延伸阅读

爱默生说:"恐惧较之世上任何事物更能击溃人类。"针对演讲中的紧张心理,以下介绍几种"药剂"以供参考:

1.充分的准备。林肯曾说:"我相信,我若是无话可说时,就是经验再多、年龄再老,也不能免于难为情的。"这话说得很深刻。要进行成功的演讲,就必须有成功的准备,否则,没有准备好就出现在听众面前,与未穿衣服是一样的。对付怯场心理最有力的武器是诚心诚意地告诉自己对本次演讲准备得十分充分。只有有备而来的演说者才能获得自信和成功。

2.端正演讲动机,减轻心理负担。不要把目标定得过高,对于不切实际的期望要有客观的分析。如果把演讲的意义片面夸大,甚至把演讲与个人终生的成就、事业和幸福等紧紧联系在一起,演讲还未来临,就已经是惶惶不可终日了。带着强烈的求胜动机和沉重的心理负担去准备,结果情绪焦虑程度越积越强烈,到了发挥时却事违人愿。因此,演讲者要学会适度降低求胜动机,减轻心理负担,真正做到轻装上阵。

3.保持积极的情绪体验。有些演讲者面对即将到来的演讲,感觉就像如临大敌,心惊胆战,有着诸多的这样那样的担心,比如,在演讲过程中总是设想自己会犯语法错误,或总担心自己讲着讲着会突然地停顿下来,讲不下去了,这就是一种反面的假想,它很可能会抹杀我们对演讲的信心。面对这种情况,演讲者可以使用积极自我暗示的方法。暗示对人的心理影响是极大的。学会多给自己一些积极放松的暗示,用一些"我一定可以做得很好""我一定可以超常发挥"等话语肯定自己。在平时练习之余多和自己交谈,不断地强化一种必胜的信心与信念。时间长了,就会发现积极的心态已经成为自己的一种习惯。

4.演讲前要把注意力从自己身上移开。比如,积极听取主办人和听众的意见,或是集中精力听别的讲演者说些什么,以便把注意力放在他们身上,避免不必要的登台恐惧感。

5.冷静处理"怯场"。1988年汉城奥运会上,称雄排坛数年的中国女排,在与苏联队一场比赛中,不仅以0∶3败北,而且第一局竟创纪录地吃了零分,其中主要原因不在于技术,而在于心理的崩溃。演讲中的怯场同样也是一种心理崩溃的反映。事实上,当怯场现象发生时,只要有所准备,掌握必要的技巧,也可以顺利度过这一危机期。当意识到自己出现怯场现象时,不要惊恐慌乱,抱着平常心的心态,不要好强求胜,也不要过分地强调自己的怯场紧张心理,可以通过呼吸调节法消除自己的紧张感,消除杂念和干扰。当自我感觉十分紧张时,要有意识地控制自己的情绪。要时时记住,既然你自己下定的决心,那就大踏步而出,并深深地呼吸吧。事实上,在开始演讲之前,应深呼吸三十秒,这样所增加的氧气供应可以提神,并能给你勇气。

6.当一个神气的债主。对于消除紧张心理,卡耐基先生最有经验,而在他的众多经验中最基本的经验就是假设听众都欠你的钱,正要求你多宽限几天;你是神气的债主,根本不用怕他们。这种心理作用对演讲者大有帮助。演讲者在最初面临听众时,也许总会有一些恐惧和紧张,这是正常的。只要坚韧不拔,所有顾虑不久都会一扫而光。

(摘编自百度文库)

技能训练

一、简答题

1. 一名成功的演讲者应具备哪些心理素质？

2. 演讲者心理素质训练有哪些方法？

3. 什么是怯场？你平时是否出现过怯场心理？指出克服怯场心理的方法。

二、趣味测试

(一)测测您的气质类型

1. 下面六十道题，可确定你的气质类型。回答这些问题，必须实事求是，并尽快地完成，不要在一个题目上停太长时间。

2. 请认真阅读下列各题，对于每一题，你认为非常符合自己情况的记"＋2"，比较符合的记"＋1"，拿不准的记"0"，比较不符合的记"－1"，完全不符合的记"－2"。

1. 做事力求稳妥，一般不做无把握的事。

2. 遇到可气的事就怒不可遏，把心里话全部都说出来才痛快。

3. 宁可一个人干事，不愿很多人在一起。

4. 厌恶那些强烈的刺激，如尖叫、噪音、危险镜头等。

5. 和人争吵时总是先发制人，喜欢挑衅别人。

6. 喜欢安静的环境。

7. 善于和人交往。

8. 到一个新环境很快就适应。

9. 生活有规律，很少违反作息制度。

10. 羡慕那些善于克制感情的人。

11. 在多数情况下情绪是乐观的。

12. 碰到陌生人觉得很拘束。

13. 遇到令人气愤的事，能很好地自我克制。

14. 做事总是有旺盛的精力。

15. 遇到问题总是举棋不定、优柔寡断。

16. 在人群中从不觉得过分拘束。

17. 情绪高昂时，觉得干什么都有趣；情绪低落时，又觉得什么都没有意思。

18. 当注意力集中于一事物时，别的事很难使我分心。

19. 理解问题总比别人快。

20. 碰到危险情景，常有一种极度恐惧感。

21. 对学习、工作怀有很高的热情。

22. 能够长时间做枯燥、单调的工作。

23. 感兴趣的事情，干起来劲头十足，否则就不想干。

24. 一点小事就能引起情绪波动。

25. 讨厌做那些需要耐心、细致的工作。
26. 与人交往不卑不亢。
27. 喜欢参加热闹的活动。
28. 爱看感情细腻、描写人物内心活动的文艺作品。
29. 工作学习时间长了,常感到厌倦。
30. 不喜欢长时间讨论一个问题,愿意实际动手干。
31. 宁愿侃侃而谈,不愿窃窃私语。
32. 别人总是说我闷闷不乐。
33. 理解问题常比别人慢。
34. 疲倦时只需要短暂的时间休息,就能够精神抖擞,重新投入工作。
35. 心里有话不愿意说出来。
36. 认准一个目标就希望尽快实现,不达目的誓不罢休。
37. 学习、工作同样一段时间后,常比别人更疲倦。
38. 做事有些鲁莽,常常不考虑后果。
39. 老师或他人讲授新知识、新技术时,总希望讲得慢一些,多重复几遍。
40. 能够很快地忘记那些不愉快的事情。
41. 做作业或完成一件工作总比别人花的时间多。
42. 喜欢运动量大的剧烈体育活动,或者参加各种文艺活动。
43. 不能很快地把注意力从一件事转移到另一件事上。
44. 接受一个任务后,就希望把它迅速解决。
45. 认为墨守成规比冒风险强些。
46. 能够同时注意几件事物。
47. 当我烦闷的时候,别人很难使我高兴起来。
48. 爱看情节起伏跌宕、激动人心的小说。
49. 对工作保认真严谨、始终一贯的态度。
50. 希望做变化大、花样多的工作。
51. 和周围人的关系总是相处不好。
52. 喜欢复习学过的指示,重复做熟练的工作。
53. 小时候会背的诗歌,我似乎比别人记得清楚。
54. 别人说我"出语伤人",可我并不觉得这样。
55. 在体育活动中,常因反应慢而落后。
56. 反应敏捷,头脑机智。
57. 喜欢有条理而不是麻烦的工作。
58. 兴奋的事常使我失眠。
59. 老师讲新概念,常常听不懂,但是弄懂了以后很难忘记。
60. 假如工作枯燥无味,马上就会情绪低落。

评分方法:

多血质包括 4、8、11、16、19、23、25、29、34、40、44、46、52、56、60 题。

胆汁质包括 2、6、9、14、17、21、27、31、36、38、42、48、50、54、58 题。

黏液质包括 1、7、10、13、18、22、26、30、33、39、43、45、49、55、57 题。

抑郁质包括 3、5、12、15、20、24、28、32、35、37、41、47、51、53、59 题。

A. 如果某一项或两项的得分超过二十分,则为典型的该气质。

B. 如果某一项或两项以上得分在二十分以下,十分以上,其他各项得分较低,则为该项一般气质。

C. 若各项得分均在十分以下,但某项或几项得分较其余项得分较高(相差五分以上),则略倾向于该项气质。

多血质:概括地说,多血质的人以反应迅速、有朝气、活泼好动、动作敏捷、情绪不稳定、粗枝大叶为特点。这种人的行动反应很快。他们会对一切吸引他注意力的东西,作出生动地、兴致勃勃地反应。这种人行动敏捷,有高度的可塑性,容易适应新环境,也善于结交新朋友。他们一般比较外向、情感易发生,姿态活泼,表情生动,言语具有表达力和感染力。他们还具有较高的主动性,在活动中精力充沛,有较强的坚定性和毅力,但在平凡而持久的工作中,热情易消退,容易萎靡不振。

胆汁质:概括地说,胆汁质的人以精力旺盛、表里如一、刚强、以感情用事为特征。整个心理活动笼罩着迅速而突发的色彩。有这种气质的人反应速度快,具有较高的反应性和主动性。他们脾气暴躁、不稳重、好挑衅、态度直率、精力旺盛。他们能以极大的热情工作,并克服前进道路上的障碍,但有时表现出缺乏耐心。当困难太大而需要特别努力时,有时显得意气消沉,心灰意懒。他们的可塑性差,但兴趣较稳定。

黏液质:概括地说,黏液质的人是以稳重但灵活不足、踏实但有些死板、沉着冷静但缺乏生气为特征的。这种人反应性低,情感不易发生,也不易外露。他们态度持重,交际适度,对自己的行为有自制力。他们心理反应缓慢,遇事不慌不忙。他们的可塑性差,不够灵活。他们能做有条理的、持久的工作;但容易因循守旧,缺乏创新精神。他们对外界的影响很少作出明确反应。

抑郁质:概括地说,抑郁质的人以敏锐、稳重、怯懦、孤独和行为缓慢为特征。这种人具有较高的感受性和较低的敏捷性,他们的心理反应缓慢,动作迟钝,说话慢慢吞吞。他们多愁善感,情感容易发生且持久。一般比较内向,不善于与人交往,在困难面前常优柔寡断;在危险面前常表现出恐惧和畏缩;在受挫折后,常心神不安,不能迅速地转向新的工作。他们的主动性较差,不能把事情坚持到底。但这种人富于想象,比较聪明,对力所能及的事情表现出较大的坚韧精神,能克服一定的困难。

(二)测测您的心理素质

请你做以下八道心理素质测试题,每题只能一个选择,然后根据括号内的分数累加起来,看看总分是多少,就能大致了解你的心理素质。

1.你骑车闯红灯,被警察叫住;后者知道你急着要赶路,却故意拖延时间,这时你——

    a.急得满头大汗,不知怎么办才好

    b.十分友好地、平静地向警察道歉

    c.听之任之,不作任何解释

2.在朋友的婚礼上,你未料到会被邀请发言,在毫无准备的情况下,你会——

    a.双手发抖,结结巴巴说不出话来

    b.感到很荣幸,简短地讲几句

    c.很平淡地谢绝了

3.你在餐馆刚用过餐,服务员来结账,你忽然发现身上带的钱不够,此刻,你会——

    a.感到很窘迫,脸发红

    b.自嘲一下,马上对服务员实话实说

    c.在身上东摸西摸,拖延时间

4.假如你乘坐公共汽车时忘了买票,被人查到,你的反应是——

    a.尴尬,出冷汗

    b.冷静,不慌不忙,接受处理

    c.强作微笑

5.你独自一人被关在电梯内出不来,你会——

    a.脸色发白,恐慌不安

    b.想方设法出去

    c.耐心地等待救援

6.有人像老朋友似的向你打招呼,但你一点也记不起他(她)是谁,此时你——

    a.装作没听见似的不答理

    b.直率地承认自己记不起来了

    c.朝他(她)瞪瞪眼,一言不发

7.你从超市里走出来,忽然意识到你拿着忘记付款的商品,此时一个很像保安人员的人朝你走过来,你会——

    a.心怦怦跳,惊慌失措

    b.诚实、友好地主动向他解释

    c.迅速回转身去补付款

8.假设你从国外回来,行李中携带了超过规定的烟酒数量,海关人员要求你打开提箱检查,这时你会——

    a.感到害怕,两手发抖

    b.泰然自若,听凭检查

    c.与海关人员争辩,拒绝检查

心理素质测试题答案:选 a 得零分,选 b 得五分,选 c 得两分。

解析：

1.零至二十五分：你承受压力的心理素质比较差，很容易失去心理平衡，变得窘促不安，甚至惊慌失措。

2.二十五至三十二分：你的心理素质比较强，性情还算比较稳定，遇事一般不会十分惊慌，但有时往往采取消极应付的态度。

3.三十二至四十分：你的心理素质很好，几乎没有令你感到尴尬的事，尽管偶尔会失去控制，但总的来说，你的应变能力很强，是一个能经常保持镇静、从容不迫的人。

三、案例分析

美国演讲家詹宁斯·伯瑞安初次上台演讲时，膝盖不停地抖动；古罗马雄辩家西塞罗开始演讲时，"面色苍白，四肢和整个心灵在颤抖"；马克·吐温这位美国著名的作家第一次演讲时，"紧张得练嘴都张不开，说起话来，嘴里像塞了棉花"；印度前总理甘地在初次演讲时，"不是在讲话，而是在尖叫"……这些人后来都成为著名的演讲家。根据以上事例，根据所学知识，完成以下问题。

1.谈谈造成初次演讲怯场的原因有哪些。

2.以上事例中，演讲者出现了哪些怯场现象？

四、克服怯场的心理训练

（一）"目中无人"训练

每一个同学轮流昂首走上讲台，面对全部同学，只看同学们的头发或帽子，不看同学们的脸部，口中默默念着：台下无人，只有头发、帽子……维持两分钟，或直到心中感到不紧张为止。

（二）"微笑外交"训练

全班每一个同学轮流向讲台走去，边走边向其他同学点头微笑，站在讲台前，把班级同学当成第一次见面的陌生人，微笑着环视每一个同学，点头招呼……在2分钟内把这些"陌生人"默认为自己熟悉的人。

（三）自我暗示训练

1.学员自行设计自己最喜欢的五条暗示语。

如："我一定行！""我是最棒的！""我已经做好了充分的准备，一定能演讲好！""演讲其实并不难！""我喜欢讲话。""我喜欢我的声音。""快乐演讲，超越自我。""潇洒讲一回，百分之百的成功属于我！""别人能做好的事情，我也一样能做好！"

2.背诵暗示语训练。

采取坐姿，把背部轻轻靠在椅背上。头部挺直，稍稍前倾。两脚张开，大致与肩同宽，平放地面，脚心贴地。两手自然平放在大腿上，闭目静静地深呼吸三次。排除杂念，心里反复默念暗示语。

任务四　演讲控场技巧训练

任务导引

演讲要影响听众,首先就必须控制听众,使听众先接受,然后与演讲者同喜同乐,同悲同愤,如痴如醉,幡然大悟。因此,一名优秀的演讲者,对整个会场听众状态的把握至关重要。演讲者为了超水平的发挥,达到最佳的演讲效果,学习控场技巧是非常必要的。

知识必备

一名优秀的演讲者需要内外兼修,既要有丰富的文化底蕴、知识储备,还要具备热情和感染力。当然,洪亮的嗓音、标准清晰的吐字发音也是不可或缺。这些是演讲者"静"的一方面,而一旦登上演讲台,"动"起来的时候,演讲者对整个会场的把握便变得至关重要了。把那些"静"的部分淋漓尽致地挥洒出来,很大程度上取决于整个演讲过程的把握,而这个能力,我们把它叫作"控场技巧"。

一、演讲控场技巧的含义与种类

所谓控场技巧,就是演讲者对演讲场面进行有效控制的技能和方法。控场有主动与被动之分。主动控场是指演讲者始终高屋建瓴,牢牢掌握现场气氛的控制权,使听众的注意力达到出神入化的地步。被动控场则是观察到现场出现了种种异常情况,必须当机立断,控制住现场气氛,使演讲活动得以顺利开展。好的演讲者,既要注意主动控场(在演讲的准备阶段就认真考虑演讲活动),又要重视被动控场(从登台开始,在演讲过程的每一个环节,演讲者都要密切注意现场动态,及时采取措施)。在演讲过程中,演讲者控场的最高境界在于,营造让听众和自己完全融为一体的氛围,并确保将掌控这个氛围的总开关置于自己手中。

二、演讲控场的技巧

演讲者在演讲的过程中,由于各种各样的原因,可能会导致听众的情绪、注意力及场上气氛、秩序发生变化。演讲者为有效地调动听众情绪,集中听众的注意力,驾驭场上气氛及秩序,使其朝有利方向发展,就需要借助控场技巧来达成。以下是演讲控场的几种常用技巧与方法。

(一)重视出场亮相,加深"第一印象"

控场应该从上场那一刻就开始。演讲者给观众的第一印象是视觉印象,而视觉印象的刺激常常能够有效地吸引听众的注意力。有人把最开始的出场亮相比作百米赛跑起蹬的第一步。因此,这也是演讲者控场的关键环节。

演讲者的出场亮相大体分成以下阶段:进入演讲现场→到达演讲位置→等待演讲开

始→主持人介绍→说出第一句话。在进入演讲现场时,演讲者应挺胸迈步、头微微侧向听众、脸露甜美微笑,以坚定的步伐和温暖的笑容传递出演讲者的自信、成熟、真诚、热情;当到达演讲位置时,演讲者应从容转身,恭敬地向听众鞠躬致意,表现得文雅庄重,但不可急忙转身、点头哈腰,这样会显得轻率可笑。等待演讲开始和主持人介绍期间,演讲者应挺直腰板,面带微笑,以温和、友好的目光扫视全场。主持人介绍结束之后,演讲者可略等几秒,待全场听众安静之后抓住时机提高声音,从容开讲。总之,演讲者出场时,要特别注意自己的仪表、举止;以稳健、大方、镇定自若的神态出场,镇住听众,给听众留下美好的"第一印象",给自己的演讲一个精彩的"亮相"。

(二)运用表情语言,拉近听众距离

演讲就是演讲者把自己的主张和见解这种内部语言通过语言、表情、眼神、动作等肢体行为转化为外部语言的过程。人的表情有三种,即面部表情、身段表情和言语表情。这三种表情在人际沟通中起着非常重要的作用。演讲者可以借助这三种表情语言,拉近与听众的距离,从而达到良好的控场效果。

"眼睛是心灵的窗户"。当你演讲时,你是否充满自信、内心是否坚定不移,听众都能从你的眼神中看出来。如果你的眼神无法传达出坚定不移的讯息,那么你很难真正控制住场面。眼神控场的要点在于强化自己的目光,使眼神传达出坚定果敢的信息。在演讲的过程中,你可以环视全场,也可以在听众的身上转换自己的目光焦点,但不要让自己的眼睛游离于听众间,这样传达给听众的感觉是心慌或不自信。当和听众目光相遇的时候不要立刻移开,而是用定视目光交流一下,传递你的信任、感谢或者问候。如果不敢直视听众的话,那么就注视听者的眉心,让他感觉你在看着他。

声音是传达演讲者情绪的工具。稳定的声音说明了稳定的情绪,而颤抖的声音说明演讲者内心紧张或者激动。声音控场分为高音演讲、低音演讲和停顿。高音演讲传达出激昂、热情的感情,传达的是向上、向前的精神。如:1949年10月,毛主席在天安门城楼上宣布:"中华人民共和国、中央人民政府今天成立了!"

毛主席高亢、激昂的声音响彻全场,使全国的人民都为之震动,这就是声音控场中高音的运用。通常来说,越大、越喧嚣的场合,演讲内容越是激昂向上的,越需要高声的控场。但如果现场非常安静、每个人都细心聆听,你可以适当放低自己的音调和音量,使听众更加专注。无论高音还是低音都要根据场合和气氛及时调整,适度配合。声音控场的另一个要诀就是停顿,停顿能够积累听众的感情,蓄积听众的情绪,使听众的感情随着演讲的节奏而变化。

动作控场指演讲者通过自己的行为和肢体动作来控场。动作控场可以让听众受自己动作的指挥,比如:上台之后双手上扬而后下压可以使场面变得安静;在演讲的过程中,配合演讲的内容挥舞双手,也可以感染听众使听众变得活跃。动作控场还可以通过多走动的方式实现。有些演讲者在演讲的时候喜欢站在原地一动不动,就如同一尊雕像一般。适度的走动会拉近听众与演讲者之间的距离。需要注意的是走动不能太过频繁,这会让听众认为演讲者十分紧张。

总之，演讲者在演讲过程中要充分利用眼神、声音、动作等表情语言，拉近与听众的距离，从而实现有效控场。

(三)把握演讲节奏，激发听众情绪

演讲要想取得成功，就要把观众的注意力全部聚集到演讲中来，把观众的热情调动起来。演讲者要想达到这个目的，首先演讲内容要丰富，有波澜、有起伏，时而轻松，时而严肃；在结构的安排上，要围绕演讲目的和主题，在开头、过渡、展开、收束等各个环节上有意识地运用铺垫和呼应等方法。比如，适当设置悬念以期引人入胜，说到关键处有意识地发问或说些题外话，运用步步深入的手法，逐步将听众导向情绪的高潮。其次要创造张弛有度的语言环境，潜移默化地引导听众、感染听众。只有语言充满了激情，听众的情绪才会被激发，才能产生共鸣。演讲者可以直抒胸臆，直接把自己的情感一览无余地倾泻出来，既声情并茂、慷慨激昂，又斩钉截铁、坚定有力。比如德莫斯梯尼在演讲中说："即使所有民族同意忍受奴役，就在那个时候，我们也应当为自由而战斗。"这里直接使用非常坚定的语言，表达了保卫祖国、捍卫自由的坚强决心，充满了爱国的激情。再有就是铺垫激情，先尽力渲染一些与之有关的事物，使情绪膨胀如枪弹上膛，再亮出自己的观点。这种方法犹如江河之水，先堵截后开闸，让情感之水汹涌而下，势不可挡。

总之，演讲者要根据听众的心理特点，精心选择和组织材料，讲究语言的变化多端，把握好演讲的节奏，做到演讲过程张弛起伏，一波三折，这样才能充分激发听众的情绪，让听众对演讲的内容产生强烈的共鸣，这样演讲者便自然控制了整个现场的气氛。

(四)设置巧妙互动，活跃现场气氛

演讲时，现场如果出现气氛有些低落，听众注意力分散，甚至开小差、打瞌睡的现象，演讲者可以通过互动调节场间气氛，使现场气氛活跃起来。互动控场需要演讲者从演讲的主题出发，根据演讲的内容并结合现场的实际情景和听众此时此刻的情绪状态，与听众进行巧妙互动，来达到活跃现场气氛的目的。互动主要有以下几种方式：

1. 提问引发思考。提出问题就是将疑问抛给听众，让他们思考。可能不是所有人都会直接进行回答，但是多数人会认真思考。

2. 化句号为问号。这也是一种互动的重要方式，具体方法是在一句话的后面加上"好不好""是不是""对不对"等词，听众回答的同时就产生了很好的互动。

3. 巧妙引导创造互动。每个人都有表达自己的愿望，演讲者要善于给听众提供这样的机会。例如，演讲者说："很多人演讲口才不太好，都是受中国传统文化的影响比较深。中国的传统文化教育大家，言多（ ），枪打（ ）。"括号内的内容不用演讲者自己说，让听众说出来。这就让听众很好地参与进来，进行了很好的互动。需要注意的是，引导要选择一些大都耳熟能详的话语，否则没有人能接下去，也就没有办法进行互动。

4. 重复加深印象。演讲中重复一些内容可以加深听众的印象，也可以形成良好的互动。例如，"跟着我来读一遍""大家跟着我一起回顾一下"。

总之，进行巧妙互动也是控场技巧之一。善于互动的演讲者既能够适时调动起听众

的热情,把演讲的气氛推向高潮,也能够及时发现听众的不耐烦情绪,然后主动出击,控制消极气氛,不让其蔓延。

三、临场应变技能训练

在通常情况下,除即兴演讲外,演讲者对听众对象、演讲场合、演讲内容和演讲方式,事先都有一定的预知,并经过充分准备。但是,演讲前以及演讲过程中,由于各种原因,演讲的情境,如场内气氛、秩序,听众情绪、注意力等则常常是有变化的。这就需要演讲者善于审时度势、随机应变,从而有效控场,收到良好的演讲效果。

所谓临场应变技能,是指演讲者在演讲过程中观察到演讲现场听众、环境和自身条件变化时,当机立断,采取有效措施控制现场气氛。常见的临场突发情况有以下几种。

(一)忘词

演讲者在演讲过程中,由于一些主观或客观的原因,思维会突然中断,忘记下面所要演讲的内容,这对于演讲者而言是最难堪的事。为了避免在演讲中忘词,最重要的是演讲前一定要将演讲稿烂熟于心,演讲时一定要集中注意力,排除各种干扰。一旦出现忘词的情况,千万不要紧张,尤其不要拿出演讲稿翻找内容,可以把前一句话加重语气重复一遍,或者插入一两句与演讲关系不大的内容,借此回忆下文,也可以直接跳过忘记的内容继续进行。例如,演讲内容本来有四点,忘了第三点,可以先讲第四点,说完了再返回来讲第三点,这有时是完全可行的。另外,为避免忘词,也可以将演讲内容要点用短短的几行字表达,写在手心或纸条上,当出现忘词的时候可以提示自己。这种方式一般用于实在没有太多时间准备的情况,不建议经常使用。

(二)失言

失言通常是在潜意识或情感的作用下,自觉或不自觉地说一些不恰当的话,有时能立即意识到,有时需经别人提醒才能反应过来。如果演讲者失言,演讲者要保持镇定,不要慌张,要掩饰错误而不是强化错误。对于不太明显的错误,演讲者可以当作没有错误,无须在意;对于稍微明显的错误,演讲者重说一遍即可;对于非常明显的错误,演讲者需要重新进行描述,并向听众道歉;对于实际上说错了,但是这句话尚未说完之前,演讲者可以将错就错。例如,演讲者想说"2008年的北京奥运会举办得非常成功",但如果不小心说了"2005年",则可以说"2005年又过了三年,这场奥运会举办得非常成功"。另外,演讲者如果说错了,还可以通过向听众提出反问"你们说,我这样说,对吗",然后根据听众的回答,进行巧妙纠错。

(三)冷场

在演讲中,很多时候即使演讲者做了精心准备,实际演讲时却发现好像感兴趣的听众并不多,这个时候演讲者往往比较受打击,比较紧张。另外,由于演讲内容、方法或时境等方面的原因,现场也会出现听众困倦、走神、交头接耳的不利局面。这时,演讲者就要针对具体情况,采取应急措施,扭转局面。如:在适当的地方突然提高音量或作短暂停顿,以引起听众的注意;可以设置悬念或有意提问,激发听众积极思考;也可以穿插一些笑话或故事提神醒目,活跃现场气氛。

伟大的革命先行者孙中山在广东大学(今中山大学)讲民族主义时,由于会场小、听众多、天气闷热,听众昏昏欲睡。孙中山便巧妙地穿插了一个故事。

> 那年我在香港读书时,看见许多苦力工人聚在一起谈得起劲,有人哈哈大笑,觉得奇怪,便上前问一下,有个苦力说,后生哥!读书好了,知道我们的事于你无益。有一个告诉我,我们当中有一个行家,辛辛苦苦地积攒了五块钱,买了一条马票,牢牢记住那上面的号码,把它藏在日常用来挑东西的竹杠里了,等到开奖竟真的中头奖,他欢喜万分,以为领奖后可以买洋房,做生意,这一生再也不用这根挑东西的杆子讨生活,就把竹杠狠狠地扔到大海里,也有人为他惋惜,后来这位行家受刺激过甚,神经有些错乱,很长时间还不能上工呢。

这个寓意深刻的有趣故事使听众大笑起来,会场气氛顿时活跃,打瞌睡的人没有了。孙中山于是不失时机地言归正传,归到本题:对于我们大家,民族主义就是这根竹杠,千万不能丢啊!孙中山用旁引故事、杂以谐语的手法,取得了很好的控场效果。

(四)搅场

搅场指在演讲过程中,听众故意扰乱现场,如开小会、串座位、随意进出、喧哗、嘲笑、喝倒彩、吹口哨、瞎鼓掌、起哄等。对演讲者来说,搅场的出现,只能自己去控制。那种依靠与听众有利害关系的他人出面干预、压制,或者自己愤而退场之举,都是不明智的,其产生的负面影响会更大。因此演讲者必须自行实施有效控制,这就要求演讲者审时度势,迅速判明搅场原因,采取有效措施。除了演讲者本人的原因之外,搅场现象有时是个别人出于偏见,故意寻衅捣乱。对此,演讲者可根据场合或对象,或保持沉默,或善意规劝,或义正词严地批评。这时,演讲者若始终保持冷静、镇定,给听众一种豁达大度的良好印象,捣乱者自会偃旗息鼓。

> 英国前首相威尔逊在一次群众大会上演讲时,反对者在下面鼓噪,其中一人高声大骂:"狗屎!垃圾!"面对听众可能发生的误解和骚动,威尔逊沉稳地报以宽厚的微笑,非常严肃地举起双手表示赞同,说:"这位先生说得很好,我们一会就讨论你特别感兴趣的脏问题了。"捣乱分子顿时哑口无言,听众则报以热烈的掌声。

另外,在演讲中,听众会根据自己的理解,提出不同的看法或疑难问题,有些听众甚至采用质疑、诘难的方式。在这种演讲被听众中断情况下,演讲者要保持从容镇定,不要显得慌乱,要让听众觉得演讲者对这种情况是司空见惯,哪怕演讲者实际上是第一次听到这种要求。此时演讲者有较大的主动权,可以直接作答,也可以不作答。如果不愿意作答,可以反诘的方式将问题推回去;也可以存疑的方式留待日后商讨;也可借秘密、纪律、隐私等原因加以拒绝。

作家谌容访美期间,应邀到某大学演讲,她刚登上讲台,就有人给她提了一个难堪的问题:"听说您至今还不是中共党员,请问您对中国共产党的私人感情如何?"面对这种别有用心的提问,她回答说:"你的情报很准,我确定还不是共产党党员,但是,我的丈夫是个老共产党员,我们共同生活了几十年,尚无离婚迹象,可见,我对中国共产党的感情有多深。"

(五)其他

在演讲中,有时会遇到演讲环境不良,照明、音响等设备问题发生故障或天气变化等状况,演讲者应尽快采取措施,随机应变,适应演讲环境,以保证演讲的顺利进行。

总之,面对复杂多变的环境和意外情况,只有处变不惊,沉着冷静地采取断然措施,才能化被动为主动,使演讲顺利进行。

 延伸阅读

1. 有一位演讲者,当主持人宣布由他上台演讲时,听众报以热烈的掌声。他快步走向讲台,不料,在登台时突然摔倒,此时,全场听众突然哄笑起来。待他走上讲台,站定之后的第一句话:"大家太热情了,我为大家的热情而倾倒,谢谢你们!"全场报以热烈的掌声。

2. 英国首相丘吉尔在一次演讲时,一位女议员打断他的话说:"如果我是你的妻子的话,我就你的咖啡里放上毒药。"丘吉尔立即回答:"如果我是你的丈夫的话,我就把他喝下去。"

3. 一位西方外交人士在一次会议上打断中国代表的发言,挑衅性地说:"如果你们不向美国保证,不用武力解决台湾问题,那么显然就没有和平解决的诚意。"中国代表义正词严的回答:"台湾问题是中国内政,采取什么方式解决是中国人民自己的事,无须向他国作什么保证,请问,你们竞选总统也需要向我们作出保证吗?"一句反问使这位西方外交人士哑口无言。

技能训练

一、简答题

1. 请阐述演讲控场的含义与种类。
2. 演讲控场有哪些技巧?请具体阐述。
3. 演讲时,临场会出现哪些意外,该如何应对?

二、案例分析

解海龙是希望工程的创始人和发起者之一。有一次,他去北京 21 世纪学校演讲。北京 21 世纪学校是一所"贵族学校",大多数学生都没有吃过什么苦,他们在养尊处优的环境里长大,不知道希望工程的性质。演讲还没开始,台下的学生们就忙着聊天、玩闹,完全没有人关心演讲本身。解海龙试图大喊几句吸引孩子们的注意力,但是没有效果,该怎么办呢?

解海龙和老师说了几句话,几分钟后,礼堂突然漆黑一片。漆黑的礼堂使孩子们一惊,他们瞬间安静下来。

此时,解海龙"咔"一声,把幻灯机打开了,巨大的银幕上出现了一个大眼睛的漂亮小女孩,手里握着一支笔。这就是希望工程最有名的照片之一"我要上学"。

正当同学们聚精会神观看的时候,解海龙突然提问:"同学们,你们家里都有没有照相机啊?"

孩子们齐声回答:"有!"

解海龙继续提问:"你们都会不会照相?"

有许多同学回答:"会!"

解海龙选了一位同学问:"那你说说看,照片有什么样的意义?"

同学回答:"照片留着做纪念呀。"

解海龙继续说:"照片是为了留作纪念。那么大家看看,我们的老师给山里的孩子们拍摄的照片吧。"

于是解海龙开始一张张地播放照片,孩子们完全被吸引住了,解海龙给每张照片都配上解说,讲述照片里孩子的故事或者当时的情景。此时同学们已经完全进入了解海龙营造的气氛之中。

请问:

1. 演讲现场出现了哪些意外情况?
2. 解海龙老师运用了哪些控场技巧?

三、控场训练

1. 议一议:某学院举行演讲比赛,一位女生刚刚上台讲了几句话,大脑就一片空白。好不容易控制住了紧张的情绪,继续演讲,却发现有的听众毫无兴趣、昏昏欲睡;有的交头接耳、随意进出。如果你是这位演讲者,如何控制这种冷场和搅场的情况?

2. 推选出几名同学进行演讲,其他同学为其制造不良环境(鼓掌、喝倒彩等),训练其心理承受能力。

项目五　即兴演讲训练

任务一　即兴演讲基础训练

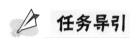 **任务导引**

1.一青年向禅师求教："大师,有人说我是天才,也有人骂我是笨蛋,依你看呢""你是如何看待自己的?"禅师反问,"譬如一斤米,在炊妇眼中是几碗饭;在饼家眼里是烧饼;在酒商眼中又成了酒。米还是那米。同样,你还是你,只是究竟有多大的出息,取决于你怎么看看待自己"。

这个青年人是怎么看待自己的?禅师的建议对你有什么启示?

2.站在对方的角度考虑问题,没有不成功的表达。每年夏天,我都要去海边钓鱼。我自己很喜欢吃葡萄和面包,但是我发现鱼儿却喜欢吃小虫子。所以我钓鱼时,不会想我所喜欢吃的东西,而是琢磨鱼儿喜欢吃什么东西。我不会在鱼钩上挂上葡萄和面包,而是穿上一条蚯蚓或一只蚱蜢,垂到鱼儿面前,说:"你想吃这个吗?"当你站在他人面前即兴表达时,为什么不试试同样的道理。

美国汽车大王亨利·福特说:"如果成功有什么秘诀的话,那就是站在对方的立场看问题,如同从自己的立场看问题一样。"

 **知识必备**

一、即兴演讲的智能准备

（一）什么是即兴演讲

即兴演讲又称"即席演讲",英文为"Impromptu Speech",它是指说话者在事先没有充分准备的情况下,对眼前的事物、场面、情景有所感触、生情动意、兴致勃发而当场发表的演讲。即兴演讲一般发生在演讲者被眼前的景、情、物、事、人所触动,临场因时而发、因事而发、因景而发、因情而发,或自发或在别人要求下,立即进行现场演讲,是一种不凭借文字材料进行表情达意的口语交际活动。

（二）即兴演讲的特点

即兴演讲与命题演讲相比,无法事先拟就讲稿,也不允许反复修改、反复试讲、反复排练。即兴演讲有如下特点：

1.即兴发挥，就事论事，有感而发。即兴演讲大多只有两三分钟的时间打腹稿，主要靠临阵磨枪，即兴发挥，故而得名。即兴演讲时必须从眼前的事、时、物、人中找出触发点，引出话头，然后再将心中的所思所想说出来，因此即兴演讲是演讲者真实思想的流露，言为心声。

2.篇幅短小，语言生动。即兴演讲的演讲者临时起意，毫无准备，因此忌长篇大论。即兴演讲一般是主题单一、篇幅短小、时间短暂的演讲。

3.使用面广，形式灵活。即兴演讲在日常生活中使用面很广，如社交聚会中的欢迎、欢送、哀悼、竞选、就职、答谢、婚礼、寿庆等场合，社会工作中的答记者问、介绍来宾、宴会祝酒等场合，都需要即兴演讲。演讲者只要言简意明，当场表示某种心意即可。

（三）即兴演讲的主题

主题是即兴演讲最重要、最关键的内容，是整个表达的根本依据。讲话时每一层次、每一段落、每一句子、每一个词都反映着一个意思，这些意思都要统帅于主题之下。因此，即兴演讲要寻找触点，临场发挥，及时提炼新颖而典型的主题。所谓触点，就是可以由此生发开去的事或物。即兴演讲需要因事或物起兴，找到了触点就找到了起兴的由头，就可以有话可说。从由头慢慢地边思考边说下去，从而打开思路。下面介绍几种提炼主题的方法：

1.临场发挥重气氛。着眼于临场某一客观事物的特点和本质，进行主观联想，闪现出一种思想，然后把它表达出来。

2.演讲效果看需求。即兴演讲前要快速了解本次演说的目的，想达到什么样的效果，可以从现场听众的需求出发，也可以从别人的演说中得到启发，萌发一个新的观点，逐渐形成相关主题的素材。

3.问题凝练挖深度。问题是形成主题的摇篮。当你参加会议，大家都说了话，你此时不说也不行。说什么？怎么说？有价值的主题往往就形成于有价值的问题之中。

4.角度要求新颖。对同一个问题从不同角度进行表达，使之更加新颖。如：以小草为题，有人说"小草默默无闻，造福人类"，有人却说"小草逆来顺受，软弱无能，不思反抗"。

（四）即兴演讲的禁忌

即兴演讲面对的是充满期待的广大听众，他们讨厌平淡说教或"打官腔"，喜欢生动有激情的演讲。只有自然的声音，真诚的表达，风趣的讲话，才能真正打动听众的心。同时语言表达要简单清晰，切忌啰唆，否则会失去听众。生活中有哪些演说内容容易引起人的反感呢？心理学家归纳为以下十二种：

1.抱怨自己的命运，或夸耀个人的成就。

2.喜欢扮演心理分析家，对任何人的言行都要评头论足。

3.自我膨胀，夸夸其谈。

4.拒绝尝试新事物，不肯听取别人意见。

5. 言谈冷淡,缺乏真诚热情。

6. 过分取悦或阿谀奉承别人。

7. 毫无主见,人云亦云。

8. 视自己为焦点人物,一副"舍我其谁"的狂妄姿态。

9. 言谈时态度暧昧,模棱两可。

(五)即兴演讲的知识素养准备

"巧妇难为无米之炊",即兴演讲要想做到"口到词来",需要演讲者平时做有心人,"家事、国事、天下事、事事关心",广泛地阅读,收集、积累材料,古今中外的人文科学、自然科学都要学习,同时加强在思想、道德、情感等各方面的修养。演讲者平时可以这样做:

1. 多收集历史资料。对重要的历史事件、人物的有关情况要熟记,并分门别类地进行整理。

2. 多收集现实资料。对当今国内外重大的政治、经济、文化、科技等领域的事件、人物的有关情况要了如指掌,并进行思考。

3. 加强记忆。多记些名人名言、俗语、谚语、成语、诗词、寓言、时文政评等。

二、即兴演讲前的基础准备

演讲者的心理素质直接影响即兴演讲的效果,即兴演讲成功与否也在很大程度上取决于能否缩短与听众之间的心理距离,所以做好即兴演讲前的基本准备工作尤其重要,它包括了解听众,熟悉主题和内容,平时注意搜集素材和资料,快速准备思路或简要大纲,适当的仪表仪态等。想成为一个优秀的即兴演讲者,下面的建议不妨认真阅读,多加练习,从心理上做好面对观众的一切准备。

1. 仪表准备。得体的穿着、整洁的服饰是对现场观众的尊重,这会赢得他人的信任和欣赏。

2. 仪容准备。眉目清爽、干净明亮的形象一出场就会深入人心。演讲者如果一面进行演讲,一面从听众当中找寻对于自己投以善意而温柔眼光的人,并把自己的视线投向强烈"点头"以示首肯的人,这样既能巩固演讲者的信心,也会增强演说的效果。演讲者的脸部表情无论好坏都会给听众留下极其深刻的印象。演讲的内容即使再精彩,如果演讲者表情总觉缺乏自信,老是畏畏缩缩,演讲就很容易变得欠缺说服力。所以演讲者演讲时切忌垂头,或呈丧气状。演讲者可适当放慢说话速度,显示出泰然自若的模样。

3. 仪态准备。放松身体,活动一下口唇。张开双脚与肩同宽,挺稳整个身躯。一只手稍微插入口袋中,或者手触桌边,或者手握麦克风等。

4. 声效准备。即兴演讲最重要的是把自己的声音清楚地传达给听众。有研究表明声音低沉的男性比声音高亢的男性给人的信赖度较高。因为声音低沉会让人有种威严沉着的感觉。如果音质不好,那就要不断强调和突出自己的主张与信念,牢牢吸引听众的热切关注。演讲者要把握好演讲时的语气重轻、停连和说话节奏,用抑扬顿挫的演讲抓住观众的心。

5.内容准备。在稳定情绪的同时要理清讲话思路,做到胸有成竹。戴尔·卡耐基说:"随时整理思考状态是你随时能发表演说的先决条件。"构思时要防止下列情况:对于不知道的事情不要冒充内行;不要在公共场所谈论别人的缺陷;不要谈容易引起争论的话题;不要到处诉苦发牢骚。

6.了解听众心理。听众是由性格、气质、经历各不相同的个体组成,由于每次即兴演讲活动所处的背景、环境、内容、形式各有不同,所以即兴演讲时要快速地从文化、职业、年龄、性别等方面了解现场听众,把握听众不同层次的需求、兴趣爱好、价值追求等,分析并满足听众的心理需求,还要注意互动,渲染场上的氛围,增强感染力。

三、即兴演讲基础准备训练方法

"台上一分钟,台下十年功"。如果你真的渴望成为即兴演讲舞台的驾驭者,除了知识储备和能力培养外,心理因素的好坏更是直接关系到即兴演讲的成败。请按照下面介绍的方法开始训练吧。

(一)朗读朗诵训练法

每天坚持大声朗读朗诵一些名家作品,二十至三十分钟即可,这既是一种知识的积累,也是锻炼伶牙俐齿的需要,长期坚持,即兴演讲时无论内容还是语言表达的节奏都会信手拈来,更能培养自信心。

(二)影像自纠训练法

每天一次对着大镜子大声朗读或说一段话,每周一次用手机或其他设备为自己录音或摄像,着重观察和训练自己的表情、目光、手势等,并反复观摩和研究,口才是否流畅,面部表情是否生动,肢体语言能否到位,表情达意是否充分,等等。

(三)即兴朗读书报法

平时只要有空闲,可以随手拿一张报纸或书刊,内容不限,不做任何准备,读出声来。

第一阶段练习时,可以不用在意所读文字的意思,一气呵成不断句,逐渐增加一口气所能读出的字数。

第二阶段练习,要读出文字表达所需要的停连顿挫,可以读得慢些。

第三阶段在朗读过程中,上半句看稿子,下半句离开稿子看前面,并辅以一些手势动作,增加节奏感。

这样坚持训练的结果,不仅能提高记忆力,而且也会增强现场快速理解力和即兴构思能力。

(四)登台模仿秀

模仿的过程也是一个学习的过程。选择的对象可以是自己喜欢的某位名人精彩的话,可以是世界演讲的经典文稿,也可以是一段小故事或小笑话,只要是适合自己语言特点的,对身心成长有好处的,都可以作为模仿的内容。所有的模仿只有在人面前进行才能起到心理训练的效果,所以,演讲者要主动登台,人前表现,胆大皮厚。

延伸阅读

一、如何突破恐惧,树立自信

(一)为什么会恐惧

1. 环境的改变:人在陌生的环境里容易产生恐慌和紧张。
2. 过去失败的阴影:有过当众演讲失败的经历,导致害怕再失败。
3. 完美心理:害怕出差错,希望在别人面前保持完美形象。
4. 缺乏专业的训练:口才如同开车、游泳一样,也是需要专业训练的,熟能生巧。

(二)如何克服恐惧——四个"自我"

1. 自我想象:想象演讲获得成功时的情形、想象受到现场观众热烈欢迎的情形……
2. 自我暗示:上台前进行自我暗示"一定能成功""一定会受观众欢迎"……
3. 自我对话:上台前进行自我对话"我一定能讲好""观众一定会喜欢我"……
4. 自我感觉良好。

(三)在台上紧张该怎么办

1. 上台先不开口讲话,先来回走两步。
2. 和自己的亲朋好友眼神交流。
3. 深呼吸可以平复紧张的情绪。
4. 不把下面的观众当人看(反正死不了,豁出去了)。

(四)在日常生活中锻炼自信

1. 开会、培训争取坐在第一排。
2. 自信要从自负开始。
3. 试着将说话声音比平常提高一半。
4. 敢于举手发言。
5. 敢于正视别人的眼睛。
6. 试着每天结识一个陌生人。

二、约翰·保尔的《奴隶与自由民》

亚当和夏娃男耕女织时,有谁是什么绅士?上帝造人之初,一切人生来本属平等,后来恶人不正义的压迫,我们才陷于奴役束缚的境地。如果上帝一开始就要创造奴隶,他必然会指定谁为奴隶,谁享自由。上帝任命的时刻现已到来,因此我要劝你们考虑,只要你们愿意,就可以摆脱身上的枷锁、恢复自由。

我建议你们深思熟虑、鼓足勇气、振作精神。你们要学习一个好庄稼人的榜样，先耕耘田地，再拔除损坏庄稼的莠草。你们也可以先铲除国内的大贵族，然后除去法官、律师、贪得无厌者和一切压抑平民百姓的人。时候一到你们将可以得到和平与安稳。除去那些大人物后，你们就能得到自由平等，再没有高低贵贱的不同等级。剩下的只是你们对一切事物的同等尊严和权威。

【简析】这篇短小精悍的演说是保尔在伦敦附近向农民发表的。其中，"亚当和夏娃男耕女织时，有谁是什么绅士"不仅鼓舞了起义者，而且成了传世佳句。

三、杨绛的《天上一日，人间一年》

我今天幸能来参加塞万提斯逝世三百三十六周年报告会。我忍不住要学桑丘·潘沙的样子说一句成语。我们中国人有句老话："天上一日，人间一年"——就是说，天上的日子愉快，一眨眼就是一天，而人世艰苦，日子不那么好过。我们一年有三百六十五天或三百六十六天。在我们人世，塞万提斯去世已三百六十六年，可是他在天上只过了三百六十六天，恰恰整整一年。今天可以算是他逝世的"一周年"。我们今年今日纪念他，最恰当不过。

【简析】这是一篇在塞万提斯纪念会上的发言。大概是因为《堂吉诃德》的译者对塞万提斯太熟悉的关系，她并没有用一本正经的语句来表达怀念之情，而是一开口就使用了一个幽默诙谐的开头："……他在天上只过了三百六十六天，恰恰整整一年。"听众顷刻间有一种塞万提斯就在身边的亲切感。时空距离的缩短创造了轻松活泼的演讲气氛。

四、演讲家如是说

1.《演讲与口才》主编、著名演讲家邵守义关于好口才的标准的四个观点：

"口才有没有具体标准呢？我们说，口才是有具体标准的。第一，言之有理，不是胡说八道、歪理邪说；第二言之有物，不是杂乱无章，空洞无物；第三言之有序，那就是有条有理，条理清晰；第四，言之有文，讲得生动、形象、活泼，让听众愿意听。"

2.讲故事、选材料的原则：深、新、活。

有一次我主持著名作家王蒙的文学讲座。我从网上搜集了不少关于他的资料。王蒙二十岁时就出版了《组织部新来的年轻人》，一举成名；他被打成"右派"后下放新疆近二十年；20世纪80年代复出当了文化部长；他勤奋写作，共写了一千五百万字的作品。这些资料都很好，到底用哪个，这让我犹豫不决。后来，按照"深、新、活"的标准想明白了。

我的主持词是这样说的："在中国的作家中，王蒙是最勤奋者之一，他写下了一千五百万字的作品。古人讲著作等身，我想请教大家，如果把王蒙的作品一本本码起来的话，有多高？"

观众："一米五""两米""一米八"。

"我专门拿书做了实验，一千五百万字的作品，摞起来大约有一米七，真正的著作等身啊!"

我为什么选用这个材料呢?第一,反映了王蒙的终身勤奋,意义深;第二,一千五百万字等于一米七高,材料新;第三,现场互动,先提问,再回答,形式活。结果收到了很好的效果,王蒙也非常满意。

3.陈佩斯的"撂地"说。

"为什么很多过去的艺人是非常棒的,就是因为他们是经过撂地演出磨炼,这种被称为'野场子'的演出形式,演员没有固定的舞台,没有装扮,他们和观众在同一水平线上,位置低得不能再低了,而且这种近距离的演出会放大演员的缺点,让演员无可逃遁,所以经过这样撂地演出的艺人一定是最优秀的。因此,我培养演员,也要让他们经过撂地的锤炼。"

五、名人口才

1.邓小平讲话以高度简练而著称。"发展才是硬道理""摸着石头过河""科学技术是第一生产力"……这些话简洁有力,朗朗上口。

他的孩子问他长征是怎么过来的,他只讲了三个字:"跟着走。"问他在太行山坚持抗战做了些什么,回答只两个字:"吃苦。"谈到刘邓大军在解放战争中的战绩,也是两个字:"合格。""文革"中邓小平两次被打倒,后来别人问他怎么度过最艰难的日子,他总是两个字:"忍耐。"1973年他从江西"解放"回京,毛泽东问他这些年是怎么过来的,他也说了两个字:"等待。"邓小平的语言简单、实在、干脆,仔细琢磨,却非常到位,很有内涵。

2.2008年5月6日,应日本政府邀请,国家前主席胡锦涛对日本进行国事访问。5月8日胡主席访问了日本著名的早稻田大学,出席了中日青少年友好交流年日方开幕式。开幕式后,在一片祥和的气氛里,胡锦涛和有"瓷娃娃"之称的奥运选手福原爱展开了一场"激烈"的乒乓球比赛,"大战"八个回合后,胡主席以5:3取得胜利。战胜了"对手"的胡锦涛,随后发表了《今天播下友好种子,今后长成友好大树》的即兴演讲。

"1984年,我曾参与接待三千名日本青年访华。1985年又率领中国青年代表团访日。近年来还经常会见访华的日本青年代表团。在推动两国青少年友好交流方面,这二十多年我一直持之以恒。因为我深信两国青少年代表着两国关系的未来和希望。今天我们播撒下友好的种子,今后一定会成长为中日友好的大树。我衷心希望中日两国人民世世代代友好下去,衷心希望中日战略互惠关系发展得越来越好。"

这番即兴演讲,即境生情,缘情而发,就听众最感兴趣、最关心的问题直陈己见。演讲主旨鲜明,充满哲理,体现了政治家的睿智,勾画了中日关系发展的蓝图,激起了在场听众的强烈共鸣——"暖春之旅"必将使中日友谊长存!

技能训练

一、素材搜集

1. 请分别以"珍惜时间""奉献青春""珍爱生命""和平万岁"为主题,收集名人名言、故事、古今中外的人物、典型事例。

2. 请收集有关亲情、爱情、友情的古今诗词各五首并背诵。

二、以"分享会"的形式,开展一次课堂讲演活动

要求每一位同学上讲台,向大家推荐一则故事,或一句名人名言,或一首诗,并说说喜欢它或分享的理由。

三、喊话训练

选择一处高台或者一百米的跑道站立,对前方的老师同学进行喊话,时间在三十秒到一分钟之间。要求一气呵成,发音清晰,讲普通话。

四、自我介绍

1. 从教室门口走向讲台,目光与听众接触,并微笑致意。

2. 依照现场气氛或个性特点,面对听众行礼,注意站姿。

3. "尊敬的老师,亲爱的同学们,大家上午(下午)好,我是……来自……我的爱好是……我最喜欢的一句话(人生格言)是……感谢大家的支持,请给我掌声。"

4. 退后一步,敬礼,目视两秒后走下讲台。

五、即兴演讲练习

1. 背诵并用下文开头,以"职业教育到底该教什么"为主题,上台即兴说一段话。

耶鲁大学一位校长说过:"如果一个学生从耶鲁毕业后,居然拥有了某种很专业的知识和技能,这就是耶鲁教育最大的失败。"这话虽然难以理解,却道出了教育的根本,即培养学生思考的能力和习惯:让学生掌握思考的方法,让学生养成思考的习惯,让学生成为思考的主体。

2. 即兴演讲《一碗米的价值有多大?》

一个家庭主妇蒸出一碗米饭,这碗米也就值一元钱,这是最原始价值;一个商人做成几个粽子,能卖两三元钱;一个企业家将米发酵,酿成一瓶酒,那这碗米就值一二十元钱。人生就像一碗米,每个人都有自己的价值所在,关键是如何去寻找、开发、提升和放大。

思考:这则即兴演讲的主题是什么?请你用自己的语言风格续说下去。

演讲与口才

任务二 即兴演讲思维训练

 任务导引

1. 一位老人在火车上,不小心把刚买的鞋子从窗口掉了一只,周围的人倍感惋惜,不料老人立即把第二只鞋也从窗口扔了下去。这更让人大吃一惊。老人解释说:"这一只鞋无论多么昂贵,对我而言已经没有用了。如果有谁能捡到一双鞋子,说不定他还能穿呢!"

思考:这是一种什么样的思维方式?你体会到了什么?

2. 20世纪50年代,有一次周恩来总理接待了一位美国记者的采访。这位记者在采访过程中,无意中看到总理桌子上有一支美国产的派克钢笔。那记者便以带有几分讥讽的口吻问道:"请问总理阁下,你们堂堂的中国人,为什么还要用我们美国产的钢笔呢?"周总理听后,风趣地说:"谈起这支钢笔,说来话长,这是一位朝鲜朋友的抗美战利品,作为礼物赠送给我的。我无功不受禄,就拒收。朝鲜朋友说,留下做个纪念吧。我觉得有意义,就留下了这支贵国的钢笔。"美国记者一听,顿时哑口无言。

思考:美国记者因为什么而改变了态度?周总理面对美国记者的挑衅,运用的是什么样的思维方式进行反驳的?

 知识必备

知识、思维、语言(口语)是演讲成功的三大要素。思维是语言的内容,没有思维就没有语言。一个人口语表达能力的高低取决于其思维能力的强弱;口语表达能力的提高,在很大程度上得益于思维能力的提高。即兴演讲要求演讲者在毫无准备的情况下,快速展开思维,并找出恰当的语言来反映自己的思维。这就需要演讲者具备敏捷的思维能力和敏锐的语言感应能力。即兴演讲是锻炼思维和口语表达能力的最有效的演讲形式。即兴演讲最需要的是优良的思维品质。与口才联系密切的思维方法形象思维、逻辑思维、逆向思维等。

一、形象思维训练

(一)什么是形象思维

形象思维是思维主体运用直观形象和表象揭示事物本质和规律的一种认知方法。形象思维的起始点和立足点是外界具体而生动的各种形状、颜色、声音、场景等,是人利用已有表象分析和解决问题时的思维,是以声音、颜色、图像、形状、气味等为材料进行的思维。形象思维最显著的特点就是直观性、具体性和形象性。

形象思维是用表象来进行分析、综合、抽象、概括的过程。当人利用已有的表象解决问题时,或借助于表象进行联想、想象,通过抽象概括构成一幅新形象时,这种思维过程就是形象思维。所以,利用表象进行思维活动、解决问题的方法,就是形象思维法。形象思维不仅以具体表象为材料,而且也离不开鲜明生动语言的参与。形象思维分为具体形象思维和言语形象思维,前者是凭借事物的具体形象或表象的联想来进行的思维,后者是借助鲜明生动的语言表征,以形成具体的形象或表象来解决问题的思维。

著名科学家钱学森教授说,人们对抽象思维的研究成果曾经大大推动了科学文化的发展。我们一旦掌握了形象思维,会不会再次掀起技术革命呢?对即兴演讲而言,形象思维的训练不仅能拓展语言的生动形象感,更能使演讲内容更具创造力。

(二)形象思维在口语交际中的作用

在口语交际中,运用、强化和拓展形象思维,有助于我们将抽象的概念、纷繁的事物、复杂的道理等表述得具体、生动、鲜活,使大家一听即明。形象思维可以为我们的话语插上一双灵动的翅膀,翩翩飞入听众的心灵。

科学家研究发现,人的左右脑有着不同的分工,左脑主要负责语言、分析、逻辑、数学的思考、认识和行为,即逻辑思维;右脑则负责空间形象记忆、直觉、想象、灵感、视知觉、美术、音乐等。95%以上的人仅仅使用了大脑的一半,即左脑;负责形象思维的右脑恰恰没有得到应有的、充分的开发和利用。所以我们进行形象思维基础训练,实际上就是要激活我们右脑的功能,训练自己形象记忆、想象以及联想的能力。

(三)形象思维训练的方法

1. 累积形象材料。在日常生活、娱乐活动中,尽量扩大对自然和人类活动中事物形象的掌握,有意识地观察事物形象,广泛积累表象材料,丰富表象储备,为形象思维提供形象原料。

1979年,诺贝尔物理学奖获得者格拉肖指出:"涉猎多方面的学问可以开阔思想,像抽时间读读小说,逛逛动物园都有好处,可以帮助提高想象力,这同理解力和记忆力一样重要。假如你从来没有见过大象,你能想象出这种奇形怪状的东西吗?我这样讲,有的人听起来可能会感到奇怪。但是在我们研究物理问题的时候,往往会用到现实世界的各种形式。"

2. 积极开展联想和想象活动。不要束缚自己的想象,要让想象展翅高飞,任其在广阔的宇宙中遨游。

中国著名的化学家侯德榜,因发明了新的制碱法,造出了纯碱,从而在1932年的万国博览会上荣获金质奖章,他办的企业称雄国际化工界近一个世纪。侯德榜小时候不但读书非常刻苦勤奋,成绩优异,而且喜欢想象,爱好形象思维。他十来岁的时候,在课余时间经常侧身躺在福建家乡的草坡上,望着滚滚的闽江水,让自己的想象纵情驰骋,旋转不息的水车、姑母家的药碾子,都是他想象过的东西。

3. "皮格马利翁效应"训练法。皮格马利翁是古希腊神话里的斯浦路斯国王,他喜爱雕塑。一次,他成功雕刻了一个美女的形象,对她爱不释手,并真诚地期望自己的爱能被接受。爱神阿芙狄罗忒被他感动了,于是赋予雕塑以生命,美女竟然活了。你期望什么,你就会得到什么。只要充满自信的期待,只要真的相信事情会顺利进行,事情一定会顺利进行。一个人希望成为什么样的人,就有可能成为什么样的人。这就是心理学上所说的皮格马利翁效应。

首先,你要找到一位在口头表达方面很钦佩的人物,并想象他的完美形象。

其次,说出他在公开场合的表情、手势和微笑的样子,具体到他的站姿、体态、举止,他讲话的速度、音质和语调等,讲得越详细越逼真越好。

然后,评价这位理想人物的品质和能力,想象自己像他一样地去表达。通过具体形象的描绘来设想你渴望达到的的品质和能力。

4.促进右脑功能发展的训练。能促进右脑功能发展的活动有许多,常用的有八点:

(1)培养绘画意识。经常欣赏美术图画以及动手绘画会有助于大脑右半球的功能开发。

(2)画知识图。在学习活动中经常把知识点、知识的层次、方面和系统及其整体结构用图表形式表达出来,有助于建构整体知识结构,对大脑右半球机能发展有益。俗话说,千言万语不如一张图。

(3)发展空间认识。每到一地或外出旅游,都要明确方位,分清东西南北,了解地形地貌或建筑特色,发展空间认识能力。

(4)练习模式识别能力。在认识人和各种事物时,要观察其特征,将特征与整体轮廓相结合,形成独特的模式加以识别和记忆。

(5)音乐训练。经常欣赏音乐或弹唱,增强音乐鉴赏能力,能促进大脑右半球功能发展。

(6)冥想训练。经常用美好愉快的形象进行想象,如回忆愉快的往事,遐想美好的未来,想象中的形象要鲜明、生动,这样不仅有助于产生良好的心理状态,还有助于右脑潜能的发挥。

(7)经常开展形象记忆和形象思维活动。

(8)练左侧体操有助于右脑保健。

(四)形象思维的即兴演讲训练内容

1.传奇人生。他出生贫困,年幼丧父,继父刻薄,十二岁辍学做工。后来去当兵,退伍后做了一名治安官。他四十岁时,开了一家加油站和一家餐馆。"二战"时,餐馆被封,加油站被关闭。他五十六岁时,靠救济金度日,后再次创业,带着一个高压锅、一个作料桶,兜售炸鸡秘方,被拒绝一千多次终于成功,他是肯德基创始人。

2.勇敢面对挫折和挑战。破壳而出是小鸡的生命哲学,只有打破旧有的阻碍和桎梏,才能获得新生。破茧而出是蝴蝶的生命历程,在痛苦的蜕变中让柔弱的羽翼丰满起来,从而飞舞于万花丛中。破釜沉舟彰显的是人们的内在意志。人生历程中总会面临变革与挑战,唯有勇于突破,才能开创美丽新世界。

3.学历是门槛,能力是关键。其实文凭不过是一张火车票,本科的是硬卧,专科的是硬座,民办的是站票,成教的在厕所挤着。火车到站,下车找工作,才发现老板并不太关心你是怎么来的,只关心你会干什么。

4. 刘绍棠妙喻服人。刘绍棠有一次在南开大学作报告,讲到文学创作要坚持党性原则时说:"每一个阶级的作家都是有所为有所不为,即使是真实的东西,也是有所写,有所不写的,无产阶级的文学更是如此。"一位学生在台下递上来一个条子,刘绍棠拿起一看,写着:"刘老师,您说作家要有所为有所不为,我觉得不应该这样。既然是真实的,就是存在着的;存在着的,就应该给予表现,就可以写。"刘问:"这是哪位同学写的?"台下站起来一位女同学。他开玩笑说:"你把你的学生证拿给我看看,好吗?"

女同学迷惑不解。他说:"我要看看你的学生证是不是贴着脸上长疮的照片。"生答:"我为什么要把长疮的照片贴在学生证上啊?"刘问:"长疮时你怎么不拍张照片呢?"生答:"长疮时谁拍照片啊,怪寒碜。"刘说:"你不在长疮时拍照片,更不会把长疮的照片贴在学生证上,这说明你对自己是看本质的。因为你是漂亮的,长疮时的不漂亮是暂时的。它不是你最真实面目。所以你不想照相留念,更不想照这样的照片贴在学生证上。共产党的某些缺点是需要批评的。但有些事情是有其特殊原因的,是涉及许多方面问题的,应由党内采取措施去改正。可你非要把它揭露出来,这岂不是要共产党把长疮的照片贴在共产党的工作证上吗?为什么你对自己是那样的公正,对共产党却是这样的不公正呢?"

5. 别出心裁的演讲。演讲比赛会上,一个参赛者挺精神地走上讲台,向大家宣布:"我向大家演讲的题目是《论坚守岗位》。"她的语音甜润,吐字清楚。可是刚说完这句话,演讲者突然下了讲台,向会场外走去。台下的听众面面相觑,先是小声议论,彼此猜测;继而喧声四起,怒不可遏了。

难堪的五分钟过去了,演讲者慢吞吞地回到讲台上,面对激怒的观众,等大家平息下来,她便充满激情地说:"如果我在演讲时离开讲台是不能容忍的话,那么,在工作时间内,纪律松弛,玩忽职守,擅离生产岗位,难道不应该随责吗?演讲完了。"

会场安静了一会儿,随后爆发出一阵热烈的掌声。

二、逻辑思维训练

(一)逻辑思维是什么

逻辑思维是思维的一种高级形式,又称"抽象思维",是指舍弃事物的一般属性和具体形象,借助概念、判断和推理来反映客观事物的本质和规律的思维方式。逻辑思维是人类在长期实践的基础上形成的,能够运用逻辑思维认识和改造客观世界是人类认识能力质的飞跃。

一般来说,逻辑思维在于将观察、实践中获得的感性材料进行分析、抽象、概括、类比、演绎等,得出初步的结论,形成理论上或科学上的假说,并有待于进一步的检验和验证,以达到向真理性认识的接近。逻辑思维是一种确定的,而不是模棱两可的;前后一贯的,而不是自相矛盾的;有条理、有根据的思维。在逻辑思维中,要用到概念、判断、推理等思维形式和比较、分析、综合、抽象、概括等思维方法,而掌握和运用这些思维形式和方法的程度,也就是逻辑思维的能力。"尝一脔肉,而知一镬之味,一鼎之调"就是逻辑思维所产生的作用。

在口语交际中运用逻辑思维,就是要求人们在讲话的过程中不能前后不一不能自相矛盾,不能模棱两可,而要有充足的理由印证自己的观点,做到层次分明,条理清晰,前后呼应,无懈可击。逻辑思维四大特征:普遍性、严密性、稳定性、层次性。

(二)逻辑思维的分类

1. 形式逻辑思维。形式逻辑思维形式中又有诸如演绎推理、归纳推理、类比推理等思维形式。

(1)演绎推理是由前提推导出结论的思维活动,其中前提是一般原理,结论是内在地包含于前提中的个案,结论不超出前提中已有的一般知识的范围。演绎推理一般被认为是不能有所创新、不能推出新知识的思维形式。实际上,演绎推理的结论并不能完全被否认,它可以将前提中所包含的较为模糊的知识展开和明晰,使一些尽管理所当然但还不为人们所认识的道理被揭示出来,从而用正确的道理克服错误的观点。这也是一种创造性行为。

亚里士多德曾宣称物体从高处下落的速度与其重量成正比,即物体的重量越大,下落的速度就越快。为了证明亚里士多德观点的错误,伽利略从比萨斜塔抛下两个重量不同的物体以试验,并进行一番绝妙的演绎推理。他设物体 A 比 B 重,据亚里士多德的观点,A 比 B 先落后地;如将 A 和 B 捆在一起成为物体 A+B,一方面 A+B 比 A 重,所以比 A 先落地,另一方面,因 B 比 A 下落速度慢,B 就会减慢 A 的下落速度,所以 A+B 又比 A 后落地。这样 A+B 既比 A 下落快,又比 A 下落慢,结论自相矛盾,从而推翻了亚里士多德的错误论断,并揭示了轻重物体的下落速度(加速度)是一样的正确结论。

演绎推理的创造性作用显然易见。此外,科学理论的表述、创造性思维活动成果的陈述,都离不开演绎推理。所以,演绎推理的思维能力是进行创造性思维所不可缺少的。

(2)归纳推理是从特殊的东西、大量个体的东西中归纳、推论出一般性结论。人们一般认为,归纳推理能够创新、能够推出新知识。归纳推理不是从某一个或几个一般结论出发,而是从大量的历史事件的分析中,归纳和概括出历史发展的规律性。科学发展至今,取得了丰富成果,这与归纳推理的思维形式是分不开的。所以,归纳推理也是创造性思维的重要能力之一。

(3)类比推理是形式逻辑的又一种推理形式。类比推理是把不同的两类对象进行比较,根据已知的相似属性来推论出其他属性的相似。类比推理可使人触类旁通,举一反三,从已知事物的特征看到事物的未知特征和未知事物的特征,把未知变为已知,找到已知与未知之间的内在联系。这些功能恰好是创造性思维急需的能力。

英国物理学家托马斯·扬看到"声"有直接传播、反射、折射等现象,特别是有干涉现象,其原因在它的波动性;而"光"有"声"所具有的一切现象,但光的特性,一直不为人们所知,于是,他通过类比推理,确定光也具有波动性,从而创立了"光的波动说"理论。

2. 辩证逻辑思维。辩证逻辑是将辩证法应用于思维活动之中,从而揭示思维运动发展的辩证规律的思维形式。它的运用过程表现为思维形成概念、判断,进行推理,从不知到知,从知之不多进入到事物的本质、规律性,从而掌握真理的具体性的过程。所以,辩证逻辑高于形式逻辑,它能够用辩证的方法指导人们在认识和实践中取得创造性成果。

(三)逻辑思维能力测试

逻辑思维是人脑以概念、判断、推理等形式对事物间接性和概括性的反映,它使人对事物的认识由外部的表面特征深入到内在联系,由感性上升到理性。逻辑思维能力是智力的核心成分,在人的认识活动中常占主导地位。逻辑思维能力强的人必然善于分析,能把事物的各个部分、各种特点及隐藏在事物内部的属性——分解出来,这将大大丰富人的发散思维和联想思维。逻辑思维能力的培养可以说是个体智力发展的核心任务,也是即兴演讲者必备的能力之一,它决定着演讲的成功。

请认真回答下面问题,进行一次逻辑思维能力测试吧。

1. 你说话富有条理吗?
   A. 是　　　　　B. 不能确定　　　　C. 不
2. 看完一篇文章,你是否能马上说出文章的主题?
   A. 通常能　　　B. 有时能　　　　　C. 不能
3. 你写信时常常觉得不知如何表达吗?
   A. 不　　　　　B. 不能确定　　　　C. 是
4. 你是否能轻易地找到一些笑料使大家都笑起来?
   A. 常常能　　　B. 有时能　　　　　C. 不能
5. 你对世界上很多事物及其活动规律看得比较透彻吗?
   A. 是　　　　　B. 不能确定　　　　C. 不
6. 你可以很轻松地弄清一篇文章的要点吗?
   A. 通常能　　　B. 有时能　　　　　C. 不能
7. 当你告诉别人什么事情时,你常会有词不达意的感觉吗?
   A. 不　　　　　B. 不能确定　　　　C. 是
8. 当你发觉说错话时,是否窘得再也说不出话来?
   A. 不　　　　　B. 不能确定　　　　C. 是
9. 有人认为你说话常不着边际吗?
   A. 不　　　　　B. 不能确定　　　　C. 是
10. 你在电影和电视剧中发现过不合情理的情节吗?
    A. 多次发现　　B. 偶尔发现　　　　C. 没有
11. 你在下棋、打扑克这些智力游戏中常取胜吗?
    A. 是　　　　　B. 不能确定　　　　C. 不

12. 你常不假思索地接受别人的意见吗？
　　A. 不　　　　　　B. 不能确定　　　　C. 是

13. 你善于分析问题吗？
　　A. 是　　　　　　B. 不能确定　　　　C. 不

14. 当你的同事或朋友有问题时是否会向你咨询？
　　A. 是　　　　　　B. 不能确定　　　　C. 不

15. 你觉得想问题是件很累的事吗？
　　A. 是　　　　　　B. 不能确定　　　　C. 不

16. 在朋友们面前发觉自己不小心做了不得体的事时，你是否能迅速给自己找一个台阶下(如开一句玩笑)，以摆脱困境？
　　A. 是　　　　　　B. 不能确定　　　　C. 不

17. 你有时将问题倒过来考虑吗？
　　A. 是　　　　　　B. 不能确定　　　　C. 不

18. 你常与他人辩论吗？
　　A. 是　　　　　　B. 不能确定　　　　C. 不

19. 大多数情况下，你只要一看故事(小说或影视)的开头，就能正确猜到结局如何吗？
　　A. 是　　　　　　B. 不能确定　　　　C. 不

20. 你的提议常被别人忽视或否定吗？
　　A. 不　　　　　　B. 不能确定　　　　C. 是

21. 在别人与你寒暄而尚未切入正题之前，你常常已大致猜到对方的意图吗？
　　A. 是　　　　　　B. 不能确定　　　　C. 不

22. 你爱看侦探小说或影视片吗？
　　A. 是　　　　　　B. 不能确定　　　　C. 不

解析：答 A 记两分，答 B 记一分，答 C 记零分。各题得分相加，统计总分。零至十五分，表明你讲话、想问题缺乏逻辑，抽象思维能力较弱；十六至三十分，说明你的抽象思维能力一般；三十一分以上，表明你的抽象思维能力较强，你善于抓住问题的关键，说话也显得有条有理。

三、逆向思维训练

(一)逆向思维是什么

逆向思维又叫"反向思维""求异思维"，是指与一般思维方向相反的思维方式，有人称"倒过来想"。它是对司空见惯的事物或已经被社会公众普遍认同的观点、主张反过来思考的一种思维方式。逆向思维法是在思维路线上，与正向思维方法相反的一种创造性思维方法，是指人们在思考问题时，跳出常规，改变思考对象的空间排列顺序，从反方向寻找解决办法的思维方法。如从 A 事物与 B 事物的联系中，反推出 B 事物与 A 事物的另一种联系。逆向思维最显著的特点就是转换思考问题的角度,即所谓的"反其道而行之"。逆向思维有三种表现形式:肯定视角、否定视角、非我视角。

国王为挑选继承人,给两个儿子出了道难题:"给你们两匹马,你们骑到清泉边去饮水,谁的马走得慢,谁就是赢家。"老大想用"拖"的办法取胜,而弟弟则抢过老大的马飞驰而去。结果,弟弟胜了,因为他骑的是老大的马,自己的马自然就落到了后面。跳出思维定势才能出奇制胜!

逆向思维法利用了事物的可逆性。因事物具有可逆性,我们就可以从反方向进行推断,寻找常规的岔道,并沿着岔道继续思考,运用逻辑推理去寻找新的方法和方案。这种方法在科学思维中运用得较为普遍。马克思从人体解剖理解猴体,就是著名的例子。

马克思认为人是通过劳动由猴子变来的,而猴子生活的时代已不可复返;再者,猴子相对人类来说是不成熟的。理解了人体就能理解猴体。所以,马克思一反常规中的从现有的关于动物如猴体、类人猿的史实资料研究人体的思路,从人体研究反推猿猴的特征及那种早已逝去,只可在思维中重塑的猿猴生存条件、状况,从而既科学解剖了人类社会,又正确解析了猿猴。

逆向思维法是从反向看问题,寻找常规的岔道,但它的运用是有条件的。这种"寻找"不是主观地搭配,任意地推理。运用逆向思维法,必须掌握事物内部的各要素之间的因果关系。没有这种因果关系,逆向思维法就难以成立。我们常说"花是红的","红的"是花的颜色,或一种特性,但不是"花"之为"花"的原因,也非"花"之为"花"的结果。所以,就不能逆向思维,说红的是花,这是对逆向思维法的误用,无论在科学思维中,还是实际行为中,都不会奏效,相反,只会带来思维紊乱和行动的失败。

大爷买西红柿挑了三个到秤盘,摊主称了一下:"一斤半,三块七。"大爷:"做汤不用那么多。"去掉了最大的西红柿。摊主:"一斤二两,三块。"大爷从容地掏出了七毛钱,拿起刚刚去掉的那个大的西红柿,扭头就走了,摊主当时就傻了眼。

关于逆向思维还可以通过两个案例来了解。一个是中国的,大家熟知的司马光砸缸的故事,司马光的朋友掉进大水缸里了,常规的思维模式是"救人离水",而司马光面对紧急险情,运用了逆向思维,果断地用石头把缸砸破,"让水离人",救了小伙伴性命。还有一个外国的,当时,德国古典哲学中的辩证思想已传入英国,法拉第受其影响,认为电和磁之间必然存在联系并且能相互转化。他想既然电能产生磁场,那么磁场也能产生电。

(二)逆向思维基础训练方法

1. 逆向思维演讲要注意以下四个方面:

(1)敢想敢说,勇于出新。

(2)立意严谨,积极有益。

(3)遵从规律,避免极端。

(4)尊重科学,不伤感情。

2.逆向思维立意训练。

同样一个话题,避开一般人的构思和立意,"人褒我贬,人贬我褒",巧妙地从相反或相对立的角度去立意。

寻常祝寿词:福如东海长流水,寿比南山不老松。天增岁月人增寿,福满乾坤春满堂。

纪晓岚创新祝寿词:这个婆娘不是人,九天仙女下凡尘。生个儿子去做贼,偷得仙桃献母亲。

3.逆向思维训练方法。

(1)还原分析法。还原分析法是指先暂时放下当前的问题,回到问题的起点,分析问题的本质,从而另辟蹊径的方法。

为减少钻探的盲目性,经研究发现,铜矿区的野玫瑰呈蔚蓝色,金矿和银矿区的忍冬藤特别茂盛等,于是,人们先分析植物的参数,再还原钻探,发明了植物探矿法。

(2)缺点逆用法。缺点逆用法是指利用事物的缺点进行创新的方法。

天一法师有三个弟子。大弟子是个懒汉,屁股一旦落座,一时半会你别指望他会站起来。二弟子天生好动,最受不了寺院的清静。三弟子讨厌诵经却喜欢听鸟唱歌。天一法师这样安排:让大弟子司晨钟暮鼓,天天坐堂诵经;让二弟子拖钵到山下化缘;交代三弟子寺内遍植林木,让百鸟落巢栖息。

(3)倒过来法。

有四个相同的瓶子,怎样摆放才能使其中任意两个瓶口的距离都相等呢?我们可能琢磨了很久还找不到答案。其实,把三个瓶子放在正三角形的顶点,将第四个瓶子倒过来放在三角形的中心位置,答案就出来了。把第四个瓶子"倒过来",多么形象的逆向思维啊!

延伸阅读

一、案例分析

1.贷款。

一天,犹太人哈德走进纽约花旗银行的贷款部。看到这位绅士很神气,打扮得又很华贵,贷款部的经理不敢怠慢,赶紧招呼:"这位先生有什么事情需要我帮忙的吗?"

"哦,我想借些钱。"

"好啊,你要借多少?""一美元。""只需要一美元?""不错,只借一美元,可以吗?""当然可以,像您这样的绅士,只要有担保多借点也可以。"

"那这些担保可以吗?"犹太人说着,从豪华的皮包里取出一大堆珠宝堆在写字台上。

"这是价值五十万美元的珠宝,够吗?""当然,当然!不过,你只要借一美元?""是的。"犹太人接过了一美元,就准备离开银行。在旁边观看的银行行长此时有点傻了,他怎么也弄不明白这个犹太人为何抵押五十万美元就借一美元,他急忙追上前去,对犹太人说:"这位先生,请等一下,你有价值五十万美元的珠宝,为什么只借一美元呢?假如您想借三四十万美元的话,我们也会考虑的。""啊,是这样的。我来贵行之前,问过好几家金库,他们保险箱的租金都很昂贵。而您这里的租金很便宜,一年才花六美分。"

2. 租房子。

有一家人决定搬进城里,于是去找房子。全家三口,夫妻两个和一个五岁的孩子。他们跑了一天,直到傍晚,才好不容易看到一张公寓出租的广告。他们赶紧跑去,房子出乎意料的好。于是,就前去敲门询问。这时,温和的房东出来,对这三位客人从上到下地打量了一番。丈夫鼓起勇气问道:"这房屋出租吗?"房东遗憾地说:"啊,实在对不起,我们公寓不招有孩子的住户。"丈夫和妻子听了,一时不知如何是好,于是,他们默默地走开了。那五岁的孩子,把事情的经过从头至尾都看在眼里,他在想:真的就没办法了?于是又去敲房东的大门。这时,丈夫和妻子已走出五米来远。门开了,房东又出来了。这孩子精神抖擞地说:"老爷爷,这个房子我租了。我没有孩子,我只带来两个大人。"房东听了之后,高声笑了起来,决定把房子租给他们住。

二、素材积累

1. 宽容。

人生的价值,并不是用时间,而是用深度去衡量的。   ——列夫·托尔斯泰

一只小猪、一只绵羊和一头乳牛,被关在同一个畜栏里。有一次,牧人捉住小猪,他大声号叫,猛烈地抗拒。绵羊和乳牛讨厌它的号叫,便说:"他常常捉我们,我们并不大呼小叫。"小猪听了回答道:"捉你们和捉我完全是两回事,他捉你们,只是要你们的毛和乳汁,但是捉住我,却是要我的命呢!"

立场不同、所处环境不同的人,很难了解对方的感受;因此对别人的失意、挫折、伤痛,不宜幸灾乐祸,而应要有关怀、了解的心情。要有宽容的心!

2. 青春。

青年是整个社会力量中的一部分最积极最有生气的力量。他们最肯学习,最少保守思想,在社会主义时代尤其是这样。   ——毛泽东

有人做过实验,将一只最凶猛的鲨鱼和一群热带鱼放在同一个池子,然后用强化玻璃隔开。最初,鲨鱼每天不断冲撞那块看不到的玻璃,奈何这只是徒

劳,它始终不能过到对面去,而实验人员每天都有放一些鲫鱼在池子里,所以鲨鱼也没缺少猎物,只是它仍想到对面去,想尝试那美丽的滋味。鲨鱼每天仍不断冲撞那块玻璃,它试了每个角落,每次都用尽全力,每次总是伤痕累累,有好几次浑身破裂出血,持续了好一些日子,每当玻璃一出现裂痕,实验人员马上加上一块更厚的玻璃。

后来,鲨鱼不再冲撞那块玻璃了,对那些斑斓的热带鱼也不再在意,好像它们只是墙上会动的壁画。它开始等着每天固定会出现的鲫鱼,然后用它敏捷的本能进行狩猎,好像回到海中不可一世的凶狠霸气,但这一切只不过是假象罢了。实验到了最后的阶段,实验人员将玻璃取走,鲨鱼却没有反应,每天仍是在固定的区域游着。它不但对那些热带鱼视若无睹,甚至当那些鲫鱼逃到那边去,它就立刻放弃追逐,再也不愿过去。实验结束了,实验人员讥笑它是海里最懦弱的鱼。

3. 幸福。

幸福是勇气的一种形式。　　　　　　　　——英国作家杰克逊

一个单亲爸爸,独自抚养一个小男孩。有一天出差要赶火车,没时间陪孩子吃早餐,他便匆匆离开了家门。回到家时孩子已经熟睡了,旅途上的疲惫,让他全身无力。正准备就寝时,突然大吃一惊:棉被下面,竟然有一碗打翻了的泡面。盛怒之下,他朝熟睡中的儿子的屁股,一阵狠打。为什么这么不乖,惹爸爸生气?你这样调皮,把棉被弄脏……这是妻子过世之后,他第一次体罚孩子。"我没有……"孩子抽抽咽咽地辩解着,"我没有调皮,这……这是给爸爸吃的晚餐。"原来孩子为了配合爸爸回家的时间,特地做了两碗泡面,一碗自己吃,另一碗给爸爸。可是因为怕爸爸那碗面凉了,所以放进了棉被底下保温。原来幸福就在一碗打翻的泡面里。有人惦记的感觉真好!

三、逻辑思维故事

故事一:

一位作家给出版社投了一篇小说,过了一段时间稿子退回来了。这位作家非常气愤,去信质问编辑:"你没有看我的小说为什么就否定了,我寄稿时将十八页、十九页粘在一起的,退回的稿子仍然粘在一起,这不是应付差事吗?"几天后,这位作家收到编辑的回信,"尊敬的作家,我吃鸡蛋时,咬第一口发现是个坏蛋,难道我非要吃完才说是坏蛋吗?"

故事二:

一次智力竞赛,主持人问"三纲"是什么?一位参赛者抢答道:"臣为君纲、子为父纲、妻为夫纲。"因他完全答反了,所以惹得大家哄堂大笑。这位参赛者却巧辩道:"笑什么,我说的是新'三纲',现在是人民当家作主,领导是公仆,岂不是臣为君纲吗?一对夫妇只生一个孩子,成了小皇帝,岂不是子为父纲吗?如今许多家庭妻子掌权,岂不是妻为夫纲吗?"大家听后掌声四起。

故事三：

有人问："你有什么好办法对付那些讨厌的人来家里吗？"回答者说："当然有。当门铃一响，我迅速穿衣戴帽去开门，如果遇上不喜欢的人，就说实再对不起，我有急事要出去。如果是喜欢的人，就说你太巧了，我刚下班回家。这不就进退自如了吗！"

故事四：

一名逻辑学家误入某部落，被囚于牢狱。首长欲放行，他对逻辑学家说："今有两门，一为自由，一为死亡，你可任意开启一门。现从两个战士中选择一人负责解答你所提的任何一个问题，其中一个天性诚实，一人说谎成性，今后生死任你选择。"逻辑学家沉思片刻，即向一战士发问，然后开门从容离去。逻辑学家应如何发问？

四、愚公移山的故事

愚公移山的故事在我国家喻户晓。愚公移山的精神曾经教育一代又一代人。尤其是遇到困难的时候，很多人都会想起愚公的故事，坚信只要像愚公一样坚持到底，就能取得成功。今天，我国经济形势和发展任务都发生了巨大变化。我们的时代还需要愚公移山的精神吗？按照现在的眼光来看待愚公，也许有人会这样想：他为什么不"搬家"呢？一家几口背上行李，翻过大山，走不多远，就可以到达洛阳、郑州、西安这些大城市。如果嫌城市喧闹，还可以定居在华北平原土地肥沃的村庄，他为什么不找领导解决呢？两座大山，挡的肯定不只他一家的出路。所以，他可以找乡长汇报，还可以找县长汇报。如能争取到国家立项拨款，还可包下一段工程……也有人说，这样一来，愚公就不是"愚公"了，更不是受人尊敬、值得学习的榜样了。愚公移山的精神之所以可贵，就在于他想了常人不敢想的事，做了常人不能做的事，付出了常人难以付出的努力。愚公精神在当代仍值得我们学习。

学习愚公，要学习他"主动挖山"的精神。在我们的面前，还有很多的"山"。比如落后的西部地区、基层单位和较艰苦的行业，都需要有人去"挖"。现在，很多大学毕业生主动做当代"愚公"：他们也知道大城市里经济待遇高，生活条件好，但还是义无反顾地奔向基层，奔向西部，奔向艰苦的地方。因为他们明白，"搬家"可以改变自己的生活环境，却改变不了艰苦地区的落后面貌。学习愚公，要学习他"自力挖山"的精神。愚公或许可以把挖山的重任交给领导，推给集体，留给后人。谁也不会要求一位"年且九十"的老人去完成这项"不可能完成的任务"。但愚公没有这样做，他说："吾与汝毕力平险，指通豫南，达于汉阴，可乎？"并在统一了家人思想之后，马上付诸行动，自力更生，艰苦奋斗。学习愚公，要学习他"不断挖山"的精神。一个人搬掉一块石头并不难，难的是一辈子搬石头，子子孙孙永远搬石头。在挖山的过程中会遇到很多困难。比如吃饭问题、穿衣问题、工具问题、伤病问题、有人说闲话的问题、做了惊天动地的好事却没有得到奖励的问题等。可是无论遇到什么问题,愚公都没有动摇,而是矢志不渝,挖山不止。愚公移山精神的精髓就是信仰、信念、信心和实干。信仰正确、信念坚定、信心充足,才会为伟大的事业奋斗终生。事业的成功与实干密不可分。我们今天学习《愚公移山》,就应该像愚公一样直面困难,求真务实,埋头苦干。有了这样一股劲头,就没有克服不了的困难,没有干不成的事业。

 技能训练

一、即兴演讲的两种练习方法

一是散点连缀法,即将几个表面上看似没有关联的、甚至毫不相干的景物、词语,通过一定的语言表达方式,巧妙的连缀起来,组合成一段话,表达一个完整的意思。二是观点案例结合法,就是讲几句吸引观众的话,借用一个案例,再加上与现场观众相关联的建议,表达一定完整的意思。

(一)请用下面几个词组各说一段话

1.清晨、清华、清白、清甜。

2.咖啡、大海、朋友、玫瑰。

3.象棋、筷子、妈妈、培训。

4.踏青、手机、茶杯、爱情。

(二)请以"每个人都是与众不同的"为题,借用下面的案例,即兴说一段话

麦肯锡无疑是美国有名的富翁,他坐飞机只坐头等舱,他解释说:"我在头等舱认识一个客户,就能给我带来一年的收益!"比尔·盖茨当然比麦肯锡更有钱,有人在经济舱看到他,问他为什么不坐头等舱。他说:"头等舱比经济舱飞得快吗?"——是比尔·盖茨的节俭值得崇敬呢,还是麦肯锡的"机会战略"值得学习呢?

二、逻辑思维训练

(一)推理训练

前提:

1.有五栋五种颜色的房子。

2.每一位房子的主人国籍都不同。

3.这五个人每人只喝一种饮料,只抽一种牌子的香烟,只养一种宠物。

4.没有人有相同的宠物,抽相同牌子的香烟,喝相同的饮料。

提示:

1.英国人住在红房子里。

2.瑞典人养了一条狗。

3.丹麦人喝茶。

4.绿房子在白房子左边。

5.绿房子主人喝咖啡。

6.抽 Pall mall 烟的人养了一只鸟。

7. 黄房子主人抽 Dun Hill 烟。

8. 住在中间那间房子的人喝牛奶。

9. 挪威人住第一间房子。

10. 抽混合烟的人住在养猫人的旁边。

11. 养马人住在抽 Dun Hill 烟的人旁边。

12. 抽 Blue Master 烟的人喝啤酒。

13. 德国人抽 Prince 烟。

14. 挪威人住在蓝房子旁边。

15. 抽混合烟的人的邻居喝矿泉水。

问题:谁养鱼?

答案:

房子颜色分别是黄、蓝、红、绿、白。

国籍分别是挪威、丹麦、英国、德国、瑞士。

饮料分别是矿泉水、茶、牛奶、咖啡、啤酒。

宠物分别是猫、马、鸟、鱼、狗。

(二)背诵下文,上台演说,体会类比思维的妙处

"千磨万击还坚劲,任尔东西南北风"是青翠的竹在向你昭示着它的意气,昭示着一种贯穿生命的不屈与坚韧;"不爱沙滩摆贝子,扬帆击楫戏中流"是浪尖峰顶的弄潮儿在向你昭示着他的意气,昭示着一种蓬勃于血脉中的勇敢和无惧;"仰天大笑出门去,我辈岂是蓬蒿人"是骄傲的行者在向你昭示着他的意气,昭示着一种托起生命、托起希望的坚定的信心。

三、逆向思维训练

1. 小测试。有半瓶牛奶,瓶口用软木塞塞住,不许敲碎瓶子,不许拔去塞子,也不许在塞子上钻孔,怎样才能喝到牛奶?

2. 说出一个你最讨厌的东西,然后对大家说说它有什么用处(或好处)。

3. 请反过来解说下面这些成语或俗语的意思,并说说理由。

如:君子动口不动手——君子动口也动手。

(1)杞人忧天。

(2)异想天开。

(3)当一天和尚撞一天钟。

(4)东施效颦。

四、阅读下面两个故事,比较后回答问题

故事一:

法国著名的女高音歌唱家迪梅普莱有一个美丽的私人林园,里面有茂盛的树林和草地。每到周末,总会有人来到她的林园,他们在树林中摘花,采蘑菇,有的甚至搭起帐篷,在草地上野餐,弄得林园一片狼藉。管家曾让人在林园的

171

四周围上篱笆,后又在林园周围竖起几块写着"私人林园,禁止进入"的木牌,但均无济于事。于是,管家只好向主人汇报。迪梅普莱听了管家的汇报后,让管家拔掉了四周的小木牌,并让管家做了一块大木牌,上面醒目地写上:"请注意!如果在林园中被蛇咬伤,距此最近的医院有五十多公里,驾车也要半个多小时。"从此,再也没有人闯入她的林园。

故事二:

1934年,匈牙利的比罗和奥格尔两兄弟发明了圆珠笔,该笔马上风靡全球。但这种笔有一个缺点,当用它写到两万个字时,笔上的滚珠由于磨损时常崩出,油墨随之污损书本、弄脏衣服。许多国家的圆珠笔厂商投入大量人力物力进行研究,力图找到妥善解决办法。但是始终无任何突破。大家的主攻方向是进行滚珠耐磨损研究,希望找到一种能提高滚珠耐磨度的办法。

1950年,日本的中田藤三郎一反大多数人的做法,不再在耐磨损上下功夫,而是设法控制笔中的油量,使它刚好在写到一万五千字左右时油墨用完,从而将笔芯抛弃,这就彻底解决了因磨损而漏油的问题。他把这种笔芯放进自动铅笔套内,制成了"自动圆珠笔",为圆珠笔重新赢得了声誉。

请问:这两则故事的主人公在解决问题时有什么共同之处?说说你的体会。

任务三　即兴演讲技巧训练

 任务导引

1. 秋瑾在《演说的好处》中说:一是"随便什么地方,都可以随时演说";二是"不要钱,听的人必多";三是"人人都听得懂";四是"只须在寸不烂的舌头,又不要兴师动众,捐什么钱";五是"天下的事情,都可以晓得"。

2. 安娜·路易斯·斯特朗是著名美国女记者和作家,她曾在抗日战争期间两次来华,报道中国共产党领导的革命斗争和英勇抗战的事迹。1965年11月1日在上海为她举行的八十岁生日宴会上,周恩来说:"今天我们为我们的好朋友,美国女作家安娜·路易斯·斯特朗女士庆贺四十'公岁'诞辰。"在座的听到"公岁"这个新词,都有点奇怪。

周恩来解释说:"在中国,'公'字是紧跟它的量词的两倍,四十公斤等于八十斤。因此,四十公岁就等于八十岁。"听完他的解释,大家开怀大笑,斯特朗听了更是笑得开心。他又接着说:"四十公岁,这不是老年,而是中年。斯特朗女士为中国人民和世界人民做了大量的工作,写了大量的文章,她的精神还很年轻。我们祝贺斯特朗女士继续为人民写出大量的文章,祝贺她永远年轻!"至此,把宴会的欢乐气氛推向了高潮。

周恩来幽默风趣的贺词,深深地感动了斯特朗女士。她在答词中,满怀深情地说:"周恩来说我只有四十公岁,还很年轻,我听了很高兴。我保证要继续为中国人民和世界人民写出大量的著作来。"斯特朗晚年,也好像真的回到了壮年,她勤奋笔耕,每半个月写一篇《中国书简》来宣传中国,借以表达她对中国人民的深情厚谊。

 知识必备

一、即兴演讲的方法

（一）学会快速组合

即兴演讲因为现场没有充裕的时间去准备,因此必须尽快地选定主题,然后将平时积累的相关材料围绕主题,进行快速组合,甚至边讲边思考。

（二）学会抓触点

所谓触点,就是可以由此生发开去的事或物。即兴演讲需要因事起兴,找到了触点就找到了起兴的由头,就可以有话可说。先从由头慢慢的边思考边说下去,就容易打开思路。

（三）做到言简意赅

言简意赅关键在于能够紧紧抓住主题,围绕主题选材,组织结构,争取做到言有尽而意无穷。

（四）时刻准备着

时刻为可能上台进行即兴演讲做好准备和构思。

二、即兴演讲的公式

（一）宽度＋深度＋案例＋结论

1. 宽度:宽度指对事物的解释,包括种类、结构、颜色、功能等,占演讲内容的15％。

2. 深度:深度指事物的原理、发展历程、前景等,也可以是一些象征意义、引申意义,占演讲内容的15％。

3. 案例:结合自己或他人相关事例来讲述、证明自己的观点,占演讲内容的60％。

4. 结论:用一句话总结要表述的观点,占演讲内容的10％。

（二）"点石成金"公式

"点"即观点,"石"即案例。

（三）黄金三段式

1. 昨天、今天、明天(过去、现在、未来)。

2. 祝贺、感谢、希望。

三、即兴演讲的技巧

(一)讲话前的准备

1. 克服紧张情绪。对讲话少的人来说,讲话前紧张是自然的,应该正视这种紧张,全当是丢一次丑,再紧张也得讲。

如何消除紧张情绪,有几种方法大家可以试一下:

深深呼吸:眼睛微闭,全身放松,心里默默数数,这样可以使血液循环减慢,心神就会安定下来,全身有一种轻松感。

临场活动:由于紧张会使体内产生大量的热能,如果在讲话前稍加活动,双手握紧然后放松,让肌肉缩紧再放松,就会促使热量散发。

闭目养神:闭目时,用舌尖顶上腭,用鼻吸气,可以达到安定神绪、怡然自得的目的。

凝视物体:确定某一物体,专注凝视,并去分析它的形状,观察其颜色与远近。

摄入饮料:讲话前准备一杯开水,这样可以增加唾液,保证喉部湿润,也可以稳定情绪。

情绪转移:情绪转移也可以缓解紧张症状。英国有个企业家叫詹姆斯,因讲话屡次失败,怕在众人面前丢丑,每次讲话时紧张的情绪就会出现。有次讲话前他狠狠地拧了自己大腿一把,突然感到出奇的平静,结果讲得非常成功。

2. 认真构思腹稿。在稳定情绪的同时要厘清讲话思路,做到胸有成竹。

3. 了解掌握听众。每到一处讲话,即使是三五成群的聊天,也要了解听众的文化、职业、年龄、性别等。

(二)演讲中的技巧

1. 开头的技巧。美国著名口才大师洛克伍德说过:"在整个讲话过程中做到轻松地、巧妙地和大家交流思想是困难的。然而,做到这一点的关键是讲话开头的用字表达。"即兴演讲是一种临场发挥的行为。所以演讲者既不要把开头看得过分重要,也不要弄得过于死板。"良好的开头是成功的一半"。下面引用几个讲话开头的例子,请大家欣赏。

(1)直入式。

著名诗人、学者、民主同盟党中央委员闻一多在《最后一次演讲》中说道:"这几天,大家晓得,在昆明出现了历史上最无耻的事情!李先生究竟犯了什么罪,竟遭如此毒手?他只不过是用笔写写文章,用嘴说说话。而他所写的、所说的,都无非是一个没有失掉良心的中国人的话!大家都有一支笔,有一张嘴,有什么理由拿出来讲啊!为什么要打要杀,而且不敢光明正大地来打来杀,而是偷偷摸摸地来暗杀,这成什么话?"

《最后一次演讲》的开头语,闻一多几乎没有做任何铺垫,一开始就用一连串激昂的感叹句把演讲直接引入正题,给听众一种畅快淋漓的印象。

(2)引用式。

吕元礼在《祖国——母亲》中说道:"人们常说,第一次把美人比作花的人是天才;第二次把美人比作花的人是庸才;第三次把美人比作花的人是蠢材。如果人云亦云、鹦鹉学舌,那么,再美妙的比喻也会失去光彩。但是在生活中有这样一个比喻,即使你用它一百次、一千次、一万次,也同样具有强大的感染力。同志们或许会问,这是个什么样的比喻呢?那就是,当你怀着赤子之心,想到我们祖国的时候,你一定会把祖国比作母亲。"

吕元礼的演讲引用了一个讽刺的谚语,说明了对重复比喻的厌烦,然后话锋一转,强调另一种比喻可以不厌其烦的运用,引出了演讲的主题《祖国——母亲》。这样的开头方式,既由于谚语铺垫显得水到渠成,又由于谚语的使用而显得贴近生活。

(3)提问式。

蔡畅在《一个女人能干什么》中说道:"今天,我讲一个问题,一个女人能干什么?一个女人能干什么呢?我的回答是:能干,什么也能干;不干,什么也不能干。能干又不能干,不能干又能干。为什么这样说呢?要确定女人能干不能干,有两个条件。一个是要看环境,另一个是要看个人的努力。如果环境好,自己不去努力,只靠人家那就什么也不能干。如果自己努力干下去,就可以得到好的结果。如果努力干,就是从那些小的具体工作到管理国家大事都能够干,如果不干,就会变成社会的寄生虫。"

蔡畅通过提问来引发听众的兴趣,再经自问自答的形式来阐发自己的观点。这样会给听众留下清晰的印象。

开头的方式还有故事式、悬念式、自我介绍式等。

2.讲话中的技巧。

(1)充分表现自信心。

法国历史上的传奇总统戴高乐在《谁说败局已定》中说道:"那些身居军界要职的将领们已经组成了一个政府。这个政府以我们的军队吃了败仗为由。毫无疑问,我们确是吃了败仗,我们陷于包围之中。我们之所以受挫,不仅是因为德军人数众多,更重要的是他们的飞机、坦克和战略。正是这些使我们的军队不知所措。但是难道已经一锤定音,胜利无望,败局已定吗?不,绝不如此!请相信我,因为我对自己的话胸有成竹。我告诉你们,法兰西并没有失败。我们完全可以以其人之道,还治其人之身,并有朝一日扭转乾坤,取得胜利。"戴高乐在分析了敌我双方的形势后,他以一位领袖所具有的宏大气魄,断然否定了暂时的失败,表现出了对困难的极大蔑视和对胜利的坚定信心。

(2)用事实增强说服力。

有一位演讲者,他说:"'嘴上无毛'就一定'办事不牢'吗?古今中外有许多军事家,恰恰都是风华正茂的时候,建立了不朽的功勋。民族英雄岳飞,二十多岁带兵抗金,任节度大使时才三十一岁;其儿子十二岁从军,十四岁攻随州率先登城,二十岁就当上了将军;率大军席卷欧洲的拿破仑,二十四岁就是上将;周恩来二十六岁就任黄埔军校政治部主任;叶挺十七岁当了军长;刘志丹二十七岁任红十五军团政委。由此可见,'嘴上无毛'与'办事不牢'并无关系,关键是有才无才。俗话说,有才不在年高,无才空活百岁。"这位演讲者用充分的事实,论证了"嘴上无毛"未必"办事不牢"这样一个观点,说明了年龄与才能之间没有必然的联系。

(3)巧用数字。

有一次,一个英国记者对周恩来说:"一个国家向外扩张是由于人口过多。"

周恩来反驳道:"我不同意这种说法。英国人口在第一次世界大战前是四千五百万,不算太多。但是,英国在很长的时间内是'日不落'的殖民帝国。美国的面积略小于中国,而美国的人口还不及中国的1/3,但是美国的军事基地遍布全球,海外驻军一百五十万。中国人口虽多,但没有一兵一卒驻在外国的领土上,更没有在外国建立军事基地。可见一个国家是否向外扩张,并不决定于它的人口,而是决定于它的社会制度。"

周恩来列举确凿的数据,从正反两方面有力地反驳了对方的错误观点,也用铁的事实支撑自己的论点,突出了中国作为社会主义国家从不对外扩张的严正立场。

(4)鼓动性,这是即兴演讲取得成功的力量所在。

著名的军事统帅拿破仑是个鼓动能手。有一次,他在对一支需要整顿的部队演讲时说:"士兵位,你们没有衣服穿,吃得也不好,我想带你们到世界上最富庶的国家去。"这句话说得士兵们顿时振奋起来,战斗力大增,后来一举征服了意大利。德摩斯梯尼曾经对他的朋友说:"你所讲的,只令人说个'好'字,而我能使听的人一起跳起来,异口同声地说'让我们赶快去抵抗外力'。"

3.结尾的技巧。即兴演讲的结束语用好了能起到预想不到的效果。结尾的方式有总结式、升华式、启发式、号召式等。

四、即兴演讲综合训练

即兴演讲综合训练包括选题、立意、切入、事例、语言、态势、心态的调适、时间的放与收等诸多方面,有些技能在命题演讲中已进行训练。即兴演讲成败的关键因素是快速构思的方法。

(一)模式构思法

以一个基本模式框架作为快速构思的依据,使即兴演讲既符合人们的思维习惯,又能把信息传达清楚,话题集中。

1."三W"框架构思模式。

在即兴演讲前短暂的准备时间里,快速思考三个最基本的问题,即"是什么""为什么""怎么办"。"三W"框架构思法在实际运用中要注意分辨即兴演讲题目的类别,是属于"论点式"还是"论题式"。论点式题目(如《珍惜青春》《人生的价值在于奉献》)规定了演讲的主题,演讲者要调动自己的知识积累和生活经验,从"三W"的角度来构思;论题式题目(如《青春使命》《人生的价值在哪里》)只规定了演讲的论述范围。演讲主题的"三W"框架只是演讲前和演讲中的思维模式,而不是口语表达模式,演讲者在表达时要选准"切入口",不露"三W"的痕迹。

例如:有关环境保护的即兴演讲。

"是什么":今天,我要讲的问题是环境保护问题。我们要提高环保意识,减少破坏环境的行为。

"为什么":环境保护很重要,它关系到人类生存的安全健康问题。这不是一个可讲可不讲的问题……

造成环境破坏的原因有以下几点:从各个角度举几个典型事例……

"怎么办":我们要这样……

2."三点归纳式"构思模式。

这种方法的特点是参加各类活动时养成边听边想的习惯,随时注意用"三点(要点、特点、闪光点)归纳"的方式进行思考,随时作好即兴演讲的准备——如果现在让你讲话,你讲什么、怎么讲。

第一点,归纳前面所有讲话人的要点。

第二点,提取前面某个或某些讲话人的特点。

第三点,捕捉前面某个或某些讲话人的闪光点。

运用时,一般总结性即兴演讲可综合运用"三点";中场性即兴演讲,可选用其中某一点(如特点、闪光点)。

例如:有关教师的即兴演讲。

> 说到师德,许多选手都引用了一个传统的比喻:教师像蜡烛一样,照亮了别人,燃烧了自己。这种崇尚奉献的"蜡烛精神"固然可贵,但如果我们当老师的都把自己烧尽了,毁灭了,何以继续照亮别人呢? 新世纪的教育不仅需要"蜡烛精神",更是呼唤"路灯精神":像路灯一样不断"充电",给每一个黑夜带来光明;像路灯一样忠于职守,见多识广;像路灯一样不图名利……

(二)链条型构思法

链条型构思法又称演讲的"线型结构",它是延展性思维的体现。特点是先确定演讲的主旨,以此为"意核",作为导向定势,通常为"开篇首句";然后,句句紧扣意核(首句),单线纵向发展,形成一要环环相扣的链条。

例如:即兴演讲《当你遇到挫折的时候》结构主线。

> 挫折是一种宝贵的经历——小时候极想将来成为一名巴金式的大作家——中考失误,录取到一所职业学校,为此而哭过,感到失望、痛苦——去年暑假到山区考察,那里环境可爱,人可爱,但落后现状令人痛心——在现实生活启迪下觉悟,摆脱了理想受挫的痛苦。

(三)话题借用煽情法

即兴演讲重在把握准确的话题,要注意在什么时间、什么场合,对谁讲话。它要求演讲者要善于观察现场,获取信息。可以通过借题发挥、借人发挥、借物发挥、借事发挥、借景发挥等技巧选定话题。

> 1924年5月8日,印度诗人泰戈尔在北京过六十四岁寿辰,北京学术界举行了祝寿仪式。梁启超登台即兴演讲。因泰戈尔想让梁为他起一个中国名字,所以,梁启超便从印度称中国为"震旦",讲到从天竺(印度)来的都姓竺,并将两

个国名联起来,赠给泰戈尔一个新名叫"竺震旦"。

由于话题选择得好,故整篇演讲词生动活泼,情趣盎然,寓意深刻。

即兴演讲无法在事先做充分准备,确立了话题之后,完全依靠即兴组织材料进行论证。材料的来源,一是平时的知识积累,二是眼前的人和事。即兴演讲靠的是激情,动的是真情。古希腊著名的哲学家亚里士多德说过:"一个充满了感情的演说者,常常使听众和他一起感动,哪怕他所说的什么内容都没有。"演讲者只有喜怒哀乐分明,语言绘声绘色,才能感染听众,与听众交流情感,紧紧抓住听众的注意力。

1956年,当时的印尼总统苏加诺到清华大学演讲,在台下除了清华大学的学生外,还有北京大学的学生,陪同苏加诺的是外交部的领导。苏加诺是世界名人,步入清华时,学生队伍的秩序一度有些混乱,在台上的领导因此有些不悦,会场气氛有点紧张。有经验的苏加诺总统当然看出来了。他在演讲一开头就说了两句题外话:"我请诸君向前移动几步,我愿更靠近你们。"话一说完,学生队伍活跃了,很快往前移动了几步。接着苏加诺又说:"我请诸君笑一笑,因为我们面临着光辉的未来。"学生们又轻松地笑了起来,气氛顿时变得十分和谐,一直持续到演讲成功结束。

延伸阅读

一、有魔力的三个词语

每个人都渴望找到一个提升口才的窍门。事实上,如果学会了三个词语,那么你的语言组织能力就会获得质的提升。这三个有魔力的词语就是:"设想一下""就像""例如"。

通过对这三个词语的合理运用,你的言谈能在第一时间引起听众的关注,并会使听众顺着你的思路来思考。举个例子,如果劝说公众去参加义务献血。你会怎么说?你当然可以报出种种数据表明每天有多少人需要输血,而血液供应又是多么稀缺。但是,如果加上这样一句话,那公众去献血的概率更高:"设想一下,当你的家人遭遇了事故需要马上输血,却发现血库的鲜血不够用了。"这里还有一个运用短语"就像"的好例子。一位美国科学家在演讲时,向公众讲解探测飞船的飞行速度,他说:"它能以每小时十七万公里的速度飞往木星。"很多人对这样一个速度是没有任何概念的,直到他说出下一个句子:"这就像在一分半钟里从纽约飞到圣弗朗西斯科一样。"有了这句话,每个人的脑海里都会出现一幅很形象的图像。可见一个简单的词语能有多么强大的威力。

二、美国演讲专家理查德的即兴演讲"四部曲"

即兴演讲通常是在一般场合下,演讲者事先未作准备,只是根据需要而作的临时发言。因此,即兴演讲在思维的敏捷性、语言的逻辑性和口头达的雄辩性方面都有更高的要求。

如何做好即兴演讲,避免因措手不及而陷入难堪的境地呢?美国演讲专家理查德总结了一个即兴演讲的"四部曲":喂,喂;为什么要浪费这个口舌;举例;怎么办。

"喂,喂"提示我们必须首先呼唤起听众的兴趣。理查德说:"不要平铺直叙地开始演讲,'今天,我要讲的内容是保障行人生命安全……'。你最好这样开头:'在上星期四,特购的四百五十具晶莹闪亮的棺材已运到了我们的城市……'"理查德设计的这一开头语虽然不符合我们中国人的忌讳心理,但它无疑具有一种先声夺人的气势,它能激听众之疑,使他们很想弄清事情的究竟。

"为什么要费这个口舌"是指你应向听众讲明为什么应当听你演讲。若谈交通安全问题,可这样讲:"不讲交通安全,那订购的四百五十具棺材也许在等待着我,等待着你,等待着我们的亲人。"理查德所讲述的"为什么"既联系着"我"(演讲者),又联系着"你"(听讲者),还联系着场外你我有关系的千千万万的"亲人",这就使所有的与会者不知不觉地成了他的"俘虏",在心理上与他产生了共鸣。

"举例"是指用活生生的事例来说明,而不是只讲那些干巴巴的条文。与书面语相比,口语和体态语在传达事例方面比传达条文更具有优势。特别是即兴演讲,我们更要注意在这方面扬长避短。

"怎么办"是指演讲者注意告诉听众你谈了老半天究竟是想让人家做些什么。演讲者最好能讲得生动一点、具体一点、实际一点。从根本上说,"怎么办"是演讲者的目的所在,如果演讲者忘记了这一步,或者这一步处理不好,就会给听众留下无的放矢或不知所云的感觉。

理查德还认为,"为什么"和"举例"这两部分如同馅饼里馅,味道全在这里面。但是,这两部要与引人注意的"喂,喂"和结尾的"怎么办"相呼应。

掌握理查德的"四部曲"能使我们在大庭广众之中泰然自若、有条不紊地陈述自己的观点,而不会陷入张口结舌、东扯西拉的窘境。

三、会议发言的"十二字方针"

很多人在会议发言时,有时感觉可以遵循一些套路、模板,有时却会感觉无从下手。

即兴演讲和发言可以借助"十二字方针"轻松完成,即我发现、我认为、我建议、我相信。

情景一:培训开始前突然被要求作为学员代表发言。

我发现,我面对陌生人发言、演讲时总是很紧张、很恐惧,不知道从哪里下手。

我认为,主要原因可能在于我太在乎听众的看法、我太追求完美。

我建议,老师今天多讲讲这部分内容,分析一下原因,帮我找出解决方法,让我们突破紧张、恐惧,克服怯场的心理,让我们能够突破障碍、自信地演讲。

我相信,通过这一天的学习,跟随老师一起训练,当我走出教室的时候,以后再面临各种场合的发言、讲话,就不会那么紧张、恐惧了。我希望大家一起努力学习,共同进步,谢谢大家!

情景二:单位开会临时发言。

我发现,我们单位最近一段时间纪律不太好。

我认为,原因主要有三个……

我建议,可以从三个方面进行改进……

我相信,如果按照这种方式坚持,一个月后,我们的纪律就能够越来越好。

以上两种情景是发言者已经发现问题并拥有解决方案的情形,即使没有解决方案,"十二字方针"也同样适用。

情景三:单位开会临时发言,但是暂无解决方案。

我发现,我们单位最近存在……问题。

我认为,主要是由于……造成的,至于如何改进,我暂时还没有很好的建议。

我建议,大家散会后多想一想,提出自己认为可行的方案。下次开会的时候,我们再集中讨论。

我相信,通过大家的集思广益、思考总结,一定能够很快解决这个问题。

"十二字方针"不仅可以用于工作、商务场合,生活中以及平常的朋友聊天也同样适用。

情景四:闺蜜八卦。

我发现,现在"剩男""剩女"特别多,尤其是"剩女",越来越多。

我认为,原因主要有三个:第一,对对方的要求太高;第二,人际交往的机会太少;第三,太被动,总是等着男孩子主动追求。

我建议,从三个方面进行改进:第一,不要要求完美,因为人无完人,世界上从来就没有我们心目中的那个没有缺点的"白马王子";第二,多参加一些社交活动,并且把择偶需求告诉身边的朋友,让他们知道自己还单身,正在找另外一半,这样大家才会介绍更多的机会;第三,看到合适的就要主动一点,不要老是等别人来追,自己主动追求的才是最好的幸福。

我相信,只要按照以上三点去操作,不出三个月,每个人都会找到自己心目中的如意郎君。

情景五:会后总结。

我发现,领导今天的讲话非常务实,很多都点到了痛处,也提出了很多可操作性强的解决方案。

我认为,领导确实是非常关心我们部门,花了很多时间关注我们,琢磨和研究解决我们部门问题的方案。

我建议,大家再以最热烈的掌声表示对领导的感谢。

我相信,大家只要能够将领导今天所讲具体落实,我们的部门必定可以再创业绩。谢谢大家!

综上所述,"十二字方针"不仅很简单、很实用,而且可以套用。

四、史蒂夫·乔布斯的《我生命中的三次体验》

很荣幸和大家一道参加这所世界上最好的一座大学的毕业典礼。我大学没毕业,说实话,这是我第一次离大学毕业典礼这么近。今天我想给大家讲三个我自己的故事,不讲别的,也不讲大道理,就讲三个故事。

第一个故事讲的是点与点之间的关系。我在里德学院只读了六个月就退学了,此后便在学校里旁听,又过了大约一年半,我彻底离开。那么,我为什么退学呢?

这得从我出生前讲起。我的生母是一名年轻的未婚在校研究生,她决定将我送给别人收养。她非常希望收养我的是有大学学历的人,所以把一切都安排好了,我一出生就交给一对律师夫妇收养。没想到我落地的刹那间,那对夫妇却决定收养一名女孩。就这样,我的养父母——当时他们还在登记册上排队等着呢——半夜三更接到一个电话:"我们这儿有一个没人要的男婴,你们要么?""当然要"他们回答。但是,我的生母后来发现我的养母不是大学毕业生,我的养父甚至连中学都没有毕业,所以她拒绝在最后的收养文件上签字。不过,没过几个月她就心软了,因为我的养父母许诺日后一定送我上大学。

十七年后,我真的进了大学。当时我很天真,选了一所学费几乎和斯坦福大学一样昂贵的学校,当工人的养父母倾其所有的积蓄为我支付了大学学费。读了六个月后,我却看不出上学有什么意义。我既不知道自己这一生想干什么,也不知道大学是否能够帮我弄明白自己想干什么。这时,我就要花光父母一辈子节省下来的钱了。所以,我决定退学,并且坚信日后会证明我这样做是对的。当年作出这个决定时心里直打鼓,但现在回想起来,这还真是我有生以来作出的最好的决定之一。从退学那一刻起,我就可以不再选那些我毫无兴趣的必修课,开始旁听一些看上去有意思的课。那些日子一点儿都不浪漫。我没有宿舍,只能睡在朋友房间的地板上。我去退还可乐瓶,用那五分钱的押金来买吃的。每个星期天晚上我都要走七英里,到城那头的礼拜堂去,吃每周才能享用一次的美餐。我喜欢这样。我凭着好奇心和直觉所干的这些事情,有许多后来都证明是无价之宝。

我给大家举个例子。当时,里德学院的书法课大概是全国最好的。校园里所有的公告栏和每个抽屉标签上的字都写得非常漂亮。当时我已经退学,不用正常上课,所以我决定选一门书法课,学学怎么写好字。我学习写带短截线和不带短截线的印刷字体,根据不同字母组合调整其间距以及怎样把版式调整得好上加好。这门课太棒了,既有历史价值,又有艺术造诣,这一点科学就做不到,而我觉得它妙不可言。

当时我并不指望书法在以后的生活中能有什么实用价值。但是,十年之后,我们在设计第一台 Macintosh 计算机时,它一下子浮现在我眼前。于是,我们把这些东西全都设计进了计算机中。这是第一台有这么漂亮的文字版式的计算机。要不是我当初在大学里偶然选了这么一门课,Macintosh 计算机绝不会有那么多种印刷字体或间距安排合理的字号。要不是 Windows 照搬了 Macintosh,个人电脑可能不会有这些字体和字号。要不是退了学,我绝不会碰巧选了这门书法课,个人电脑也可能不会有现在这些漂亮的版式了。当然,我在大学里不可能从这一点上看到它与将来的关系。十年之后再回头看,两者之间的关系就非常、非常清楚了。你们同样不可能从现在这个点上看到将来,只有回头看时,才会发现它们之间的关系。所以,要相信这些点迟早会连接到一起。你们必须信赖某些东西——直觉、归宿、生命,还有业力,等等。这样做从来没有让我的希望落空过,而且彻底改变了我的生活。

我的第二个故事是关于好恶与得失。幸运的是,我在很小的时候就发现自己喜欢做什么。我在二十岁时和沃兹在我父母的车库里办起了苹果公司。我们干得很卖力,十年后,苹果公司就从车库里我们两个人发展成为一个拥有二十亿元资产、四千名员工的大企业。那时,我们刚刚推出了我们最好的产品——Macintosh 电脑——我刚满三十岁。可后来,我被解雇了。你怎么会被自己办的公司解雇呢?是这样,随着苹果公司越做越大,我们聘了一位我认为非常有才华的人与我一道管理公司。在开始的一年多里,一切都很顺利。可是,随后我俩对公司前景的看法开始出现分歧,最后我俩反目了。这时,董事会站在了他那一边,所以在三十岁那年,我离开了公司,而且这件事闹得满城风雨。我成年后的整个生活重心都没有了,这使我心力交瘁。

一连几个月,我真的不知道应该怎么办。我感到自己给老一代的创业者丢了脸——因为我扔掉了交到自己手里的接力棒。我去见了戴维·帕卡德(David Packard,惠普公司创始人之一——译注)和鲍勃·诺伊斯(Bob Noyce,英特尔公司创建者之一——译注),想为把事情搞得这么糟糕说声道歉。这次失败弄得沸沸扬扬的,我甚至想过逃离硅谷。但是,渐渐地,我开始有了一个想法——我仍然热爱我过去做的一切。在苹果公司发生的这些风波丝毫没有改变这一点。我虽然被拒之门外,但我仍然深爱我的事业。于是,我决定从头开始。

虽然当时我并没有意识到,但事实证明,被苹果公司炒鱿鱼是我一生中碰到的最好的事情。尽管前景未卜,但从头开始的轻松感取代了保持成功的沉重感。这使我进入了一生中最富有创造力的时期之一。在此后的五年里,我开了一家名叫 NeXT 的公司和一家叫皮克斯的公司,我还爱上一位了不起的女人,后来娶了她。皮克斯公司推出了世界上第一部用电脑制作的动画片《玩具总动员》,皮克斯公司现在是全球最成功的动画制作室。世道轮回,苹果公司买下NeXT后,我又回到了苹果公司,我们在NeXT公司开发的技术成了苹果公司这次重新崛起的核心。我和劳伦娜也建立了美满的家庭。

我确信,如果不是被苹果公司解雇,这一切绝不可能发生。这是一剂苦药,可我认为苦药利于病。有时生活会当头给你一棒,但不要灰心。我坚信让我一往无前的唯一力量就是我热爱我所做的一切。所以,一定得知道自己喜欢什么,选择爱人时如此,选择工作时同样如此。工作将是生活中的一大部分,让自己真正满意的唯一办法,是做自己认为是有意义的工作;做有意义的工作的唯一办法,是热爱自己的工作。你们如果还没有发现自己喜欢什么,那就不断地去寻找,不要急于作出决定。就像一切要凭着感觉去做的事情一样,一旦找到了自己喜欢的事,感觉就会告诉你。就像任何一种美妙的东西,历久弥新。所以说,要不断地寻找,直到找到自己喜欢的东西,不要半途而废。

我的第三个故事与死亡有关。十七岁那年,我读到过这样一段话,大意是如果把每一天都当作生命的最后一天,总有一天你会如愿以偿。我记住了这句话。从那时起,三十三年过去了,我每天早晨都对着镜子自问:"假如今天是生命的最后一天,我还会去做今天要做的事吗?"如果一连许多天我的回答都是"不",我知道自己应该有所改变了。

让我能够作出人生重大抉择的最主要办法是,记住生命随时都有可能结束。因为几乎所有的东西——所有对自身之外的希求、所有的尊严、所有对困窘和失败的恐惧——在死亡来临时都将不复存在,只剩下真正重要的东西。记住自己随时都会死去,这是我所知道的防止患得患失的最好方法。你已经一无所有了,还有什么理由不跟着自己的感觉走呢。

大约一年前,我被诊断患了癌症。那天早上七点半,我做了一次扫描检查,结果清楚地表明我的胰腺上长了一个瘤子,可那时我连胰腺是什么还不知道呢!医生告诉我说,几乎可以确诊这是一种无法治愈的恶性肿瘤,我最多还能活三至六个月。医生建议我回去把一切都安排好,其实这是在暗示"准备后事"。也就是说,把今后十年要跟孩子们说的事情在这几个月内嘱咐完;也就是说,把一切都安排妥当,尽可能不给家人留麻烦;也就是说,去跟大家诀别。

那一整天里,我的脑子一直没离开这个诊断。到了晚上,我做了一次组织切片检查,他们把一个内窥镜通过喉咙穿过我的胃进入肠子,用针头在胰腺的瘤子上取了一些细胞组织。当时我用了麻醉剂,陪在一旁的妻子后来告诉我,医生在显微镜里看了细胞之后叫了起来,原来这是一种少见的可以通过外科手术治愈的恶性肿瘤。我做了手术,现在好了。

这是我和死神离得最近的一次,我希望也是今后几十年里最近的一次。有了这次经历之后,现在我可以更加实在地和你们谈论死亡,而不是纯粹纸上谈兵。谁都不愿意死。就是那些想进天堂的人也不愿意死后再进。然而,死亡是我们共同的归宿,没人能摆脱。我们注定会死,因为死亡很可能是生命最好的一项发明。它推进生命的变迁,旧的不去,新的不来。现在,你们就是新的,但在不久的将来,你们也会逐渐成为旧的,也会被淘汰。对不起,话说得太过分了,不过这是千真万确的。

你们的时间都有限,所以不要按照别人的意愿去活,这是浪费时间。不要囿于成见,那是在按照别人设想的结果而活。不要让别人观点的聒噪声淹没自己的心声。最主要的是要有跟着自己感觉和直觉走的勇气。无论如何,感觉和直觉早就知道你到底想成为什么样的人,其他都是次要的。

我年轻时有一本非常好的刊物,叫《全球概览》,这是我那代人的宝书之一,创办人名叫斯图尔特·布兰德,就住在离这儿不远的门洛帕克市。他用诗一般的语言把刊物办得生动活泼。那是20世纪60年代末,还没有个人电脑和桌面印刷系统,全靠打字机、剪刀和宝丽莱照相机。它就像一种纸质的Google,却比Google早问世了三十五年。这份刊物太完美了,查阅手段齐备、构思不凡。

斯图尔特和他的同事们出了好几期《全球概览》,到最后办不下去时,他们出了最后一期。那是20世纪70年代中期,我也就是你们现在的年纪。最后一期的封底上是一张清晨乡间小路的照片,就是那种爱冒险的人等在那儿搭便车的那种小路。照片下面写道:好学若饥、谦卑若愚。那是他们停刊前的告别辞。这也是我一直想做到的。眼下正值诸位大学毕业、开始新生活之际,我同样愿大家:好学若饥、谦卑若愚。

(摘编自《学习博览》)

 技能训练

一、快速思维的线路图

观察——抓话题——定语点——扩展语点(组织语言)——语序的排列——表达。仔细观察图片后,做即兴演讲,认真体会快速思维的过程。

1.观察下图,结合实际谈体会。

2. 一项调查显示,当初在报考志愿时,67%的受访者并不了解自己所选的专业。67.9%的人承认,自己在报考专业时是"盲目的"。71.2%的受访者表示,如果有可能,想重新选择一次专业。对此请谈谈你的看法。

二、设计即兴演讲的提纲

一般来说,说服听众是最困难的事情。每个人都有一扇从里面反锁着的门,无论你晓之以理或动之以情,都无法替对方开门,只能引导对方自己走出来。如下结构是一个既符合心理学法则,又能引导人们行动的说话结构。

1. 我是谁(精彩的自我介绍可以捧高、抬大自己)。

2. 你们为什么要听我讲。

3. 听我讲对你们有什么好处。

4. 如何证明我讲的是正确的(列举案例)。

5. 听完我的演讲你们为什么要马上行动(你的建议必须对观众有足够的吸引力,可以进行事前策划)。

请按照这个说话的五个层次,任选题目,设计即兴演讲的提纲。

三、模仿与借鉴

1. 模仿下面的要点,以"生命"为主题,上讲台做一个两分钟的即兴演讲。

(1)生命不属于自己,而是属于所有关心你的人,所以珍惜你的生命是义务而非权利。

(2)死是生的归宿。人生短暂,健康时要懂得珍惜,不要当生命走到尽头时才倍加珍惜。切不能图一时的美色之欢、一时的酒肉穿肠,而忘掉了患病的可能。

(3)享受人生,须善待生命。人生与浩瀚的历史长河相比,可谓短暂的一瞬。权势是过眼云烟,金钱乃身外之物。珍惜生命,保重身体。宁要一生清贫,不贪图一时富贵,这才是做人之根本。

(4)人生在世也是一种幸运,珍惜生命,享受人生则是最大的幸福,不必为昨天的失意而悔恨,也不必为今天的失落而烦恼,更不必为明朝的得失而忧愁。看山神静,观海心阔,心理平衡,知足常乐,达到善待人生的最高境界,才能真正快乐的享受每一天。朋友,人生绚丽多彩,请珍惜生命!

演讲与口才

2.参考上面的表达方式,以"人生""命运""青春""幸福"或者自选题目,上台进行即兴演讲。

四、即兴演讲题目精选。

1.当清晨的第一缕阳光照耀在非洲的大草原上,羚羊会对自己说:快跑!否则你会被狮子吃掉!狮子会对自己说:快跑!否则你会饿死在这里!请以这个小故事为开头,进行三分钟的演讲。

2.描述一位你心中的英雄,并诠释你心中英雄的定义。

3.有人认为"大丈夫当扫除天下,安事一屋",但也有人认为"一屋不扫,何以扫天下",就寝室文明问题说说你的观点。

4.第一个青春是靠上帝给的,第二个青春是靠自己努力的。你是怎么理解这句话的?

5.一位哲人说:"真正让我疲惫的,不是遥远的路途,而是鞋子里的一颗沙。"体会其中的深意,并以此为话题即兴演讲。

6.黄子恒是2013年高考中最让人感动的一名考生。他在开考前二十分钟,将昏倒在地的另一名考生抱出考场求医,被誉为"中国好考生"。高考结束,黄子恒的高考成绩仅为二百九十分,这分数距四川省高考三本线还差一百八十七分。你觉得他是否应该被破格录取?

7.阐述你对"免费是世界上最昂贵的东西"这句话的理解。

8.据《工人日报》近日报道,在河南郑州,搞公开竞选班干部的中小学越来越多,为了如愿当上学生干部,拍写真、做海报、拉选票……一些参加竞选的学生使出浑身解数,甚至不惜出钱出力"拉票"。"我们班这次的班长,就是靠请大家吃饭和送礼物当的",一位小朋友直言不讳。这不能不让人担忧,在成长的花季,一些小玩具或者一顿快餐的交易,已经让他们放弃了内心的坚持,也背离了学校开展公开竞聘学生干部的初衷。请谈谈你的看法。

9.列举一个你常玩的小游戏,说说你从中得到的收获。如:俄罗斯方块、愤怒的小鸟、植物大战僵尸、打飞机等。

10.讲一个自己的亲身经历,说说你的感悟,想与大家分享什么。

项目六　辩论口才训练

任务一　辩论语言技巧训练

任务导引

辩论在我们的现实生活中无处不在,我们常常为国事而辩,为生活而辩,或为人生智慧而辩,通过辩论激发思维、启迪智慧,并达到彰显真理、否定谬论的目的。

辩论是高层次的说话艺术,是双方智慧的角逐,话语的较量。对年轻人来说,应对生活、职场等的压力,除了要具备相应的知识和技能外,还要掌握高超的辩论技巧。只有这样,才能善辩,才能辩无不胜。

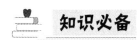
知识必备

一、辩论的含义

辩论,又称"论辩",是指辩论的双方或多方站在彼此的立场上,就争论的问题发表自己的见解及论证理由,并通过表述、讨论、批驳等方式揭露对方观点的谬误及论证中的矛盾,从而确立己方观点正确性的一项活动。

二、辩论的特征

辩论是高层次的说话艺术,是双方语言的较量,智慧的角逐。除了具备各种语言表达的特征之外,它还有以下几个鲜明特点。

(一)辩论的实用性

生活充满着矛盾,解决矛盾,维护真理,就离不开论辩。大到国家外交,商务谈判,法律诉讼,小到日常生活的口角、纠纷,甚至玩笑都会用到论辩。它可以明辨是非,提高人民的思想水平,锻炼和培养人们思维的敏捷性、语言的条理性和艺术性。

(二)观点的对抗性

双方观点是绝对对立的,这样才有辩论的可能,否则就是谈判。双方通过语言的对抗确立自己的观点,否定对方观点。

如:近朱者赤,近墨者黑。(正方)

近朱者未必赤,近墨者未必黑。(反方)
金钱是万恶之源。(正方)
金钱不是万恶之源。(反方)

(三)论证的严密性

只有合乎思维逻辑的辩论才可能获胜,否则只能是诡辩。辩论既然是持不同观点的双方的唇枪舌剑,那么每一方都必须尽量使自己的观点正确、鲜明,论据充分有力,阐述合乎逻辑,使对方无懈可击;同时要善于从对方的言语中找出破绽,打开论辩的突破口。这些都决定了辩论要讲究论证的严密性。否则,说理不周,破绽百出,就会使自己陷入困境,遭到失败。

(四)追求真理的目的性

论辩作为一种社会活动,对社会的作用主要表现在它能认识真理,捍卫真理,弘扬真理,有利于扶持正义,攻击弊端,提高民族素质;对论辩者个人来说,它既能明辨是非,也可以作为抵制别人的攻击、诽谤、诬陷的武器,维护自己的声誉和利益。

(五)表达的临场性

临场能力是辩论修炼的真功夫。虽然辩论双方在辩论之前可进行充分的准备,但对方的情况不可能估计的完全准确,只能在辩论现场听取了对方的发言之后适时调整战略,随机应变,临场发挥,采取灵活的方式取胜。如果任何一方不注意洞察和应对辩论战场的风云变幻,一味按照事先准备的辩词来应付局面,是不可能取得辩论的胜利的。

三、辩论的类型

(一)非正式辩论

非正式辩论是指在日常生活、工作、学习和人际交往中因对某些问题看法不一致而产生的争辩,这种辩论以说服对方接受自己的观点为目的,但往往分不出胜负,结果常常是不了了之。

(二)专题应用性辩论

专题应用性辩论是指专门场合下对某一领域或某一部门的特定议题进行的辩论。该类辩论一般是有组织、有准备的集体性活动,会有一个主持者按照预定的程序组织,有着明确的目的性,最终会产生一个让绝大多数人信服的结果。法庭辩论、议会辩论、教学性辩论(学术辩论和答辩)、外交辩论等都属于此类。

(三)竞赛式辩论

竞赛式辩论是指有组织地将辩论按照一定规则,由辩论双方陈述自己的见解,驳斥对方观点的一种团体演讲比赛的形式。它由主办单位拟定比赛章程、评判准则,确定比赛时间、地点,规定论辩题目范围,由各个参赛代表队以集体的形式进行。在辩论的过程中更注重证据的提出、对对方观点的驳论、口才的发挥等,因此,竞赛模式的辩论便成为了一种口才锻炼和口才展现的方式,甚至有可能成为一种表演性质的辩论。

前两种论辩,论辩双方各自有明确的立场和主张,辩论的目的是说服对方接受自己的观点或争取第三者支持自己的观点。同时,自己也有被对方说服或作出妥协的心理准备。竞赛式辩论则不同,这种论辩往往不问论辩者本人的立场和主张,而侧重于人们的论辩技巧。比赛双方都不准备说服对方或被对方说服,而以驳倒对方、争取评委的裁决和听众的反响来击败对方。

四、辩论的语言技巧

(一)有声语言技巧

语言是辩论的血肉,辩论是语言艺术的最高表现形式。如果辩手口齿清晰、声音洪亮悦耳,让听众感受到一种美,那就会有更多的成功希望。同时,适当掌握并运用一定的语言技巧,辩论语言就会有更强的形象性和感染力,不仅在逻辑上,而且在感情上更易打动听众。

1. 控制语音语调。

论辩是一种综合能力的展示,但有声语言的运用是最重要的。论辩者能恰当运用语音技巧如重音、停顿、语速、语调等,做到有急有缓,张弛有度,是论辩成功的利器。

(1)重音:重音又叫"重读",是指一句话中需要突出强调的词或短语。重音分为语法重音、逻辑重音和感情重音。语法重音和逻辑重音一般不表达特别的意义与感情;感情重音则是由于特殊环境的需要而产生的,有明显的技巧。重音位置不同,语意就不一样。

<u>明天</u>我去省城出差。(强调时间)
明天<u>我</u>去省城出差。(强调人物)
明天我去<u>省城</u>出差。(强调地点)
明天我去省城出<u>差</u>。(强调做什么)

论辩中,用好重音,可以强化感情,加强表达力度。在2010年国际大专辩论赛决赛中,在自由辩环节,反方三辩在激烈的对峙中,多次用到感情重音,把听众的注意力引向高潮。

> 今天没有一个新闻报道可以背离新闻价值。但,是不是为了追求新闻价值,我们就要减损人文道德。我手中是一张最近传得很火的挟尸要价的照片。这张照片的确非常震撼、很真实,追求了新闻价值。但我手中捂住的部分是死者的遗体,这是死者的家属造成的二次伤害。请问你能不能用不道德的手段追求有价值的新闻?

(2)停顿:停顿是指语流中声音上的间歇。停顿既是生理上的需要,也是表达的需要。从表达的角度来看,人们的语言活动都是为了传达信息、抒发感情,有时需要突出强调的地方就需要运用停顿。在论辩时,停顿处理得好,可以使换气自然,有效控制表达速度,更清晰地传达语言的内涵。如"这点钱能干什么"一句,表达的是对"钱少,派不上什么用场"的不满。表达时如果在"钱"字后面作一个停顿,则为"这点钱/能干什么"显然更突出强调了对"钱少"的不满。

论辩中适当地按语境的要求进行停顿,还可以使表达产生新意,产生出人意料的效果。有一次,周恩来与谈判对手论辩。在我方义正词严的雄辩面前,对方理屈词穷,于是恼羞成怒,气急败坏地叫嚷说同我方讲理是"对牛弹琴"。周恩来听后灵机一动,随口接着说:"对!牛弹琴!"同样文字,两样内容,巧妙地把对方的恶意攻击化作了对他们自身的嘲讽。

(3)语速:把握表达速度,做到有急有缓,张弛有度,可使论辩灵活控制,引人入胜。

辩论时语速较快,一般快于平时讲话时的语速,快于演讲比赛时的语速,也快于播音员的语速。根据研究显示,辩论中的语速应该保持在一分钟平均三百一十二字。但这并不是说速度快到可以像放鞭炮似的。一般而言,激烈的辩论赛在把辩手的激情调动起来后,有些辩手的语气语调变得生硬并富有攻击性,被动的一方因为遭受打击会变得焦躁、紧张,甚至语调不再自信,语气也变得比较软弱被动。因此,辩手辩论时要保持和缓、从容不迫的语速语调。

(4)语调:语调是语气的声音表现形式,是语流中语音高低、强弱、长短、虚实的变化。语调的基本形式有平直调、曲折调、降抑调和高升调。语调的变化不仅可以反映表达者的喜怒哀乐等,还可以展示内容的逻辑性和形象性。也就是说,相同的语气如采用不同的语调可产生不同的表达效应。如:"你真有才啊"用降抑调,说起来语气诚恳,表示赞美、称羡;如果用曲折调,说起来拐弯抹角,有讽刺之意。再如:"君恩深似海,臣节重如山"用降抑调表示诚恳、感恩;加上语气词,变成用曲折调:"君恩深似海矣,臣节重如山乎"则强化了情感的表达。

因此,论辩中如果能妙用语调,可以更好地表达丰富多彩的情感色彩,起到意想不到的作用。

2.巧借同音谐音。

汉语口语中,有一种特殊的语音现象——谐音,它借助于发音相同或相近的语音特点来表达意思,这就产生了同音字、谐音字。论辩时,借用同音字、谐音字,把本来风马牛不相及的事情联系起来,使没有因果关系的事物结成理所当然的因果关系,可以表达出丰富的含义,拓展想象空间,使人产生无尽的联想。这样的语言技巧不仅妙趣横生,往往还能出奇制胜。

明朝文学家解缙,一次不小心碰倒了金銮殿上的一只玉桶。这是传国之宝,这还了得。有个大臣去禀报皇帝说:"解缙想造反,把玉桶打碎了一只。"皇帝大怒,传解缙上殿,问:"为何打碎玉桶?"解缙应声回答:"为了万岁的江山,我打碎了一只玉桶。"几个想陷害解缙的大臣跪奏说:"解缙打碎玉桶,明明是要造反,请万岁治罪。"解缙也跪奏说:"万岁,天无二日,民无二主,只有一(桶)江山,哪有二(统)江山?"皇帝一听,连声说道:"对呀,只有一统江山,哪有二统江山?打得好!打得好!"

在这里,解缙利用谐音字,巧妙转换语义,借题发挥,把风马牛不相及的事物巧妙联系在一起,不仅说服了皇上,也制服了对手,摆脱了困境。

清代李鸿章有个远房亲戚,胸无点墨而热衷科举,考场上打开试卷,竟有一多半字不认识,急得如热锅上的蚂蚁。眼看交卷时间就要到了,该人灵机一动,在试卷上写道:"我乃李鸿章中堂大人的亲妻(戚)。"当主考官批阅这份考卷时,不禁捋须微笑,提笔在卷上批道:"所以本官不娶(取)你。"

主考官巧借李某一个错字,顺水推舟,来个"错"批,取得了强烈的讽刺效果。

谐音法作为修辞的作用,在于提高感染力,这是语言的艺术,不是逻辑问题。但是,善于玩弄诡辩的人也常借谐音法去偷换概念,使之变为诡辩术。

A给B的赠言:"祝君前途无量。"而C素来与A不和,发现这个赠言,趁机挑拨离间说:"A这小子最坏,他给你的赠言不是咒你吗? 说你前途没有一点光亮。"C利用"量"和"亮"同音,证明A坏,从形式上看无疑是诡辩。

3. 巧用幽默。

在反驳对方时,有时不采用锋芒毕露、相互抨击的激烈言辞,而采用风趣含蓄、诙谐轻松的语言,这样效果不仅更好、更有说服力,也更能形象直观地论证自己的观点。

德国总理默克尔在清华大学发表演讲,并与现场学生互动。一位学生问默克尔:"和男性相比,女性领导人面对的政治环境有何不同?"默克尔幽默地回答:"我从来没有当过男人,不知道男女总理怎么去区分,不知道怎么能说出他们的不一样。"惹得全场哄堂大笑。

面对学生的提问,默克尔没有正面回答,而是恰当地使用幽默方式活跃了现场气氛,化解了尴尬难题,同时展现了自己的气度、风采和智慧。

在国际大专辩论赛"儒家思想可不可以抵御西方歪风"的论辩中,反方复旦大学队有一段很幽默的辩词:

在孔子时代也有歪风,正所谓歪风代代都有,知识变化不同。孔子做鲁国司寇的时候,齐国送来了一队舞女,鲁国的季桓子马上"三日不朝"。面对这股纵欲主义的歪风,孔子抵御了没有呢? 没有,他带着他的学生"人才外流"去了。这能叫抵御歪风吗?

按照一般的说法,应该是"孔子带着他的学生离开了鲁国",但那样就显得平淡无奇。复旦大学队别出心裁,表现出了很高的语言艺术水平。他使用现代术语"人才外流"去称代这一现象,新鲜活泼,风趣幽默,取得了极好的论辩效果,博得了观众热烈的掌声。

4. 巧用修辞。

在论辩中,恰当地运用一些修辞方式,可以使我们的论辩语言增添一些艺术感染力。修辞手法有许多,其中常用的有以下几种:

(1)比喻。比喻可使抽象变得具体,使深奥变得浅显,使生疏变得熟悉。例如:旅游业的兴衰,完全取决于世界经济发展的好坏,打个比方,如果世界经济打个喷嚏,那么旅游业也会感冒,甚至得肺炎……

(2)引用。把名人名言、诗文、俗语、格言等加工改造,使其更加精短、有力,用于立论,可强化本方观点;用于反驳,可维护自己立场,形成尖锐的交锋,充分表现辩论的机智。例如:君住长江头,我住长江尾。人类社会若不重义轻利,保护长江水资源不受污染,我们又如何能共饮一江水呢?

(3)用数字。

在论辩中,运用数字说明有时比讲事例、说道理来得实在、真切,能在对方心中留下深刻的印象。西方有句格言:"数字不会撒谎。"数据在论辩上的巨大作用不仅因为它清楚、明白,也因为它运用范围广、说服力强、表达准确,具有强大的雄辩力量。因此,在能用数字说明的地方要尽可能用数字,因为数字只要有据可查,对方往往无法反驳,也无法否定。

在1993年首届国际华语大专辩论会上,复旦大学队为了证明自己的观点,通过列举一系列数据来表明,艾滋病已经成为当今世界严重的社会问题:艾滋病有其特殊性。这就是它的传染性、致命性和社会危害性。得了艾滋病不会像相思病那么浪漫的,相思病只是两个人的事,而艾滋病涉及成千上万的人,强传染性使个体的疾病上升为社会公害,即使洁身自好也难免万无一失。到2000年,单患者人数已达到一千四百万,感染者人数达到五千万。当这个社会人人自危、"谈艾色变"的时候,对方辩友你还能坦然地说这是一个医学问题吗?

论辩中的数字应准确、精当,忌用"听说""大致""大约""可能""好像"等模糊词语。

(4)举例。

要充分运用生活中形象的例子,尽量少使用抽象的、教条的说理。俗话说:事实胜于雄辩。论辩时寓理于事,能使人受到感染,产生共鸣,同时深化观点,增强雄辩力量。在辩论赛场上,事例运用是非常广泛的。

其实,钱是万恶之源,就是说钱能够产生数量极多,而且品种繁复的恶行。这一点,历史早有明证。

想当年,罗马帝国雄踞一方,征服给帝国带来了荣耀,也带来了源源不断的财富。但是很快,原本纯朴的罗马人拜倒在金钱的脚下,沉迷于声色犬马的放荡之中,而帝国终于也在这种腐朽和堕落中分崩离析。中世纪时,天主教徒也曾一度以洁身自好而骄傲,但是金钱的魔力终于还是突破了道德信仰驻扎的地方。为了钱,教皇约翰二十二世居然公然为世上的罪行标上了价码。你犯了偷盗的罪吗?没关系,只要三个金币就可以不受惩罚。你犯了奸淫的罪吗?不要怕,五个金币就可以高枕无忧。即便你犯了杀人的罪,也没什么大不了的,只要七八个金币就可以保证你的灵魂照样上天堂。《圣经》里说,让有钱的人入上帝的国比让骆驼穿过针眼还要困难。然而在利欲熏心的人看来,有德没钱,天堂大门您就别进来。

到了近代,社会进步的阳光普照大地,然而金钱罪恶的阴影依然挥之不去。因为钱,热爱自由的美国人迟迟不肯把自由给予黑人奴隶;因为钱,标榜平等的荷兰人却要强迫东方国家和他签订不平等的条约;还是因为钱,高唱博爱的法国人却偏偏忘了把爱给予终日劳作,却依然食不果腹的数万童工。

事实胜于雄辩。一部西方文明发展史就这样清清楚楚地向我们表明了金钱化神奇为腐朽的巨大魔力。

这是2001年国际大专辩论赛大决赛中,正方二辩的一段精彩发言。他较好地运用了事例论证,以确凿的事实证明了自己的观点。

运用事例进行论辩要注意的是,引举的事例要与主题密切相关,且运用要恰当、贴切,否则会适得其反。

(5)一语双关。

一语双关是指在一定的语言环境中,利用词语的多义性或谐音,有意使语句具有双重意义,表面上说的是这个意思,实际上是另一种意思。在论辩中,当遇到棘手的题,不好回答或不能回答时,一语双关往往能收到出人意料的效果。

一位老父亲问他那漂亮的女儿为何还不结婚?女儿告诉他,她曾有好几个男朋友,但都不能使她称心如意,想再等一等,挑一挑。老父亲警告女儿要抓紧点,当心做一辈子老姑娘。漂亮的女儿满不在乎地说:"放心吧,爸爸,大海里的鱼多着呢!""是啊,我的孩子"老父亲笑了笑说,"可钓饵放久了没味了!"女儿听了为之一震,陷入了深深的思考。

在"99国际大专辩论会"正方耶鲁大学队与反方台湾大学队关于"成功的影视作品应该还是不应该拍摄续集"的辩论中,反方自由人一段辩词就很成功地运用了双关手法。

反方自由人:对方辩友你又在逃避我的问题,我想请问对方辩友的是,如果我安排了《泰坦尼克号》的杰克沉入海底,那么续集势必会受到局限,你方又怎么解释?

正方自由人:续集不是一艘船的沉沉浮浮,人生的沉浮才是续集的永恒不变的主题。(掌声)我们看到,艺术的发展从来就没有离开过为观众服务这一主题,只要观众渴望乡音,祁连山就会有回声;只要观众想过把瘾,银幕上就不会留下未下完的棋;只要观众喜欢,大街小巷就爱吃麻辣烫,就不会有爱情遗忘的角落;只要观众相信明天会更好,万里长城就会永不倒!

正方自由人说"人生的沉浮"是承对方说的"杰克沉入海底"和"船的沉沉浮浮"而来的,表面上是说人在水中的沉浮,实际上是指人在生活中命运的沉浮,旨意深刻。后面"未下完的棋"和"万里长城就会永不倒",既用了借代手法,又用了双关手法,语言有很强的感染力。

(6)排比。

俗话说,先下手为强。在辩论攻击中,辩论者在时间上抢在论敌之前,趁对方未加防范,发动突然袭击,运用排比句式从不同角度连续发问,就能形成咄咄逼人的气势,陷对手于被动境地。这种方法在法庭审判中较多运用。

> 在一次对盗窃嫌疑人的审判中,审讯员问道:"你在本市偷过几次东西,都是些什么?"嫌疑人矢口否认:"我是来市里走亲戚的,没有偷东西。"这时,审讯员问道:"走亲戚为什么说不上亲戚的名字?走亲戚为什么不带礼物偏带螺丝刀?走亲戚为什么在半夜里四处乱跑?既然亲戚在市里,你到郊区来干什么?"

在这里审讯员通过四个"走亲戚为什么……"这样连珠炮式的提问,摆出一件件事实,揭露对方的虚假之处,以强大的力度攻势,逼得对方不得不交代自己的偷窃行为。很显然,运用排比大大增强了论辩的气势,产生了先发制人、战胜对手的奇效。

在"长虹杯"电视辩论赛关于"应对女性就业实行保护"的论辩中,反方北京大学队的一节辩词:

> 一部人类文明的历史,恰恰是女性自身独立和发展的历史。想一想,今天有谁保护粤女阿静的餐厅饮誉北京?有谁保护医学家林巧稚的医德传遍全国?有谁保护杨丽萍美丽的孔雀飞出亚洲?又有谁保护了马家军的脚步冲向世界?女人,是在用汗水浇铸时代的骄傲,是在用自己的智慧向人们明示一个古老的真谛:女人,真的不是弱者!如果你是一棵树,我必须作为树的形象和你站立在一起:你有铜枝铁干,我有红硕的花朵,在人类的进程中共担寒潮风雨,共享阳光彩虹。

北京大学队为了反驳对方的主张,论证自己的观点,利用排比的方式,列举了一组催人奋发的先进人物事例,增强了辩论语言的气势和感染力。

总之,在辩论中,强盛的论辩气势是战胜论敌的法宝,是使自己永远立于不败之地的重要保证,而排比是增强辩论气势的重要手段之一。因此,我们要在辩论实践中充分利用排比,使其发挥更大的作用。

(二)无声语言技巧

1.情感技巧。

在人际交往中,每个人都会遇到不同于自己的人,大至思想观念、为人处世之道,小至对某人、某事的看法及评论,这些程度不同的差异都会使人与人之间产生争辩:一场电影、一部小说、一个特殊事件、某个社会问题等,甚至连某人的发式与妆饰也能引起争辩。从某种意义上看,不同见解的争辩过程正是寻求真理的过程,辩论就是为了探求真理,坚持真理,维护真理而进行相互劝说。然而辩论和寻常说话不同,它是带有"敌意"的语言行为,辩论的任何一方都想推翻对方的看法,树立自己的观点,因此有好胜者在言语的争辩过程中往往唇枪舌剑,寸步不让,极易使对方产生不愉快的心理体验,从而良好的交际愿望落空。

从本质上来说,论辩是一种心灵的沟通,不仅要以理服人,以事喻人,更要以情动人,通过丰富的情感展示引起人们相应的情感体验,并进一步影响人们的行为以及观点的变化,从而取得最佳的论辩效果。那么,该如何去做呢?

(1)实行有效沟通,避免无益的争辩。

成功的辩手在与对方辩论之前,为了避免无益的辩论,往往会对如下问题进行冷静思考:

①争辩的意义是什么?当你向别人提出"挑战"的时候,一定要选择有价值的、通过争论使自己和他人都能受到启发和教育的问题,不必在无关宏旨的细节琐事上做文章。

②你的辩论更多的是基于理智还是感情原因?如果是虚荣心、表现欲强等感情原因引发的争辩,就同辩论的实质——探求真理背道而驰了,大可就此打住。

③对方是充满敌意的吗?他对你有深刻成见吗?如果是,那么在这种非理性的氛围中最好不要再火上浇油;同样,如果你也是处于这样一种心境,绝对不要向对方提出论题辩论,因为此时你提不出理性的论点,在辩论伊始,就注定了你失败的命运。

(2)消除紧张情绪,树立胜利信心。

紧张是一种普遍的心理反应。任何人都没有天生的演说论辩才能。在论辩时,尤其是在公众场合下的论辩,面对众多的听众,辩论者难免会胆怯、害怕,从而影响论辩水平的正常发挥。

关于名人怯场的事儿挺多的,名人也是人,光鲜背后也有紧张:香港凤凰卫视节目主持人窦文涛曾在《超级演说家》中爆料自己小时候患有口吃,这让众人都对窦文涛的开讲倍感兴趣。令人大跌眼镜的是,做主持多年的窦文涛开口便摊开事实,直言自己不会演讲,只会闲聊。

在赵忠祥主持的明星模仿秀《追风王者归来》上,邀请了名嘴郭德纲作为评委。郭德纲那么能"唠嗑"的一个人见了赵忠祥居然话少了。赵忠祥在节目里开起了郭德纲的玩笑,他管郭德纲叫"小伙子",甚至说自己对郭德纲很不满意,他应该多说话,鼓励老郭要"多说"。

看来,任何人当众演讲或辩论都会怯场,如果一点都不怯场,没有一种紧迫感、压迫感,反而不正常了,关键是发生这种情况时我们应该怎么应对。下面有一个很好的例子。

> 著名作家沈从文第一次走上讲台时,慕名而来听课的人很多,他竟紧张得不知说什么了。很久之后,他才慢慢平静下来,开始讲课。然而原本要讲授一个课时内容,被他三下五除二地十分钟就说完了。可是,离下课时间还早呢!他再次陷入窘境,后来他急中生智,转身在黑板上写了一句话:"今天是我第一次上课,人很多我害怕了。"全场爆发出一阵善意的笑声。

紧张源于当众辩论给你带来的压力,这种压力可能有两个原因。其一是语言能力不足,导致辩论这件事对你有压力,这种情况可以通过不停地练习,参加相关课程学习,掌握辩论的技巧来弥补。但更多的可能是缺乏自信。一个人如果自信不足,觉得自己的力量不足,从而产生一种胆怯害怕的心理。此时,你可以通过上台前做深呼吸的方式来降低血压,厘清思绪;也可以通过整理思绪,静坐、冥想,让左右脑进入较佳的整合状态;或者,做脸部动作放松脸上的肌肉,比如张大再闭紧眼或嘴。还可以进行心理上的自我暗示,如"我已经做好了充分的准备,不会出错的"等。最重要的是,努力以平常心看待自己的紧张并接受它,坚信自己可以发挥得很好,一旦如此做了,你反而能收获意想不到的成功。

(3)巧用"激将法",形成心理攻势。

论辩中的激将法是一种心理战术,指在论辩中利用对方的自尊心和逆反心理刺激对方,激发对方的某种情感,引起对方的情绪波动,心态变化,从而得到不同寻常的说服效果。

1981年,经历了最初五年的辉煌发展之后,美国苹果公司面临电脑业"巨人"IBM的挑战。当年8月,后者推出了IBM的个人电脑PC(Personal Computer),只花了两年时间,PC的销售额就超过了苹果。为了对抗IBM的强大市场竞争,苹果公司创始人史蒂夫·乔布斯决定广纳贤才,他首先邀请的是百事可乐总裁约翰·斯卡利出任苹果公司首席执行官,相信他会让这棵"未老先衰"的"苹果树"枯木逢春。可谈了几次,约翰·斯卡利始终不为所动,最后,乔布斯以一句话激将:"如果你留在百事可乐,五年后你只不过多卖了一些糖水给小孩,但到苹果,你可以改变整个世界。"正是这一句激将话,深深打动了约翰·斯卡利,他再也不能无动于衷了。很快,约翰·斯卡利接受了邀请,加盟苹果公司,出任首席执行官。

乔布斯在多次邀请未果的情况下,巧妙地以"只不过多卖一些糖水给小孩"这样富有刺激性的语言,一下子激起了约翰·斯卡利"干大事,创大业,改变整个世界"的精神,并指出对方其实很有潜力,只是没更好更大的平台,而苹果公司,则能够让他"改变整个世界",如此激将,一下子让对方充满了激情,从而顺利地将其招至麾下!

激将法是一种很有力的口才技巧,其效果如何,全在于心理刺激的"度"掌握得怎样,在使用时还要看清楚对象、环境及条件,不能滥用。同时,运用时要掌握分寸,不能过急,也不能过缓。过急,欲速则不达;过缓,对方无动于衷,无法激起对方的自尊心,也就达不到目的。

(4)采用"刚柔相济法",强化对敌攻势。

刚柔相济本来是道家哲学,是指柔中有刚,刚中有柔,刚强与柔和互相调剂。生活中,拥有能文能武、能刚能柔的智慧,一直是从古至今人们所追求的一种至高境界。将这种智慧运用在辩论中,则表现在有时表面上态度强硬,却包蕴着委婉说理,善意规劝;有时表面上和颜悦色,甚至示弱,却内含着强硬。在论辩中,刚柔相济是强化对敌攻势,加强心理慑服的常用方法。

古时候一位姓邢的进士身材矮小,在鄱阳湖遇到强盗。强盗抢了他的钱财,还打算杀了他。正要举起刀时,邢进士以风趣的口吻对强盗说:"人们已经叫我邢矮子了,若是砍掉我的头,那不是更矮了吗?"强盗不觉失笑,放下了刀。

这个笑话表现了这个进士的机智,更道出了以弱示人说软话的妙处。面对凶恶的强盗,在寡不敌众的情况下,与之锋芒毕露地进行争辩,只能加速自己的灭亡!在某些场合,恰当地使用示弱法,借助轻松愉快的氛围,能使对方在忍俊不禁之中,消除对抗情绪,取得论辩的胜利。

> 有一律师在为被告胥润先过失杀人一案辩护时说:"被告胥润先违章打猎,打死和他共同狩猎的向显成。事实清楚,证据确凿。对此,辩护人不持异议。但本律师不能同意起诉书上的认定。在客观条件受限制的情况下,被告开枪射击,致死人命,只能认定是不能预见的意外事件,不构成过失杀人罪……"

这位律师在辩护时使用了"刚柔相济"法。首先,他自谓正视事实,表示不持异议,然后,急转话锋,说明被告不构成过失杀人罪。真可谓柔中有刚,技高一筹。

刚柔相济的技巧,可以根据具体情况进行变化。所采用的方式也是多种多样的,可以柔对柔,以柔对刚;也可以刚对柔,以刚对刚;还可刚柔并用。总之,只要灵活多变,运用恰当,必能以气势压倒对方而获取胜利。

在使用刚柔相济技法时要避免走入两个极端:既不要过分温和,让对方觉得你软弱可欺;又不要咄咄逼人,让对方觉得你是在趁势要挟。要讲刚强正直,又讲通情达理。理不直,则于"刚"有害;理直,"刚"才有刃。

(5)将真理寓于情感之中,辩论时声情并茂。

辩论的真谛是以真理服人,但人们往往把情与理紧密联系在一起,"动之以情,晓之以理"。一个优秀的辩手,不但要掌握真理,而且要善于将真理寓于情感之中,以情动人,使别人心悦诚服地接受你的观点。

在关于"越是民族的是否越是世界的"论辩中,正方北京大学一辩立论陈词的结尾:

> 综上所述,我方坚持认为就文化而言,越能符合民族文化所具有的两个特点的文化,就越能丰富世界文化。今天,我们在这里和对方辩友一起进行探讨,意义无非在于对文化的发展寻求一条出路。只有坚守住了本民族的民族魂,才能更好活跃在世界的大舞台上。不要让"鞠躬尽瘁死而后已"的孔明先生只能在历史的长河中哀怨;不要让那"凤求凰"的圣洁爱情故事随着历史的逝去褪去了色彩;更不要让那"秀口一吐就是半个盛唐"的豪迈与"天生我材必有用"的自信化为泡影,随风飘散。我们要文化,不要泛化;要文化,不要同化。我们坚信,越是民族的,就必将越是世界的。

在陈词中,这位辩手不仅显示了对民族文化走向繁荣的信心,更倾注了自己具有的对祖国和民族的深厚情感。当他在处理三个"不要让"的排比句式时,运用了充满激情的语调,声情并茂地表达出对民族文化的深爱,这时,整个辩场被感染了,人们心中产生了强烈的共鸣。

2.态势技巧。

语言表达不仅要充分运用口头语言表达的魅力,同时表情动作、仪表仪态等无声语言在口头论辩中也起着极为重要的作用。人的动作表情是思想与语言内涵的自然流露。演员可根据情节的需要设计适当的动作与表情进行表演,一位训练有素的辩手也应对身体语言进行适当的针对性训练。但这与对演员的要求又不同,辩手不必专门设计动作、表情进行"表演",只需自然而不夸张、不做作即可。

(1)目光语。

心理学研究表明,在人的各种感觉器官中,百分之八十以上的信息通过眼睛获得。人内心隐秘的想法,总是在不断变幻的眼神中流露出来。论辩中,眼神的运用是丰富多彩的。一个成功的论辩者既要能自己运用好眼神,又要能"读"准对方眼神的含义。例如:注视表示重视,无视表示轻蔑,斜视表示敌意,怒视表示仇视,逃避表示心虚等。

辩论中,以全神贯注的神态直视对方,适时流露出怀疑的神情,给对方一个信息——我正在仔细听,任何漏洞和矛盾都逃不过我的耳朵,你的发言已经让我抓住了把柄,我马上就要予以反驳。对方如果接受到这种信息,就有可能发慌,甚至可能开始怀疑自己什么地方说错了或说漏了。在自己发言时,我们就要显示出十足的信心和坚定的态度。总之,得体的目光语会令你的论辩增光添彩。

(2)表情语。

表情是人心灵的镜子,它能把辩论双方复杂变化的内心活动如实地反映出来。辩论发言时,辩手要注意自身表情的明朗、真挚、分寸,克制影响交际效果的表情;听对方发言时,要"听其言而观其色",观察对方面部表情的变化,窥测对方的心态或言不由衷处。面部表情包括面部肌肉、眉、唇等变化,其中微笑是面部表情的基本形式,是自信的标志,礼貌的表征,涵养的外化,情感的体现。

下列场合可运用微笑技法:表达赞美、歌颂等感情色彩时;向辩友、主持人、观众行注目礼时;面对对手提问时;面对观众表达时;表达一些与微笑不相悖的感情时。总之,学会真诚的微笑,可以建立融洽气氛,消除抵触情绪,可激发感情,缓解矛盾,并有助于辩论目的的实现。

需要注意的是,脸部表情的运用要适时、适事、适情、适度,有一些场合是不需要微笑的,如表达悲痛、思索、痛苦、愤怒、失望、讨厌、懊悔、批评、争论等负面情绪时。此外,切不可流露出讥笑、紧张或疲惫等表情,这是对对方人格的不尊重或对自我实力的不自信。

1960年9月26日,在芝加哥哥伦比亚广播公司的一个电视直播间里,总统候选人理查德·尼克松和约翰·肯尼迪站在摄像机和聚光灯前,进行了美国总统竞选历史上第一次电视辩论。尼克松当时是美国副总统,肯尼迪不过是马萨诸塞州一名资历尚浅的参议员,此前许多人认为这将是一场一边倒的竞赛——经验老到的尼克松肯定会胜出。但电视屏幕改变了一切,当时尼克松刚动过膝盖手术,脸色苍白,身体消瘦,还发着烧;肯尼迪则刚刚参加完加州竞选活动,肤色黝黑,活力四射。上台前,肯尼迪的助手帮他简单地"润了润色",尼克松则随便抹了点粉底霜,结果在电视上显得脸色更加苍白。

如果你在广播中收听这场辩论,你会认为两个人旗鼓相当,不分高下。但电视观众们看到的却是另一番情景——一脸憔悴的尼克松以及阳光活力的肯尼迪。当年参加现场直播的桑德尔·范奴克回忆说:"我注意到副总统嘴唇附近满是汗渍,肯尼迪则非常自信,光彩照人。"对比如此鲜明,观看直播的六千五百万美国人几乎立刻就能决定要把选票投给谁。虽然此后两人又进行了三场电视辩论,但已经无关紧要了。美国东北大学专门研究总统辩论的新闻学教授阿兰·施罗德指出:"肯尼迪在第一场辩论中就确立了压倒性优势,尼克松想要翻盘是极其困难的。"事后肯尼迪也表示,如果没有电视辩论,他很难入主白宫。也许是这次失利在尼克松心里投下了太长的阴影,在1968年和1972年的总统选举中他都拒绝参加电视辩论,所幸并未影响他最后成功当选。

因事关重大,每位美国总统候选人都对电视辩论十分重视,连场景设置都煞费苦心。小个子竞选者踩高凳已是公开的秘密。2004年小布什与克里竞选时,小布什阵营提出辩论者不准在讲台后面活动的规则。克里身高一米九三,小布什身高只有一米七九,如果允许手舞足蹈,克里就会"占据更大的空间优势"。现场观众席也有讲究,通常他们都坐在没有灯光的暗处,因为政客担心现场观众的反应会影响电视观众。但候选人配偶的位置则可以商量,1996年共和党总统候选人鲍勃·多尔就坚持让妻子坐在他始终能看到的位置,因为她的任务是提醒他微笑。

由此可见,美国总统候选人在电视辩论时的形象、表情、言行、举止等都备受关注,甚至可以成为影响支持率的重要因素,一点都马虎不得。举一反三,我们在参加辩论时,也需吸取前人的教训,莫要因小失大。

(3)手势语。

论辩,尤其是赛场论辩与法庭论辩时,手势的恰当运用能构成论辩者丰富多彩的主体形象,使表达富有感染力量。

根据手的动作范围,一般将手势大体分为三个区域:上区为肩部以上,多表示积极、振奋、肯定、张扬等意义;中区为肩部至腰部,表示坦诚、平静、和气等叙述,说明中性意义;下区为腰部以下,多表示憎恶、鄙视、压抑、否定等贬义。手势的方向,如向上或向下、向前或向后、向内或向外等,也可以表示不同的含义,应注意根据公众共同理解的意义来选用,并适当体现个性特点。

在"烟草业对社会利大于弊还是弊大于利"中,反方一辩的一节辩词:

> 对方一辩友总在谈经济发展、经济发展,可是几百亿元的投资、几百亿的资金占用、几十万人的辛勤劳动就只为了生产一种燃烧自己、害了别人、这么长的东西,这叫什么经济发展?

辩手不直接说出"香烟",而是用"这么长的东西"结合一个手势来代替,这就使得他们对香烟的贬斥之情表达得更为强烈,赢得了观众长久的掌声。

辩论中切忌故意把手交叉在胸前或勉强扶在讲桌上,这样就会使你的身体不能自由行动。而用两手故意去玩弄自己的衣服,那只会显得愚拙。自然而安稳的手势,可以帮助表达者平静地说明问题;急剧而有力的手势,可以帮助表达者升华感情;稳妥而含蓄的手势,可以帮助表达者表明心迹。

总之,手势语十分丰富,没有一个固定的模式,作为一个出色的辩论者平时要认真观察生活,刻苦训练,积极付诸于辩论实践。

(4)身姿语。

这里的身姿语,特指一个人的坐姿和站姿。这些姿势是人们言说的重要组成部分,可以表达言辞所不能表达的东西。我们应该重视身姿语的使用。

坐姿是听说双方的基本身姿。任何一种坐姿都毫不掩饰地反映了人的心理状态。如抬头、仰身、靠在座位上,反映了倨傲不恭的心理;上身略为前倾,头部侧向说话者,是洗耳恭听的态势;上身后仰并把脚放在面前的茶几或桌子上,是放纵失礼的表现;欠身或侧身坐在椅子的一角是谦恭或拘谨的反映;跷起二郎腿不时晃动的坐姿,表现了听话人心不在焉;听话人变换坐姿流露了疲倦、不耐烦或想发表意见的心态。

1992年,美国总统候选人电视辩论首次引入"市民大会"的形式,先由盖洛普民调机构抽样选出一班"未决定将票投给谁"的选民作为现场观众,再由他们直接向候选人提出问题,而电视辩论的舞台上也移走了传统的讲坛,改为让候选人坐在高脚椅上辩论,并且可以随意走动,增加与观众的互动。

辩论开始后,一位女士向两位候选人提问:"知道不知道国债越来越多对于普通市民生活的影响?"

老布什率先回答,但他的态度非常冷淡,言语间都是官话、套话,绕来绕去,较为空泛。这位女士认为他的回答并没有解释清楚,锲而不舍地纠缠在这个问题上,对老布什咄咄相逼。老布什却始终没有改变策略,不停将问题绕开。轮到克林顿作答时,他则向前走了几步,来到这位女士跟前,用诚恳的语言,微笑着与她分享自己很多朋友的类似遭遇,克林顿与现场群众的互动,让现场气氛达到了高潮。

这时,老布什做了一个动作:他悄悄地拉高了袖子,低头偷偷地看了看手表。偏偏这个动作,被摄像机拍了下来,并向全国观众直播出去。

这场电视辩论结束后,美国一位著名记者说,打从老布什偷偷看表的这一刻开始,"总统竞选战提早谢幕"。的确如此,老布什偷偷看表的小动作,让许多选民产生不满,导致其支持率大大下降,最终竞选失败。

俗话说:"伸手不打笑脸人。"一边是老布什冷冰冰的态度,一边是克林顿热呵呵的笑脸,观众当然会喜欢克林顿。可谁想到,老布什不仅表面冷静,心里也很自在,竟在直播中偷偷看起了表,这种做法既不尊重对手,也不尊重提问的现场观众和观看电视直播的选民,支持率下降也在所难免了。

论辩时,尤其是一些正规场合的论辩,为了充分展示风格,传达情感,最好运用站姿进行。运用站姿有很多好处,首先,它使辩手显得朝气蓬勃,精神焕发,表现出对论辩的极大热情；其次，可以保证共鸣腔的畅通，有利于发声；再次，有利于动作姿态的表达，服饰打扮的展现。

(5)服饰语。

辩论者要有美的声音，也要有美的仪表，要根据自己的身体形态、个性爱好、年龄职业、风韵涵养及表达主题，服饰做到得体、大方、匀称、和谐。

辩论时，辩论者尽量减少饰物佩戴，以使外表干净整洁，表现出一种平常自然之美。辩论者应按自己的体型选择服装款式与颜色，使形象更具魅力。

2016年希拉里和特朗普的总统大选首场电视辩论，希拉里穿一身红衣服，特朗普则系了蓝领带。台湾东吴大学政治系教授刘必荣做如下分析："希拉里刻意地穿红色的衣服，这样通过灯光反射会显得面色红润，因为选民主要担心的就是她的健康，担心她会不会隐瞒了健康状况。"

台湾"中国文化大学"广告系教授钮则勋则说："蓝色领带，就美国人的观点来说的话，是沉稳型政治人物的基本装束，所以特朗普这一次系蓝色领带，某种程度来讲，他希望能够塑造美国传统政治人物的形象，给选民的一种稳健感或信任感。"

辩论者在给服装配色时，不宜单色调打扮，而是要在某一基色调的基础上追求变化，要注意同类色相配、近色相配、强烈色相配的技巧。

同类色相配：深红配浅红，青色配天蓝，咖啡色配橙黄，深绿色配浅绿色等，这样搭配显得柔和、协调和文雅。

近色相配：红色与橙红相配，黄色与草绿色相配，白色与米黄色相配等，这样搭配显得柔和素雅。

强烈色相配：白色配黑色，红包配青绿色，黄色配紫色等，这样搭配显得艳丽而鲜明。

配色忌杂，一般不超过三个颜色，另外不要用同比例配色。当然在配色时还要充分考虑自己的年龄、肤色、气质、性格、职业和所处的环境等，只有这样才能获得满意的效果。

延伸阅读

一、关于辩论的名言警句

1. 夫辩者，将以明是非之分，审治乱之纪，明同异之处，察明实之理。

——墨子

2. 一时强弱在于力，千秋胜负在于理。 ——曹禺

3. 只有忠实于事实，才能忠实于真理。 ——周恩来

4. 历史使人贤明，诗造成气质高雅的人，数学使人高尚，自然哲学使人深沉，道德使人稳重，而伦理学和修辞学则使人善于争论。 ——培根

5.承认自己也许会弄错,就能避免争论,而且,可以使对方跟你一样宽宏大度,承认他也可能有错。　　　　　　　　　　　　——戴尔·卡耐基

6.争论问题不在声音高低,而在道理多少。　　　　　——日本谚语

7.思索,就是跟自己争论。　　　　　　　　　　　——西班牙谚语

8.拜读名家大作,可造就雄辩之才。　　　　　　　　——伏尔泰

9.为了正确地认识真理,我们首先必须怀疑它并同它并同它辩论。
　　　　　　　　　　　　　　　　　　　　　　　——诺瓦利斯

10.正义的事业并不一定要在感情的冲动下才能完成,它能够在平心静气的辩论中坚持到最后胜利。　　　　　　　　　　　——托·布朗

11.即使是最深刻的言论,如果一个说的时候态度粗暴,傲慢或者吵吵嚷嚷,即便是在辩论上面获得了胜利,在别人心目中也是难以留下好印象的。
　　　　　　　　　　　　　　　　　　　　——英国哲学家 洛克

12.辩术阻止欺骗和邪恶行为的得逞。辩术使我们看到一个问题的两个方面。辩术是一种教育公众的方法。　　　　　　　　　——亚里士多德

二、辩手应具备的素质

1.流畅的语言表达。

2.敏捷的临场反应。

3.清晰的逻辑思维。

4.稳定的情绪控制。

5."宽口径"的知识储备。

6.优雅大方的仪表仪态。

三、消除紧张的方法

1.论辩之前往最坏的方面想,放下包袱,就能轻装上阵,往最好的方向努力。

2.开诚布公地说出自己很紧张,心理的重负得以解除,反而可以排除紧张的心情。

3.加强赛前演习,发现缺点,锻炼胆量,论辩时会做到轻松自如。

4.提前考虑到如何应付突发事故,到时才不至于措手不及。

5.自我暗示会让自卑感荡然无存。自我暗示方法虽然简单,但运用得好,确实有效。

6.提前赶到场地,熟悉环境,可减轻恐惧感。

7.以缓慢的言行开始辩论可松弛紧张情绪。

8.声音洪亮,演讲者就不会怯场。

9.论辩之前,如果遇到不愉快的事,要利用很短的时间,使自己的心情转为愉快。

10. 以轻快的步调走到会场,心情会轻松许多。

11. 保持眼睛的高度跟对方齐平的地步,精神压力就会减轻不少。

12. 场地可选择自己熟悉的地方,如果办不到,至少也要选择双方都不熟悉的地方。

13. 遇到可能使你畏缩的对手,说话时要一直注视对方的眼睛。

14. 把关键性的问题,提早说出来,紧张感就会缓和。

15. 发现自己说错了话,就立刻在脑子里想起与此全然无关的事情。

16. 论辩之前,眼睛微闭,全身放松,深呼吸几次,同时默念"1……2……"这样可以使心神安定。

17. 论辩之前,可以找一稍偏地方扮鬼脸,歪嘴扭唇,抬鼻斜眼,放松脸部肌肉,一切牵肠挂肚的念头都消失了。

18. 在上台之前稍稍活动,如走动、小跑、摇摆、踢腿,双手握紧再放开。

19. 闭目养神,舌抵上腭,以鼻吸气,安定神情。可以设想一个人走在幽静的森林里,恬然自得。

20. 上台之前适量摄入饮料,如开水、茶水等,可使身心爽快、轻松,消除紧张感。

四、《奇葩说》的奇葩辩题:贾玲该不该死

在一期《奇葩说》节目中,有这样一个辩题:大海上有两艘船被大魔王困住了,第一艘船上关押着一百名观众和十六名参赛的奇葩队员,但第二艘上关押着贾玲一个人。第一艘船上有一个按钮,如果按下去的话,第一艘船的人便会获得自由,但第二艘关押贾玲的船就会爆炸,船毁人亡;如果不按,二十分钟后,第一艘船就会爆炸,观众和奇葩队员都会葬身大海。现在按钮摆在你面前,你到底会不会按?

正方:大部分人觉得,炸贾玲姐是恶魔般的行为。贾玲姐你现在可能觉得委屈,但是你这条命,必须得献给大家。原因很简单,如果真能把贾玲姐救活,我也不想炸,但是现在不炸她,结果就是一百多条生命的丧失。

反方:我想请问各位,你们在生活当中被人利用过吗?被利用的滋味好受吗?我曾经被人利用过,我跟一个闺蜜一起报考一个岗位,对方只招一个人。她第一天考,我第二天考。结果她第一天回来就生病了,我细心照顾她到深夜,第二天我当然没考好,而她被录取了。但谁能想到,后来,她忍不住跟我说,那天她是装病的。当我知道自己被利用了,那一瞬间,我的感受是什么?我愤怒,我委屈,我不服气。感情被利用了尚且如此难受,生命是什么呀?我们的父母把我们生下来,是为了让我们好好努力地活下去,而不是被利用。今天贾玲姐可以被利用,哪一天如果是你们被利用了,你们怎么想?

正方:贾玲姐一个人的生命救了我们一百多个生命,你们觉得不值,因为贾玲姐的生命被利用了。可是,今天我们所有人都在船上,情况紧迫啊。这时候,需要有人站出来,甘愿背负骂名,甘愿双手沾满鲜血地站出来,所以大家不要去想象着用道德去捆绑自己。这时候的道德已经不是我们所有人的妇人之仁了,而是我们所有人此刻在船上还有十分钟就要沉了。

反方:刚才,我在听对方两位辩论的时候,我在目睹了一场血淋淋的"集体谋杀案",你们所有人竟然讨论的是,我们怎么把贾玲杀掉来救我们自己。一条生命,换一百多条生命,这东西不对等。我们人类一生下来就被教育成什么?是可以被牺牲的。这是很可怕的一个观点,而且在座的各位竟然刚才全部都认同这一点。我爸妈养了我这么多年,凭什么我该死?就好比今天我爸爸得了绝症,但是有药可以治疗,再贵的药我都愿意买,但是如果杀一个人取她的心能救我爸爸,你们摸着自己的良心问一问,她到底该不该死?你有资格吗?你是上帝吗?你能判别人死刑吗?你没有!

正方渲染情况危急,不能再有妇人之仁,反方犀利地指出问题的本质:我们总是被教育成"可以被牺牲的"。在生命面前,这样的价值观是扭曲的。反方将心比心地拿自己的父亲来打比方,言明"谁都没有给人判死刑的权利",可谓既是动之以情,又是言之有理。由于反方提出的观点结合了现实的问题,所以能给听众和评委带来极具现实意义的"拷问"。

正方:今天我们告诉你的不是多数人就一定能干掉少数人,而是情况危急,一定要有人做决断,妇人之仁不可行。你们谁都不肯支持我们,因为你们谁都不想当杀人犯。那我来,贾玲老师,如果今天我亲手按下这个炸弹的按钮,从此以后,我夜夜难眠,生不如死,可是贾玲老师对不起,我也不会认为你该牺牲,只是总要有人下决断,不能等。

反方:世界上,有史以来的暴君,当他镇压人民的时候,用的都是这个道理。世界上的每一个暴君都说,我是为了国家稳定,我是为了这么多人,所以我今天必须下决断。这就是"暴君理论"。我给大家讲一个我在美国的真实故事,那天早上,有人报了火警,我住在十三楼。因为美国人都有个习惯,沿右边排着队一直往下走,让消防员从左边上来,大家就都往右边走,但在最前面,就有两位老年人,手挽着手,走得很慢很慢。按我在国内受过的教育,少数人服从多数人,我想上去扒开那两个老年人,但当时没有一个人上去,两位老年人还是走得非常慢,后来我只好坚定地跟在大家后面。说炸不炸贾玲,我一定投票不炸。因为我觉得人类还是得有最后一点光荣和尊严,我会怀着人类最后的尊严和光荣死去。

正方又提出"无论什么时候,总该有人下决断、背骂名",反方把这定义为"暴君理论",给予了很好的回击。随后,反方又通过讲述自己"在火灾中排队"的事例,将论辩的观点升华到"人类的光荣和尊严"的高度,让人叹服,同时也引人深思。论辩中,要想做到以情动人,最好的办法莫过于用自己心路历程去证明、去阐述。因为真实可感,所以更能打动听众。

最终,在反方的"情感进攻"下,贾玲被成功"救下了船"。而正如正方队长在最后的总结陈词说的那样:"这不是一次辩论,而是一次向大家传递价值观的时候。我们应当有所为有所不为。人类最基本的底线应该要守住那个'有所不为'。所以,对于这场辩论来说,胜负真的不重要。"

(摘编自《演讲与口才》杂志社公众微信号)

 技能训练

一、阅读下列辩词片段,说说其语言表达技巧

1. 正方:对艾滋病的治疗与控制,我们不能仅仅让医学参与!在非洲很多地方,艾滋病已经导致了"千山鸟飞绝,万径人踪灭",还要让医学这个"孤舟蓑笠翁"来"独钓寒江雪"吗?(艾滋病是社会问题还是医学问题?)

2. 对方辩友提出了一个观点:"说是一回事,做又是一回事。"显然,他们把今天的"知行关系"偷换成了"言行关系",嘴上说一说就代表你心里真的知道吗?鹦鹉经过训练还能说人话呢,但是我们能够说这些鹦鹉像对方辩友一样学识渊博吗?显然不能啊!(知难行易还是知易行难?)

3. 对方辩友的经济重要论,就是把经济放在第一要位,而对于环境保护则是"明日复明日,明日何其多"。如果在这样的情况下日日待环保,恐怕我们这星球上的生命真的要被你们万古蹉跎了呀!(环境保护与经济发展哪个更重要?)

4. 如果美是客观存在,像这张桌子一样的话,我们根本就不用"感"也不用"会",只要"看"就可以了,这样倒也方便!只不过我们看到的将会是千篇一律的美,因为美是客观存在的,那么只要大家的视力差不多,对美的认识就应该是相同的呀!如果这样,就有一些问题不好解释了,为什么我们要不断地交流,对美术、绘画、音乐,包括对辩论的感受呢?(美是客观存在还是主观感受?)

5. 人性本恶是日常生活一再向我们显示的道理。从李尔王的不孝女儿们到《联合早报》上拳击妻子脸部的丈夫们,从倒卖血浆的联合国维和部队到杀人不眨眼的拉美毒枭,恶人恶事真可谓横贯古今,不胜枚举。对方辩友,难道你还要对着《天龙八部》中恶贯满盈、无恶不作、凶神恶煞、穷凶极恶这四大恶人谈什么人性本善吗?(人性本善还是人性本恶?)

6. 美具有形象性。黑格尔说:"美存在于形象中。"不管是自然界中的"江南可采莲"的美,还是社会舍身救人的美,或是艺术中"问君能有几多愁,恰似一江春水向东流"的美,这种种的具体形态,就是美的形象性所在。(美是客观存在还是主观感受?)

7. 只有认识人性本恶,才能正视历史和现实。回顾历史的时候,我的内心总感到痛苦而颤抖。从希波战争到十字军东征,从希特勒的奥斯维辛集中营到日寇在华北的细菌试验场,真可谓"色情与贪婪齐飞,野心共暴力一色"。以往的人类历史,可以说是交织着满足人类无限贪欲而展开的狼烟与铁血啊!可见,本恶的人性如果不加以控制的话,将会给这个世界带来什么呢?(人性本善还是人性本恶?)

8.立足现代,值得庆幸的是,中国人已经摆脱传统礼教的束缚,知难行易的观念正在深入人心。当今中国,科技兴国、发展教育已是基本国策;环顾宇内,尊重知识、尊重人才真是蔚然成风。"知识就是力量",新的科技革命的号角已经奏响,只有知难而上,才能跟上时代的步伐。展望未来,人类仍须孜孜不倦地求知,我们的未知领域还很多。如何永保和平,让那口衔橄榄枝的白鸽自由飞翔,我们尚无良策;如何更好地保护生态,让人与自然和谐相处,我们还知之不足;如何从根本上抑制人性的贪婪与自私,让真善美的甘露遍洒心田,我们仍在探求。求知是艰难的伟业,求知更是永恒的挑战。让我们记住阿基米德的名言吧:"给我杠杆和支点,我将撑起地球!"(知难行易还是知易行难?)

二、分小组就下面的情景展开模拟和反驳

1.某同学洗手之后,没关水龙头,受到管理员的批评,他不仅不转身关水龙头,反而说:"'流水不腐'嘛,难道连这个问题都不懂吗?"

2.某小姐和热恋中的男朋友在商场购物,专挑高档商品,站在旁边的另一朋友过意不去了,对她悄声说:"这样做,你不觉得太过分了吗?"不料她反而大声说:"'生命诚可贵,爱情价更高',当然要用高价才能换来爱情嘛!"

3.课堂上,某同学突然离座朝教室外面走去,老师见状问:"干什么去?"这个同学边走边说:"上厕所!"老师无奈地摇头叹息:"哎,现在的大学生啊!"不料台下冒出一句:"你怎么啦,大学生就不上厕所啊!"

4.飞机上,一位男乘客对一名乘务员傲慢地命令道:"小姐,把我的行李放上去。"乘务员微笑地回答道:"先生,对不起,我一个人的力量不够,我们一起抬上去,好吗?"那位乘客马上讥笑说:"你不是天使吗?天使还放不上去?"

5.你刚刚考入大学,想买一台电脑。可是父亲认为,大一学生买电脑"费钱、费时、费精力","用电脑,影响学习",电脑质量会越来越好,而价格会越来越便宜,以后再买。

6.公共汽车上,人挨人,非常拥挤。可是竟有几位年轻人在悠然自得地抽烟,烟雾呛得周围的人直咳嗽。这时,一位女同志说:"这么拥挤的公共汽车上,请不要再抽烟了好吗?"可是,那些年轻人却阴阳怪气地说:"不抽烟,谁说不可以抽烟的,抽烟犯了哪门子法了?法律上有哪条规定不可以抽烟?找出来,我们就不抽!"

7.一位小伙子上公共汽车,不按照秩序排队,而是钻来挤去。一老者批评他,他还狡辩:"我这是学雷锋的'钉子'精神。"

8.有个人醉酒后呕吐在一家住宅的大门上,这家主人训斥他,他却说:"谁叫你家大门朝着我的嘴巴!"主人大怒:"我家大门造了很多年了,难道是今天才对着你的嘴巴造的么?"酒徒指着自己的嘴巴说:"告诉你,老子这张嘴巴也很有一些年头了!"

三、课外观摩辩论综艺节目《奇葩说》。

分析你喜欢的辩手在辩论中所展示的语言技巧,然后以小组为单位进行交流讨论。

任务二　辩论逻辑技巧训练

论辩是一门艺术,是逻辑、表达、感染力的统一。严格来说,作为双方因观点对立而产生语言冲突的论辩,是一种逻辑技巧的较量。论辩者要想制胜,必须准确表达思想,严密论证,运用逻辑力量去反击要害。没有逻辑力量,论辩就没有制胜的内在力量。因此,掌握辩论的逻辑方法并正确地加以运用,对于增强论辩性和驳斥诡辩都是非常重要的。

辩论的逻辑方法实际上就是推理运用,常见的有如下几种:

一、类比法

类比是一种推理方法,在论辩中用类比的方式,可以针对对方存在的问题,采取与之相似或相对的事物进行启发,可立即摧毁对方的防线,让对方落荒而逃。这种方法灵活、机动,变幻无穷。

古希腊哲学家苏格拉底的妻子是有名的悍妇。一次,别人问苏格拉底:"为什么要娶这么个老婆?"他回答说:"擅长马术的人总要挑烈马骑,骑惯了烈马,驾驭其他的马就不在话下。我如果能忍受得了这样女人的话,恐怕天下就再也没有难于相处的人了。"

面对嘲笑者的刁钻,苏格拉底机敏地应用类比手法,十分精彩地为自己作了辩白。

一个小男孩去面包店买了一个两便士的面包,发现面包比平时要小得多,于是就对老板说:"你不觉得这个面包比平时小吗?""哦!那不要紧,这样拿起来就方便了。"显然,老板在诡辩了。对此,小男孩没有争辩,只给一个便士就离开面包店,老板赶紧大声喝住他:"嗨!你面包没给足钱啊!""哦!不要紧"孩子不慌不忙地回答,"这样,你数起钱来就方便多了。"

这种反驳同样是妙不可言,展示了自己的语言表达技巧与智慧。

在运用类比推理时,要注意把握两个对象之间的关系,其联系程度越紧密越好,仅仅根据两事物为数很少的又不具备典型性的共同属性,就推断类比对象具有与已知属性相关性程度不高的另一属性,这种错误的类推逻辑上叫作不当类比。

例如在一次辩论赛中,双方有这样的交锋:

"请问对方辩友,夏虫可以语冰么?"

"夏天的虫子不可以语冰,因为它根本活不到冬天,自然不知道冬天是什么样的。同样的道理,大学生刚毕业,如果不锻炼两年,又怎么知道怎么做好省级公务员的工作呢?"

这个类比严格来说不严谨,虽然现场效果极佳,但是论辩缺少力度,极易给对方提供把柄,从而失利。

二、归谬法

这种方式就是反驳对方的论题,即确定对方的论题为假。为达到这一目的,首先假定它为真,然后由它推出荒谬的结论,最后根据充分条件假言推理的"否定后件就要否定前件"的规则,从而确定它是假的。

有一天,一位教徒来到教堂。他说:"神甫大人,我是信教的,但不知上帝能给我什么帮助?"

神甫平静地说:"上帝是万能的,他能帮助你得到你所需要的一切,只要你祈祷。"

教徒忧虑地说:"我的邻居也是信教的,如果我祈祷下雨他却同时祈祷天晴,那么上帝会作出怎样的决定呢?"

神甫:"……"

这里教徒根据神甫的观点:"只要祈祷,上帝就会给你所需的一切",推出了两个自相矛盾的结论,驳得神甫哑口无言。

加拿大前外交官朗宁,出生在中国,是喝中国奶妈的奶长大的,在竞选外交官的时候,有人据此加以诘难,说:"朗宁是喝中国奶妈的奶长大的,他一定有中国人的血统!"朗宁反驳道:"如果这些人说得对,那么他们一定有牛的血统,因为大家知道,他们是喝牛奶长大的!"朗宁的话字如千钧,驳得对方哑口无言。

还有一个类似的事例。

有一次,作家冯骥才出访法国。在欢迎宴会上,外国记者蜂拥而至,接二连三地向他发问。其中一位记者问:"尊敬的冯先生,贵国改革开放,学习西方资产阶级的东西,你们就不担心贵国会变成资本主义国家吗?"冯骥才说:"不!我们学习的是西方的科学技术,并不是学习西方的意识形态,所以,根本不存在你提的这个问题。有的人爱吃猪肉,变成猪了吗?也有的人爱吃牛肉,变成牛了吗?中国向西方学习一点科学技术,怎么可能变成资本主义呢?"至此,会场一片掌声。

冯骥才一眼就看透了对方的险恶用心和所持观点的荒谬性,轻松推出有人爱吃猪肉和有人爱吃牛肉这两个"刀刀见血"的反问,看似顺手拈来,轻轻一搏,效果却十分显著。

某城汽车站候车室内,有一个男青年把痰吐在洁白的墙壁上,维护秩序的管理员对他说:"青年同志,'不准随地吐痰'的标语你看到了吗?"那个青年回答:"看到了,我吐痰吐在墙上,不是吐在地上。"管理员说:"如果依你这种说法,那么,我有痰就可以吐到你的衣服上了,因为衣服上也不是'地上'。"青年哑口无言。

这里,管理人员就是运用了归谬引申的方法,先假定青年的诡辩论题"墙上可以吐痰"是正确的,再由此引出结论"你的衣服上也可以吐痰",而这个结论是诡辩者所不能接受的,因此证明诡辩论题也是荒谬的。

三、二难推理法

所谓"二难推理法"就是由两个充分条件假言判断和有两个的选言判断为前提的推理。这种方法的特点是论辩的一方以对方的观点出发提出两种可能,再由这两种可能引申出两种结论。对方不论选择其中哪一种,结果都会陷入进退维谷、左右为难的境地,表面上似乎给对方留下最大的选择余地,实际上自己掌握了必要的主动权后夹击对方,使对方无路可逃。

下面是一则二难推理的经典案例:

有一位埃及妇女,看到自己在尼罗河畔玩耍的孩子被鳄鱼抓住,请求鳄鱼把孩子归还给她。鳄鱼说:"如果你猜对我的心思,我就把孩子归还给你。"妇女说:"我猜你不想把孩子归还给我。"鳄鱼说:"如果你猜得对,则根据你说话的内容,我不把孩子归还给你;如果你猜得不对,则根据约定的条件,我不把孩子还给你。你或者猜得对,或者猜得不对,所以我都不把孩子归还给你。"妇女针对上面的推理,提出了一个相反的二难推理:"如果我猜得对,则根据约定的条件,你应把孩子归还给我;如果我猜得不对,则根据我说话的内容,你应把孩子归还给我。我或者猜得对,或者猜得不对,所以,你都应该把孩子归还给我。"鳄鱼用一个不合逻辑的二难推理来为难妇女,妇女也用一个相反的同样不合逻辑的二难推理来回敬鳄鱼,这种反驳方法实在巧妙。

在现实生活中,运用二难推理的例子也比比皆是。

某大企业因违章操作酿成一起重大事故,在法庭上厂长振振有词,认为不应当承担刑事责任。公诉人反驳道:如果你知道并支持违章酿成这起重大责任事故,那么你应当负刑事责任;如果你不知道违章酿成这起重大责任事故,那么你也应当负刑事责任。你或者知道或者不知道违章酿成这起重大责任事故,总之你都应当负刑事责任。一席话说得厂长哑口无言,只能认罪伏法。

破解论辩中"二难夹击"的关键,是要突破常规的思维定势,善于通过逆向思维、发散思维、创新思维,用全方位、多角度、多层次的眼光去审时度势,选择恰当的方法去应对,从而达到克敌制胜的目的。例如,在一场"社会秩序的维护主要靠法律还是靠道德"的赛场辩论中,正反两方有一段这样的对话:

"东郭先生对狼循循善诱,可是最后差一点被狼吃掉了。那么,对于人类社会中有着恶狼般行径的人,我们是不是应该施以法律制裁呢?"

"对方辩友误解了这篇寓言的意思。东郭先生的故事旨在告诉我们,狼是不可教化的,而人,包括许多曾经作恶的人在内,却是可以教化的。"

正方在设置"二难夹击"时,把"狼"等同于"人",反方抓住这一漏洞,从推翻前提入手,使对方的"二难夹击"以失败告终。

四、三段论法

三段论就是借助三段论进行辩论的方法。由于三段论是由一般前提推出个别的结论,所以,这种辩论是非常有力的,结论往往可靠,不容置疑。

有位美国参议员对逻辑学家贝尔克里说:"所有的共产党人都攻击我,你攻击我,所以你是共产党人。"贝尔克里反驳道:"你这个推论实在妙极了,从逻辑上看,它同下面的推论是一回事。所有的鹅都吃白菜,参议员先生也吃白菜,所以,参议员先生是鹅。"

三段论中有一条规则:中项至少周延一次,参议员所说的三段论中项都不周延,是无效的推理。贝尔克里巧妙地运用同一手法,故意违反规则,使对方的错误夸大,推出了参议员是鹅的结论,使其荒谬性明显地暴露出来。

五、假言法

所谓"假言法"是指运用假言推理进行辩论的方法。假言推理是指前提至少有一个是假言判断,并根据假言判断前后件之间的关系而推出结论的推论。

在巴基斯坦影片《人世间》中,有这样一个情节:

女主人公拉基雅向她恶贯满盈的丈夫开枪,她的丈夫被枪杀。从现象上看,拉基雅是凶手无疑,但大律师曼索尔在法庭上连续用了两个假言推理,证明拉基雅并不是凶手。如果拉基雅是凶手,那么她手枪中仅有的五发子弹,至少有一发击中她丈夫的身体,但通过现场勘查,子弹都打在对面的墙壁上,所以她不是凶手。如果拉基雅是凶手,那么子弹一定是从正面打进她丈夫的身体的,因为是面对面开的枪,但经过法医检察,子弹是从背面打进她丈夫身体的,所以她不是凶手。事实上,在拉基雅开枪的同时,另一位与被害人有不共戴天之仇的人在背后开了致命的一枪,他才是真正的凶手。

大律师曼索尔之所以避免了一起冤假错案,他依靠的是法律的力量,更是逻辑与智慧的力量,假言法在这场辩论中起了至关重要的作用。

六、隐含判断

辩论中,有时巧用隐含判断会比运用直接表达判断的语句显得更有力量。

有一位胖得流油的大资本家想嘲笑一下瘦子萧伯纳。大资本家说:"我一看见你,就知道你们那儿在闹饥荒。"萧伯纳回敬道:"我一看见你,便知道了闹饥荒的原因。"

在这段对话中,两人都运用了隐含判断。大资本家所用的隐含判断无非是"萧伯纳瘦得像个讨饭的",而萧伯纳的回答中所隐含的判断则十分巧妙而幽默地揭露了资本家剥削穷人的罪恶实质。

在一次记者招待会上,美联社记者提问"中国是否会停止对美国的黑客攻击,因为这一问题现已引起对美国国家安全的关注"时,李克强笑答:"刚才你说的话我怎么有'有罪推定'的感觉啊?我想我们还是少一些没有根据的相互指责,多做一些维护网络安全的实事。谢谢。"

无论是美联社记者,还是李总理,都熟练运用了隐含判断。此新闻中美联社记者的提问,明显是将没有根据的怀疑与猜疑,假定为业已确认的事实而进行提问。这种提问叫作"复杂问语"。对这种暗藏机锋的"复杂问语",无论答"是"或"否",都会坠入对方窠臼。而李克强总理以其人之道还治其人之身,直指对方"有罪推定"实质。最后明确向对方提出"少一些没有根据的相互指责,多做一些维护网络安全的实事"的劝告。

从以上分析,我们可以看出,隐含判断的作用是多方面的,对隐含判断的恰当运用能使辩论具有逻辑力量,富于艺术魅力。

七、仿拟

在论辩中,仿照对方的话语结构,拟造出一个和对方话语类似,但语意相反的句子来攻击对方,这种"以其人之道,还治其人之身"的说辩技巧,叫作"仿拟"。

一天,某先生把车停在不准停车的一个岔路口旁,办完事回来时发现一交警正在车旁准备开罚单。某先生赶紧上前,对交警说:"我在这一带转了二十圈,因为我已经和人约好,必须准时赴约,否则就会丢了我的饭碗。"交警看着他,略微笑了笑,道:"我在这一带转了二十年,已经和单位约定好,必须按规定办事,否则我就会丢了我的饭碗。"这位先生微微一笑,心悦诚服地收下了罚单。

交警直接将违规路人的语言形式巧妙换词进行反击,反过来"幽"了违规路人一"默",让对方无话可说,很是巧妙。仿拟反驳的关键是"仿","仿"有如下几种方式。

(一)直仿

直仿是直接模仿对方的语言形式、思维方式,创造一个类似的问题。

丹麦著名童话作家安徒生常戴一顶破旧的帽子在街上溜达。一次,有人嘲笑他:"你脑袋上边的那玩意是个什么东西,能算是顶帽子吗?"安徒生毫不客气地回敬道:"你帽子底下那个玩意是什么东西,能算个脑袋吗?"

直仿常常能使对方搬起石头砸自己的脚。电视剧《情深深雨蒙蒙》中有这样一个片断:

方瑜正走在一条满地泥水的路上,陆尔豪突然骑着摩托车经过,泥水溅了方瑜一身。陆尔豪不但不道歉,反而扬长而去。方瑜火了,大骂:"神经病!"陆尔豪闻言又拐回来,强词夺理地说:"我走这条路是我倒霉,将你溅了一身泥水是你倒霉,我们各倒各的霉,你干吗骂我'神经病'?"方瑜反戈一击:"我走这条路被溅了一身泥水是我倒霉,你走这条路挨人骂是你倒霉,我们各倒各的霉,你干吗找我的麻烦?"陆尔豪只好自我解嘲:"现在的女孩子,一个个都变得伶牙俐齿了!"

面对陆尔豪的诡辩,方瑜运用对方的思维方式和语言形式,再造了类似问题与对方针锋相对,轻轻松松取得论辩的胜利。运用直仿仿拟,其精髓在于直接仿其"旧瓶",装我反驳"新酒"。

又如下面一句话,便是运用了直仿:

谁都知道,试管、药剂的作用不是权力、法规代替得了的。即便是退一万步,假设权力、道德、法规有那么大的功效,那么对猿猴和猫身上的艾滋病毒,要在猿世界和猫世界开展立法选举,推广猫道主义和猴道主义来妙手回春吗?显然是说不通的。

(二)喻仿

喻仿是模仿对方的说辩,构造一个相似的喻例,然后以例向对方设难,造成以其人之道,还治其人之身的效果。

小说《在水一方》当中有这样一段:

杜小双:"你看杰克·伦敦因为当过水手,所以写得出《海狼》;海明威因为当过军人,所以写得出《战地钟声》;雷马克深受战争之苦,才写得出《凯旋门》和《春闺梦里人》。写作不能脱离生活经验,如果他老是待在屋子里,就只能写出《老鼠觅食记》了。"

诗卉反驳道:"这么说来,法国名作家左拉是一个交际花,不然他怎能写出《酒店》和《娜拉》;托尔斯泰一定是一个女人,否则就写不出《安娜·卡列尼娜》;杰克·伦敦除了是水手之外,他还是一只狗,否则他就写不出《野性的呼唤》;海明威也当过渔夫,才写出《老人与海》;我们中国的吴承恩一定是一只猴子,不然怎能创造出一个齐天大圣孙悟空来。"

诗卉仿拟杜小双的论辩形式,构造出一个个相似的喻例,然后用这些谬误性极强的喻例,层层深入发起凌厉的攻势,对方自然是一溃千里。若使用喻仿,一定要像诗卉那样选取与论敌既同步关联又渗透互补的喻例,做到一气呵成。

(三)比仿

比仿是选择一个临近的同类事例,然后模仿对方的说辩,作出一个相似的推理形式,以此向对方设难。

欧布里德向邻居借了一笔钱,过了很长时间仍不肯归还,邻居只好前去讨账。欧布里德洋洋自得地说:"不错,我是向你借过一笔钱,但是你要知道,一切皆流,一切皆变,借钱的我乃是过去的我,而过去的我不是现在的我,你应当去找过去的我要钱呀。"邻居一听,火冒三丈,抄起棍子把他狠狠地打了一顿。欧布里德恼羞成怒,拉着邻居要去告官。邻居笑道:"不错,我是打了你。不过,正如你刚才所说,一切皆流,一切皆变,打你的我乃是彼时的我,而彼时的我不是此时的我,你应当去找彼时的我告官呀!"欧布里德低头了。

欧布里德显而易见是在诡辩。聪明的邻居选择一个临近的同类事例,仿拟出一个与论敌相似方式的言行结果,如法炮制将其逻辑错误重复使用。这样一来,既然这个推理形式是照搬对方的,对方自然无话可说,只得自食其果。

(四)仿体

所谓"仿体"是指辩论者提炼出对方推论的基本结构和表述方式,用之于另一类事物的推论之中,推出与论敌相反的结论。

李相文读课文,将"诞生"读成了"延生"。王老师提醒他:"这是'诞生',怎么能读成'延'呢? 这又不是形声字!"李相文自以为是,答道:"左边是'言',右边也是'延',怎么就不能念'延'呢?"王老师笑了:"李目文同学啊,你说得真好啊!"李相文一脸委屈:"报告老师,我叫李相文,'宰相'的'相'!"王老师哈哈大笑:"左边是'木',右边也是'目',怎么就不能念'目'呢?"

李相文滥用拆字法为自己狡辩,王老师随即从仿其逻辑进行推导。王老师制胜的关键在于推理方法和对方相同,因此对方无法辩驳。

总之,掌握四种仿拟反驳的精髓,不仅能轻轻松松反驳论敌,还能带来幽默效果。

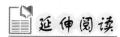

一、古代故事两则

1. 子非鱼。

庄子与惠子游于濠梁之上。庄子曰:"鲦鱼出游从容,是鱼之乐也?"惠子曰:"子非鱼,安(焉)知鱼之乐?"庄子曰:"子非我,安(焉)知我不知鱼之乐?"惠子曰:"我非子,固不知子矣;子固非鱼也,子之不知鱼之乐,全矣。"庄子曰:"请循其本。子曰'汝安(焉)知鱼乐'云者,既已知吾知之而问我。我知之濠上也。"

(摘自《庄子与惠子游于濠梁》)

2. 白马论。

战国时一城有令马匹不得出城。

有一天,赵国平原君的食客公孙龙带着一匹白马正要出城。守门的士兵对他说:马匹一概不得出城。

公孙龙心生一计,企图歪曲白马是马的事实,希望说服士兵。

公孙龙说:白马并不是马。因为白马有两个特征,一是白色的,二是具有马的外形,但马只有一个特征,就是具有马的外形。具有两个特征的白马怎会是只具有一个特征的马呢?所以白马根本就不是马。

愚鲁的士兵因无法应对,唯有放行。

"白马非马"是中国古代有名的博弈诡论,意思是白马不是马,马是一种动物,白是一种颜色,白马是知觉和视觉的混合显示,当然不能只算马。

(摘编自《公孙龙子·白马论》)

二、跟着孟子学辩论技巧

读《孟子》,不仅使人在思想上受到儒家仁爱主张的熏陶,而且使人在语言表达、辩论技巧上得到深刻启发,受益匪浅。孟子是战国时期的思想家、政治家、教育家。他说理畅达,长于论辩,其言论都收录在《孟子》一书中。本文现摘录二例,同大家一同领略孟子的辩论风采。

1. 溯本求源,攻击要害,叫人信服。

有一次,齐宣王问孟子:商汤流放夏桀,武王讨伐殷纣,真有这回事吗?

孟子回答:史书上有这样的记载。

齐宣王又问:做臣子的以下犯上,杀掉他的君王,这难道可以吗?

孟子回答:破坏仁爱的人叫作"贼";破坏道义的人叫作"残"。这类人,我们都叫作"独夫"。我只听说周武王诛杀了独夫,没听说他以臣弑君。

齐宣王站在形式上的君臣关系角度,指出商汤流放夏桀、武王讨伐殷纣是犯上作难,也是与儒家主张的"仁爱"思想相对立,历史上的两位暴君似乎是应该得到同情的,商汤和武王的行为反而是应该遭到指责的,把难题抛给孟子。孟子则巧妙避开齐宣王设置的辩论陷阱,溯本求源,将回击的矛头对准两位暴君的本质,指出他们是独夫,而非仁爱的君王,所以武王讨伐殷纣也就不再是以臣弑君,反而是对百姓的仁爱。这一段反驳,直击要害,让人信服。

2. 以其人之道,还治其人之身,令人叹服。

有一个任国人问屋庐子:礼和食物哪个重要?礼和美色哪个重要?

屋庐子回答:礼重要。

那个任国人又问:如果遵照礼制求食,便会饿死,不遵照礼制求食,便能得到食物,那么还一定要遵照礼制吗?如果遵照婚娶礼仪,便得不到妻子,而不遵照婚娶礼仪,便能得到妻子,那么还一定要遵照婚娶的礼仪吗?

屋庐山子不知如何回答,第二天到邹国告诉了孟子。

孟子说:回答这个问题有什么困难呢?金属比羽毛重,难道说一个金属带钩比一车羽毛还重吗?用饮食的重要方面与礼的细节相比较,何止是饮食更重要?用娶妻的重要方面与礼的细节相比较,何止是娶妻更重要?你可以这样回答他,扭断哥哥的胳膊,抢夺他的食物便能得到吃的,不扭断胳膊就得不到吃的,那么就去扭断胳膊吗?翻过东邻的墙头去搂抱人家的少女,就能得到妻子,不去搂抱就得不到妻子,难道就去搂抱吗?

食、色与礼制并非绝对矛盾,两者是和谐统一的。任国人故意放大在特定环境下食、色与礼制的矛盾,以食、色的重要性公然挑衅儒家提出的道德礼制。对此,屋庐子不知如何辩驳。但这并不能难倒睿智的孟子,他以其人之道,还治其人之身,指出如果为了食、色,严重违反礼制甚至是法制,难道我们还能够去做吗?孟子的驳斥,既维护了礼制的尊严,又还击了任国人的谬论,令人叹服。

(摘编自《演讲与口才》的博客)

三、联合国历史上的经典辩论

在联合国的历史上,气氛火爆、言辞激烈的答辩时刻都在发生,甚至恶语相向、行为过激也并不罕见。应该说,联合国大辩论的传统就是语言的战争,会场就是战场,寸土必争,寸言不让。

联合国大会最早是由罗斯福、丘吉尔、斯大林联合策划设立的,值得一提的是这三位均以诡辩著称。联合国大会一般性辩论是联合国大会常会的第一阶段,每年9月举行。

自从1945年联合国大会签署生效以来,全球最精英的政治家们汇集于此,在这个吸引了整个国际社会目光的大舞台上发布观点,维护自己国家的利益。这时候,人们拥有的武器仅仅是自己的口才,谨小慎微并不会让你赢得战果,反倒是思维敏捷的针锋相对有可能让你获得尊重,并征服敌手。

现任联合国副秘书长的中国外交官沙祖康当年正是这样做的。

2004年3月24日,美国在联大大会上抛出了反华提案,沙祖康当即言辞激烈地答道:"搞不搞反华提案,这是你的权利。但是我可以告诉你,我一定要打败你,我一定揍扁了你!"然后即兴用英文答辩。

他是这样说的:"美国朋友,我们中国是贫穷一点,正在发展中的一个国家,但是我们即使再穷的话,我们买几面镜子还是买得起的。我们想免费买点镜子送给你,让你自己照一照你自己,因为你们发表的白皮书里缺了一块,我们国务院新闻办写了一份材料,叫《美国的人权白皮书》,这是一面镜子,希望你们看看写得怎么样。但是有一条,我劝你们最好睡觉之前不要看,因为《美国的人权白皮书》,你要看了以后,特别是睡觉之前看了以后,你晚上会做噩梦的,你是会睡不好觉的。"

沙祖康历时四分钟的答辩,五次被掌声打断。会场掌声雷动,甚至美国代表团的成员自己都在笑。

最后,中国提出"不采取行动"的动议,以二十八票赞成、十六票反对这样前所未有的票差,击败了美国的反华提案。让美国"拿镜子好好照照自己",也成为联合国组织中广为流传的佳话。

(摘编自《世界博览》官方微博)

技能训练

一、阅读下列案例，看看该如何回答才能反驳对方

1. 一天，我海关检查人员从一名英国水手的皮箱里，发现了一瓶可疑的牙痛粉，经鉴定是超级毒品。公安人员立即传讯了这名水手。

"你知道这是违禁毒品吗？"

"哦，对不起！这不是我的，是一名华侨旅客托我带的。"

"他是在什么时候、什么地点交给你的？"

"前天晚上，我正在甲板上升国旗，忽然发现挂倒了，正要重挂的时候，这位旅客走上前来交给我的……"

"你升的是中国国旗？"

"我们是英国商船，当然升的是英国国旗。"

审讯人员说："够了，先生，你编造的故事太离奇了。＿＿＿＿＿＿＿＿＿＿＿＿＿＿＿＿＿。"

英国毒贩无言以对。

2. 据说，有一位商人见到诗人海涅（海涅是犹太人），对他说："我最近去了塔希提岛，你知道在岛上最能引起我注意的是什么？"

海涅说："你说吧，是什么？"

商人说："那个岛上呀，既没有犹太人，也没有驴子！"

海涅笑着答道："＿＿＿＿＿＿＿＿＿＿＿＿＿＿＿＿＿＿＿＿。"

3. 老张问："在金钱和道德之间，你选哪一个？"老刘不假思索地答："当然选道德。难道你选金钱？"老张诡秘地说："我是选择金钱，因为我缺少金钱。你选择道德，那是因为你缺少道德。"老刘听了老张的不友好言语，立即反驳说："＿＿＿＿＿＿＿＿＿＿＿＿＿＿＿＿＿＿＿＿＿。"

4. "这张桌子已经有人订了，您能不能换个座儿？"饭店服务员微笑着走过来对客人说。

"没关系，您把这张桌子搬走，再给我换一张就行了。"顾客看来不愿意作出丝毫退步。"＿＿＿＿＿＿＿＿＿＿＿＿＿＿＿＿＿。"服务员彬彬有礼，顾客被"请"走了。

5. 马铁丁曾批评一个骄傲的人："平时要注意群众关系，团结群众，争取群众的支持，以取得更好的成绩。"

这个人却不这样认为，他辩解道："只有羊呀，小猪呀，才是成群结队的，狮子、老虎都是独来独往的。"马铁丁反问道："＿＿＿＿＿＿＿＿＿＿＿＿＿＿＿＿＿＿？"

6. 一个病人进入医院，对护士说："请把我安排在三等病房，因为我很穷。"护士说："没有人能帮助你吗？"病人回答："没有，我只有一个姐姐，她是修女，也很穷。"护士嘲笑说："修女富得很，因为她和上帝结了婚。"病人听了护士的讽刺，十分生气，回敬道："＿＿＿＿＿＿＿＿＿＿＿＿＿＿＿＿＿＿＿＿。"

7. 一天早晨,丘吉尔洗完澡,正在白宫的浴室里光着身子踱步时,有人在敲浴室的门。

"进来吧,进来吧。"丘吉尔大声喊道。门一开,出现在门口的是美国总统罗斯福。他看到丘吉尔一丝不挂,便转身想退出去。"进来吧,总统先生,"丘吉尔伸出双臂,大声呼唤,"_____。"说完,两人哈哈大笑起来。

8. 从前,有位财主,穷人见他都必须低头。有次,一位年轻人见到他后却昂首挺胸地向前走。财主很气愤,骂道:"穷小子,你为何不低头?"

"你有钱,可你的钱并不给我,我为何要向你低头?"

"好吧,我把我的钱拿十分之二给你,你给我低头。"

"你拿十分之八,我那十分之二,这不公平,我还是不低头。"

"那么我把我的钱拿一半给你,你给我低头!"

"那时候,我和你平等了,为何要向你低头?"

"那么,我把我的钱全部给你,你该向我低头了吧!"

"_____。"

财主无言以对,尴尬不已。

二、阅读材料,完成题目

张三说:"清洁工工作效率太低,环境脏、乱、差。"清洁工说:"人们没公德,乱丢垃圾,污染环境。"某人说:"大家都扔,我一个人不扔又能改变什么?"

李四说:"警察工作效率太低,我的车又被偷了!"警察说:"买赃现象屡禁不止才是自行车盗窃的根源。"某人说:"赃车便宜,大家都买,我一个人不买又能改变什么?"

王五说:"……"

1. 仿照材料,将王五的话补足。

2. 从上述材料中提炼出观点,越多越好。

3. 提出支持这些观点的说法,再提出反驳的说法。

三、两人一组,从下列问题中选出一两个进行辩论

事先最好限定双方的发言次数和每次发言时间。辩论时注意有意识地运用已经学过的语言技巧和逻辑技巧来进行。

1. 这是不是一个看脸的社会?

2. 朋友考试作弊我该举报吗?

3. 爱上好朋友的恋人要不要追?

4. 异性之间可以成为闺蜜吗?

5. 如果一个月后就是世界末日,当局应该公布消息还是秘而不宣?

6. 小朋友被欺负了,应该鼓励打回去还是告老师?

7. 整容会帮你成为人生赢家吗?

8. 朋友圈要不要屏蔽父母?

9. 高学历女生做全职太太是浪费吗?

10. 该不该催好朋友还钱?

任务三　竞赛式辩论训练

　　辩论赛是一场智慧之战、机敏之争,也是在动态思维中进行的一种高智商的游戏。辩论赛的成功,对于辩论双方来说,不在于各自拥有多少真理,而在于能够辩论出多少真理、多少智慧。因此,要想掌握辩论的主动权,反客为主,使己方稳操胜券,就必须掌握竞赛规则,并能灵活运用逻辑推理,掌握攻守战术,从而获得竞赛的胜利。

一、竞赛规则

(一)人员组成

1.参赛人员。近年来流行的大型辩论赛,一般是由两个参赛队(每队四人)参与,分为一辩、二辩、三辩、四辩手,也有分为一辩、二辩、三辩手及自由发言人等,并按此顺序,由辩论场的中央往旁边排列座位。

各辩手的职责分别如下:一辩主要是阐述本方观点,要求具有演讲能力和感染能力;二三辩主要是针对本方观点,与对方辩手展开激烈角逐,要求具有较强的逻辑思维能力和反应能力,要能抓住对方纰漏,加以揭露并反为己用,要灵活善动,幽默诙谐,带动场上气氛;四辩(自由发言人)主要是总结本方观点,并能加以发挥和升华。

2.主持人(主席)。主持辩论活动,维护辩论会场的良好秩序,保障辩论活动按照辩论规则有秩序地进行。主持人坐在两个参赛队中间、比参赛人员座位稍后一点的中央位置,便于观察整个辩论会场的情形。

3.评判组。一般由数人组成,其中设一名评委主任或执行主席,主持进行评判。

4.公证人。正规的辩论赛,一般都有公证人到场,负责对辩论竞赛活动及竞赛结果进行公证,为辩论赛活动及有关人员提供法律认可的证据。

(二)竞赛模式

辩论赛是一种"纯理性"的竞智的比赛,根据参加人数的多少,基本上分为"个人赛"和"团体赛"两大类。不同的竞赛规则规定了不同的竞赛模式。

1.个人赛。

与国内单一的辩论赛制不同,国外有各种形式的辩论赛制,如美国大学生辩论赛一般采取五种模式,包括交叉提问辩论、"林肯—道格拉斯"辩论、模拟法庭辩论、市政厅辩论与议会辩论。其中,比较有名的是"林肯—道格拉斯"辩论。简单说,就是二人"单挑"的个人赛,比赛双方轮流陈述与反驳。1858年,林肯与美国南部坚持黑奴制度的法官道格拉斯展开了一场大辩论。辩论先后进行了七次,每次持续时间近三小时。辩论吸引了成千上万的美国人观战。自1979年开始,该模式被列为美国中学生辩论赛的正式比赛项目。

2.团体赛。

比较流行的团体辩论赛模式有以下三种:

(1)新加坡模式(四对四)。

新加坡模式主要分为陈词和自由辩论两个部分。正方一辩、反方一辩分别陈词,阐述双方基本观点,反方在阐述观点时包括反驳正方的观点,时间各为三分钟;然后正方二辩、反方二辩,正方三辩、反方三辩分别在三分钟内陈词,继续阐述双方基本观点;随后,进入自由辩论,正方任何一位辩手先发言,然后反方发言……双方依次轮流发言,每方四分钟,共八分钟,最后由反方四辩、正方四辩总结陈词,各四分钟。总时间为三十四分钟。新加坡赛制作为华语辩论赛的标准赛制,影响了一代中国人对于辩论形式的认知。

(2)俄勒冈模式(二对二)。

俄勒冈式模式又叫"盘问式辩论赛",正方、反方一辩分别进行八分钟的结构性发言,然后由反方二辩、正方二辩分别盘问正方一辩、反方一辩,时间各为三分钟;接着反方一辩、正方一辩、反方二辩、正方二辩分别进行辩驳性发言,时间各为四分钟。总时间为六十分钟。

这种赛制的特点是每位辩手在结构性发言之后都要接受辩论对手的盘问。按照规则要求,被盘问者只能回答问题,不能反问对方;盘问的一方则可以随时中断对方的回答,提出新的问题。但是,辩手不能反驳对方的发言。

(3)牛津模式(二对二)。

牛津模式又叫标"准式辩论赛",先由正方一辩、反方一辩、正方二辩、反方二辩分别进行十分钟的结构性发言,然后由反方一辩、正方一辩、反方二辩、正方二辩分别进行五分钟的辩驳性发言,总时间为六十分钟。

这种赛制的特点是正方是"立论者"。立论时将辩题具体化为一项新的政策,同时论证该政策的合理性、优越性和可行性。反方是"驳论者",对正方的"政策"提出疑问,指出它的矛盾性和不合理性。正反双方由此展开激烈的辩论。规则规定,辩驳性发言只准问或驳,不得再提出新政策。

(4)2003国际大专辩论赛新赛制。

本赛制共有六个环节。立论环节由正反方开始发言,时间各三分钟。盘问环节先由反方对正方进行盘问,时间为一分半。正方只能回答不能反问,盘问时间不得超过十五秒,回答时间不得超过二十秒。接着正方对反方进行盘问,时间为一分半。反方只能回答不能反问,盘问时间不得超过十五秒,回答时间不得超过二十秒。驳论环节中,由反方先针对正方的观点(包括立论与盘问环节)反驳,时间为两分钟。正方再针对反方的观点(包括立论、盘问以及驳论环节)进行反驳,时间为两分钟。驳论提倡即兴反驳、引经据典。对辩环节中,先由正方进行对辩,正方先发言,总时间为两分钟,双方各有一分钟。

然后反方进行对辩，反方先发言，总时间为两分钟，双方各有一分钟。自由辩论环节，正反方辩手自动轮流发言，由正方开始发言。每方累计时间四分钟，一共八分钟。发言辩手落座视为本方发言结束，即为另一方发言开始的标志，另一方辩手必须紧接着发言，若有间隙，累计时间照常进行。同一方的辩手发言顺序和次数不限。如果一方时间已经用完，另一方可以继续发言，也可以示意主席放弃发言。最后由反方、正方分别进行总结陈词，时间各为三分钟。总时间为三十四分钟。

此赛制不确定辩手的辩位，每位辩手在任一环节均可发言。但是，为了确保均衡，除了自由辩论环节，每位辩手必须至少发言一次，但不得超过三次。

二、赛场辩论

（一）分析辩题类型

辩论前的工作首先是分析辩题，因为辩题是争论的焦点，所有的论点、论据都是以辩题为中心展开的。分析辩题的目的有如下三点：第一，确定究竟争论什么；第二，确定辩论的范围和中心，以防辩论不着边际或抓不住关键；第三，根据辩论题目进行立论和辩论。

辩题是一切工作的基础，从辩题的基本类型入手，把辩题分析清、分析透，才能在此基础上确定本方的论点、论据和论证方法，才能预测对方的基本论点和基本论据，从而设计出辩论的方案。

1. 判断性辩题。

判断性辩题就是对辩题进行分析判断，即判断什么是什么，怎么理解这个活动，怎么认知这件事情。判断性辩题又分如下几种：

(1)是非判断：一方主张 A 事物与 B 事物的本质相同，或者 A 事物与 B 事物的主要特征有一对一联系，另一方则主张本质不同或没有这种联系。简而言之，就是辩论双方所持的观点是对立的，一方说是，另一方说不是，立场十分明确。解决这类辩题的重点，就是分析其特征，然后建立起逻辑框架和理论与事实的依据。

例如：

避免人才外流是政府的责任／避免人才外流不是政府的责任。

人生是一个快乐旅程／人生不是一个快乐的旅程。

保护弱者是社会的倒退／保护弱者不是社会的倒退。

钱是万恶之源／钱不是万恶之源。

高分是高能的体现／高分不是高能的体现。

网络爱情是真正的爱情／网络爱情不是真正的爱情。

人是生而平等的／人不是生而平等的。

(2)可否判断：辩题主要与社会相关，关键在于研究辩题主体的能力是否强大到影响另一事物的存在与发展。

例如:

法治能消除腐败/法治不能消除腐败。

经济发展能避免自然环境恶化/经济发展不能避免自然环境恶化。

儒家思想能抵御西方歪风/儒家思想不能抵御西方歪风。

社会主义市场经济能避免拜金主义/社会主义市场经济不能避免拜金主义。

网恋能成为婚姻的有效途径/网恋不能成为婚姻的有效途径。

文凭能够代表知识水平/文凭不能够代表知识水平。

这类辩题的难度在于,它不仅要研究透彻事物的本身特点,还要研究事物的能力——能力是不容易判断的,因为每个事物的能力都在不断地变化,很难把握。

(3)主次判断:辩题设定一个语境,要求辩手讨论两个因素的作用,并判断谁在这个语境中起到主要作用,谁起到次要作用。

例如:

社会秩序的维系主要靠法律/社会秩序的维系主要靠道德。

代沟的主要责任在父母/代沟的主要责任在子女。

实现男女平等主要应该依靠男性的努力/实现男女平等主要应该依靠女性的努力。

社会发展主要靠法治/社会发展主要靠德治。

(4)需求判断:辩题提出一个事物,并确立它的发展方向,要求辩手论证它在发展过程中,需不需要另一个事物。

例如:

个性需要刻意追求/个性不需要刻意追求。

发掘人才需要考试/发掘人才不需要考试。

企业发展需要无私奉献精神/企业发展不需要无私奉献精神。

市场经济条件下财政需要向企业输血/市场经济条件下财政不需要向企业输血。

"需要"这个词是该类辩题的关键所在,它限定了整场比赛的讨论范围。它潜在的含义,就是要求我们去分析主体的需求——主体的需求分析并不困难,却是我们极容易忽视的一个因素。

(5)可能判断:辩题提出一个宏观事物,要求辩手分析该事物的发展趋势,并论证是否可能导致一个结果的发生。

例如:

男女平等是可能实现的/男女平等是不可能实现的。

人类和平共处是一个可能实现的理想/人类和平共处是一个不可能实现的

理想。

　　生态危机可能毁灭人类/生态危机不可能毁灭人类。

2. 比较性辩题。

比较性辩题就是讨论 A 跟 B 哪个更重要。该类型辩题在内容上是你中有我,我中有你,各自在证明本方立场的同时,也必须证明对方立场的部分合理性。在形式上,可分为"轻重之辩""主次之辩""大小之辩"。其关键词为"更""主要"等。

　　例如:

　　诚信主要靠自律/诚信主要靠他律。
　　天灾比人祸更可怕/人祸比天灾更可怕。
　　生命诚可贵,爱情价更高/爱情诚可贵,生命价更高。
　　网络的发展对文学利大于弊/网络的发展对文学弊大于利。
　　男人比女人更需要关怀/女人比男人更需要关怀。
　　大学生参加选美比赛利大于弊/大学生参加选美比赛弊大于利。

3. 因果类辩题。

因果类辩题就是讨论事项之间相互关系是什么,也就是厘清两者间的因果关系,或探讨相同条件下,何种变因造成的变量更大。

　　例如:

　　经济发展和环境保护可以并行/经济发展和环境保护不可以并行。
　　社会秩序的维系主要靠法律/社会秩序的维系主要靠道德。
　　温饱是谈道德的必要条件/温饱不是谈道德的必要条件。
　　时势造英雄/英雄造时势。

4. 政策性辩题。

政策性辩题就是辩论是否应通过一个新的政策或行动方案,譬如:春运火车票要不要涨价。一般从需求性、根属性、解决力、损益比四个方面去衡量。

所谓需求性就是相关方面是否有这个问题需要解决,即这个政策所要解决的问题到底存不存在,需不需要为此出台政策;根属性就是讨论这个政策和这个问题是否有关,是否具有属性上的联系;解决力即讨论采用这个政策能否解决这个问题;损益比即探讨从经济角度考虑,采用这个政策是否会带来损失以及效用如何。

　　例如:

　　中国政府应进一步提高最低工资标准/中国政府不应进一步提高最低工资标准。
　　中国当前应当推行房产税/中国当前不应当推行房产税。
　　中国社会应接纳"高调行善"/中国社会不应接纳"高调行善"。
　　当今中国应征收"拥堵费"/当今中国不应征收"拥堵费"。

大学生短期支教利大于弊/大学生短期支教弊大于利。

中国应该降低法定结婚年龄/中国不应该降低法定结婚年龄。

同性恋应该受法律保护/同性恋不应该受法律保护。

(二)确定最佳立论

辩论是由立论和反驳两个基本环节构成的,其中立论就是为了证明己方的基本立场,它是反驳的基础和必要的阶梯。辩题被明确无误地确认后,参赛队员就可以根据辩题,找到最佳立论角度,对辩题范围进行限定或拓展,使总论点不仅观点正确,旗帜鲜明,而且攻辩时能破对方任何的立论,守辩时能抵挡对方的任何攻击。能不能确立这样一个总论点是一次论辩成败的关键。因此,辩论中如果没有必要的立论,反驳就会显得强词夺理,苍白无力。辩论中如果自己的立论不稳,自然会被对方攻击得只有招架之功,更谈不上对对方的攻击了。可见,立论的好坏直接关系到辩论的成败。

辩论中的立论战术有如下几种:

1. 运用严密的逻辑思维构建理论框架。

辩论是表述思维结果以说服对方的过程。思维的品质和水平,很大程度上制约着辩论的质量。就立论来说,严密的逻辑思维是构建理论框架的必要条件,立论时,应力求坚实、严谨,不给对手可乘之机。

例如:

第三届亚洲大专辩论会有一辩题为《儒家思想是不是亚洲"四小龙"经济快速成长的主要推动因素》,南京大学(以下简称"南大")持反方。为了说明儒家思想不是主要推动因素,南大对"儒家思想""亚洲'四小龙'经济快速成长""主要""推动因素"四项词组进行了剖析,发现辩论双方争论焦点肯定会在"主要因素有多个,儒家思想是其中之一"。于是,南大把"主要因素"界定为必须是具有总揽全局功能这一点上。这样一来,南大总论点的方向便明朗了:儒家思想只是"四小龙"取得经济快速成长的背景条件,而并非是一个主要推动因素,"四小龙"经济快速发展的主要推动因素是总揽全局的、正确而灵活的战略和政策。

由于立论准确,思维严密,再加上得当的战略战术,最后南大取得了比赛的胜利。由此可见,在立论中充分运用严密的逻辑来确立自己的论证体系,使立论在实践中既立得起,又防得住,才是比赛胜利的有力保证。

2. 提出全新的合理概念,破中求立。

立论时充分运用知识和智谋,在透彻分析辩题的基础上,突破对方立论的防线,提出全新的合理概念,往往能让对方措手不及,从而削弱对方攻击力,占据上风。

在一场辩题为"大学毕业生择业的首要标准在不在于发挥个人特长"的辩论赛上,反方发现,无论他们如何立论,都会被对方猛烈攻击,从而失利。于是,他们大胆提出一个新的观念:大学生择业复杂多样,没有也不应该有一个统一的首要标准。接着明确自己的立论:大学生应以个人的自我完善和社会的发展进步为择业方向。就这样,正方精心设计的立论从根本上被动摇了,结果自然是一败涂地。

3. 少下定义,多做描述。

辩论赛绝对不是什么真理越辩越明,如果我们在辩论中热衷于给每一个概念都下明确的定义,很可能会给对方提供许多意想不到的"炮弹"来"轰炸"我们,而且,把辩题和概念交代得太清楚了,辩论中也就没有了回旋的余地。所以在解释概念的时候,既要说出什么,又必须隐藏什么,这就是采用"描述"的方法来打掩护。描述也就是不揭示概念的本质涵义,只是从现象上来谈,甚至是用相近意思的话来论述。

在"法治能否消除腐败"的辩论赛中,正方面临的一个难题是怎样给"消除"下一个定义,"消除"的权威定义是"使不存在",如果同意这个定义,显然对正方不利;如果不同意,这个定义又实在太难驳倒,甚至很难防守。最后正方采用了这样的定义:法治能消除腐败,指的是法治的惩治、防范、监督、教育几种功能相互作用的动态过程。

在这种情况下,反方抓不住任何把柄实施攻击,反倒在枝节问题上作了大量的纠缠,最终输掉了这场比赛。

(三)搜集辩论材料

事实胜于雄辩。材料是证明论点、构成辩词的依据,是辩论成功的重要因素。因此,一旦论点确立,就要通过各种途径,搜集所需材料,并对材料进行分类、整理、加工。

1. 事理材料。

事理材料包括科学原理、法律条文、名人名言、谚语成语等。事理材料实际上最能反映辩手的素养,它既能强化论辩力量,在自由辩论中也能明辨真伪,不致落入对方陷阱。例如,在"人性本恶还是性本善"的辩论中,双方有这样一次交锋。

> 正方:哲学家康德主张,人不分聪明才智、贫富美丑,都具有理性。孟子认为人性本善,所以进一步又加了一句,每个人都有恻隐之心。而佛家说,一心迷是真身,一心觉是佛。
>
> 反方:我首先要指出的是,康德并不是性善论者。康德也说过:"恶折磨我们人类,时而是人的本性,时而是人的残忍的自私性。"对方不要断章取义。
>
> 正方:荀子说"无为则性不能自美"。说性像泥巴一样,塑成砖就是砖,塑成房子就是房子,这是无恶无善说啊,对方辩友。
>
> 反方:荀子也说过,后天的所谓善是在"注错习之所积尔",什么叫作"注错习之所积尔"呀?
>
> 正方:荀子说错了! 荀子说他看到什么是恶的,还是说没有看到善,你就说是恶。没有看到善是不善,不是恶,对方辩友。
>
> 反方:你说荀子错了就错了吗? 要那么多儒学家干什么?
>
> 正方:儒学就是来研究荀子到底说了性善还是性恶嘛。
>
> 反方:荀子明明白白告诉我们"人性恶,其善者伪也"。

双方围绕"人性本善"问题大量引用荀子的话进行针锋相对的辩驳,你来我往,唇枪舌剑,非常精彩。试想,要是某一方没有在事先做好准备,这样的交战是不可想象的。

2.事实材料。

事实材料就是与辩题有关的各种实事和数据,包括事实、数据、史实、亲身感受和经历等。事实不同于理论,它是客观的存在,经典的例证会使己方的论辩有理有据,给评委、听众留下深刻的印象,因此事实一直是制胜的重要武器。例如,在"生态危机是否可能毁灭人类"的辩论中,正方有下面一段辩词:

> 据资料统计,全世界每年有近两千七百万平方米的农田濒临沙漠化之灾,其中六百万平方米的土地沦为沙漠,就连海底也日趋沙漠化。请问对方辩友,如此巨大的土地消耗,地球究竟能承受多长时间?再请问对方辩友,失去了土地的依托,人类又如何保持自身的生存和发展呢?让我们再来看看生态系统的功能被破坏的严重程度吧:据统计,全世界每年有两百万平方米的森林遭到盲目砍伐,这已经造成全球性的"温室效应"……IPCC(政府间气候变化专门委员会)近年的报告指出,二氧化碳等温室气体的浓度将在2050年前后超过现行水平的两倍,这还没考虑人口增加的二氧化碳排放量啊……据统计,全世界每年有五万个物种濒临灭绝,是自然灭绝速度的一千倍……

正方使用大量的统计数字有力证明了生态危机给人类生存所带来的巨大威胁,虽然反方可以列举许多人类在保护生态环境方面所作的努力,但就这些事实本身而言是无法反驳的。再者,本题所要证明的是"可能"而不是必然,正方的数据无疑是极具震撼性和说服力的。由此可见,重视事实材料的搜集是非常重要的。

(四)合理编制方案

合理编制论辩方案,可以帮助辩手在赛前厘清论辩的思路,选准进攻角度,构建论辩体系的框架。论辩方案一般包括理解辩题、确立论点、辩论层次、逻辑框架,甚至预测对方的攻击点、重要论据,并设想化解对策。

同一团队的辩手既要各司其职又要注意协调合作,然后根据分工和方案撰写既具个性又具共性的论证框架及辩词,使整个辩论过程首尾相连,浑然一体。

例如,复旦大学辩手在赛前为"人性本恶"立场编制的论证框架。

一辩(逻辑分析):我方的立场是"人性本恶"。

1.人性是由自然属性和社会属性组成的。

2."人性本恶"是人性本来的、先天的就是恶的。

3.我们这个世界并未在人欲横流中毁灭,因为人有理性,人性可以通过后天教化加以改造。

二辩(理论分析):我方认为"人性本恶"基于如下理由。

1."人性本恶"是古往今来人类理性认识的结晶。

2."人性本恶"是日常生活一再向我们显示的道理。

3.人有判断是非的理性,能扬善弃恶。

三辩(事实分析):下面从历史与现实的层面进一步阐述我方观点。

1. 人类诞生之初,本恶的人性充分显示出来了。
2. "人性本恶",所以教化才显得重要,也相当艰巨。
3. 人类社会的演进过程是虚假的虚荣被剥去的过程。

四辩:"抑恶扬善"是我方确立立场的根本出发点。

1. 只有认识"人性本恶"才能正视历史和现实。
2. 只有认识"人性本恶"才能重视道德法律的教化作用。
3. 只有认识"人性本恶"才能调动一切社会教化手段,扬善避恶。

延伸阅读

一、经典一辩稿

辩题:人性本恶/人性本善。

(正方一辩)吴淑燕:大家好!哲学家康德主张,人不分聪明才智,贫富美丑,都具有理性。康德所主张的理性,便是孟子所说的良心。孟子认为人性本善,所以"见孺子将入于井",每一个人都会有恻隐之心。而佛家说,一心迷是众生,一心觉则是佛。正因为人性本善,所以人随时随地都可以放下屠刀,立地成佛。我方主张人性本善,便是主张人性的根源点是善的,有善端才会有善行。我方不否认在人的社会当中当然会有恶行,但是恶行的产生都是因为外在环境所造成的,所以恶是结果而不是原因。如果硬要说恶是因不是果,也就是如果说人性本恶的话,那么人世间根本不可能产生真正的道德。虽然英国哲学家霍布斯极力主张在人性本恶的前提之下人类如何形成道德。但是想想看,如果人性本恶,人类一切外在道德规范都是人类作为利己的最大手段。当道德成为手段时,道德还是道德吗?也就是说,人一旦违反道德不会受到任何处罚的时候,人就不会去遵守道德的约束了。深夜两点,我走在路上看到红灯,如果人性本恶就一定会闯过去,因为方便嘛。但事实不是如此,仍然有很多人会遵守交通规则。如果根据人性本善的前提假设,霍布斯认为必须有一个绝对的权威,无所不在地监督着每一个人履行道德规约。因为如果人性本恶,没有人会心甘情愿地去遵守道德规约。事实证明,人还是有善性,(时间警示)人还是有道德,人还是会有利他的行为。如果人性本恶,那么我们只有两种选择:第一个是活在一个"老大哥"无时无刻不在监督我们的世界当中;第二个是我们人类活的社会将是彼此不会互相信任。如果这样子的话,我们今天看到一个老太太跌倒了有人把她扶起来,人们便说这个人居心不良;而我们在这次辩论会当中所建立起来的友谊全部都是虚假的装腔作势。但是我们会发现,在人类历史社会当中,没有一个绝对权威的君主曾经产生过,但是舍己为人的事实却不断地在发生。而在生活当中,为善不为人知的生徒小民更是比比皆是。特蕾莎修女的善行,大乘佛教中所说的"众生有一人不得渡,则已终身不作佛"的慈悲宏愿,难道不是人性本善的最佳印证吗？（时间到）谢谢！（掌声）。

主席：谢谢吴淑燕同学。接下来我们请反方第一位代表姜丰同学表明立场和发言，时间也是三分钟。（掌声）。

（反方一辩）姜丰：谢谢主席。大家好！我先要指出一点的是，康德并不是一个性善论者。康德也说过这样一句话："恶折磨我们人，时而是因为人的本性，时而是因为人的残忍的自私性。"对方不要断章取义。另外，对方所讲到的种种善行，讲的完全是后天的，又怎么能够证明我们命题当中的"本"呢？神话归神话，现实归现实。对方辩友，请你们摘下玫瑰色的眼镜看看这个现实的世界，就在你们陈词的这三分钟当中，这个世界又发生了多少战争、暴力、抢劫、强奸。如果人性真的是善的话，那么这些罪恶的行为到底从何而来呢？对方为什么在他们的陈辞当中，从始至终对这个问题避而不答呢？我方立场是：人性本恶。

第一，人性是由社会属性和自然属性组成的。自然属性指的就是无节制的本能和欲望，这是人的天性，是与生俱来的；而社会属性则是通过社会生活、社会教化所获得的，它是一种后天的。我们说人性本恶当然指的是人性本来的，先天的就是恶的。

第二，提到善恶，正如一千个观众会有一千个"哈姆雷特"，一千个人心目当中也许会有一千个善恶标准。但是，归根到底，恶指的就是本能和欲望无节制的扩张，而善则是对本能和欲望的合理节制。我们说，人性本恶正是基于人的自然倾向的无限扩张的趋势。曹操不是说过"宁可我负天下人，不可天下人负我"吗？路易十五说过："哪怕我死后洪水滔天。"还有一个英国男孩，他为了得到一辆自行车竟然卖掉自己三岁的妹妹。这些，对方还能说人性本善吗？

第三，虽然人性本恶，但是我们这个世界并没有在人欲横流当中毁灭掉，这是因为人有理性，（时间警示）人性可以通过后天的教化加以改造。当人的自然倾向无限向外扩张的时候，如果社会属性按照同一方面推波助澜，那么人性就会更加堕落；相反，如果我们整个社会倡导扬善避恶，那么人性就有可能向善的方向发展，这一点也不正说明了儒家思想所倡导的"修齐治平""内圣外王"是何等重要！对方辩友，如果真的是人性本善的话，那么孔老夫子何必还要诲人不倦呢？

今天，对方辩友所犯的错误就在于以理想代替了现实，以价值评判代替了事实评判。从感情上讲，我们同所有善良的人一样也是希望人性是善的。但是，历史、现实和理性都告诉我们：人性是恶的。这是一个事实。我们只有正视这个事实，才可能更好地扬善避恶。（时间到）谢谢各位！（掌声）

（摘编自《狮城舌战·首届国际大专辩论会纪实与评析》）

二、经典结辩稿

辩题：公众人物应不应该表里不一。

（反方三辩）黄执中：我现在坦白地说一个事情，马英九是个表里不一的人，因为他对外说他最爱的是台湾,而其实他最爱的是老婆。我们今天在谈表里不一,对方辩友告诉我人内心有邪恶,人当然有邪恶。从你小的时候,我们每一个人小的时候我们都是表里不一的人,因为我们很简单。我们不喜欢的东西就是坏的,我们喜欢的东西就是好的,拿到东西就我要,拿不到东西我就要哭。我的喜怒哀乐会很明白的写在脸上,因为我们那时候没有责任,父母会容纳我们,老师会包容我们,我们没有责任。等你慢慢地长大以后,就会发现这个世界没有那么简单。当你走出你的家门,进到社会之后,你会发觉:社会要你对它尽一些责任。你会在一路的跌跌撞撞当中,像对方所说的,有些话不能讲,有些事情不能做,于是就要把自己失意的东西藏起来。我内心觉得很嫉妒,对外我要说他得奖是很应该的。我内心有愤怒,有仇恨,可是我没有说。因为我知道,当我站在公众场合的那一刹那,我讲的话是要对全体负责的。可是,今天要辩论的是,讨论一件事就是我对内的这种感受,我是要承认它仍然存在还是我要告诉我自己,这些东西都是假的,其实我并不恨,我并不讨厌它,我并没有嫉妒,我没有,我没有。后者很恐怖,我不太能够理解。今天这场比赛谈的是个大原则,就是人的互相体谅。每个人都有七情六欲,在座各位都是。你每天都做什么呢?在座的各位,你的私生活中有很多东西不能给人家看,这是正常的。我的有些欲望不能给人家看,我们自己不会认为是很邪恶的。我们只是人,我们是用文明包装起来的野兽。可是当包装的时候不会用对方的语气。对方说包装的时候,他是嘲笑这个包装。对我而言,感谢我们人类还有这种包装。我们愿意彼此包装自己,所以我们才能很祥和的相处。我如果不愿意包装,那就只有两种可能,一种是我们每一个人努力地把自己 format,也就是把自己给格式化。让我的内心深处都跟社会上要我做的一模一样。可我不愿意。我为什么要牺牲我自己的喜怒哀乐。我如果有贪念,好,我知道,我不能够展露出来,我内心深处为什么不能仍然保持这种欲望?我如果真的有让我嫉妒或憎恨的事情,我见面还是会跟他去握手,会说我们仍然是好伙伴,一起努力打拼,可是我内心为什么不能够告诉自己我说,我其实真的很讨厌他。每个人都是这样子的。我们对外努力做个好国民,公众人物努力做个好榜样,像对方说的做个典范。我们做典范的功能就是我在面对社会的那一刻,我不要给社会不良影响。可是当我回来,我关起门,可不可以告诉我自己,我没有错,这不叫喜乐,每个人都是这样的。我心里有个小小黑黑的储藏室,我把自我放在里面,我并没有错,因为那是我自己。我拒绝告诉你说,我要因为社会的责任而把我自己的那部分全部倒掉。我不要把自己的储藏室清空,我不要让我的外头跟里头都被社会格式化的一模一样。谢谢大家!

(正方三辩)胡渐彪:其实坦白说,我很同情对方内心这种挣扎、这种苦痛以及对于有成就人士的妒忌。对不起,以上言论纯属从你口中说出来,我加以引述而已。对于你内心这种种的不满,我们都可以加以同情和了解,并且大度的包容,并且走近你鼓励你,开导你,但是,各位我并不能鼓励你表里不一。如果你真的是告诉自己我还要表里不一,换句话说,你正在主张的就是说我内里的妒忌、我的仇恨依然保持,可是外面我包装得好好看看,为什么呢,因为这个叫做给我保留一个属于我自己的空间去腐烂。各位,人的成长是什么?人的成长本来就是从坏走到好,人的成长本来就是从堕落走向前进,但是对方给的主张是什么呢?他告诉你说不要紧,公众人物,你反正走上台面了嘛,大家看得就是你表面的那种风光,那么内里就给了你一个属于你自己的空间,我爱怎么烂我怎么烂,表面上看来我好像是一回事,但是实质看来对于社会上的作用对方看到了吗?如果今天我们真的告诉大家,全世界都认为公众人物可以表里不一,那换句话说,我们今天在脑海中要想的是什么?唉!这个表现善良的艺人,到底他内里是不是大奸大恶呢?是对方说的嘛,公众人物就应该表里不一嘛!那我们这时候有另一个很大的问题:善良的人你应不应该当公众人物呢?要照你的理由来说,善良的人绝对不可以当公众人物,因为你越善良,你就越会为非作歹。你能接受这样的推论吗?要照你这样推论下去,越奸恶的人就越应该做公众人物。为什么呢?因为他越奸恶、他越表里不一,他做出来的事会越能够爱国爱民嘛!

各位,如果今天我们都鼓励大家说,我们应该接受表里不一,那我们今天就应该换一副眼镜来看台上的这些人。那个口口声声宣称要改革、拒贪腐的人,到底是不是真心诚意,是不是应该质疑他、挑战他、批判他,还是换一种人说:"啊,他做得真好,因为他表里不一啊!"面对这一个突然间退党说加入另一个党(的人),我们不应该去怀疑他到底骨子里头是不是贪图官位名利,我们应该说:"啊,他也许是表里不一呢?我们应该学习他。"照对方辩友这种逻辑理论推论下去,我们只有两个结果任你选择:第一,全世界,我们让奸恶的人来做公众人物吧,善良的人请退一边去,你愿意吗?第二个结果,我们依然不管,我们就让人自然在台上做他要做的公众人物,我们作为一个平民百姓,就满腹疑窦地一边在猜:到底这个人是真善良,还是假善良?这还是不重要,最重要是什么——啊,面对这个表里不一(的人),到底我是应该批判他,还是赞美他?因为按对方辩友这种说法,公众人物应该表里不一的话,那我们应该对他大肆赞扬才对。

各位,来到今天的时代,我们都说资讯发达,你我看到的东西越来越多。然则,我们最大的问题不是没有资讯,我们最大的问题是,我们搞不懂真相!如果我们今天主张告诉大家说,我们随时可以表里不一,没问题!那换句话说,对于那些满口谎言的人,我们应该怎么处理?面对他们口中说出来的话,我们要怎么去追究?因为你无从追究,因为你要追究的话,你就违反你自己的道德价值标度,那就是——今天的公众人物是不应该表里不一的。

说到这里,说回来,人总是人。我们今天都会有自己灰暗的一面,我们今天有自己不能解决的一面,但是,我们应该去改!而不是去盖!

谢谢!

(摘编自百度文库)

三、2001年第五届国际大专辩论会决赛实录

辩题:钱是/不是万恶之源。

正方:武汉大学。

反方:马来亚大学。

主席:各位来宾,各位观众,欢迎观赏由新加坡新传媒集团和中国中央电视台联合主办的2001年国际大专辩论会决赛。过去一个星期,经过了四场初赛和两场半决赛,今天脱颖而出的两支决赛队伍可以说是身经百战了。那么究竟哪一方会是本届大会的冠军队伍呢?我们将拭目以待。(掌声)

冠军队伍可以获得奖杯一座和现金奖一万元;亚军队伍得奖杯一座和现金奖五千元。大会也将选出一位全场的最佳辩论员,他可以获得奖杯一座和现金奖两千元。

好,现在给您介绍今天的交战双方。首先,坐在我右手边的是正方武汉大学队,相信大家已经对他们非常熟悉了。他们是一辩蒋舸,国际法系三年级(掌声);二辩袁丁,人文科学实验班四年级(掌声);三辩余磊,法律系研究生一年级(掌声);四辩周玄毅,人文科学实验班四年级(掌声)。好,那么坐在我左手边的也是大家非常熟悉的马来亚大学队的四位代表。他们是一辩陈勋亮,电气工程系二年级(掌声);二辩陈锦添,土木工程系二年级(掌声);三辩陈政靰,电气工程系三年级(掌声);四辩胡渐彪,中文系四年级(掌声)。

下来给您介绍我们今天的另一组关键人物,就是我们的五位评判团成员,他们由海内外的知名学者所组成。他们是许廷芳律师,许律师是本届大会的常驻评判之一(掌声);我们的另一位常驻评判、教育工作者赵令茂先生(掌声);时事评论家钟志邦博士(掌声);郭振羽教授,郭教授是新加坡南洋理工大学传播学院院长;(掌声)还有我们的海外评判、汉学家王健教授(掌声)。

各位观众,有句俗话说,"金钱不是万能的,但是没有钱却万万不能"。那么,有些人呢,在追求财富的道路上,或者是在获得了财富之后,本质会产生一些变化,可能是由善变恶。那么今天在这里交战的双方呢,就是要探讨究竟钱是不是万恶之源。那,作为正方的武汉大学队将极力告诉我们:钱是万恶之源;而作为反方的马来亚大学队的辩论立场是:钱不是万恶之源。

首先有请正方一辩蒋舸同学发言,时间是三分钟,请。

蒋舸:谢谢主席。各位评委,各位观众,大家晚上好。《圣经》中"失乐园"的故事和中国先贤孟子的教诲都说明了人之为恶并非本性使然,而是外在的诱惑使人迷失了自己的良知。那么,外在诱惑如此之多,为什么偏偏是钱成为了万恶之源呢?

第一,钱具有与任何商品进行等价交换的现实合法性。一方面,钱既是财富的象征,又是一般等价物。它具有无限的效力,因此能煽起人的无穷贪欲。但是另一方面,每个人对于金钱的占有又都是有限的,无限的欲望根本不可能得到满足。正是金钱这种效用无限性和占有有限性之间的矛盾,使它比其他任何物品都更能激起人心中的非分之想,从而使人迷失良知,坠入邪恶。

第二,钱不仅可以在商品领域呼风唤雨,而且可以使非商品也商品化。它不仅是物质财富的象征,而且成为精神价值的筹码。权力、地位可以用钱购买,贞洁、名誉可以公开出售,人性、尊严被待价而沽,甚至天理、良心也染上了铜臭之气。莎士比亚早就揭露道:金钱可以使黑的变成白的,丑的变成美的,错的变成对的,卑贱的变成尊贵的。正因为金钱具有如此混淆是非、颠倒乾坤的无边法力,它才成为了滋生种类繁复、数量极多的罪恶肆意蔓延的深刻根源。

第三,人对钱的崇拜还异化了人与钱之间的关系。钱本应是促进社会经济发展的一种工具,但在现实中,它却被人们当作顶礼膜拜的上帝。因为钱,人们迷失于这光怪陆离的物欲世界;因为钱,人们丧失了内在良知却还浑然不觉;还是因为钱,人生价值和人性尊严都被当作了牺牲品(时间警示)供奉到了拜金主义的祭坛之上。人创造了金钱,却又对自己的创造物顶礼膜拜。当钱从手段上上升为目的的时候,人就从主人沦落为了奴隶。诚然,是有人能在金钱面前保持清醒,但是这是因为他们主观上有道德良知的呼唤,客观上又受到社会规范的约束。正如我们不能因为有人对病毒免疫,就否认病毒是病的根源一样,我们也不能因为有人能在灯红酒绿面前洁身自好,就否认钱是万恶之源。钱作为工具,的确可以促进社会经济的发展,但问题就在于现实中,它已经被人们当作目的本身在看待。但是,当崇尚自由的人类精神已经被缚上了黄金锁链的时候,它还能自由飞翔吗?谢谢。(掌声)

主席:谢谢蒋舸同学。下来我们来听听反方一辩陈勋亮同学是如何破题立论的,时间是三分钟,请。(掌声)

陈勋亮:谢谢主席。大家晚上好。对方辩友刚才告诉我们,钱之所以是万恶之源,是因为她把钱等同于目的了。那我想请问二辩一个问题,我今天奉公守法地去追求钱,钱也可是我目的了,请问钱成为万恶之源吗?对方辩友告诉我,钱有时不是万恶之源,是因为有法律的制约。我想请问各位,法律是制约不赚钱,还是制约我们行为的准则呢?如果是制约行为的准则,那钱还是万恶之源吗?

接下来,且让我开宗明义,解释一下辩题的几个重要定义吧。钱其实是人类文明发展的产物,它是一个不具主动性的交易媒介。而恶则是一个价值上的破坏,行动上的破坏。而我们所谓的源,就是事情的起源和根本。《辞海》这本书就告诉我们,所谓的万恶之源就是一切恶的根源。而我们今天不想在辩论场上为了定义做这无谓和无休的争执,所以必须回溯原点。而我们知道,"钱是万恶之源"其实源自于英文的一个俗语,请恕我用英语来说:Money is the root of all evils. 这其实源自《圣经·提摩太》第六章第十节。他告诉我们,其实钱是一切恶之源。所以对方辩友要告诉我们钱是万恶之源,就得告诉我们,其实一切恶的根源是由钱导致出来的。我方认为:不是。因为钱根本就无法达至是万恶之源的两个特性:第一,它无法告诉我,钱如何全面性地涵盖一切恶源。第二,钱不能够具有源的根本性。如果对方辩友说,钱是根本的话,钱是万恶之源的话,那就请你解答我方以下的四大疑问。

第一,世间上的恶可是成千上万,难道用单一的钱就可以解释所有的恶吗?强盗杀人放火也许是为了钱,但难道今天家庭暴力、虐待儿童,甚至是种族大屠杀都是为了钱吗?

第二,今天钱的起源其实是错综(时间警示)复杂的,我们无法将它归类成一个共同的源头。我们知道独裁者排除异己,可能是为了钱,但难道他就不可以为权势、地位或是愚昧吗?可见,如果以钱作为万恶之源有以偏概全之嫌。

第三,萨特这位哲学家告诉我们,人具有自由意志,人有选择的权利,因此人必须为自己的行为而负一切的责任,我们不应该把一切的恶的罪行都怪罪于钱上。同样是钱,但是为什么君子求财却是取之有道,小人求财却偏偏喜欢偷盗呢?可见,关键根本就不在于钱吧!

第四,今天如果钱是万恶之源,为什么有人会用万恶之源来行善呢?陈六水先生创办了南大,而我们看各地的华人也在华东的大水灾时候慷慨解囊。如果钱是万恶之源的话,那么到底这个恶源(时间到)如何结出善行呢?谢谢各位。(掌声)

主席:谢谢陈勋亮同学。现在我们请正方的二辩袁丁同学进一步阐述正方的观点,时间是三分钟,请。(掌声)

袁丁:谢谢主席。大家好。对方同学有四大问题,可惜一个前提错了。他们告诉我说,《辞海》中,"万"是一切。可是我方也查过《辞海》,无论是《辞海》《辞源》,还是《说文解字》,"万"从来就没有一切的意思。对方同学用的是不是盗版呢?不过盗版也是钱造的恶呀!(笑声、掌声)对方同学,我们再举一个例子,我们说一个人经历了千辛万苦,是不是说他要经历一切的苦呢?那这个人肯定不是男人,因为男人再苦也没有受过女人生孩子的苦;不过他也肯定不是女人,因为女人再苦,也没有受过男人怕老婆的苦。万是一切吗?(掌声)

其实,钱是万恶之源,就是说钱能够产生数量极多,而且品种繁复的恶行。这一点,历史早有明证。

想当年,罗马帝国雄踞一方,征服给帝国带来了荣耀,也带来了源源不断的财富。但是很快,原本纯朴的罗马人就拜倒在金钱的脚下,沉迷于声色犬马的放荡之中,而帝国终于也在这种腐朽和堕落中分崩离析。中世纪时,天主教徒也曾一度以洁身自好而骄傲,但是金钱的魔力终于还是突破了道德信仰驻扎的地方。为了钱,教皇约翰二十二世居然公然为世上的罪行标上了价码。你犯了偷盗的罪吗?没关系,只要三个金币就可以不受惩罚。你犯了奸淫的罪吗?不要怕,五个金币就可以高枕无忧。即便你犯了杀人的罪,也没什么大不了的,只要七八个金币就可以保证你的灵魂照样上天堂。《圣经》里说,让有钱的人入上帝的国比让骆驼穿过针眼还要困难。然而在利欲熏心的人看来,这却是天堂大门朝南开,有德没钱,您就别进来。(掌声)

到了近代,社会进步的阳光普照大地,然而金钱罪恶的阴影却依然挥之不去。因为钱,热爱自由的美国人却迟迟不肯把自由给予黑人奴隶;因为钱,标榜平等的荷兰人却要强迫殖民国家和他签订不平等的条约;还是因为钱,高唱博爱的法国人却偏偏忘了把爱给予终日劳作、却依然食不果腹的数万童工。

事实胜于雄辩。(时间警示)一部西方文明发展史就这样清清楚楚地向我们表明了金钱化神奇为腐朽的巨大魔力。

无独有偶,在东方,无论是古巴比伦王国,还是阿巴斯王朝,不都是由富甲一方走向了荒淫颓败吗?而在中国的传统社会中,一个满腹道德文章的读书人,其最高理想却也不外乎"学成文武艺,货与帝王家"。这已经是赤裸裸地把人生看作一场金钱的交易了。因而才会有"三年清知府,十万雪花银"的民谣。当金钱的魔力使人把羞耻之心和报国之志都抛诸脑后的时候,我们还能说钱不是万恶之源吗?我们已经不再费解,为什么一个文明古国却会数千年都深受腐败之害。

古人云:"以史为鉴,可以知兴衰。"面对着东西方的历史,我们不禁要问:金钱,究竟有多少罪恶由你而生,究竟有多少盛世由你而亡?谢谢大家。(掌声)

主席:谢谢袁丁同学。下来我们来看看反方的二辩陈锦添同学是如何反驳正方观点的,时间是三分钟,请。(掌声)

陈锦添:谢谢主席。大家好。一颗苹果,你不管再怎么切它终将也只能是一颗苹果。今天对方似乎为我们举了很多种的"恶",但其实就只有一种,那就是贪钱。而世间的万恶真的就只有贪钱一种吗?而今天对方说,今天"万"不叫作"全"。那我想问对方辩友,今天我说"你万万不可同意我的立场",是不是说,你大部分时候不同意,偶尔可以同意一下呢?(掌声)而今天对方主辩的逻辑很有趣。他今天告诉我们,因为对金钱的追求是无限的,而对财富的占有却是有限的,所以金钱就是万恶之源了。那既然我说,我对道德的追求也是无限的,可是我所拥有的道德也是有限的,所以道德也是万恶之源吗?(掌声)照这样的逻辑,今天健康也是万恶之源,今天,爱情也是万恶之源了。(笑声、掌声)

Ok,继续阐述我方立场。我方认为钱不是万恶之源。为什么呢?因为钱无法全面性地涵盖世间所有的恶。根据人类学的研究,我们知道恶的形态主要分为四大类,而其中有三大类就跟钱完全没有关系,另外一类,对方已经帮我说了。我们说,信念极端之恶。1995年,在东京的地铁站发生了毒气泄漏的事件,造成十二人死亡、五千五百人受伤进入医院治疗的结果。我们更看到，十字军东征的时候，不只是成年人受伤害，很多无辜、手无寸铁的妇人和小孩躲在教堂里面，结果被活活地烧死。我们看到这种死伤流血最多，死的人也最多的案例，难道不在对方所谓的万恶里面吗？如果在万恶里面的话，那跟钱到底有什么关系呢？请对方待会儿稍微浪费一点时间为我解释一下。

我们看到情欲的过分宣泄。在美国有这样的一个案例，有一个妇女趁她丈夫熟睡的时候，竟然用西餐刀狠狠地把她丈夫的子孙根给切下来了。我们说这种惨案的发生，到底是因为（时间警示）家用给的少，还是因为仇恨呢？我们更看到，有一个痴心汉，因为他的女友另结新欢，结果，他就把他的女友分尸。这个恶的导因到底是他内心本来的这种憎恨，还是他的女友没有给他分手费呢？（笑声、掌声）

我们更看到，价值的非理性违反。我们知道，今天不忠、不孝、不仁等都是恶。可是我们看到，吴三桂让清兵入关，他为了是陈圆圆，而不是美元。（笑声）如果你走在路上，你看到一只狗，你踢它一脚，你看到一只猫，你踩它一下，到底这是因为你有暴力倾向，还是因为那只猫或那只狗欠你钱呢？（笑声、掌声）

所以我们知道，今天综上所述，世间的很多恶决定都不在于钱，钱不能引导恶的出现。钱到底能是万恶之源吗？如果真的是万恶之源的话，请对方解释以上种种的恶到底跟钱有什么直接的关系。谢谢。（掌声）

主席：谢谢陈锦添同学。下来我们请正方三辩余磊同学对正方的观点做进一步地补充，时间是三分钟，请。（掌声）

余磊：谢谢主席。对方同学的问题我会一一解答，请不要着急。首先，对方二辩告诉大家，"万万不可"表明的是一切的意思。您搞错了。"万万不可"的"万"字是一个副词，我们今天说的"万恶之源"的"万"字是一个形容词。您把副词和形容词来做类比，是不是叫作"把马嘴安到牛头上"呢？（掌声）对方同学今天要我方解决的第一个问题是邪教。可是您知不知道，您举的那个麻原彰晃的例子，麻原彰晃的一根头发卖给他的教徒要卖三万日元，一杯洗澡水要卖五万日元，他嘴上不说，心里想的还是钱哪！（掌声）其次，对方同学谈到了家庭暴力。让我们想一下，家庭暴力大多数是男人打女人。男人打女人时候说什么？"我辛辛苦苦赚钱养家，你还不好好伺候我！"还是钱！（掌声）第三点，对方同学还谈到了仇恨。让我们想一下，仇恨是什么？中国人说杀父之仇，夺妻之恨。可是现在有的人没有钱可以卖老婆，有了钱可以出卖自己的父亲，还不是仇恨吗？最大仇恨都是由钱而引起，对方同学还能否认钱是万恶之源吗？（掌声）第四点，对方同学还提到了吴三桂，他说吴三桂是为了陈圆圆。这样的借口对方同学能相信吗？如果吴三桂真的是为了陈圆圆，他在清兵入关之后已经作了云南王，陈圆圆也已经到手了，为什么还要做皇帝呢？还是为了钱哪！对方同学以上种种例证都不能证明，如何否认我方观点呢？（掌声）

刚才我方二辩已经从东西方的历史给大家证明了钱是万恶之源。现在,再让我们来看看这个现实的社会。我们可以看到,在政治领域,因为对金钱的崇拜导致人们对权力的追逐,而一旦获得权力,又以权力为工具来攫取金钱,从而形成了对方同学深恶痛绝的权钱交易;在经济领域,由于金钱的巨大魔力,导致人们违背自己的天理良知去(时间警示)制造假冒伪劣产品,牺牲自己的恻隐之心来打击竞争对手,甚至在面对冰冷的绞刑架时,依然能够表现出飞蛾扑火般的莽撞与冲动;在日常生活领域,同样因为钱,一些人可以杀人放火、抢劫绑架、拐卖人口、贩卖毒品,这些活动,哪一样没有深深地打上金钱的烙印呢?面对金钱造成的骇人听闻的一切,如果对方同学还能告诉大家钱不是万恶之源的话,我只能用巴尔扎克的一句话来与对方共勉:金钱无孔不入地渗透到我们的社会当中,它控制了法律,控制了政治,控制了经济,控制了道德。当我们的一切为金钱所控制的时候,我们将何去何从?谢谢各位。(掌声)

主席:谢谢余磊同学。现在我们请反方三辩陈政鞉同学发言,时间是三分钟,请。(掌声)

陈政鞉:谢谢主席。第一,对方要我说,"万"是一个副词,还是形容词。那形容词可多得很哪!什么叫"万全之策,万无一失"?什么叫"万有引力,万物之灵"呢?这些"万"难道不是指全部,难道是指有例外吗?第二,对方今天逻辑点其实很简单:因为钱有诱惑力,所以钱就是万恶之源。可是我们知道,女性的美对男性来说也有一种无限的诱惑力。难道男性侵犯女性的时候,我们可以说女性的诱惑力、女性就是万恶之源吗?(掌声)第三,对方从一辩到三辩都告诉我们种种关于恶的类型,其实总结一句,就只有一个贪钱而已。但是贪钱,恶在于贪,还是在于钱呢?如果说恶在于钱的话,那么我告诉你,人类不只贪钱,还贪吃,贪喝,贪睡觉呢。那么,食物、睡觉本身难道又是万恶之源吗?(掌声)第四,对方今天谈万恶之源,但是谈来谈去总是漏了一些,包括种族屠杀、宗教冲突、恐怖主义、社会暴力等。对方的"万"来"万"去,为什么就不谈这些流血最多、伤亡最重的恶行呢?对方这种以偏概全的立论能够被大家接受吗?

我方认为,钱和大多数的恶都没有关系。但是以根本性而言,即使跟钱有关系,钱也未必是恶的必然导因。第一,以钱为目的,未必就让人去行恶。同样是追求金钱,有人奉公守法,安分守己;有人作奸犯科,不择手段。关键不在于钱,而在于人追求钱的方法和手段。今天,主办当局设定一万元的冠军奖金,难道是诱惑我们去行恶吗?(掌声)追求金钱不是恶,不择手段追求金钱那才叫是恶。第二,以钱为手段就未必导出恶的结果。如果说钱是万恶之源,大家想一想看,恶的根源为什么会结出善的果实呢?今天我以"万恶之源"来奉养我的父母,今天慈善机构都会以"万恶之源"来救苦济贫,新加坡政府更以"万恶(时间警示)之源"来建设国家,这难道是在行恶吗?可见不是噢!那么对方是不是已经默认了,其实是人的行为决定了钱的善恶。那时钱还怎么可能是万恶之源呢?(掌声)第三,以钱的本质而言,钱没有主观能动性,钱是一个没有意识、没有生命力的东西。对方把一切罪行都归在于钱,这对钱公平吗?那小偷就会说:"哦,我偷钱的时候,不要怪我,不是我本身有贪欲,而是钱太吸引我了,要抓抓钱,不要抓我啦。"(掌声)这样子不负责任,能够被大家接受吗?第四,恶的出现在先,钱的出现在后。请问大家,在原始人的时代,在还没有钱的出现的时候,他们饿了就杀掉同类,性欲来了就侵犯异性。这样子的恶又是什么钱导致出来的呢?因此,恶在先,钱在后,钱又怎么可能是万恶之源呢?谢谢大家。(掌声)

主席:谢谢陈政鞡同学。那么究竟钱是不是万恶之源呢?我们稍后再请双方代表继续辩论这个问题。观众朋友,我们稍后见。(掌声)

主席:观众朋友,欢迎继续收看2001年国际大专辩论会大决赛。现在呢,又是双方辩友施展辩才的时刻了,马上要进行的是自由辩论。在自由辩论当中,各队都有四分钟的发言时间,必须交替发言。我们先从正方开始,请。

周玄毅:对方三辩刚才谈"贪",请问"贪"字怎么写?上面一个"今",下面一个"贝"。"贝"是什么意思?还是钱嘛!我请问对方辩友一个你也很熟悉的问题,请不要回避。请问印尼前总统苏哈托,是什么力量使他个人利益和集体利益不可以两全的呢?

胡渐彪:是他个人的贪念。我想苏哈托不会说,由于是钱的诱惑,我个人无罪吧。我倒是对对方一辩提出的整个立论架构很有兴趣。她说今天人为恶不是本性使然,是钱诱惑他的。那我想请问对方辩友,那钱还没发明之前,世界上有没有万恶呢?

余磊:原始社会到底有没有恶,伦理学尚有争议。但是没有争议的是什么呢?钱产生之后,恶的种类、恶的形式更是一日千里,突飞猛进,犹如"黄河之水滔滔来,奔流到海不复还"哪!(掌声)

陈政鞡:对方认为在原始社会钱还没有出现的时候,那种伦理还有争议。真的是有争议吗?难道肚子饿了就杀掉同类,性欲起来就侵犯女性,这种罪恶还叫作"有争议"啊?

袁丁:这叫作"动物性",根本就不是人的善恶嘛。对方同学刚才对苏哈托的问题,告诉我们是贪念,贪什么呢?贪钱。我再请问您,又是什么力量使得色情网站如洪水猛兽一样打击各国原本纯朴的本土文化的呢?请正面告诉大家吧。(掌声)

陈勋亮:其实对方辩友是告诉我,人在钱还没有出现之前,是兽性。也就是钱还没出现之前,人根本就不是人,人是动物。这样的逻辑大家可以信服吗?(掌声)

蒋舸:对方没有回答我方二辩的问题。那我还要请问您一个熟悉的问题了,是什么力量使得马来西亚的球员在联赛中愿意把球往自己的球门里面踢呢?

胡渐彪:一场辩论赛,我们说要讲事实,摆道理。对方辩友空摆事实,不讲道理。您的立论明明告诉我们,人的本性根本没有恶这一回事,那是你的立论基础,为什么你又告诉我,人有动物性这种恶的本因呢?

余磊:动物性等于恶吗? 请大家想一下。对方辩友看到一只老虎吃兔子,会告诉大家这个老虎多么的恶。这个恶是我们社会评判的标准吗? 对方辩友善恶的观念根本就是界定错误嘛。(掌声)

陈锦添:我想请问对方辩友,对方说人没有恶的本性,那请问,贪婪是不是恶的本性? 是不是人的本性呢?

袁丁:我方已经说了,连"贪"字下面都有个"贝"字,那不是表示对钱的贪欲吗?(掌声)对方同学请你告诉我们,马来西亚的球员为什么要把球往自己的球门里踢? 对方同学恐怕不是不知道,那是因为赌球,赌球是为了什么? 为了钱!

胡渐彪:有一个"贝"字,就是为了钱。那我们今天"辩论员"的"员"字下面也有一个"贝"字,你是说我们大家都是贪钱的人喽?(掌声)

余磊:首先告诉对方同学,在中文的语言当中,目前的文字当中没有一个"贝"字。还要告诉对方同学,对方同学说,今天的奖金有一万元,我们会不会去贪呢? 我们不会,因为我们受过教育。而且还要提醒对方同学,在这种情况下根本就没有恶的存在。没有恶的存在,对方同学还要讨论恶之源,是不是叫作"没有牙齿的老太太嚼牛筋——白费口舌"呢?(掌声)

陈锦添:对方说到教育,我倒想问对方一个问题,今天你是教育人,还是教育钱呢?(笑声)

周玄毅:对方同学,您的四辩告诉大家说,我方不谈逻辑,光谈事实。可是事实您一个都没有解决呀! 您不愿意说赌博的问题,那好,我们就谈谈毒品犯罪。请问您,毒品犯罪背后的推动力量究竟是什么?

陈政靸:如果要谈事实的话,我想人类最悲剧的一个事实就是在南京大屠杀的时候。请问南京大屠杀的时候,日本人踩躏我们的中华女性的时候,他是为了钱而这样子做的吗?(掌声)

余磊:按照对方辩友的观点,日本人侵略亚洲各国,为的不是经济利益,为的是建立"大东亚共荣圈"。这样的借口,我们能接受吗?(掌声)

陈勋亮:对方辩友别忙着扣帽子。如果经济发展就是万恶之源的话,那新加坡经济蓬勃发展,不是把恶之源给堆得越来越多了吗? 对方辩友,请你回答我方的一个例子吧,如果钱是万恶之源,那到底钱跟东京的毒气案件有什么关系呢?

周玄毅:论经济发展,新加坡的确做得很好。可是日本的经济发展比新加坡做得更好啊! 他还不是一转脸就变说,反正我现在有钱了,我根本就不承认

我侵略了东南亚各国啊!(掌声)

陈锦添:日本侵略,经济发展,是不是恶呢?

蒋舸:我方刚才已经说得很清楚了。关于日本的问题,那日本现在还给了慰安妇一点钱,就说他们是自相情愿。那么对方辩友,有一点钱就敢于把自己的恶都否认了,恶而不自知,恶莫大焉。

胡渐彪:对方辩友说到日本人篡改历史,我就一肚子气。我想请问,这种不顾事实,掩盖历史的现象,这种恶是钱带来的吗?(掌声)

余磊:这叫钱多烧得慌,冲昏了头脑啊!对方同学,毒品的问题,请您告诉大家,是什么让毒犯舍得一身剐,敢把毒品扶上马?

陈政鞀:如果说钱多冲昏了头脑,我再问对方一个现实的例子,日本人在砍杀一个人头的时候,他得到多少报酬呢?他在强奸一个少女的时候,他得到多少佣金呢?你告诉大家,是野性,是兽性,还是钱呢?

袁丁:按照对方同学的说法,是不是说他砍了一个脑袋,得到了一些钱,这个恶就不叫恶了?日本人可是这么说的,他说我愿意赔钱,只要你不再要我道歉了。

陈勋亮:请你们看,其实对方辩友来来去去还是谈一个例子,就是贪钱的例子。请问,今天我们贪的就只有钱吗?我方问了,色情的罪恶是不是万恶之源?我想请问对方辩友,到底强奸是不是包括在万恶内呢?

余磊:中国人说"万恶淫为首"。但是现在有了钱可以大摇大摆出入"红灯区",还认为是风流快活。对方同学,把不道德的变成(时间警示)道德的,把不合法的变成合法的,还不能说明是万恶之源吗?(掌声)

胡渐彪:说到"万恶淫为首",就要让我想到性侵犯。美国根据调查,每三位妇女就有一位曾经面对过性骚扰。请问各位,这和钱有什么关系呀?

袁丁:可是我也知道,美国现在每两分钟就有一次抢劫案,每三分钟就有一次盗窃案哪!(掌声)

陈勋亮:所以对方辩友说得好啊,又有抢劫案,又有强奸案。为什么今天你的万恶之源导致部分的恶呢?部分的恶等于万恶吗?请你论述一下吧。(掌声)

余磊:很简单嘛,对方同学"万"字概念界定错误。我方已经重申过四遍了呀!

胡渐彪:对呀,这个界定本身就是不看原典。请问你知不知道,这句话原典是来自《圣经·提摩太》第六章第十节呢?

周玄毅:我可以告诉您中文的原典在哪里?在这里。(举起《汉语大辞典》)《汉语大辞典》中,"万"字一共九种意思,没有一种是"一切"。请对方辩友自己去查。(掌声)

胡渐彪:对方辩友(时间警示)把今天这个辩题断章取义,你只告诉我是一

个"万"字,不是"万恶之源"。成语、谚语、《辞海》也告诉我们,"万恶之源"所指是一切恶的源哪!(掌声)

蒋舸:对方辩友,刚才我方的问题您都不愿回答。其实贩毒是冰山一角,现在全世界的有组织犯罪,还有偷渡、卖淫、造假、洗钱、走私,请问其中哪一种不是为了钱呢?

陈锦添:毒贩有罪,还是钱有罪呢?(笑声)

袁丁:对方同学知道为什么毒贩都抓不到吗?因为有官员腐败。请问腐败是不是为了钱呢?(掌声)

陈勋亮:对方辩友没有回答我方问题,到底是毒贩有罪,还是钱有罪呢?

余磊:毒贩不是为了钱,难道是还为吸毒者服务的吗?他干脆无偿大派送好了。(笑声、掌声)

陈政靰:按照对方逻辑,那么一个强奸犯强奸一个女人,是强奸犯有罪,还是那女人有罪呢?(嘘声)

余磊:对方同学今天的兴趣怎么只在强奸上面?(笑声、掌声)世界上那么主要的恶,您视而不见哪!

胡渐彪:所以对方辩友今天看万恶只看抢劫。强奸他们就认为不是万恶,那是大善吗?

袁丁:强奸当然是恶。可是我已经说了,现在有人有了钱就可以进"红灯区",连强奸都算不强奸了,这是不是恶呢?(笑声、掌声)

陈锦添:如果强奸对方不能回答,那我就问你,校园枪杀案是不是说,杀了一个人我就可以得到很多钱呢?

余磊:因为新闻媒体播放暴力片,让天真无邪的孩子心灵(时间到)受到了蒙蔽。对方同学……

主席:谢谢……

余磊:不是为了钱吗?(掌声)

主席:谢谢。对不起,时间到。

陈勋亮:那请对方辩友给我们解释一个事实的例子,美国校园枪击案,到底跟钱有什么关系呢?

陈锦添:今天破坏公物也不是为了钱嘛,可是破坏公物到底是不是恶呢?

陈政靰:从波黑战争到以色列的种族屠杀,这种种族屠杀难道跟钱有关吗?那么给了他钱以后,这种屠杀难道就不会存在了吗?

胡渐彪:对方辩友也说"万恶淫为首"。那性侵犯和钱有什么关系?请您论证。

陈勋亮:如果钱是万恶之源,那创造(时间到)钱的恶……

主席:谢谢。

陈勋亮:是谁呢?(掌声)

演讲与口才

主席：好，那么欣赏过了双方辩手紧凑的针锋相对，我们暂时来舒缓一下紧张的气氛。（掌声）

主席：好，各位观众，欢迎再次回到辩论会现场。现在呢，轮到双方的第四位代表做总结性的陈述，这可是一项举足轻重的任务。我们首先请反方代表，反方的四辩胡渐彪同学发言，时间是四分钟，请。

胡渐彪：谢谢。其实刚才一连串的争议都起源于对方一辩在开展命题的时候所犯下的几个关键错误。一开始他们弄了两个前提，用这两个前提开展他们的立论。第一，他告诉我们，今天所谓的"万"不指全部。但是对方辩友这一种用《辞海》断章取义，只看一个"万"字，不看"万恶之源"这四个字，是不是有点离题之嫌呢？对方辩友的第二个假定是告诉我们，今天人本身是没有恶性的。这个恶是从哪里来呢？是外在诱惑出来的。然后他们就告诉我们，钱怎么重要，怎么诱惑人做恶事。我想请问各位，真的是人没有恶的本性吗？请大家抚着自己的良心，人类本身的贪婪，人类本身的那种兽性是从哪里来的呢？如果钱是万恶之源，那钱还没有发明之前，这种兽性跟贪婪性为什么就突然间不叫作恶了呢？

根据这两个前提，他们开展出三个论点。第一个论点，他告诉我们钱本身现在能够等价交换，所以钱是万恶之源。那我想请问各位，为什么钱能够有等价交换这种高尚的能力呢？是因为经济发展。按对方辩友的逻辑，是不是要告诉我们，经济发展其实真的是万恶之源呢？第二个论点，他告诉我们，今天钱能够成为一个人的精神价值。但是这真的是一个必然判断吗？今天一个丈夫殴打他的老婆，本身可能是因为工作上不满意，可能因为情绪的宣泄，这和钱有什么关系呢？第三个论点，他告诉我们，今天钱本身是一个目的，是一个工具，因此是源。对方辩友其实这个已经有点阐述错误了，目的和工具不等于一个推导的导因。我们说目的和原因有什么差别呢？一者是说从哪里来，一者是说到哪里去。如果两者是等同在一起的话，那么目的和原因有什么差别。

对方辩友又告诉我们，今天钱本身是一个很重要的手段。钱是手段就说明它是一个中性的体，如果是中性体的话，我想请问各位，怎么还会突然间变成了万恶之源呢？对方提出了大量的例子，告诉我们说有很多人贪钱。姑且不论贪钱不贪钱的问题，我们只要看一看，这个贪钱本身只是众恶之中的一小部分，如何构成万恶？再者，如果我们说他里面的例子是贪钱的话，那么我请问各位，是钱是恶之源，还是贪是恶之源呢？对方辩友这种只看一半，不看另一半的做法能够让我们大家信服吗？

今天我们认为钱不是万恶之源，不是我们想为钱多说好话，而是想给钱一个确切的定位。我们看得到，有人为了钱确然去做恶事，有人为了钱也去做善事啊！今天我为了钱奉公守法赚钱，但是与此同时帮助国家成长，是善是恶呢？

如果这个万恶之源一时会推出善,一时又会推出恶,那它怎么还会是万恶之源呢?如果对方辩友告诉我们,钱能够推导出万恶之源,又能够推导出万善之源,那就是告诉我们,它有时是万恶之源,有时又不是万恶之源。那您是不是一半论证自己立场,一半论证我方立场了呢?(掌声)

我们姑且把那善的一半掩起来不看,我们效法对方辩友,只看恶的那一部分好不好?就算在恶的那一个部分,人类学家告诉我们,在社会上出现的恶,基本上可以包含在三个层面:第一个本身所说的就是极端(时间警示)的信念带来的恶;第二个就是非理性价值的违反;第三个就是非分之情欲。像邪教啊,恐怖分子啊,塔利班毁佛事件,甚至到南京大屠杀,这些恶和钱有什么关系呢?还是对方四辩想告诉我们,由于这些恶都没有钱涉及在内,所以他们就突然间不是恶呢?那我突然间恍然大悟,原来日本人哪,他们篡改教科书是有根据的,那个不叫作恶,因为没有钱涉及在内。就算我们今天把这三个部分没有和钱有关系的恶都撇开不谈,我们只看有涉及钱的恶好不好呢?有涉及钱又怎么样?代表钱是万恶之源吗?诚如刚才所说的贪钱,钱是恶,还是贪是恶?对方辩友把"一"当作"万"的推论方式能够论证万恶之源吗?在数学上,把"一"当作"万",本身就是一个推断错误;在逻辑上,以一当万,以偏概全,就不能够是一个有效的推论;在内容上,盖着一大部分,只看一小部分,就是以偏概全的诡辩,只看恶的那一部分,有关系到恶就当作恶(时间到)的源是来自钱……

主席:谢谢……

胡渐彪:重诡辩哪!

主席:谢谢……

胡渐彪:谢谢。(掌声)

主席:时间到。好,我们谢谢胡渐彪同学。再来请正方四辩周玄毅同学做总结陈述,时间是四分钟,请。

周玄毅:谢谢主席。大家好。的确呀,辩论是对于语言和文字的玩味。今天呢,我们也很欣赏对方四位同学玩味的能力。然而请问大家,玩味的前提究竟是什么?是对于基本的概念有一个规范,有一个标准。今天这样一本最权威的《汉语大辞典》中告诉大家,"万"字一共有九种意思,五种是名词,一种是数词,还有三种分别代表极大的、极度的、极多的。因此今天我方只需要证明,钱产生了这个世界上种类繁复、数量极多的罪恶,我方的观点就可以得到证明。而对方同学今天告诉大家,我方要证明钱产生了世界上一切的、微小的、琐碎的、细微的罪恶。这是不是有一点"纸糊的月亮当太阳——偷天换日"的嫌疑呢?(掌声)而且我还要提醒大家,《辞海》是一本辞书,而"万恶之源"是一个短语。一个短语居然能在《辞海》里面出现,这是不是有些奇怪呢?

总结对方同学今天的观点,其实无非是说恶源于人的内心,源于人的本性。

可是请大家想一想,什么才是人的本性呢?孟子说:"人性之善也,犹水之就有下也。"我们人都有是非、恻隐、恭敬、羞辱之四端,这才是本心,这才是本性。当心中有了恶念,就像是清澈的湖水里泛起了污秽。这污秽之源到底是湖水本身呢,还是外部的杂质呢?外在诱惑就是我们人心中的杂质,而金钱作为一般等价物,则是这种种外部诱惑的抽象化身,所以我们才说钱是万恶之源。

的确,是人类创造了钱,然而金钱的魔力使人们拜倒在它的脚下。当我们善良的本心被金钱所异化时,对方同学却把这被异化的本心当做了罪恶之源,这是不是有些欲加之罪呢?的确,金钱是人类的创造物,然而当我们发现这一个创造物能够购买到世界上一切的物质财富,染及人类最纯洁的灵魂时,它还仅仅只是一个创造物、一个工具那么的简单吗?当我们发现金钱反过来异化人的本性,奴役人的自由时,对方同学还能够否认钱是万恶之源吗?

事实胜于雄辩。今天,我们一起在历史中回顾了金钱如何腐蚀了强大的罗马帝国和中世纪的天主教会,这个时候对方同学告诉大家,钱不是万恶之源;我们一起在现实中看到走私、贩毒、战争、有组织犯罪如何是因为金钱而生,对方同学仍然告诉大家,钱不是万恶之源;我们一起看到了人类几千年的文明史都在对于金钱的追求之中,充满着血腥、暴力、仇恨与背叛,对方同学仍然告诉大家,钱不是万恶之源。

此刻,就在对方辩友侃侃而谈为金钱进行辩护的同时,我们不知道在金钱魔杖的运转之下,又有多少奸商一夜暴富,有多少暴徒铤而走险。我们不知道,有多少人正在用闪闪发光的黄金去引诱那些原本纯朴、善良的灵魂,又有多少灵魂在金钱的引诱之下一步一步走向堕落的深渊。面对着这一切的一切,我们不能不觉察到金钱光辉背后罪恶的阴影,(时间警示)我们不能不聆听到金钱喧嚣声中良知的呻吟。

是的,钱是万恶之源。然而,万恶之源本身并不是恶。只要我们发扬自身的理性和良知,在历史的天平上,钱仍然有自己应该有的位置,在这个恶之源,同样可以开放出美丽的善之花。

的确,总有一种力量能让我们迷失本性,那是金钱无所不能的魔力。然而,同时也有一种力量让我们返回本心,那是我们心中永恒不灭的人性之光。谢谢。(掌声)

主席:谢谢周玄毅同学。观众朋友,我们可以看出呢,双方的辩手都使出了浑身解数。那接下来的工作就要交给我们的评判团成员了。观众朋友,我们稍后见。(掌声)

(摘编自《创世纪舌战:2001国际大专辩论会纪实与评析》)

技能训练

一、观摩辩论赛现场或辩论赛视频

了解辩论赛赛制,分析辩论技巧,模仿练习。

二、设计一份辩论赛组织策划书

1. 举办目的和意义。

2. 确定辩题的方式。

3. 确定代表队个数。

4. 辩论方式(包括每队辩手人数)。

5. 评比标准和要求。

6. 评奖名额。

7. 组织策划单位。

8. 赞助单位及协办单位。

9. 邀请嘉宾和评委。

10. 比赛时间和地点。

11. 经费开支。

12. 其他事宜。

三、分析下列辩题

以小组为单位,分别从正方角度或反方角度对辩题进行界定和解释。

1. 宽松式管理对大学生利大于弊/宽松式管理对大学生弊大于利。

2. 大学生谈恋爱利大于弊/大学生谈恋爱弊大于利。

3. 发掘人才需要考试/发掘人才不需要考试。

4. 保护弱者是社会的倒退/保护弱者不是社会的倒退。

四、辩词设计

以小组为单位,各自设计正方或反方的一辩、二辩、三辩、四辩的辩词提纲,然后进行交流评析。

1. 中国应该推行电影分级制度/中国不应该推行电影分级制度。

2. 节假日高速公路免费开放通行利大于弊/节假日高速公路免费开放通行弊大于利。

3. 大学生短期支教利大于弊/学生短期支教弊大于利。

4. 春运网上购票利大于弊/春运网上购票弊大于利。

5. 传谣者应该承担法律责任/传谣者不应该承担法律责任。

6. 应该允许名人免试就读名牌大学/不应该允许名人免试就读名牌大学。

五、选择下列辩题,举行一次辩论赛

赛前以小组为单位进行审题、立论、搜集资料、制定战术、撰写辩词等准备工作,赛后进行互评和成绩评定。

1. 设立黄金周长假利多弊少/设立黄金周长假弊多利少。

2. 大学生应以学业学习为主/大学生应以锻炼能力为主。

3. 应该对女性就业实行保护/不应该对女性就业实行保护。

4. 年龄差距是爱情的绊脚石/年龄差距不是爱情的绊脚石。

5. 女大学生当全职太太是社会资源的浪费/女大学生当全职太太不是社会资源的浪费。

6. 宅文化让生活更精彩/宅文化让生活更颓废。

7. 电视相亲节目是对爱情的尊重/电视相亲节目是对爱情的不尊重。

8. 城市,让生活更美好/城市,让生活更糟糕。

9. 维系人际关系,主要靠互信/维系人际关系,主要靠互利。

10. 旅游景区物价应由政府调控/旅游景区物价应由市场调控。

11. 网上交友利大于弊/网上交友弊大于利。

12. 网络围观有助于社会热点解决/网络围观无助于社会热点解决。

项目七　社交口才训练

任务一　倾听技能训练

 任务导引

倾听是一种修养,更是一门学问。倾听的能力是一种艺术,也是一种技巧。人难以改变别人的想法,但是能够通过倾听赢得对方的心。用心倾听他人的声音,是对对方最好的关怀和体贴。倾听具有一种神奇的力量,它可以让人获得智慧和尊重,赢得真情和信任。每个人都可以通过耐心练习来发展这项能力。学会倾听是社交口才训练中的首要任务。社交过程中最受欢迎的人,不是那些能说的人,而是那些最善于倾听的人。要想做到在社交中侃侃而谈,游刃有余,我们不仅要会"说",更要会"听"。那么我们该如何去倾听别人的诉说呢? 倾听的时候要注意哪些方面呢?

 知识必备

一、社交口才概述

(一)社交

1.社交的含义。

社交指社会上人与人的交际往来,通常指二人及二人以上通过语言、行为、媒体等表达方式交流意见、情感、信息的过程。

社交是人类社会的普遍现象,一个人的社交是否成功,关键看他是否有社交能力。当今时代,经济和社会环境的变化使得人与人之间的交往显得更加重要。因为我们只有不断地与各类人员进行交往和信息沟通,才能不断地丰富自己、发展自己。

2.社交的基本的原则。

(1)尊重原则。

尊重包括两个方面:自尊和尊重他人。自尊就是在各种场合都要尊重自己,正确评价自己,维护自己的尊严,不要自暴自弃。尊重他人就是要尊重别人的生活习惯、兴趣爱好、人格和价值,欣赏他人。只有尊重别人才能得到别人的尊重。

社交的基础是人与人之间的相互尊重。要让对方感到他在你心目中是受欢迎、有地位的,人们对于真心喜欢、接纳并尊重自己的人,更愿意与之交往并建立和维持良好的关系。

(2)平等原则。

与人交往应做到一视同仁,不要爱富嫌贫,不能因为家庭背景、地位、职权、才能等方面原因而对人另眼相看。只要与人打交道,就应当平等待人,不能盛气凌人,不能太嚣张;要学会将心比心,学会换位思考,只有平等待人,才能得到别人的平等对待。

(3)真诚原则。

在社交活动中,应该以诚相待,只有这样,才能产生感情的共鸣,才能收获真正的友谊。没有人会喜欢虚情假意、夸夸其谈的人。在社交过程中,心理上和态度上都要热情诚恳,如实地向他人、社会公众传递真实可靠的信息。

(4)理解宽容原则。

理解是良好社交的必要前提。理解就是我们能真正地了解对方的处境、心情、好恶、需要等,站在对方的角度去理解和处理问题,并能设身处地的关心对方。善解人意的人永远受人欢迎。

在人际交往中,难免会产生一些不愉快的事情,甚至产生一些矛盾冲突。这时候我们就要学会宽容别人,不斤斤计较,在情感可以接受的范围内作某种程度的让步和调整。正所谓退一步海阔天空。"人不犯我,我不犯人。人先犯我,礼让三分"。要善于发现他人的价值,能容忍他人的不同观点和行为,在可能的范围内帮助他人而不是指责他人。人际交往要存大同,求小异。只要不违背原则,不损害人格和国家利益,恰当的宽容是需要的。不要因为一些小事而陷入人际纠纷,这样我们会浪费很多时间,也会变得自私自利,变得渺小。

(5)互利合作原则。

互利是人际交往的一个基本原则。它是指双方在满足对方需要的同时,又能得到对方的报答。心理学家发现,以互利为开端的人际关系,不仅容易确立良好的第一印象,而且可以缩短人与人之间的心理距离,使良好的人际关系迅速建立起来。人际交往永远是双向选择,双向互动。你来我往,交往才能长久。在交往的过程中,双方应互相关心、互相爱护,既要深化感情,又要考虑双方的共同利益,这是人际交往的常规策略。

3.社交的基本要求。

(1)礼貌待人。

人的潜意识里可能都渴求别人的尊重和赞赏。礼貌,是指人与人之间和谐相处的意念和行为,是对别人尊重与友好,更是一个人修养的体现。有人说,礼貌不用花钱,却能赢得一切,它可以帮我们解决人际交往中的很多问题。"谢谢你""对不起""请"这些礼貌用语,如使用恰当,会使你的语言充满魅力,使对方倍感温暖,对调和及融洽人际关系起到意想不到的作用。

(2)主动热情。

待人主动热情是成功社交的关键,很多人看起来冷若冰霜,对人、对事提不起劲头来,没有兴趣和热情,对朋友、对社交都会自动排斥,很多信息也会自动屏蔽,视而不见,听而不闻。缺乏热情是态度的问题。每个人到新的环境,都希望有一位热情好客的人给予自己温暖,主动热情的人更容易获得别人的信赖,在社交中获得成功。

(3)诚实守信。

与人交往要言而有信,遵守自己的承诺,说话务必算数,许诺一定要兑现,答应别人的事要认真去做,克服困难尽力做好。若确有特殊原因而失约,必须尽早向有关各方通报,如实解释,郑重致歉,主动承担损失。若根本就没有能力做到的事要礼貌拒绝,千万不要因为要面子或争强好胜而勉强答应别人的请求。若是答应了别人又办不到比不接受别人的请求更没有面子,而且是非常失礼的。在社会交往中,言而无信的人最终会失去大家的信任。

(4)遵守时间。

当今社会,人们的生活节奏快,"时间就是金钱"已经成为人们的一种共识。因此,在社会交往中,时间观念很重要。一个有时间观念的人永远非常受人尊敬,浪费别人的时间是对别人极大的不尊重,不违时、不失约是极其重要的礼貌行为。所以一定要树立严格的时间观念,约定的聚会或社交活动,应当准时或稍稍提前到达。如果确实不能如约到达,应提前通知主人,以便让他另作安排。

(二)社交口才

1.社交口才的含义。

社交口才是一种技能、一种艺术。它指的是人与人在社会交往活动中所表现出来的语言艺术或能力,即善于用准确、贴切、生动的口语表达自己的思想、意愿的一种能力。随着社会的不断开放与发展,人与人之间的沟通交往越来越频繁、密切,口才在社交中的运用也愈显重要。因此,社交口才是培养社交能力的重要一环,是最为神奇的公关"密码"。可以说,凡有口才的人都能出口成章,给人精明、睿智、风趣之感,他们必然会成为社交场合的佼佼者。

所谓"良言一句三日暖,恶语伤人六月寒""一句话可把人说笑,一句话也可以把人说跳"。在社会交往过程中,一个人拥有出众的社交口才,使人乐于倾听与接受,能使许多问题顺利解决。

2.社交口才的基本要求。

(1)目的明确,思路清晰。

社交过程中与人交流不应当随心所欲,应根据交流的对象和目的有针对性地准备相关的交流内容,选择适当交流方式,杂乱无章的交流会让人觉得摸不着头脑,很难达到目的。

(2)文明用语,彬彬有礼。

文明用语是一个人学识教养的体现,在社会交际过程应当相互尊重,尽量使用敬语,与人交流过程中要少用命令的口吻,多用商量的语气。

(3)掌握分寸,适时、适量、适度。

说话时应当把握适时、适量、适度的基本要求,在该说时说,在该止处止;适量既指说话的多少适当,也包括说话的音量适宜。应该指出的是,适量并不是都是少说为佳,适量与否应以是否达到了说话目的为衡量的标准。还应根据对象、环境、时间的不同,该多说时不少说,该少说时不多说。社交措辞要恰当,既不能过分热情,也不能冷漠待人,据不同对象把握言谈的深浅度,根据不同场合把握言谈的得体度,根据自己的身份把握言谈的分寸度。演讲者应当顾及听众的水平,讲话内容尽量通俗易懂;顾及别人的情感,不能伤害别人的自尊心,更不能冷落社会地位较低或者有自卑感的人。

3. 善于聆听,学会幽默。

倾听是一种了解别人的方式,更是一种与人交往的智慧。只有善于倾听才能真正做到有效的双向沟通。那些善于倾听别人意见的人总是宾客盈门、朋友众多,因为人们总是喜欢与尊重别人、平易近人的人交往。

幽默常会给人带来欢乐。确实,幽默有助于消除敌意,缓解摩擦,防止矛盾升级。具有幽默感的人,在日常生活交往中都有比较好的人缘,他可在短期内缩短人际交往的距离,赢得对方的好感和信赖。缺乏幽默感会在一定程度上影响交往。

二、倾听概述

(一)倾听的概念

倾听是指接收信息,确定其含义,并作出反应的过程,属于有效沟通的必要部分。狭义的倾听仅指凭助听觉器官接受言语信息,进而通过思维活动达到认知、理解的全过程;广义的倾听包括文字交流等方式。说到"听",人们往往想到的就是人的听觉器官对声音的生理反应,认为只要耳朵听到对方的话音,就达到了"听"的目的。其实,倾听不是用耳朵来听这么简单,倾听的内涵非常丰富。

1. "听"是用耳朵获取信息。

在古汉语中,听的写法为"聽"。从字面上分析,首先是偏旁中的"耳",指的是语言中的信息大多是通过耳朵获取的,语速、语气、语调的变化都能体现出一定的信息,捕捉这些微小的变化都要依靠耳朵。

2. "听"是全身心的感受。

仅仅用耳朵倾听是远远不够的,其他器官也要积极配合,共同捕捉和解读对方传达的信息。倾听还需要接受对方在谈话过程中表达的非言语信息。

3. "听"是以对方为主。

古汉语的"聽"字,在偏旁"耳"的下面有个"王",指的是在倾听的过程中,要关注对方,以对方为主。在部首右边,有个"四",这是"目"的异体写法,代表眼睛,指的是在倾听的过程中,一定要用到眼睛,通过眼睛和对方保持目光上的交流,传达一些微妙的思想和情感。观察对方的身体姿势,也能分析出一些有用的谈话信息。

4. "听"是内心的关注。

在"聽"字的右下方有一个"心"。听不仅仅需要外在器官的参与,更需要内心的关注,要用心体察对方的真实意图,这样才能明白对方话语的意思。

西方谚语说:"用十秒钟时间讲,用十分钟时间听。"中国也有句老话叫:"说三分,听七分。"可见在语言沟通中,"会听"甚至比"会说"还重要。在对财富排行榜五百强企业的一项调查中,59%的被调查者回答他们对员工提供倾听方面的培训。研究者还发现,良好的倾听技巧和工作效率之间存在着直接的联系,接受了倾听能力训练的员工比没有经过这项训练的员工工作效率高得多。

据说古希腊时期有一个年轻人,去向哲人苏格拉底请教演讲术。为炫耀自己,年轻人滔滔不绝地说了许多话结果,苏格拉底却让他交纳双倍的学费:"因为我应该教会你两门功课,一门是怎样闭嘴,另一门才是怎样演讲。"不善聆听的人,要讲好话是不可能的。

(二)倾听的基本原则

1. 听完整。

听完整,就是要耐心地听,要把说话者表达的内容从头至尾地听完,没有遗漏,不能断章取义,这样才能完整地把握信息。在听别人大段叙说时,要有耐心,要高度集中注意力,一般不要打断别人的说话,为了防止听有疏漏或者记忆有误,听的同时可以记下一些重要的内容。

2. 听明白。

听明白,就是要仔细地听,集中注意力,听清楚说话人的语音、语调、语气等,把说话者表达的意思明白无误地接受下来。听明白就是要正确把握说话者传递内容的主旨和说话意图,要抓住关键词语准确地筛选重要信息或者概括信息,分辨语境中词语的意义。否则就不能准确地理解说话者的意图。

3. 听深入。

听深入,就是对得到的话语信息既要能听出言外之意、话外之音,又要作出积极能动的心理反应。说话者的意图和目的是什么,要根据说话者所处的语境正确的判断。

> 五岁的布鲁诺第一次跟妈妈进幼儿园,看见墙上贴着许多儿童画,大声问道:"是谁画的?这么难看!"妈妈感到难堪,对儿子说:"这些图画画得多好呀!你偏说难看,这不对。"老师却听懂了布鲁诺的深层次意思,她微笑着说:"在这儿不一定要画多么好的画。你可以随便画你喜欢画的东西。"于是,一个真正的微笑出现在布鲁诺的小脸上,因为老师解决了他的问题,他知道即使画了难看的画,老师也不生气,可以安心待在这儿了。

这个例子出自美国心理学家金诺特所著的《父母子女之间》一书中。对于儿子的问话,妈妈仅是听懂了其表层意思,没有把握儿子的真正意图。老师则听懂了布鲁诺问话的深层含义,她根据儿童初次入学时的心理而答,说话有的放矢,再辅以"微笑"的体态语言,消除了布鲁诺的后顾之忧。

(三)倾听者的良好素质

在听别人说话的过程中,一位高明的谈话者往往能够体现出许多良好的素质。

1. 细心。

一个高素质的倾听者都有一颗细致的心,能够体察别人的感情;能通过说话者的语言和语气听出说话者言外之意。

2. 耐心。

耐性是高效倾听的基础。倾听者要能够长时间地听取别人零乱、不成熟,甚至是语无伦次、前后矛盾的意见。这不仅仅是出于对讲话的人的尊重,更重要的是这样不至于曲解别人的意思,有利于准确地交流思想感情,更好地了解对方。高素质的倾听者还具有发掘和吸收别人观点的热忱和能力,当别人因有顾虑而欲言又止的时候,他能诚恳而友善地鼓励他们继续说下去;当别人说出有趣的话时,他能发出会心的笑;当别人讲出一些不错的道理时,他连连点头;当别人试图说出一些难以表达的思想时,他能凝神细听,并且不时就没有听清楚的问题向对方请教;当别人的讲话告一段落时,他能把别人所讲的内容整理得条理清楚,并加以吸收。

3. 谦虚。

一个高明的谈话者还必须谦虚谨慎。虚心倾听是一种涵养,无论别人怎样敬仰他、佩服他,他都应该态度谦恭,虚怀若谷。一个狂妄自大、目中无人的人,是没有多少人愿意与他交谈的;同样,一个心胸狭窄得只容得下他自己的人,也是不受欢迎的。谦虚的倾听可以及时把自己的理解与讲话者交流。遇到自己有疑义的地方多用"能不能""是不是""我可以这样理解吗"等提问方式与对方交流感受,以确认自己的理解是否正确。

由于具备以上良好素质,高明的谈话者往往能深刻细致地了解各式各样的人。他的语言往往可以非常有效地打动人心。这样,无论什么人都愿意把他当作知心朋友,愿意向他吐露心事,希望得到他的同情、安慰和帮助。

乔·吉拉德是首屈一指的汽车推销员,然而,他也有过一次难忘的失败经历。有一次,有位顾客来找乔商谈购车事宜。他向顾客推荐一种新型车,进展得非常顺利,就在成交的节骨眼上了,对方却突然决定不买了。那天晚上,乔辗转反侧,百思不得其解。他忍不住给对方拨通了电话:"您好先生,今天眼看您就要签字了,为什么却突然走了呢?""先生,你知道现在几点钟了吗?""真抱歉,我知道是晚上十一点钟了,但我检讨了一整天,实在想不出自己到底错在哪里。""很好,你现在用心听我说话了吗?"电话那头说。"非常用心。"他答道。"可是,今天下午你并没有用心听我说话。就在签字之前,我提到我的儿子即将进入大学,我还跟你说到他的学习成绩和理想,可你根本没有听!"对方继续说道:"当时你在专心听另一名推销员说笑话,可能你认为我说的这些与你无关,但是我可不愿意从一个不尊重我的人手里买东西。"乔从此知道了,用心倾听对于任何人来说都是非常的重要。

三、倾听的方法

(一)克服有效倾听的主客观障碍

外在和内在的干扰是妨碍倾听的主要因素。因此要改进聆听技巧的首要方法就是尽可能的消除干扰。倾听者必须把注意力完全放在对方的身上,才能掌握对方的肢体语言,明白对方说了什么、没说什么以及对方的话所代表的意义。

1. 主观障碍。

在沟通的过程中,造成沟通效率低下的最大原因在于倾听者本身。研究表明,信息的失真主要是在理解和传播阶段,归根到底在于倾听者的以下主观因素:

(1)以自我为中心。人们习惯于关注自我,总认为自己才是对的。在倾听过程中,过于注意自己的观点,喜欢听与自己观点一致的意见,对不同的意见往往置若罔闻,这样往往错过了聆听他人观点的机会。

(2)先入为主的偏见。先入为主具有巨大的影响力。如果你臆断某人愚蠢或无能,你就不会对他们说的话给予关注。

(3)急于表达自己的观点。许多人认为只有说话才是表达自己、说服对方的唯一有效方式,若要掌握主动便只有说。在这种思维习惯下,人们容易在他人还未说完的时候,就迫不及待地打断对方。

(4)心不在焉,转移话题。如果注意力不集中,那么你只会把一部分注意力放在倾听上;如果你觉得对方的话无聊或让你感到不自在,可能会改变话题或者讲笑话,终止对方谈话的思路。

因此,倾听的时候应当努力克服主观障碍,创造一种自然、和谐的交流气氛,使倾诉者畅所欲言,倾听者心领神会,保证情感、思想的交流,以便交流时作出恰当的回应。

2. 客观障碍。

如果环境比较嘈杂,噪声很大,则会让人烦躁不安,无法集中注意力,严重影响倾听的效果。比如:在会议室有他人打扰或者打电话就会影响倾听的效果,一对多相对于一对一的交流来说,倾听效果要差一些,这是因为对在场他人的顾忌、不平等造成的心理负担等都容易让倾听者分心;而事前准备不足以及说服对方的愿望太强烈都是阻碍倾听效果的客观因素。因此,创造有利的倾听环境,尽量选择安静、平和的环境,使传递者处于身心放松的状态有利于挺高倾听的效果。

(二)鼓励对方先开口

1. 倾听别人说话本来就是一种礼貌,愿意听表示我们愿意客观地考虑别人的看法,这会让说话的人觉得我们很尊重他的意见,有助于建立融洽的关系,彼此接纳。

2. 鼓励对方先开口可以降低谈话中的竞争意味,有助于培养开放的气氛,有助于彼此交换意见。说话的人由于不必担心竞争的压力,也可以专心掌握重点,不必忙着为自己的矛盾之处寻找遁词。

3. 对方先提出他的看法,你就有机会在表达自己的意见之前,掌握双方意见一致之处。倾听可以使对方更加愿意接纳你的意见,让你再说话的时候,更容易说服对方。

(三)使用并观察肢体语言

当我们在和人谈话的时候,即使我们没开口,我们内心的感觉就已经透过肢体语言清清楚楚表现出来了,所以,肢体语言无异于是内心的一面镜子。听话者如果态度冷淡,说话者很自然地就会特别在意自己的一举一动,比较不愿意敞开心胸。从另一方面来说,如果听话的人态度开放,那就表示他愿意接纳对方,很想了解对方的想法,说话的人就会受到鼓舞。

1. 凝视说话者。

值得你倾听他说话的人,必定也值得你去用眼睛注视着他。端详对方的脸、嘴和眼睛,尤其要注视眼睛,将注意力集中在传递者的外表。这样能帮助你聆听,能够更好的观察对方的兴趣所在,情绪如何,观察对方的真实意图。同时,通过凝视,向说话人传递你的关注,表明你有兴趣听他说话,你正在认真了解他谈话的内容,从而缩短情感距离,这是让对方相信你在注意聆听的最好方式。

有调查显示,首席执行官和中层管理者两者间能力最大的差距,在于首席执行官在视觉上的快速和准确性要远远胜过中层管理者,也就是说,首席执行官在倾听的过程中,拥有更强的审时度势和察言观色的能力,他们可以在第一时间看出当下的形势,找出事态的发展方向,了解他人的情绪,进而作出正确的决定。

孔子曾说"未见颜色而言之,谓之瞽",就是指一个人如果倾听时不能够察言观色,不能了解他人情绪状态而胡乱地说话,就会像盲人一样辨不清方向而到处碰壁。

2. 和对方谈话时稍稍前倾身子。

人对对方所说的感兴趣时,都会很自然地倾身向前,以表示听得很仔细。对于无聊、不感兴趣的话题,会不自觉地后退自己的身子。

3. 点头与微笑。

要表示你在仔细倾听对方的话,最简单的方式就是不停地点头,发出"嗯嗯"的声音。赞成对方所说话的话时,也可以轻轻地点一点你的头,对它们所说的话感兴趣时,要展露你的笑容。这是向对方表示你关心他说话的所有内容。不过要注意,这种方式用多了,会产生反效果。第一,点头次数太多,会破坏发言者的情绪,令人觉得讨厌。第二,不断点头和发出"嗯嗯"声,会被对方看作一种机械性的反应,认为你并没有专心地听,而只是敷衍性的伪装。所以点头要适度,并选择合适的时机。

(四)用心倾听

1. 听取关键词。

所谓的关键词,指的是描绘具体事实的字眼,这些字眼透露出某些讯息,同时也显示出对方的兴趣和情绪。透过关键词,可以看出对方喜欢的话题以及说话者对倾听者的信任。

另外找出对方话中的关键词,也可以帮助我们决定如何响应对方的说法。我们只要在自己提出来的问题或感想中,加入对方所说过的关键内容,对方就可以感觉到你对他所说的话很感兴趣或者很关心。

2. 弄清楚各种暗示。

很多人都不敢直接说出自己真正的想法和感觉,他们往往会运用一些叙述或疑问,百般暗示来表达自己内心的看法和感受。但是这种暗示性的说法有碍沟通,因为话中的用意和内容往往会被人误解,最后可能会导致双方的失言或引发言语上的冲突。所以一旦遇到暗示性强的话,就应该鼓励说话的人把话说清楚一点。

找出重点,并且把注意力集中在重点上面。讨论问题的细节也许很有趣,可是只有找出重点,这样我们才比较容易从对方的观点了解整个问题。只要我们不再注意各种细枝末节,就不会因为没听到对方话中的重点而浪费宝贵的时间,或者作出错误的假设。

3. 接受说话者的观点。

如果我们无法接受说话者的观点,那我们可能会错过很多机会,而且无法和对方建立融洽的关系。就算是说话的人对事情的看法与感受,甚至所得到的结论都和我们不同,他们还是可以坚持自己的看法、结论和感受。尊重说话者的观点,可以让对方知道我们一直在听,而且我们也听懂了他所说的话,虽然我们不一定同意他的观点,我们还是很尊重他的想法。若是我们一直无法接受对方的观点,我们就很难和对方彼此接纳,或共同建立融洽的关系。除此之外,这也能够帮助说话者建立自信,使他更能够接受别人不同的意见。

4. 暗中回顾,整理出重点。

当与对方谈话时,如果对方正确地理解了你谈话中的意思,你一定会很高兴。至少他知道你成功地完成了我们上边所说的"听事实"的层面。能清楚地听出对方的谈话重点,也是一种能力。因为并不是所有人都能清楚地表达自己的想法,特别是在受情绪的影响的时候,经常会有类似于"语无伦次"的情况出现。除了排除外界的干扰,专心致志地倾听以外,还要排除对方的说话方式造成的干扰,不要只把注意力放在说话人的咬舌、口吃、口音、语法错误或"嗯""啊"等习惯用语上面。因此,倾听的时候应当用几秒钟的时间,在心里回顾一下对方的话,整理出其中的重点所在。我们必须删去无关紧要的细节,把注意力集中在对方想说的重点和对方主要的想法上,并且在心中熟记这些重点和想法。

5. 肯定对方,适时表达自己的意见。

在谈话时,即使是一个小小的观点,如果能得到肯定,讲话者的内心也会很高兴的,同时对肯定他的人必然产生好感。因此,在谈话中,一定要用心地去找对方的观点,并加以积极的肯定和赞美,这是获得对方好感的一大绝招。比如对方说:"我们现在确实比较忙。"你可以回答:"您坐在这样的领导位子上,肯定很辛苦。"谈话必须有来有往,所以在肯定对方的基础上,也应适时地表达自己的意见,这才是正确的谈话方式。这样做还可以让对方认识到你始终都在注意地听,而且听明白了。还有一个效果就是可以避免走神或疲惫。

6. 避免虚假的反应。

在对方没有表达完自己的意见和观点之前,不要作出比如"我知道了""我明白了"

"我清楚了"等反应。这样空洞的答复只会阻止你去认真倾听客户的讲话或阻止了客户的进一步的解释。在对方看来,这种反应等于在说"行了,别再啰嗦了"。如果你恰好在他要表达关键意思前打断了他,被惹恼了的客户可能会大声反抗:"你知道什么?"那就很不愉快了。

(五)善于提问

倾听过程中的提问可以比喻为中医的问诊。问诊是指通过询问来了解病情和病史的重要方法,在四种诊断方法中占有重要的位置。倾听中的"问",对了解真实情况以及与对方良性互动,也有着重要的作用。倾听中要适时择机提出让对方感兴趣的问题,而不是挑剔对方没说清楚什么东西。如果提问的时机不当,很可能会使沟通中断,或者达不到最终沟通目的,同时可能会引起对方的反感,所以提问时一定要谨慎小心。

1. 理解对方的谈话,需要设身处地为对方着想。

(1)要理解对方的谈话。提问的前提肯定是认真倾听对方的谈话内容,并且理解它。不但要理解对方的谈话内容,还要理解对方传达出的情感,有时甚至需要准确把握对方的言外之意。做到了这些,你的提问才有了坚实的基础。

(2)思考需要提出的问题。当你在倾听对方的谈话时,依据谈话内容和其他信息,肯定会有一些疑问或者需要确认自己的理解是否正确,这就需要你把这些疑问或者自己的理解表达出来,得到对方的解答或者确认。

(3)提问要把握好恰当的时机。当你理解了对方的谈话内容,正确把握了对方的情感,明确了你要提问的问题时,一定不要着急,等对方充分表达完之后,再提出来。这样可以表示出你对对方的尊重,同时避免打断对方谈话的思路。提问的时机不可太迟,如果某个话题已经说过很长时间了,你再反过来提问,对方的思路会被打断,认为你没有认真倾听,并且会延长沟通的时间,势必对沟通产生不好的影响。

2. 提问要注意适度。

任何事情都有一定的适用范围,如果超出了这个范围,事情就会变质。提问也不例外,如果你的提问超出了一定的限度,不但容易使对方产生反感,而且会影响到你的沟通效果,所以在提问时需要掌握一些技巧。

(1)提问的内容要适度。提问需要结合对方的谈话内容,提出相关的问题。所有的问题都必须紧紧围绕谈话的主题,如果你提出的问题和对方的谈话内容无关,或者关系不大,对方会认为你没有认真倾听,从而对你产生不好的印象或者某种误解,对双方的有效沟通和人际关系也会有负面影响。即使对方不介意这些,一些漫无边际的问题也会大大延长沟通时间,且毫无沟通效果。

(2)提问的数量要适度。提问的数量不可过多,如果你提出的问题没完没了,肯定会使对方厌烦;与此同时,问题也不可以太少,如果没有什么问题,对方因得不到相关的信息反馈,同样会对你的倾听效果和态度产生疑问。因此,提问时如果疑问过多,可以依据问题的相关内容和逻辑关系把它们整合在一起;如果没有疑问时,为了配合对方,也可以把自己理解的意思用问题的形式表达出来,以得到对方的确认。

（3）提问的速度要适度。提问的速度也会影响沟通的效果，如果速度过快，对方很可能听不清你的问题，来不及对问题作出及时反应，还会营造一种紧张的氛围；如果速度过慢，会让对方觉得不耐烦，失去和你沟通的兴趣和信心。因此，提问的速度要保证能让对方听清楚你提出的问题，做到依据沟通的场所和特定的情境及提问的对象来确定速度的快慢。

（4）提问的语气要适度。说话的语气也能传递一些重要的信息，所以提问时语气合适与否同样会影响沟通的效果。语气的轻重缓急能表达出你当时的心情与感受，无形中传递给对方更多的信息，所以提问时一定要注意自己的语气和想要表达的感情相吻合，这样会使提问更加有效。

（5）提问的方式要适度。提问有两种方式：一种是开放式提问，另一种是封闭式提问。开放式提问给对方回答的空间比较大，能得到比较多的信息，但回答所需的时间也比较长；封闭式提问只用简单的"是"或"否"就能回答，得到的答案比较明确，回答的时间也比较短。因此，在提问时要依据具体需要和时间安排来确定哪一种是最合适的提问方式，也可以将两种提问方式结合起来一起使用，充分利用两种提问方式的独特优势来分别弥补各自的不足。

案例一：冲在最前面的记者。

美国好莱坞影片《乱世佳人》让女主角费雯丽一举成名。这部电影获得了十一项奥斯卡提名。当在欧洲巡演的时候，费雯丽的班机降落在伦敦停机坪上，成千上万的记者在下面围着。有这么一个没有眼色的记者，很激动地冲到最前面，采访刚刚走出旋梯的费雯丽："请问，你在这部电影里面扮演了什么角色？"

听了这一句话，费雯丽转身就进了机舱，再也不肯下来了。费雯丽之所以会生气地转身回了机舱，就是因为一举成名后的她，满心欢喜地认为那些蜂拥而至的记者们都是她的影迷，是因为喜欢她的表演才来机场迎接的。可她怎么也没想到，这个冲在最前面的人，连她扮演了什么角色都不知道，这实在是太打击费雯丽的自尊心了。从中我们也能看出，一个愚蠢的问题会带来多么大的恶果。等待已久，难得的一个采访机会，就这样被一个愚蠢的问题葬送。同时，也让被采访者受到很大的伤害，以至于她不愿意再面对其他的记者了。

案例二：采访运动员。

赵东升是上海电视台的一名记者。在他刚开始做记者时，曾采访过一名华裔英国女运动员，由于了解到她的老家在北京，所以在采访时赵东升连续问道："您父亲是北京人吗""您这次打算去北京吗""您准备去看望在北京的亲戚吗"？面对记者提出的一连串问题，运动员只简单地回答了"Yes"或"No"。为了能了解更多的信息，他不得不转换了提问方式，问道："您准备怎样把北京亲戚的问候带到英国去呢？"面对这个问题，运动员滔滔不绝地谈了起来。赵东升这才如愿地了解到了她的很多想法,对这名运动员有了一个比较全面的认识,这次采访也因后一种恰当的提问方式而获得了成功。

可见,"提问"是一门学问。问得好,可以让沟通更加有效;问得不好,就会造成沟通障碍,甚至是沟通中断。

案例三:精彩的提问。

亚伯拉罕·林肯接手的第一个案子,是一名叫盖瑞森的年轻人被指控在1837年8月9日晚上的野营布道会上枪杀了克拉伍,目击证人是苏维恩。作为盖瑞森的辩护律师,林肯在法庭上一言不发,直到默默听完目击证人的证词,待到法庭已渐渐平静下来时,林肯这才缓缓开始提问。

林肯:"在看到枪击之前你与克拉伍曾在一起吗?"

证人:"是的。"

林肯:"你站得非常靠近他们吗?"

证人:"不,约有二十米远。"

林肯稍微沉默了一会,继续问道:"不是十米吗?"

证人犹豫了一下,又接着说:"不,有二十米或更远。"

林肯:"在宽阔的草地上?"

证人:"不,在林子里。"

林肯:"什么林子?"

证人:"榛木林。"

林肯:"在8月里,榛木林的叶子很密实吧?"

证人:"是的。"

林肯:"你认为这把手枪就是凶手当时用的那把吗?"

证人:"看起来很像。"

林肯:"你能看到被告开枪射击,那么能看到枪管的情形吗?"

证人:"是的。"

林肯:"这距离布道会的场地有多远?"

证人:"七百五十米。"

林肯:"灯光在哪儿?"

证人:"在牧师的讲台上。"

林肯:"有七百五十米远吗?"

证人:"是的。我已经回答你两遍了。"

林肯:"你是否看到克拉伍或者盖瑞森所在之处有烛光?"

证人:"没有,要烛光干吗?"

林肯:"那么,你怎么看到的这起枪击事件呢?"

证人:"借着月光呀!"

林肯:"你在晚上十点看到枪击,在榛木林里,离灯光七百五十米远,你看到了手枪枪管,看到那人开枪,你距离他有二十米远。你看到的这一切都是借着月光?离营地的灯光几乎一里之外看到这些事情?"

证人:"是的,我之前都告诉你了。"

听完了证人说的最后一句话后,林肯从大衣口袋里拿出了一本天文历,翻到其中的一页高声念道:"1837年8月9日晚上根本看不到月亮,月亮是在次日的凌晨一点才升起的。"

于是林肯帮盖瑞森彻底打赢了这场官司。

林肯为什么能打赢这场官司?如果你是目击证人,应该如何应对林肯的提问呢?可见在上述的案例中,林肯是在耐心而认真地倾听后,与自己掌握的资料紧密结合,找出了证人证词中的致命漏洞,再成功地运用一系列提问,引导证人无法自圆其说,最终证人的证词被宣布无效。

四、倾听过程中的插话技巧

(一)避免不当插话

1. 不当的插话会给别人带来麻烦。

当别人正在进行着一项重大的谈判,贸然插话会使他们无法集中思想而无意中失去交易;当别人正在热烈讨论,苦苦思索解决一个难题,正当这个关键时刻,也许由于不当的插话,导致对他们有利的解决办法告吹,到后来场面气氛就会转为尴尬而无法收拾,给说话者带来很多不必要的麻烦。

2. 不当插话是不礼貌的行为。

有人总是在别人谈着某件事的时候,在说到高兴处时,冷不丁地半路"杀"进来,让人猝不及防。这种人不会预先告诉你,说他要插话了。他插话时会不管你说的是什么,而将话题转移到自己感兴趣的方面去,有时又把你的结论代为说出,以此得意洋洋地炫耀自己的口才。无论是哪种情况,都会让说话的人顿生厌恶之感,因为随便打断别人说话的人根本就不知道如何尊重别人。随便插话是不懂礼貌的行为。培根曾说:打断别人,乱插嘴的人,甚至比发言者更令人讨厌。打断别人说话是一种最无礼的行为。

3. 不当插话影响人际交往。

在社交场合,当两个人聊得起劲,此时,在不知道他们话题是什么的情况下,突然加入聊天,可能会令他们觉得不自然,也许因此话题接不下去了。假设一个人正讲得兴致勃勃时,你突然插嘴:"喂,这是你在昨天看到的事吧?"说话的那个人因为被打断,会非常气恼,对插话人很反感,进而导致社交的失败。

有一个老板正与几个客户谈生意,谈得差不多的时候,老板的一位朋友来了。这位朋友插进来了,说:"哇,我刚才在大街上看了一个大热闹……"接着就说开了。老板示意他不要说,而他却说得津津有味。客户见谈生意的话题被打乱,就对老板说:"你先跟你的朋友谈吧,我们改天再来。"客户说完就走了。这位朋友乱插话,搅了老板的一笔大生意,让老板很是恼火。

随便打断别人说话或中途插话是有失礼貌的行为,但有些人却存在着这样的陋习,结果往往在不经意之间就破坏了自己的人际关系。每个人都会有情不自禁地表达自己的愿望,但如果不去了解别人的感受,不分场合与时机,就去打断别人说话或抢接别人的话头,这样会扰乱别人的思路,引起对方的不快,有时甚至会产生误会。

要获得好人缘,要想让别人喜欢你,接纳你,就必须根除随便打断别人说话的陋习,在别人说话时千万不要插嘴,并做到以下几点:不要用不相关的话题打断别人说话;不要用无意义的评论打断别人说话;不要抢着替别人说话;不要急于帮助别人讲完事情;不要为争论鸡毛蒜皮的事情而打断别人的话题。

(二)恰当插话提升倾听效果

一个倾听高手在倾听过程中可以根据不同对象采取不同的方法,从而达到最佳的倾听效果。

1.当对方在同你谈某事,因担心你可能对此不感兴趣,显露出犹豫、为难的神情时,你可以趁机说一两句安慰的话。此时你说的话是为了表明一个意思:我很愿意听你的叙说,不论你说得怎样,说的是什么。这样可以消除对方的犹豫,坚定他倾诉的信心。例如:"你能谈谈那件事吗?我不是十分了解""请你继续说""我对此也是十分感兴趣的"。

2.当对方由于心烦、愤怒等原因,在叙述中不能控制自己的感情时,你可用一两句话来疏导,说这些话后,对方可能会发泄一番,或哭或骂都不足为奇。因为,这些话的目的就是把对方心中郁结的异常情感"诱导"出来,当对方发泄一番后,会感到轻松、解脱,从而能够从容地完成对问题的叙述。例如:"你一定感到很气愤""你似乎有些心烦""你心里很难受吧"。

值得注意的是,说这些话时不要陷入盲目安慰的误区。不应对他人的话作出判断、评价,说一些诸如"你是对的""他不是这样的"一类的话。你的责任不过是顺应对方的情绪,为他架设一条"输导管",而不应该"火上浇油",强化他的抑郁情绪。

(3)当对方在叙述时急切地想让你理解他的谈话内容时,你可以用一两句话来"综述"对方话中的含意,这样的综述既能及时地验证你对对方谈话内容的理解程度,加深对其的印象,又能让对方感到你的诚意,并能帮助你随时纠正理解中的偏差。例如:"你是说……""你的意见是……""你想说的是这个意思吧……"

以上三种倾听中的谈话方法有一个共同的特点,即不对对方的谈话内容发表判断、评论,不对对方的情感作出是与否的表示,而始终处于一种中性的态度上。切记,有时在非语言传递的信息中你可以流露出你的立场,但在语言中切不可流露,这是最重要的。如果你试图超越这个界限,就有陷入倾听误区的危险,从而使一场谈话失去方向和意义。

3.拒绝倾听的技巧。

倾听是非常必要的,但是如果我们对对方的谈话毫无兴趣,或是产生厌烦心理,继续听下去无疑是浪费时间。如果选择走开或是捂上耳朵会影响我们的人际关系。那么有效拒绝倾听的办法是用平和的态度,高频率地对他说"我知道"。

一位很有名望的商界人士,他在一家公司任职的时候,下属中常有爱打小报告的人不厌其烦地向他投诉。开始,他用一副很认真的态度去听,且认真地核查。后来他发现,这些爱打小报告的人,大多言过其实,并带有明显的个人目的。他警觉了,也发怒了,或下逐客令,或找种种理由不予接见,日子长了,下属又有反映传入他的耳朵中,说他对下属态度粗暴。他为自己的形象受到损害而苦恼,最后还是一位他属下的公关人员偶然知道了这件事,便给他出了个主意,这才使他脱离了尴尬情形。那位公关人员对他说,日本前首相田中角荣有一绰号叫"我知道",因为只要人家一开口,他就会说"我知道",田中就用这种语言尽快结束与下属的谈话,效果特佳。这位商界人士依公关人员的指导行事,终于摆脱了被下属整日纠缠的困境。

延伸阅读

一、倾听的五个层次

倾听是管理者与员工沟通的基础。在现实中,很多人并没有真正掌握"听"的艺术。史蒂芬·柯维博士认为倾听主要有五个层次。

第一个层次是听而不闻,或是完全不用心倾听。可以用忽视对方来形容,心不在焉,只沉迷在自己的世界,对方的话如同耳边风,完全没听进去。

第二个层次是假装在倾听。可能会用身体语言假装在听,嘴里还敷衍着,"嗯……喔……好……哎……",甚至重复别人的语句当作回应,其实是心不在焉。

第三个层次是选择性地倾听。确实在聆听,也能够了解对方,但会过分沉迷于自己所喜欢的话题,只留心倾听自己感兴趣的部分,与自己意思相左的一概过滤掉。

第四个层次是专注地倾听。全心全意地凝神倾听,确实花费了不少精力,可惜始终从自己的角度出发,即使每句话都进入大脑,但是并不一定能听出说者的本意、真意。

第五个层次是运用同理心地倾听,也就是能够设身处地倾听,撇下自己的观点,进入他人的角度和心灵。一般人聆听的目的是作出最贴切的反应,根本不是想了解对方。同理心倾听的出发点是为了"了解"而非为了"反应",也就是透过交流去了解别人的观念、感受。试比较下面情景中,管理者的倾听方式。

情景一:第一层次"忽视"地倾听。

下属:老板,我刚听说又要更换颜色,我们刚持续生产了三十分钟,又要把设备拆洗一遍,我和伙计们都不情愿。

老板:你和你的伙计们最好别忘了谁在这儿说了算。该做什么就做什么,别再抱怨了!

下属:我们不会忘掉这事儿的!

情景一中的老板,显然在拒绝倾听下属的建议。这是倾听的第一层次——听而不闻,或是完全不用心倾听,老板忽视下属的话,完全没听进去下属的话,而且粗暴地打断下属的话,使下属无法说完自己的想法。当然,这种做法造成了很坏的后果,下属们对此次沟通非常不满意。

情景二:第五层次"运用同理心"地倾听。

下属:老板,我刚听说又要更换颜色,我们刚持续生产了三十分钟,又要把设备拆洗一遍,我和伙计们都不情愿。

老板:你们真的为此感到不安吗?

下属:是的,这样我们得多做许多不必要的工作。

老板:你们是觉得这类事情实在没必要经常做,是吗?

下属:也许像我们这种一线部门没法儿避免临时性变动,有时我们不得不为某个特别顾客加班赶订单。

老板:对了。在现在的竞争形势下,我们不得不尽一切努力为顾客服务,这就是为何我们都有饭碗的原因。

下属:我想你是对的,老板。我们会照办的。

老板:谢谢。

情景二中,老板采用的是第五层次的倾听方法,运用同理心来倾听下属的建议,收到了非常良好的效果。老板既表示出对下属建议的理解,也让下属了解了当前的情况,得到了下属的支持,是一次非常良好的沟通。

二、修锁匠与波斯老板的倾听障碍

背景:一家小店的店主波斯老板,认为自己店里的锁坏了,叫来修锁匠来修锁。修锁匠完成修锁工作后,开始了与波斯老板的对话。

修锁匠:"打扰了,先生。"

波斯老板:"你干完活了?"

修锁匠:"我把锁换了,但是你的门还有大问题。"

波斯老板:"你修好了锁?"

修锁匠:"不!我换了新锁!但是你应该把门也修好!"

波斯老板:"修好锁就完了!"

修锁匠:"先生,听我说,你需要换个新的门。"

波斯老板:"我需要一个新的门?"

修锁匠:"是的。"

波斯老板:"好吧,多少钱?"

修锁匠:"我不知道,您得问修门的人。"

波斯老板:"你想骗我,是不是?你有个朋友会修门?"

修锁匠:"不,我没有朋友修门,老兄。"

波斯老板:"那么就去把锁修好,你这个骗子!"

修锁匠:"那好吧,你就付我锁的钱,我的工钱我不要了!"

波斯老板:"你没有修锁就让我付钱? 你以为我傻了吗? 给我修好锁,你这个骗子!"

修锁匠:"我会很感激,如果你叫我的名字。"

波斯老板:"那就去给我修好锁!"

修锁匠:"我给你换了新锁! 你得把你的破门换了。"

波斯老板:"你是骗子!"

修锁匠:"好,你不用付钱了。"

波斯老板:"什么?"

修锁匠:"祝你晚安。"

波斯老板:"什么? 不! 等等! 你给我回来,把锁修好! 回来! 把锁修好!"

故事的背景是修锁匠完成了自己的本职工作——换了把新锁,原本可以结账,完成这次任务。出于好心,修锁匠建议波斯老板去换个新门。结果,由于他的沟通方式不当,让波斯老板以为他是在存心欺骗钱,双方发生争执。最后修锁匠不但没有拿到工钱,而且连换新锁的钱也没拿到。真可谓失败透顶! 不仅如此,波斯老板还给修锁匠的公司打了投诉电话,说他没有完成工作,而且欺骗。细看双方的对白,我们可以看到一个明显的现象,波斯老板在不停地说:"让修锁匠去修锁"。修锁匠则不停地说:"自己换了锁,需要修门,才能真正解决问题。"双方之间没有根本的利益冲突。但是,由于沟通不畅,修锁匠的一番好意,适得其反,给自己带来巨大的麻烦。

在整个沟通过程中,双方一直都在自说自话,而没有认真去倾听对方的话。每个人都只停留在自己的想法当中,对于对方的话,经常采用"否定"的方式来反馈,而不是建设性或是正面的反馈方式。其实,无论哪一方,如果能够认真倾听对方的意图,那么这个冲突完全是可以化解的。

与此同时,在沟通过程中,成见也影响了倾听的效果,歪曲了他人的意图。修锁匠工作之后建议波斯老板修门,波斯老板的理解是修锁匠想多要钱,对修锁匠有着深深的成见。这也许是由于波斯老板有过上当受骗的经历,或是本身对修锁匠这样的人心存芥蒂。这种刻板印象影响了波斯老板的沟通,让他在理解对方话语时,处处都往坏处想。

故事发展下去,波斯老板投诉了修锁匠。然而,由于真正的问题的确就是波斯老板的锁,他的小店被人偷了,多年的积蓄化为乌有。波斯老板在震惊中达到了冲动的最高点,最后波斯老板采用了非常极端的做法,持枪去找修锁匠算账。与客户间的这次不顺畅的沟通,险些给修锁匠酿成了大祸。

三、倾听技能小测试

如果你在沟通中出现以下情况,你就应该注意改善自己的倾听技能了。

1. 打断对方讲话,以便讲自己的故事或者提出意见。

2. 没有和对方进行眼睛接触。

3. 任意终止对方的思路,或者问了太多的细节问题。

4. 催促对方,同时接打电话、写字、发电子邮件等。

四、倾听者应改变的语调习惯

作为倾听者,你可能根据讲话者的信息来说话或者发出声音,这时你的语调显得特别重要。它是举止的重要组成部分。语调的一个小小的变化,从接纳转为恼怒或不高兴,就能改变或打断对话的流畅性。下面是一些产生交流障碍的语调习惯。

1. 刻薄的、反对性的语调。首先从别人那里听到了解释,然后才作出反应:"你做了什么!"这种尖锐的语音会让讲话者处于防御状态。经常在讲话者没说完就讲这句话时,这种语调作为对所听到信息的回应通常充满了愤怒或不满。

2. 尖锐的讽刺。这种行为通常是对讲话者的一种反应。这种情况下,声音里夹带着贬低的气息和嘲弄的味道,如"听起来好像你已经尽力了"。这种评论尽管听起来像是同意的,其实是用含有反义的讽刺语调来表达否定的意思,是对讲话者或听到的信息进行贬低的评论。

3. 单调的回应。这种语调听起来让人感到很厌烦或是没有兴趣。例如,当讲话者正热情洋溢地讨论一次难忘的经历时,"嗯,这很好"这样的回答会显得沉闷和消极。单调的回应让讲话者很快就会泄气。

五、再忙也要学会倾听

记者问微软公司首席执行官鲍尔默:"作为一名领导者,您还有哪些地方需要改进?"

鲍尔默说:"我很忙。我的大脑时刻不停,即使听完一个人说的事情,但不能真正消化理解这些东西,人们都会认为你没有在认真倾听。有时就是这样,你忙于琐事没法倾听。这就是我大脑工作的方式,它总是在不停地接受、分析、思考、理解、反应。话说回来,如果你真想激励人干好工作,那就必须倾听他们所说,并让他们感觉到你是在倾听。所以说,我得学着适时慢下来,在这方面多作改进。这对我及周围的人都有好处。"

 技能训练

一、下面是网络流行语,你能听出它们的深层次含义吗

1. 钱可以解决的问题都不是问题。

2. 不吃饱哪有力气减肥啊?

3. 我允许你走进我的世界,但决不允许你在我的世界里走来走去。

4. 一天,同一栋楼里的林伯伯见到小刚的哥哥,说:"你家小刚真刻苦,每天晚上十一点多了,我们都睡觉了,还听见他在弹钢琴。"

二、"传声筒"游戏

把全班进行分组,每组六人,老师把下面的一段话念给每一组的第一位同学,然后由这位同学再轻声地传给下一个组员,一直到每组的最后一人,最后一位同学要把听到的话复述出来,其他同学可不能提醒。

传递内容:你去通知晓明,让他去行政楼一楼找陈老师,通知她星期二去校本部开会,校车十二点半开,顺便问问刘老师,王老师的杯子在哪里,装好水,把它拿到综合楼502室。

思考:通过这个实训游戏,你能想到什么?

三、"听与说"游戏

角色分配:

1. 孕妇:怀胎八月。
2. 发明家:正在研究新能源(可再生、无污染)汽车。
3. 医学家:长年研究艾滋病的治疗方案,已取得突破性进展。
4. 宇航员:即将远征火星,寻找适合人类居住的新星球。
5. 生态学家:负责热带雨林抢救工作组。
6. 流浪汉。

游戏背景:

私人飞机坠落在荒岛上,只有六人存活。这时逃生工具只有一个只能容纳一人的橡皮气球吊篮,没有水和食物。

游戏方法:

针对由谁乘坐气球先行离岛的问题,各自陈诉理由。先复述前一人的理由再申述自己的理由。最后,由大家根据复述别人逃生理由的完整性与陈述自身理由充分性,自行决定可先行离岛的人。

认真聆听别人的话,记住别人的想法,这样别人才会相信你,才会让你去求救。由此可见,聆听非常重要。

四、倾听训练

游戏一:老师每念一个词语,同学们认真听,当听到地名就马上举起右手,当听到动物就马上举起左手。

飞机、北京、青蛙、美国、篮球、猴子、日本、书包、电冰箱、公鸡、葡萄、鸭子

广州、电话机、被子、兔子、深圳、手机、乌龟、羽毛球、东京、飞机、黑板刷

游戏二:请学生听一则名为《黑熊和棕熊赛蜜》的故事。故事中会多次出现"蜜蜂"和"蜂蜜"这两个词。每当听到"蜜蜂"时,男同学起立,女同学坐着;听到"蜂蜜"时,女同学起立,男同学坐下。

倾听材料:黑熊和棕熊喜欢吃蜂蜜,它们都以养蜜蜂为生。它们各有一个蜂箱,养着同样多的蜜蜂。有一天,它们决定比赛看谁产的蜂蜜多。黑熊想,蜂蜜的产量取决于蜜蜂每天对花的"访问量"。于是它买来了一套测量访问量的仪器。在它看来,蜜蜂所接触

的花的数量就是其工作量。棕熊与黑熊想得不一样。它认为能产多少蜂蜜,关键在于蜜蜂每天采回多少花蜜,花蜜越多,酿的蜂蜜也越多。于是它也买了一套仪器,但测量的是每只蜜蜂每天采回花蜜的数量和整个蜂箱每天酿出蜂蜜的数量,并把结果公布。一年过去,棕熊的蜜蜂产的蜂蜜比黑熊的蜜蜂产的蜂蜜多出整整一倍。

思考:在游戏中,有些同学的反应很快很准确,但有些同学出错很多,为什么?

五、自由评判

倾听材料:相传苏轼一次游莫干山,深感疲倦,便到山中小庙休息。庙中主持和尚见其衣着朴素,就冷冷地说:"坐!"又对小和尚喊:"茶!"两人坐定交谈后,老和尚发现对方脱口珠玑,才华横溢,料想此人来历不凡,就请客人进厢房叙谈。入室后,老和尚满脸堆笑地说:"请坐!"又对小和尚道:"敬茶!"再打听,方知来者是赫赫有名的大学士苏东坡,老和尚连忙打躬作揖地引苏轼进了客厅,迭声不休地说:"请上坐!"并吩咐小和尚:"敬香茶!"临别,老和尚请苏东坡题对联留念,东坡含笑挥毫:坐,请坐,请上坐;茶,敬茶,敬香茶。

思考:请大家听完后对故事内容进行自由评判。

任务二 访友待客训练

 任务导引

中国有句古话:"有朋自远方来,不亦乐乎?"要成为一名受欢迎的客人,就应当掌握拜访语言的技巧和注意事项。然而不善言谈的主人也会使客人感到尴尬。得体的接待体现的是一个人的教养与素质,它为我们建立了与人沟通的桥梁;反之,如果接待不当,也会带来不必要的麻烦。

 知识必备

一、拜访的语言技巧

(一)拜访的概念

拜访是指为了礼仪或某种目的而进行的访问,是日常生活中最常见的交际形式,也是联络感情、增进友谊的有效方法。不同形式、不同目的的拜访,会话语言各不相同,但他们在结构上存在共性。就日常拜访而言,有进门语、寒暄语、晤谈语和辞别语四个部分。

(二)拜访的原则

1.选择合适的时间。

做客拜访要选择一个适当的、对方方便的时间,可以选择假日的下午或者平时的晚饭后。一般来说,清晨、午后、深夜均不宜登门拜访。这些时间拜访会打扰对方。

2. 事先约定。

拜访前应当事先打电话约定好时间,一方面,突然造访会打乱对方的日程安排;另一方面,也容易扑空,影响自己的安排,耽误时间。万不得已做了不速之客,一见面就要说:"真抱歉,没打招呼就这么跑来了。"然后加以解释。

3. 不轻易失约或迟到。

约定好拜访的时间后,不能轻易失约或者迟到。对于一般的约会来说,国外习惯准时或者略微迟到两三分钟,国内习惯准时或者提前三五分钟。如有特殊情况,确实不能按时赴约,一定要设法通知对方,并详细说明原因,并表示歉意。

(三)拜访的语言技巧

1. 进门语。

首先,拜访的时候要轻轻敲门或短促地按门铃。通常敲门不宜太急或者太重,一般有节奏地轻轻敲三下即可,当有人应声允许进入或者出门迎接时方可入内。切忌不打招呼擅自闯入,即便门开着,也应当告知主人有客人来访。其次,同主人见面后,应立即打招呼,要注意礼貌。再次,不可调侃,如"我又来了,您不讨厌我吧?"这很不礼貌,也会使主人感到尴尬。

(1)初次拜访。

初次拜访一般比较慎重,一般可以用这样的话打招呼:

一直想来拜访您,今天终于如愿了!

初次登门,就劳驾您久等了,真不好意思!

给您添麻烦了!

(2)再次拜访。

再次拜访是关系趋向密切的表现,打招呼一般就不必多礼了,一般只需要简单地说:

好久没来看你了!

好久没有来看您了,一直想着。

(3)回访。

回访的目的大多出于礼仪或者答谢,打招呼时,一般可以说:

上次劳驾您跑了一趟,我今天登门拜谢了。

上次托您办事,一定给您添了不少麻烦,今天特地登门拜访。

(4)未预约。

若拜访前没有预约,不得已做了不速之客,一见面应当说:

真抱歉,没打招呼就这么跑来了。

2. 寒暄语。

(1)话题要自然引出,内容要符合情景。

天气冷暖、小孩的学习情况、家人的健康、最近发生的新闻趣事、墙上的挂历以及耳际的音乐等都是寒暄的内容。例如:

今天变天了,外面风真大!

这幅画不错,画面好像是……

(2)寒暄内容一定要符合习惯,避免触犯禁忌。

①不问年龄。

一次一位年老的男同事拜访王女士,不经意间他问王女士:"小王,你多大了?"王女士真是不愿意说,女人的年龄是秘密嘛,无奈出于尊重只得答道:"三十七。"为此王女士好一会心情不好。

②不问婚姻。

一天李先生的好朋友通知他:"今天我请几位同学吃饭,都是夫妇前往,带先生来。""好,我有事晚到一会。"李先生到了,见有一对男女不认识。李先生的好朋友指着那位男子向李先生介绍道:"这是咱们高中同学杨东。"于是李先生冲邻座的杨东笑笑,冒昧地小声问道:"你爱人在什么单位工作?""对不起,我离婚了,她是我的一位同事。"弄得李先生很是难堪。

③不问收入。

学生:"老师,你一个月收入多少?"

老师:"在学校,两千多一点。"

学生:"不,我说的是收入总额。"

老师:"我说的也是收入总额。您看工资一千八百多,主任津贴一百七,讲课费二百多,总计两千多嘛!"

总之,涉及隐私的话题避免提及。

(3)寻找主客共同关心的话题。

这样可以沟通感情,为双方进一步交谈创设一个融洽、和谐的气氛。请看下面一段对话:

客:"这副对联是你自己写的吗?写的真不错。"

主:"你过奖了。我不过是跟王田老师学过一段时间。"

客:"呀,你也是王田老师的学生呀,我也曾跟他学习过。"

主:"太好了! 看来我们应该称师兄弟了。"

这段寒暄的话不多,但贵在求同,一下子缩短了双方的心理距离。

3.晤谈语。

在拜访中,晤谈应注意几个方面:

(1)节制内容,拜访目的明确。一般来说,交谈的时间以半个小时为宜,以免耽误主人的时间。主客寒暄后,客人应选择适当的时机,言简意赅地说明来意。

有个学生到老师家做客,老师的孩子年纪小,老师又忙孩子,又招待学生,搞得身心疲惫。一个小时后,老师见学生仍无离去之意,只好一边做饭,一边与其聊天。饭后坐着陪学生聊天,学生仍无走意。问其"有事吗"?学生却回答:"没有。"最后老师一看表,已经晚上九点二十分了,只好对学生说:"太晚了,早点回去吧,不然,我不放心。"

(2)节制音量。客人谈话应降低音量,保持适度,忌无所顾忌地高谈阔论,搅乱主人及其家属的安静生活。

(3)注意体态语。人们常说,听其言还须观其行。作为客人应举止文明,避免手舞足蹈、频繁走路或指手画脚等不雅动作。不要不经主人允许翻东西、四处走动或随意参观居室等,更不应该反客为主。

小张来朋友家做客,朋友极尽周到地接待她,为她端来了刚切好的西瓜。小张拿起一块西瓜,送到老远处正忙活着的朋友先生手里,西瓜汁洒到了地毯上和地板上。小张的做法会给人假惺惺的感觉,有点反客为主了。

4. 辞别语。
(1)表示感谢,请主人留步。

十分感谢您的盛情,再见!
就送到这吧,请回。
这件事就拜托您了,谢谢!

(2)邀请对方来自己家做客。告辞时,除了向主人表示感谢外,还可邀请主人及家属来自己家做客。注意:邀请对方不可勉强。

老同学,告辞了。您什么时候来我家坐坐!

二、接待的语言技巧

(一)迎接进门的礼仪与用语

对于来访者,主人应当起身握手相迎;对于上级、长者、客户来访,主人要起身上前迎接;对于不是第一次见面的同事、朋友、员工,主人可以不起身。特别注意的是,不能让来访者坐冷板凳,如果自己有事暂时不能迎接,要安排家人、助理或相关人员接待客人,不能冷落客人。对来访者的进门语要做礼貌、热情的应答。客人落座后不要急于询问来访者的目的,应等待客人主动开口。

我也想在家里同你聊聊,快请进!
哎呀!上次已经打搅了,还让你再跑一趟,叫我怎么感谢你呢?
哎呀你来了,我可真高兴!

(二)接待中的礼节及用语

首先,应该认真倾听来访者的叙述,俗话说"无事不登三宝殿",来访者一般都是有事而来,因此尽量让来访者把话说完,而且耐心倾听是一种待客礼貌和礼节。跟客人交流时,不要心不在焉,提高自己的注意力,听明白客人说的话。听了后要思考,要去想一想,客人为什么要这么说,他这么说的原因是什么,他想要表达的意思是什么等。认真倾听对方说话能使他产生亲切的归属感。

其次,对来访者的意见和观点不要轻易表态,应思考后再作答,要约定一个时间再联系。对能够立马答复或者立即办理的事情,应当现场答复、迅速办理,不要让来访者等待或再次来访。对来访者的无理要求或者错误意见,要有礼貌的拒绝,而不要刺激来访者,使其尴尬。

最后,正在接待来访者的时候,有电话打进来或者有新的来访者,应当尽量避免中断正在进行的接待。如果是非常重要的电话或非常重要的客人突然造访,一定要亲自接的电话或者一定要亲自处理的事情,应当对正在接待的人致歉,说:

对不起,我接个电话!

我去处理一下,请稍等,抱歉!

(三)送客的礼节及用语

客人要离去的时候,应当先诚恳的挽留,如果客人执意要走,则不必强留。送出门的时候说:

您走好!

欢迎再来!

经常来玩!

如果需要结束接待,可以婉言提出借口:

对不起,我要参加一个会议,今天先谈到这儿,好吗?

延伸阅读

一、拜访的注意事项

1. 拜访时交谈的用语及语气,要顾及对方的辈分、地位等,还要看相互之间的关系。

2. 拜访者不要忽略适当同主人家属交谈。

3. 如果是多人拜访,不要一个人抢着说话,要让大家都有机会说话。

4. 对主人的敬茶、敬烟应表示感谢。

5. 遇有来客,应前客让后客,说:"对不起,我有点事。你们谈吧,我先走一步了。"

二、接待客人的注意事项

1. 招待热情、周全。比如简单寒暄、请烟、递茶果。
2. 尽快弄清来访者的意图,以便迅速确定谈话话题。
3. 作为主人要顺应客人心愿,给客人以愉快的感受。
4. 客人临行要送至门外。
5. 送客人不要急于回转,客人请主人留步后,主人要目送客人走远,招手道别后再转身。
6. 送客人后,回屋时关门的声音要轻,否则客人听到会产生误会。

 技能训练

一、情景实训

1. 你去拜访朋友,在友人家中,好客的女主人给你端上一杯茶,正当你端起要喝时,却发现杯中有头发。这时你该怎么办?应该怎么说?

2. 有位朋友到你家串门,天很晚了,你也很困,他却没有离去的意思。这时,你该怎么办?又准备怎么说?

二、模拟训练

将同学分组,模拟编排到朋友家做客的小短剧,注意相关的用语和礼仪。

任务三　劝说沟通训练

 任务导引

1. 沟通是人生存很重要的一课,说话不难,难就难在如何把话说得艺术,如何跟他人进行有效的沟通。建立良好的人际关系,不是每个人都能做好,想更好地与人沟通,就应该进行沟通技巧的训练。

2. 在与人沟通的过程中,经常遇到这样的问题:分明自己的观点是正确的,但就是不能说服对方,有时还会被对方"驳"得哑口无言。究竟如何进行劝说才能让别人接受呢?

 知识必备

一、沟通与劝说

(一)沟通

沟通是人与人之间、人与群体之间思想与感情进行传递和反馈的过程,以求思想一致和感情通畅。为什么要沟通?对于我们来说,沟通是一种自然而然的、必需的、无所不在的活动。通过沟通,人们可以交流信息、分享感情。

· 269 ·

社会是由人们互相沟通所维持的关系组成的网,人们相互交流是因为需要同周围的社会环境相联系。有效的沟通可以赢得和谐的人际关系,而和谐的人际关系又使沟通更加顺畅。相反,人际关系不良会使沟通难以开展,而不恰当的沟通又会使人际关系变得更坏。

(二)劝说

劝说是指劝人做某种事情或使人对某种事情表示同意。心理学家认为,要争取别人赞同自己的观点,光是观点正确还不够,还要掌握微妙的技巧。

(三)沟通与劝说的关系

沟通是信息的传递过程,是劝说的基础,也就是说劝说是建立在有效沟通之上的。劝说是通过有效的沟通使对方形成、强化或改变态度的过程。沟通好了,达成共识了,才能说服别人,让其心甘情愿、心服口服地接受自己的观点。

二、有效沟通的技巧

(一)选择合适的沟通方式

所谓沟通并不只是面对面的交流,除了语言沟通,还可以用书信、短信等文字交流来沟通。不同的场合采用不同的沟通方式才能达到想要的效果。比如,对方正生你气的时候,你是没有机会和对方面对面交流的,搞不好会事倍功半,这个时候可以选择书信等文字方式来沟通。

(二)把握合适的沟通机会

在社交场合,与人沟通时应当选择合适的时机,避免出现以下情况:见面时不及时问候;分手时不及时告别;失礼时不及时道歉;不该说话时,唠唠叨叨,言语不止;在别人悲伤忧郁时笑嘻嘻。同时,善于抓住沟通的一切时机,有时候沟通对象很忙,如果不争取就会失去沟通的机会。利用一切可以利用的时机,比如在等电梯的时间和对方交流。你要及时地告诉对方,你和他的交流只占用很短的时间,比如"请给我一分钟的时间"。这样或许你就有了交流的机会,只要你的语言够精彩,话题够有吸引力,对方或许就会给你更多的时间来沟通。

(三)沟通语言要言简意赅

面对面沟通时,话题要明确,不要喋喋不休、啰啰嗦嗦。应该指出的是,适量并不都是少说为佳,更不是指那种语量没有变化的"老和尚念经"。适量的标准就是以说话达到目的为宜,让对方明白你表达的意思和意图。沟通的时候,如果话讲了一大堆,对方仍不知所云,或者你的话中有歧义造成对方误解则是大忌。

(四)善于用肢体语言来交流

在一次面对面的交流中,语言所传递的信息,在总信息中所占的份额还不到35%,剩下超过65%的信息都需要通过非语言交流的方式来完成。所以,肢体语言在我们的日常交流中,起着至关重要的作用,也是重要的交流手段之一。

1. 眼睛。

俗话说,眼睛是心灵的窗户。眼睛是人们内心世界最直接也最真实的反映。言谈举止间,说话者的喜、怒、哀、愁皆由眼睛向对方传达;对方不一定非要根据说话者说出的话来获取信息,"会说话的眼睛"所传达出的感情,往往比声音、言辞要直接得多。柯云路说过:"目光是一种更含蓄、更微妙、更有力的语言。"当人们彼此进行交流时,眼睛的开闭、目光持续的时间、瞬间的眨眼以及其他许多细小变化和动作,都能向对方传达出信息。因此,当我们与人谈话时,一定要根据谈话的对象、内容、场合、气氛,恰当地运用目光语,这样才能达到良好的谈话效果。

法国前总统戴高乐,在做公开演说或电视讲话时,从来不戴墨镜,因为他很注重通过眼睛来交流感情;无产阶级革命导师马克思、恩格斯也都是善于运用目光语的典范。当某一个人在谈话中说出几句俏皮话或机敏的答辩时,马克思的眼睛总是在浓密的眉毛下快活地眨动,这是他对对方的机智、俏皮所作出的回应;恩格斯在观察人或事物的时候,他的目光从不停留在事物的表面,而是洞悉深处,所以总是给人以深邃之感。

在日常生活中,正视对方是尊重对方的体现;斜视对方是蔑视对方的体现;看的次数多,表明说话者对对方很重视或是心存好感,反之,则表明说话者对对方很反感;眼睛眨动的次数频繁,表示说话者此时的心理状态是开心、喜悦,反之,如果说话者频繁而急促地眨眼,说明他很内疚或正在撒谎;在日常交流中,不敢直视对方,这不一定不代表对对方不够尊重,或是因为害羞,或是有什么难言之隐;当两个怀有敌意的说话者正互相紧盯着彼此时,如果其中一方突然把眼睛移向别处,则表明他此时很胆怯,想要逃避、退缩。

2. 体态。

在人与人的沟通中,不同的体态对一个人整体形象的塑造有着很重要的作用。日常生活中,一些失礼、不雅的动作、姿势屡见不鲜。比如,有人在交谈时喜欢高跷二郎腿、随心所欲地搔痒、习惯性地抖腿,将两手夹在大腿中间或垫在大腿下,或是张开两腿呈现"大"字形,或半躺半坐、歪歪斜斜地靠在座椅上……这些都是非常不雅的表现,会给人留下缺乏教养、低俗轻浮、散漫不羁的不良印象。因此,良好的体态语言是有效沟通的重要方式。首先,要根据说话内容、说话环境、说话对象、说话目的的需要,准确恰当地运用体态语。其次,体态语的运用不是故作姿态,要适合自己的身份和交际场合。无论是从审美的角度,还是从表达功能的角度,体姿语的运用都要自然、得体,做到既符合审美的原则,给人以美感,又符合特定的情况。最后,体态语言和有声语言只有配合统一,才能准确地表达出说话者的思想感情和愿望,否则,就不能达到理想的效果。

(五)学会用倾听来交流

沟通并不是你一味地讲话给对方听,沟通是双向的,是讲和听的互动过程。因此,你除了要会讲,更需要会倾听,这样才能达到沟通交流的目的。在倾听的时候要不时地点头作出反应,并道出如"好""嗯""是啊""的确是这样"等一些反馈语气词。有时候即使对方讲的话题你不感兴趣,但是你又需要和对方交谈下去,那你可以用眼睛看着对方下巴的倒三角区域,让对方感觉到你是在非常认真听他的讲话,这样你就有机会将话题引向你要讲的主题上去。

(六)微笑是沟通的催化剂

英国诗人雪莱曾经说:"微笑是仁爱的象征、快乐的源泉、亲近别人的媒介。有了微笑,人类的感情就沟通了。"泰戈尔也说过:"当人微笑时,全世界会爱上他。"

在人际交往中,微笑是"润滑剂",是人们相互沟通、理解、建立感情的重要桥梁。微笑可以以柔克刚。说话者可以通过微笑达到情感沟通、融洽气氛、缓解矛盾的目的,同时为表达的成功打下了坚实的基础。

三、劝说技巧

(一)利用"居家优势"

心理学家拉尔夫·泰勒等人曾经按支配能力(即影响别人的能力)把一群大学生分成上、中、下三等,然后各取一等组成一个小组,让他们讨论大学十个预算削减计划中哪一个最好。一半的小组在支配能力高的学生寝室里,一半在支配能力低的学生寝室里。泰勒发现,讨论的结果总是按照寝室主人的意见行事,即使主人是低支配力的学生。由此可见,一个人在自己熟悉的环境中比在别人的环境中更有说服力,在日常生活中应充分利用居家优势,如果不能在自己家中或办公室里讨论事情,也应尽量争取在中性环境中进行,这样对方也没有"居家优势"。

(二)修饰仪表

我们通常认为,自己受到别人言谈的影响比受到别人外表的影响要大得多,其实并不尽然。我们会不自觉地以衣冠取人。有人通过实验证明,穿着打扮不同的人,寻求路人的帮助,那些仪表堂堂、有吸引力的人要比那些不修边幅的人有更多成功的可能。因此,想要劝说别人认同自己的观点,修饰仪表是很重要的。

(三)调节气氛,以退为进

在劝说时,首先应该想方设法调节谈话的气氛。如果和颜悦色地用提问的方式代替命令,并给人以维护自尊和荣誉的机会,气氛就是友好而和谐的,说服也就容易成功;反之,在说服时不尊重他人,拿出一副盛气凌人的架势,那么说服多半是要失败的。毕竟人都是有自尊心的,谁都不希望自己被他人不费力地说服并受其支配。

有一位中学老师接管了班主任工作,正好赶上学校安排各班级学生参加平整操场的劳动。这个班的学生躲在阴凉处谁也不肯干活,老师怎么说都不起作用。后来这个老师想到一个以退为进的办法,他问学生们:"我知道你们并不是怕干活,而是都很怕热吧?"学生们谁也不愿说自己懒惰,便七嘴八舌说,确实是因为天气太热了。老师说:"既然是这样,我们就等太阳下山再干活,现在我们可以痛痛快快地玩一玩。"学生一听就高兴了。老师为了让气氛更热烈一些,还买了几十个雪糕让大家解暑。在说说笑笑的玩乐中,学生接受了老师的说服,不等太阳落山就开始愉快地劳动了。

(四) 善于倾听,亲密沟通

他人的自我意识好像一个卫兵,站在他的潜意识的入口,如果你唤起了他的自我意识或把它激发过重,他绝不会接受你的意见。因此,想说服对方,先让他陈述他的意见和理由,即使你无法同意和接纳,也不要打断对方,尤其是提出反对意见时,更应先听对方的意见。等听完后再开始说"你说得很有道理,但是……"等反对理由。

心理学家提出一个概念——心理定势:若一个人心里有事,他准备讲话时就会启动其心理定势。只有他把事情全部说完,才会转而听你的意见。所以,假如你想让自己的意见被对方听进去,达到说服对方的目的,首先必须学会听对方讲话。这么一来,对方就会有一种你很注意听他说话的感觉,认为你尊重他的意见,进而产生想和你说话的心理。这时,对方已经对你有了好感,会不知不觉地朝被说服的方向去思考问题。这一点是在说服对方时相当重要的一种心理战术。

(五) 善意威胁,以刚制刚

很多人都知道用威胁的方法可以增强说服力,而且不时地加以运用。这是用善意的威胁使对方产生恐惧感,从而达到说服目的的技巧。威胁能够增强说服力,但是,在具体运用时要注意以下几点:第一,态度要友善;第二,讲清后果,说明道理;第三,威胁程度不能过分,否则会弄巧成拙。

在一次集体活动中,当大家风尘仆仆地赶到事先预定的旅馆时,却被告知当晚因工作失误,原来订好的套房(有单独浴室)中竟没有热水。为了此事,领队约见了旅馆经理。领队:"对不起,这么晚还把您从家里请来。但大家满身是汗,不洗洗澡怎么行呢?何况我们预定时说好供应热水的呀!这事只有请您来解决了。"经理:"这事我也没有办法。锅炉工回家去了,他忘了放水,我已叫他们开了集体浴室,你们可以去洗。"领队:"是的,我们大家可以到集体浴室去洗澡,不过话要讲清,套房一人五十元一晚是有单独浴室的。现在到集体浴室洗澡,那就等于降低到统铺水平,我们只能照统铺标准,一人降到十五元付费了。"经理:"那不行,那不行的!"领队:"那只有供应套房浴室热水。"经理:"我没有办法。"领队:"您有办法!"经理:"你说有什么办法?"领队:"您有两个办法:一是把失职的锅炉工召回来;二是您可以给每个房间拎两桶热水。当然我会配合您劝大家耐心等待。"这次交涉的结果是经理派人找回了锅炉工,四十分钟后每间套房的浴室都有了热水。

(六) 消除防范,以情感化

一般来说,在你和要说服的对象较量时,彼此都会产生一种防范心理,尤其是在危急关头。这时候,要想使说服成功,你就要注意消除对方的防范心理。如何消除防范心理呢?从潜意识来说,防范心理的产生是出于自卫,也就是当人们把对方当作假想敌时产

演讲与口才

生的一种自卫心理,那么消除防范心理的最有效方法就是反复给予对方暗示,表示自己是朋友而不是敌人。这种暗示可以采用多种方法来进行,例如,嘘寒问暖,给予关心,等等。如果他人为某事烦恼,你可以说:"我理解你的心情,要是我,我也会这样。"这样就显示了对别人感情的尊重。以后谈话时,对方也会加以重视。让对方同情是一种示弱的表现,想说服比较强大的对手时,不妨采用这种争取同情的技巧,从而很好地消除别人的防范心理,达到说服的目的。

(七)寻求一致,以短补长

许多研究者发现,试图劝说某人,应当使自己等同于他,这样才更具有说服力。对于习惯于顽固拒绝他人说服的人,经常都处于"不"的心理组织状态之中,所以自然而然地会呈现僵硬的表情和姿势。对付这种人,如果一开始就提出问题,绝不能打破他"不"的心理。所以,你得努力寻找与对方一致的地方,先让对方赞同你远离主题的意见,从而使之对你的话感兴趣,而后再想法将你的主意引入话题,最终求得对方的同意。

(八)投其所好,以心换心

站在他人的立场上分析问题,能给他人一种为他着想的感觉,这种投其所好的技巧常常具有极强的说服力。要做到这一点,"知己知彼"十分重要,惟先知彼,而后方能从对方立场上考虑问题。

延伸阅读

一、人际沟通的十二条小建议

1. 多给别人鼓励和表扬,尽量避免批评、指责和抱怨,不要逼别人认错。
2. 要学会倾听。不要说得太多,想办法让别人多说。
3. 如果你要加入别人的交谈,先要弄清楚别人究竟在说什么。
4. 交谈之前尽量保持中立、客观。表明自己的倾向之前先要弄清楚对方真实的倾向。
5. 注意对方的社交习惯并适当加以模仿。
6. 不要轻易打断、纠正、补充别人的谈话。
7. 别人有困难时,主动帮助,多多鼓励。
8. 不要因为对方是亲朋好友而不注意礼节。
9. 尽可能谈论别人想要的,教他怎样去得到他想要的。
10. 始终以微笑待人。
11. 做一个有幽默感的人。但是在讲笑话的时候千万不要只顾着自己笑。
12. 做一个脱离低级趣味的人。

二、沟通箴言

1. 沟通，是一门生存的技巧，要学会它、掌握它、运用它。

2. 沟通的70%是靠倾听。如果希望成为一个善于谈话的人，那就先要做一个好听众。

3. 推心置腹的谈话就是心灵的暗示。如果你是对的，就要试着温和地、有技巧地让对方同意你；如果你错了，就要迅速而诚恳地承认。这要比为自己争辩有效和有趣得多。

4. 有许多隐藏在心中的秘密都是通过眼睛被泄漏出来的，而不是通过嘴巴。

5. 谈话，和作文一样，有主题，有腹稿，有层次，有头尾，不可语无伦次。

6. 与人交谈一次，往往比多年闭门劳作更能启发心智。思想必定是在与人的交往中产生，而在孤独中进行加工和表达。

7. 讲话犹如演奏竖琴，既需要拨弄琴弦演奏出音乐，也需要用手按住琴弦不让其出声。一个人必须知道该说什么，什么时候说，对谁说，怎么说。

8. 如果你要使别人喜欢你，如果你想他人对你产生兴趣，你需注意的一点就是谈论别人最为愉悦的事情。

9. 当你劝告别人时，若不顾及别人的自尊心，那么再好的言语都是没有用的。

三、沟通的真谛

当与小孩沟通时，不要忽略他的"纯真"。
当与少年沟通时，不要忽略他的"冲动"。
当与青年沟通时，不要忽略他的"自尊"。
当与男人沟通时，不要忽略他的"面子"。
当与女人沟通时，不要忽略她的"情绪"。
当与上司沟通时，不要忽略他的"权威"。
当与老人沟通时，不要忽略他的"尊严"。

 技能训练

一、与邻里沟通

邻居家总是在中午休息时间进行装修，非常吵，模拟和邻居沟通的过程，如何劝说邻居避开休息时间进行装修。

二、与同学沟通

假如你是学校某社团的负责人，模拟如何劝说新生加入你所在的社团。

三、与上级及客户沟通

办公室的电话铃响了，甲接起电话。

甲:"您好,××公司销售部,请问,有什么事吗?"

乙:"销售部主管王先生吗?"

甲:"对不起,他现在不在,能问您找他有什么事?能为您转达吗?"

乙:"我姓刘,是他的一个客户,能不能请他尽快与我联系。"

甲:"好的,我会尽快转告他。再见。"

甲拨通了经理的电话。

甲:"经理吗?刚才有位客户打电话找您,要您尽快与他联系。"

甲:"不知道,只知道姓刘。"

经理:"他找我有什么事?会不会是退货?"

甲:"不知道,他没有说。"

经理:"你也没有问吗?那把他的联系电话告诉我。"

甲:"对不起,我也不知道,我以为你知道。"

经理:"姓刘的客户那么多,我怎么知道是谁?!"

经理挂断了电话。

是经理脾气不好还是甲没有做对?如果换作你是甲,你会如何处理?

四、与皇帝沟通

宋朝时,宋太祖对一个大臣说:"鉴于你对国家作出的杰出贡献,我决定升你做司徒(古代官名)。"可这个大臣后来等了好几个月也不见任命下来,可是又不能当面向皇帝询问,因为这会伤及皇帝的面子,但如果不问,升官的事情很可能就告吹了。该怎么办呢?

如果你们是这个大臣,会怎样和皇帝沟通?

五、小游戏

两人一组,如A和B,A先闭上眼将手交给B,B可以虚构任何地形或路线。口述注意事项指引A进行。如:向前走,迈台阶,跨东西,向左或向右拐。然后交换角色,B闭眼,A指引B。一路上要注意沟通,直至终点。

此游戏意在让学生体会信任与被信任的感觉,并懂得沟通的重要性。

项目八　职场口才训练

任务一　面试口才训练

 任务导引

1.面试是成功求职的"临门一脚"。求职者要实现求职目标,关键的一步是与用人单位见面,与人事主管进行信息交流,以便使人事主管确信求职者就是用人单位所需要的人才。面试口才好坏直接关系到求职能否成功。

2.有的人外在条件并不比别人强,但通过面试后,被录用的恰恰是他们,是什么因素使他们的面试成功了？在面试应当注意些什么呢？

 知识必备

一、面试概述

(一)面试的概念

面试是一种经过组织者精心设计,在特定场景下,以考官与考生进行面对面交谈为主要手段,由表及里地测评考生的知识、能力、经验等有关素质的考试活动。面试是公司挑选职工的一种重要方法。面试给公司和应聘者提供了进行双向交流的机会,能使公司和应聘者之间相互了解,从而双方都可更准确地作出聘用与否、受聘与否的决定。

二、面试的语言技巧

(一)良好的语言习惯

语言是人类用以表达思想,进行社会交往的最基本的方式。求职面试同其他社会交往一样,是以语言表达思维,互相沟通的社会行为,所以,社会所认可的良好的语言习惯也是求职面试者应达到的水准。养成良好的语言习惯,要经过日积月累,不可能在昼夜之间准备就绪。良好的语言习惯不仅是不犯语法错误,表达流利,用词得当,言之有物,同样重要的还有说话方式,例如:发音清晰,语调得体,声音自然,音量适中等。

(二)求职面试的语言要求

面试离不开语言,因为面试必须用语言来回答试题或考官提出的问题。面试语言运用的好坏,直接关系到面试的成败。因此,掌握面试的语言艺术,对于面试有着十分重要的作用。

1. 语言客观,不宜过分推销。

虽然求职面试的过程相当于一个向考官推销自己的过程,但语言的客观性是必须把握的面试准则。语言客观是奠定良好形象的基石,否则会给对方造成画蛇添足、哗众取宠的感觉。要注意用较为客观的语言来阐述,从自己与所求职业岗位的适应性来介绍,使用人单位了解你的成绩和才能。这就容易使对方感受到你个人沉稳、实在的风格,更容易赢得对方的青睐与信任。

2. 回答问题要坦诚直率。

面试过程中,良好的表达方式也可以给我们的面试成绩加分。回答问题应采用直率坦诚的方式,真实与可信的回答使应聘者更具说服力。人无完人,没有人无往不胜。如果在求职面试时遇到与失败经历相关的问题,回答时应尽力展示你在失败中的收获。

一位毕业生在大学一年级时曾因考试不及格险遭退学,但毕业后求职面试时他这样告诉面试官:"我很快振作起来,我用的是一种武器——顽强拼搏——要战胜困难,非顽强拼搏不可,后来,我的成绩一直是优。"结果,他得到了自己满意的工作。既有情理又有气度的话语,才能够得到他人的欣赏与赞同。

(三)自我介绍的技巧

精彩的自我介绍,为深入的面谈奠定了基础。自我介绍,犹如商品广告,在有限的时间内,针对客户的需要,将自己最美好的一面,毫无保留地表现出来,不但要给对方留下深刻的印象,还要引发其购买欲。

1. 认清自我。

认清自我一定要弄清以下三个问题。你现在是干什么的? 你将来要干什么? 你过去是干什么的?

2. 投其所好。

自我介绍时应当投其所好,清楚自己的强项后,便可以开始准备自我介绍的内容,包括优点、技能、突出成就、专业知识、学术背景等。

3. 排列顺序。

自我介绍时内容的先后顺序极其重要。是否能抓住听众的注意力,全在于事件的编排方式好坏。所以排在头位的,应是求职者最想让面试官记得的事情。而这些事情,一般都是你最得意之作。与此同时,可呈上一些有关的作品或纪录增加印象分。

求职时,个人自我介绍是面试实战非常关键的一环,它将在很大程度上决定面试者在各位考官心里的形象。考官将基于你的材料与介绍进行下一步的沟通和提问。

(四)应试者回答问题的技巧

1. 把握重点,简洁明了。

一般情况下回答问题要结论在先,议论在后,先将自己的中心意思表达清晰,再做叙述和论证。否则,长篇大论,会让人不得要领。面试时间有限,应试者的话太多不仅容易走题,而且会将主题冲淡。

2.讲清原委,避免抽象。

面试官提问总是想了解一些应试者的具体情况,切不可简单地仅以"是"和"否"作答。应试者应针对所提问题的不同,有的解释原因,有的说明程度。不讲原委,过于抽象的回答,往往不会给主试者留下具体的印象。

3.确认提问内容,切忌答非所问。

面试中,如果对面试官提出的问题,一时摸不到边际,以致不知从何答起或难以理解对方问题的含义时,可将问题复述一遍,先谈自己对这一问题的理解,请教对方以确认内容。对不太明确的问题,一定要搞清楚,这样才会有的放矢,不致答非所问。

4.有个人见解,有个人特色。

面试官有时接待应试者若干名,相同的问题问若干遍,类似的回答也要听若干遍。因此,面试官会有乏味、枯燥之感。只有具有独到的个人见解和个人特色的回答,才会引起对方的兴趣和注意。

5.知之为知之,不知为不知。

面试遇到自己不知、不懂、不会的问题时,回避闪烁,默不做声,牵强附会,不懂装懂的做法均不足取,诚恳坦率地承认自己的不足之处,反倒会赢得主试者的信任和好感。

(五)提问技巧

在面试中,求职者绝不是一个被动的受审者,只能回答主考人员的提问。其实,求职者同样可以反客为主,向主考人员提问。这不仅是面试允许的,而且善于提问,只会对求职者有利。根据调查显示,90%的用人单位在面试时,希望求职者能提问,因为他们从提问中可以看出求职者的水平。因此,提出与求职有关的问题,有时主考人员反倒会因求职者主动显示对应聘工作的兴趣,从而加深对求职者的印象。要在面试中巧妙地进行有利于自己的提问,就应注意以下几个问题:

1.所提问题要与求职有关。

一般说来,与求职有关的问题包括该单位该职务所需人员的知识结构、素质结构与能力要求等;该职业劳动性质、任务、岗位状况;该单位用工方式、内部分配制度、管理方式;该单位经济效益、社会效益、管理状况等。

2.注意提问的时间。

要把不同的问题安排在面试谈话不同的阶段提出。有的问题可以在一开始就提出,有的可以在谈话进程中提出,有的则应在快结束时再提出。不要毫无目的乱提问,更不可颠三倒四,反反复复提那么几个问题。在面试前,应将要提的问题列出来,多看几遍,想好在何时提问,以便谈话时保持头脑清醒,能根据具体情况选择有利时机提问。特别是当谈话冷场时,可以借提问让谈话顺利地进行下去。

3.注意提问的方式和语气。

有的问题可以直截了当地提出来,而有些问题则应委婉、含蓄地提出。如了解自己应聘职务后每月会有多少收入等问题,就不宜直接问:"我每月能拿多少钱?"而应婉转地问"贵公司有什么奖惩规定""贵公司实行什么样的分配制度"等,因为这些清楚了,自己对照一下也就知道会有多少收入了。在询问时,一定要注意语气,要给人一种诚挚、受到尊重的感觉,在不知能否录用时不可直接问:"你们什么时候可以给我录用消息?"而应这样问:"我过一周再来听消息,可以吗?"前一种问话是质问语气,会令人反感,后一种问话是商量语气,显示了对对方的尊重。

4.不要提模棱两可、似是而非的问题。

凡提到与职业、事业有关的问题,一定要明确,特别是不能不懂装懂,提出一些幼稚可笑的问题。因为面试官从提问中可以看出提问者的知识水平、思维方式、个人利益价值观等,这些都是事关录用的大问题,绝不可信口开河、马马虎虎对待。

三、经典面试问题回答思路

面试过程中,面试官会向应聘者发问,而应聘者的回答将成为面试官考虑是否接受他的重要依据。对应聘者而言,了解这些问题背后的"猫腻"至关重要。本文对面试中经常出现的一些典型问题进行了整理,并给出相应的回答思路和参考答案。读者无须过分关注分析的细节,关键是要从这些分析中"悟"出面试的规律及回答问题的思维方式,从而活学活用。

问题一:请你自我介绍一下。

1.这是面试的必考题目。

2.介绍内容要与个人简历相一致。

3.表述方式上尽量口语化。

4.要切中要害,不谈无关、无用的内容。

5.条理要清晰,层次要分明。

6.事先最好以文字的形式写好背熟。

问题二:谈谈你的家庭情况。

1.家庭情况对于了解应聘者的性格、观念、心态等有一定的作用。

2.简单地罗列家庭人口。

3.宜强调温馨和睦的家庭氛围。

4.宜强调父母对自己教育的重视。

5.宜强调各位家庭成员的良好状况。

6.宜强调家庭成员对自己工作的支持。

7.宜强调自己对家庭的责任感。

问题三:你有什么业余爱好?

1.业余爱好能在一定程度上反映应聘者的性格、观念、心态。

2.不要说自己没有业余爱好。

3.不要说自己有庸俗的、令人感觉不好的爱好。

4.不要说自己仅爱好读书、听音乐、上网,这可能令面试官怀疑应聘者性格孤僻。

5. 最好能有一些户外的业余爱好来"点缀"你的形象。

问题四：你最崇拜谁？

1. 最崇拜的人能在一定程度上反映应聘者的性格、观念、心态。

3. 不宜说崇拜自己。

4. 不宜说崇拜一个虚幻的或是不知名的人。

5. 不宜说崇拜一个明显具有负面形象的人。

6. 所崇拜的人最好与自己所应聘的工作能"搭"上关系。

7. 最好说出自己所崇拜的人的哪些品质、哪些思想感染鼓舞着自己。

问题五：你的座右铭是什么？

1. 座右铭能在一定程度上反映应聘者的性格、观念、心态。

2. 不宜说那些易引起不好联想的座右铭。

3. 不宜说那些太抽象的座右铭。

4. 不宜说太长的座右铭。

5. 座右铭最好能反映出自己某种优秀品质。

问题六：谈谈你的缺点。

1. 不宜说自己没缺点。

2. 不宜把那些明显的优点说成缺点。

3. 不宜说出严重影响所应聘工作的缺点。

4. 不宜说出令人不放心、不舒服的缺点。

5. 可以说出一些对于所应聘工作"无关紧要"的缺点，甚至是一些表面上看是缺点，从工作的角度看却是优点的缺点。

问题七：谈一谈你的一次失败经历。

1. 不宜说自己没有失败的经历。

2. 不宜把那些明显的成功说成是失败。

3. 不宜说出严重影响所应聘工作的失败经历。

4. 所谈经历的结果应是失败的。

5. 宜说明失败之前自己曾信心百倍、尽心尽力。

6. 说明仅仅是由于外在客观原因导致失败。

7. 失败后自己很快振作起来，以更加饱满的热情面对以后的工作。

问题八：你为什么选择我们公司？

1. 面试官试图从中了解你求职的动机、愿望以及对此项工作的态度。

2. 建议从行业、企业和岗位这三个角度来回答。

3. 参考答案：我十分看好贵公司所在的行业，我认为贵公司十分重视人才，而且这项工作很适合我，相信自己一定能做好。

问题九：对这项工作，你有哪些可预见的困难？

1. 不宜直接说出具体的困难，否则可能令对方怀疑应聘者不行。

2.可以尝试迂回战术,说出应聘者对困难所持有的态度,如"工作中出现一些困难是正常的,也是难免的,但是只要有坚忍不拔的毅力、良好的合作精神以及事前周密而充分的准备,任何困难都是可以克服的"。

问题十:如果我录用你,你将怎样开展工作?

1.如果应聘者对于应聘的职位缺乏足够的了解,最好不要直接说出自己开展工作的具体办法。

2.可以尝试采用迂回战术来回答,如"首先听取领导的指示和要求,然后就有关情况进行了解和熟悉,接下来制定一份近期的工作计划并报领导批准,最后根据计划开展工作"。

问题十一:与上级意见不一致,你将怎么办?

1.一般可以这样回答:我会给上级以必要的解释和提醒,在这种情况下,我会服从上级的意见。

2.如果面试你的是总经理,而你所应聘的职位另有一位经理,且这位经理当时不在场,可以这样回答:"对于非原则性问题,我会服从上级的意见,对于涉及公司利益的重大问题,我希望能向更高层领导反映。"

问题十二:我们为什么要录用你?

1.应聘者最好站在招聘单位的角度来回答。

2.招聘单位一般会录用这样的应聘者:基本符合条件、对这份工作感兴趣、有足够的信心。

3.参考答案:我符合贵公司的招聘条件,凭我目前掌握的技能、高度的责任感和良好的适应能力及学习能力,完全能胜任这份工作。我十分希望能为贵公司服务,如果贵公司给我这个机会,我一定能成为贵公司的栋梁!

问题十三:你能为我们做什么?

1.基本原则上"投其所好"。

2.回答这个问题前应聘者最好能"先发制人",了解招聘单位期待这个职位所能发挥的作用。

3.应聘者可以根据自己的了解,结合自己在专业领域的优势来回答这个问题。

问题十四:你是应届毕业生,缺乏经验,如何能胜任这项工作?

1.如果招聘单位对应聘者提出这个问题,说明招聘单位并不真正在乎"经验",关键看应聘者怎样回答。

2.对这个问题的回答最好能体现出应聘者的诚恳、机智、果敢及敬业。

3.参考答案:作为应届毕业生,在工作经验方面的确会有所欠缺,因此在读书期间我一直利用各种机会在这个行业里做兼职。我也发现,实际工作远比书本知识丰富、复杂。但我有较强的责任心、适应能力和学习能力,而且比较勤奋,所以在兼职中均能圆满完成各项工作,从中获取的经验也令我受益匪浅。请贵公司放心,学校所学及兼职的工作经验使我一定能胜任这个职位。

问题十五:你希望与什么样的上级共事?

1. 通过应聘者对上级的"希望"可以判断出应聘者对自我要求的意识,这既是一个陷阱,又是一次机会。

2. 最好回避对上级具体的希望,多谈对自己的要求。

3. 参考答案:作为刚步入社会新人,我应该多要求自己尽快熟悉环境、适应环境,而不应该对环境提出什么要求,只要能发挥我的专长就可以了。

问题十六:您在前一家公司的离职原因是什么?

1. 最重要的是应聘者要使招聘单位相信,应聘者在过往的单位的"离职原因"在此家招聘单位里不存在。

2. 避免把离职原因说得太详细、太具体。

3. 不能掺杂主观的负面感受,如"太辛苦""人际关系复杂""管理太混乱""公司不重视人才""公司排斥我们某某的员工"等。

4. 但也不能躲闪、回避,如"想换换环境""个人原因"等。

5. 不要涉及负面的人格特征,如不诚实、懒惰、缺乏责任感、不随和等。

6. 尽量使解释的理由为应聘者个人形象添彩。

7. 参考答案:我离职是因为这家公司倒闭。我在公司工作了三年多,有较深的感情。从去年始,由于市场形势突变,公司的局面急转直下。到眼下这一步我觉得很遗憾,但还要面对显示,重新寻找能发挥我能力的舞台。

同一个面试问题并非只有一个答案,而同一个答案并不是在任何面试场合都有效,关键在于应聘者掌握了规律后,对面试的具体情况进行把握,有意识地揣摩面试官提出问题的心理背景,然后投其所好。

延伸阅读

一、面试准备

提出了申请并赢得了面试机会时,应该好好地去珍惜和准备,这不单单是对别人的尊重,也是对自己的尊重、为自己负责,给自己一个交代。因此,面试前应当做好充分的准备。

1. 模拟面试。

面试之前,为了做好充足的准备,提高面试的成功率,可以模拟真实面试的整个过程。在面试的过程中,面试官通常将会向求职者提出大堆的问题,如果不做好充分的准备,想要应对自如,必须要有很强的随机应变能力。要做到随机应变必须有充足的准备,这样才能胸有成竹,对答如流。根据职位要求,大胆猜测面试会遇到的问题,并对面试的问题有所研究,把自己想好的答案演练一遍。再根据自己的相关情况,罗列一些重要的可以表现出自己能力的事情。一个完整的面试模拟过程可以帮助你了解自己在面试过程中可能存在的问题,并给出演练提升的方案,从根本上提升其求职成功概率。

2. 资料的准备。

临出门面试之前应检查所需的证件物品,其中最重要的就是简历。最好用一个塑料文件袋把简历整整齐齐放进去,一是避免弄皱弄破,给面试官留下很差的印象;二是避免诸如雨天弄湿简历。还有就是某些公司要求的资料,比如学位证、身份证、毕业证、照片、推荐表、报名表等。

3. 衣着与形象的准备。

着装在面试中是非常重要的一部分,着装可以体现出一个人的形象,也可以看出求职者对面试的态度。在面试前,面试者应对自己进行全方位的包装,以求以最佳的形象去面对考官。虽不是说要以貌取人,但符合应聘单位和应聘岗位的着装,容易获取面试官的好印象。

4. 车程准备。

面试前一天到面试地点查探,避免面试当天因迷路而迟到。要想对路线有一个清醒的认识,首先,买一张交通路线图,或者在网上查询有关信息;其次,看一下公司大楼或附近建筑标志,以便顺利抵达;最后,考虑堵车等突发情况,留出充裕的时间来乘车。如果还是不确定那么要善于请教别人。

5. 心理准备。

面试当天,提前十分钟到达面试地点,观察四周的环境,调整自己的心态,心态放平和,不要过于紧张,面试过程中可能会遇到刁钻的问题或者比较苛刻的老师,要沉着应对,不要因为一时的挫折而影响情绪以致丧失信心。时刻保持谦逊礼貌的态度,微笑坦然面对一切。

二、职场面试礼仪

很多人在求职时,都因为形象不佳、行为举止粗鲁等礼仪问题,遭到面试官的反感,被企业拒之门外。所谓细节展现素质,素质决定成功,良好的礼仪与沟通,将会给面试者留下深刻的印象,为你的面试加分。

1. 遵时守信。

守时是职业道德的一个基本要求,面试时一定要提早到达面试地点,按时赴约,以表示自我的诚意以及对对方的尊重,也会给面试官留下你很有时间观念的印象。提早到达还可以熟悉一下环境,稳定一下心神,做一下自我调整,不至于因为时间仓促而手忙脚乱。

面试时迟到或是匆匆忙忙赶到是致命的,如果面试迟到,无论什么理由,迟到会影响自身的形象,也会被视为缺乏自我管理和约束能力,即缺乏职业能力,给面试者留下非常不好的印象。

提前十至十五分钟到达面试地点效果最佳,如果路程较远,宁可早到一个小时。但早到后不宜提早进入办公室,否则聘用者很可能因为手头的事情没处理完而觉得很不方便。如果有客观原因需改期面试或不能如约按时到场都要事先电话通知对方,以免对方久等。

2.进入面试单位的形象与礼仪。

到达面试地点,应径直走到面试单位,不要四处张望。进公司之前,口香糖和香烟都收起来,在公司嚼口香糖或吸烟是不礼貌的行为。关闭手机,避免面试时造成尴尬局面或分散精力,影响成绩。进入面试单位,若有前台工作人员,则开门见山说明来意,把访问的主题、有无约定、访问者的名字和自己的名字报上,经指导到指定区域落座,耐心等候;若无前台工作人员,则找其他工作人员求助。这时要注意用语文明,开始的"你好"和被指导后的"谢谢"是必说的,这代表了你的教养。等待过程中,保持安静及正确的坐姿,可以仔细阅读准备的资料,以先期了解其情况。不要来回走动,这样会显得浮躁不安,也不要与别的面试者聊天,不要询问单位情况或向其索要材料,更不要对单位作品评,不要驻足观看其他工作人员的工作,或在落座后对工作人员所讨论的事情发表意见或评论,以免给人留下肤浅嘴快的印象。更要坚决制止的是在接待室恰巧遇到朋友或熟人,就旁若无人地大声说话或笑闹。

3.进入面试房间的礼仪。

可以说,面试始于开门的那一刻,如果没有人通知,即使前面一个人已经面试结束,也应该在门外耐心等待,不要擅自走进面试房间。一些小企业没有等候室,就在面试办公室的门外等候,自己的名字被喊到,就有力地答一声"是",然后敲门进入。敲门时千万不可敲得太用劲。听到"请进"后,要回答"打扰了"再进入房间。进入房间后要向考官表明自己是来面试的。开门关门尽量要轻,进门后应转过身去正对着门,用手轻轻将门合上。回过身来将上半身前倾三十度左右,向面试官鞠躬行礼,面带微笑,同时礼貌问候,如"您好""大家好"等,不要过分殷勤、拘谨或过分谦让。

坐下前有时会行握手礼,这种手与手的礼貌接触是建立第一印象的重要开始,不少企业把握手作为考察一个应聘者是否专业、自信的依据。求职者勿先伸手,应遵守"尊者优先"礼仪的原则,若求职者先伸手,或拒绝、忽视了面试官伸过来的手,都会十分失礼。在面试官的手朝你伸过来之后就握住它,要保证你的整个手臂呈"L"形(九十度),有力地摇两下,然后把手自然地放下。握手应该坚实有力。双眼要直视对方,自信地说出你的名字,即使你是位女士,也要表示出坚定的态度,但握手不要太使劲,更不要使劲摇晃;不要用两只手握手,这种握手方式在公司看来不够专业。在递送个人简历等资料时,面试者应双手奉上,文字正面朝向对方,以示对面试官的尊重。

4.交谈过程中的礼仪。

在交谈中,面试者要与考官要保持一定的距离,距离过近会使面试官不舒服,一般至少保持在一米。在面试时,求职者应保持与面试官的眼神交流。眼睛东张西望或不敢注视对方,都是紧张和缺乏自信的表现。认真聆听对方的问题和介绍,适当点头示意或提问,稍加思索再回答。不要不经思索,脱口而出,悔之晚矣。回答问题时要口齿清晰,音量适中,语言简练,意思明确,忌滔滔不绝,忌支支吾吾,也不可打断面试官的问话,或者跟面试官在某一问题上发生争执,如果意见不统一可保持沉默,切记不要急躁地与对方辩解,这样既浪费时间又浪费情绪。回答问题要实事求是,既不要狂妄自大,也不要过于谦虚,更要应不懂装懂,以免弄巧成拙;对于某些自己不知道的问题,可以如实回答,不要胡侃乱诌。面试官若纠缠于你不愿回答的问题时,也不要表现得不耐烦,要会控制自己的情绪,无论考官是对你大加赞赏还是很不在意,你都要做到宠辱不惊,千万不能因兴奋而手舞足蹈,也不能因沮丧而当场给考官脸色看,要保持自己应有的风度。面试结束时,要起身向考官表示谢意。出门前再次正式地对考官说声"谢谢",并说"再见",开关门的动作一样要轻柔。

5. 面试后的礼仪。

在求职过程中,应当注意做到善始善终,很多求职者特别是应届毕业生只留意到应聘面试时的礼仪,而忽略了面试后的礼仪。有关人士表示,面试的结束并不意味着求职过程的结束,面试后礼仪能加深别人对求职者的印象,对求职的成功起到意想不到的效果。那么,面试后有哪些礼仪需要注意呢?

(1)对招聘人员表示感谢。

面试后对招聘人员的感谢是十分重要的,不仅能加深招聘人员对你的印象,也一定程度上体现了自己的素质。首先,面试结束离开时,不论结果如何,面试者都应向面试官表达诚意和谢意,但不能过分低三下四、委曲求全。其次,面试结束后应致谢。有关人士建议,为了加深招聘人员对你的印象,增加求职成功的可能性,面试后两天内,求职者最好给招聘人员打个电话或写封信表示谢意。如果采用电话方式致谢,电话最好不要超过五分钟;若采用感谢信的方式致谢,感谢信最好不超过一页。感谢信应提及你的姓名及简单情况,另外重申你对该公司、该职位的兴趣,尽量修正你可能留给招聘人员的不良印象,最后表示你对自己的素质能符合公司要求的信心等。有一种情况是你被公司录用,但因为种种原因,你不能去,此时,也应当发封邮件对招聘的公司和人员进行感谢并致歉。因为,今后可能会有后续的联系或者交往,这封感谢信将给用人单位留下良好的印象,也会给自己的事业带来更多的机会。

(2)不要过早打听面试结果。

面试之后等待通知的时间对于求职者来讲是漫长的,但是不要急于打听面试的结果。有部分求职者面试之后为了尽快了解自己的面试情况,过一两天就向公司打听结果。有关人士表示,在一般情况下,考官组每天面试结束后,都要进行讨论和投票,然后送人事部门汇总,最后确定录用人选,可能要等三至五天。求职者在这段时间内一定要耐心等候消息,不要过早打听面试结果,以免让对方反感。一般来说,你如果在面试两周后或在规定的答复时间结束后,仍没有回音,此时可以写信或打电话给招聘单位或主考官,确认面试的最终结果,同时了解自己面试中存在的问题,为今后的面试积累宝贵的经验。

三、面试禁忌

1. 急问待遇。

"你们的待遇怎么样?"工作还没干,就先提条件,何况还没被录用呢!谈论报酬待遇无可厚非,只是要看准时机,一般在双方已有初步意向时,再委婉地提出。

2. 报有熟人。

"我认识你们单位的××""我和××是同学,关系很不错",等等。这种话主考官听了会反感,如果主考官与你所说的那个人关系不怎么好,甚至有矛盾,那么你这话引起的结果就会更糟。

3. 不当反问。

主考官问:"关于工资,你的期望值是多少?"应试者反问:"你们打算出多少?"这样的反问就很不礼貌,很容易引起主考官的不快。

4. 不合逻辑。

考官问:"请你告诉我一次失败的经历。"应试者答:"我想不起我失败过。"又如,考官问:"你有何优缺点?"应试者答:"我可以胜任一切工作。"

5. 本末倒置。

例如,一次面试快要结束时,主考官问应试者:"请问你有什么问题要问我们吗?"这位应试者欠了欠身,开始了他的发问:"请问你们的单位有多大?招考比例有多少?请问你们在单位担当什么职务?你们会是我的上司吗?"参加面试,一定要把自己的位置摆正。这位应试者提出的问题已经超出了应当提问的范围,使主考官产生了反感。

 技能训练

一、阅读下面的材料,分析自己有无其中的语言缺陷

日本的一些大公司在招聘人才进行面试时,专门就语言能力规定了若干不予录用的条文:

1. 应聘者声若蚊子者,不予录用。
2. 说话没有抑扬顿挫者,不予录用。
3. 交谈时,不得要领者,不予录用。
4. 交谈时,不能干脆利落回答问题者,不予录用。
5. 说话无生气者,不予录用。
6. 说话颠三倒四者,不予录用。

二、模拟面试

1. 请你介绍一下自己的基本情况好吗?

2. 请问你为什么要来我公司求职?

3. 你认为你在大学中学到了什么?

4. 你认为凭你所学的知识最适合在我公司哪个部门工作?

5. 你现在对自己最满意的是什么?

6. 你最大的缺点是什么?你打算如何改正?

7. 你有没有应征其他公司?

8. 如果本公司不录用你,怎么办?

三、现场模拟训练

安排模拟面试,邀请有经验的人员组成面试团,给学生提供实际的面试机会,并于事后评论其表现,使之有所改进。

任务二 推销口才训练

 任务导引

1. 作为一个推销员,最大的困惑就是无论怎么努力,对方都无动于衷;而一个出色的推销员最大的特点就是拥有口才,也就是具有高超的说话艺术,使推销变得轻而易举。你认为一个好的推销员应当具备哪些基本素质?

2. 作为一名推销员,你与客户沟通的时候非常多,如果你口才不好,没有沟通技巧,势必输人一筹,难以留住客户。这时你不能不思考有哪些技巧能令你的推销能力得到提升。

 知识必备

一、推销概述

(一)推销的概念

推销,广义的角度讲,是由信息发出者运用一定的方法与技巧,通过沟通、说服、诱导与帮助等手段,使信息接收者接受发出者的建议、观点、愿望、形象等的活动总称。狭义的角度讲,推销是指企业营销组合策略中的人员推销,即企业推销人员通过传递信息、说服等技巧与手段,确认、激活顾客需求,并用适宜的产品满足顾客需求,以实现双方利益交换的过程。

(二)推销人员的素质要求

1. 知识素质。

成功的推销人员必须具备基本的知识素质。首先,推销人员必须掌握自己产品的性能、规格、特点等,要熟悉同本产品类似产品的情况,运用自己娴熟的谈话技巧,将产品介绍给用户,让消费者了解生产者的意图。其次,要掌握科学文化知识和推销技术知识,这是为了更好地了解自己的推销对象和推销环境,更透彻地了解人的本性、动机和行为模式,更有效地接近和说服顾客,提高推销效率。最后,推销人员还应当具备一定的法律常识。如果一个推销人员不具备较强的文字表达能力和一定的法律知识,那么签订的经济合同就可能出现词不达意、条款不全、责任不明的问题,以致引起纠纷。

2. 身体素质。

现代市场销售人员必须具有良好的身体素质。知识再渊博,销售还是要身体力行。这里所讲的"身体素质"是一个比较广义的综合性概念,既包括个人的体格、体质及其健康状况,又包括个人的举止、言谈及其仪表风范等。就个人的体格和体质而言,销售人员要经常锻炼身体,保持强健的体魄和旺盛的精力。就个人的举止、言谈和仪表风范来看,虽然没有统一的具体标准,但也存在不少必须遵守的礼仪和行为规范。

3. 心理素质。

良好的心理素质是现代企业市场销售人员所必须具备的又一个基本条件。销售人员成天与人打交道,要经受无数次的挫折与打击,要应付形形色色的推销对象,因此必须加强心理训练,培养正确的推销态度。优秀的推销人员应当有信心、爱心、热心和耐心。同时,推销是与人打交道的工作,在推销活动中,人的主观能动性会起到决定性作用,坚毅与执着是推销人员不可缺少的优秀品质。只有意志坚定,才能找到克服困难的办法,实现业务活动的预期目标。

以现代营销观念来看,《红楼梦》里人见人笑的刘姥姥无疑是那个时代最成功的推销人员,她身上的某些品质正应该是今天的推销人员所应该具备的基本素质。刘姥姥是在全家人到了没饭吃的地步,经过一番思量后,决定前往贾家碰碰运气。刘姥姥一家与贾府的关系,只是祖上认的一个干亲而已,且已近二十多年互不来往,"亲情推销"的难度,可想而知。对此,刘姥姥的心态调整得特别好,她认为:"谋事在人,成事在天。咱们谋到了,看菩萨的保佑,有些机会,也未可知。"正因为有着这种执着,在"推销"过程中,虽受到很多冷落,但始终方寸不乱,很从容地完成了任务。

4. 道德素质。

超级推销员都是有道德的人。良好的道德素养也是现代企业市场营销人员必备的一个基本条件。这主要包括两个方面。一是对企业的忠诚,二是对顾客的诚信。用真诚、热情的态度,向顾客提供真实的信息。"言必信,行必果"是推销人员必备的品格。推销人员说话必须一言九鼎。

二、推销语言的基本原则

(一)推销语言要慎重

语言交流是拉近推销人员与顾客之间距离的一大桥梁,"会不会说语"是顾客对推销人员作的一个总的评价标准。语言可以疏通与顾客之间的感情,也能够伤害顾客的心。在推销过程中,或取悦客人,成功推销;或引人反感,推销失败。如何选择适合的语言对推销人员来说尤为重要,推销人员要做到和任何顾客打交道都有共同的语言。推销语言要慎重,推销人员在说话前应思考可以怎样说,应该怎样说,这么说行不行等。

(二)推销语言要真实

推销的语言必须客观、真实,以事实为依据。客观、公正地运用语言进行沟通,表情达意,是推销员所要遵循的一条基本原则。购销双方以诚相待,会使整个推销过程极为融洽、和谐。推销追求的是一种长期效益,想要得到一个稳定的客源,真实、客观地介绍自己产品的性能、质量、规格等方面的内容,会为以后的合作打下良好的基础。

小王是一名服装导购员,一次有一位体态肥胖的中年妇女要购买一件上衣,妇女试了几件,看中了一件非常瘦小的红色上衣,征询意见的时候,小王在认真考虑之后,直言不讳地说:"这件衣服并不适合您,因为你的体态偏胖,如果您买一件休闲款式的黑色上衣,我想效果会更好!"令人意外的是,这位妇女在听了小王的意见之后,非但没有生气,反而听从了小王的意见,买了一件黑色的休闲上衣,并对小王的服务赞不绝口。

(三)推销语言要有针对性

推销人员在推销过程中,要根据不同的顾客使用不同的语言,做到有的放矢、对症下药;同时,根据不同的洽谈环境和洽谈气氛,使用不同的语言艺术。介绍产品时要将产品的性能解释清楚,尽可能扬长避短,但切勿过于夸大,要给予产品正确的评价,引导顾客接受产品。

(四)推销沟通中要避免争论

要尊重你的推销对象,沟通应在心平气和、轻松愉悦的情况下进行,尽可能避开有争议的论点,避免争论,创造真诚合作的气氛,是推销谈判取得成功的基本前提,这样营销成功率也会增加。

一位自动办公设备的推销人员在到一个大公司进行产品推销时,恰巧碰到另一个办公设备公司的推销人员正在不遗余力地向公司总经理进行产品推销,但其语言极尽刻薄,并充满了对其他相关公司的不敬。这位推销人员听到这样的话,并没有马上出言反击,而是选择了一张椅子坐了下来,并且拿出纸和笔,将刚才那个推销人员的话认真的记了下来。当那个推销人员走了之后,公司总经理问他为什么要将刚才那个推销人员的话全都用笔记下来。推销人员回答:"我不想以后和他犯一样的错误!"公司总经理听了之后哈哈大笑,很愉快地听取了他的产品介绍,并和他达成了购买意向。

(五)推销沟通中要适当地幽默

推销沟通中,适当的幽默能令现场的环境氛围变得轻松,在愉悦顾客同时,推销人员的紧张情绪也能得到舒缓,无形中拉近了彼此的距离。

在古代,有一个人想买一只"夜壶"(尿壶),他在一个摊子上接连挑了几个,虽然不错但都嫌大。卖夜壶的商贩一心想做成这笔生意,但他没有直说,而只是说了一句:"冬天到了,夜长着哪!"意思不言而喻,语言不失文雅且十分幽默。一笔生意也因此做成。

一位鼻子很大的推销员到一户人家进行产品推销,这家小孩看到一个陌生人,长着一只很大的鼻子,马上叫出来"大鼻子"!大人和推销员都很不好意思,一段短暂的停顿之后,推销员率先打破了尴尬,他笑呵呵地对小孩说:"你就叫我大鼻子叔叔吧!"大家一笑了之,推销员很快地赢得了这家主人的好感。

(六)推销沟通中的禁忌

推销人员切忌说话没有逻辑性与情感性。推销要以顾客为中心,充满逻辑性与情感性的语言是联系购销双方的纽带。推销人员要学会倾听顾客说话,了解顾客需求,而不是一味生硬推销,惹人生厌;推销人员在推销产品时,可以一边介绍一边动手展示产品,让顾客更好地了解产品;在推销过程中,使用有情感色彩的语言,可以拉近推销员与顾客之间的关系,为成功推销奠定基础。

三、推销口才的技巧

(一)注意称呼得体

推销员在推销过程中首先是与客户打招呼,引起客户重视,那么在称呼上就要讲究一点艺术性。比如说有头衔的客户,就要用尊重的声调说出客户的姓及头衔。在称呼时,推销人员要注意仪态大方,不卑不亢。称呼因人而异,在确定了客户的称呼以后,推销人员在推销过程中还要不断地提及,切忌在交谈过程中随意变更对方的称呼,而应前后保持称呼一致,在语调上注意增强感染力。

(二)注意说话把握分寸

推销员在推销产品时要正确评价产品的功能、价值、质量。推销人员只有掌握语言的分寸,才能使表达逼近真实,从而赢得客户的信任感。语言过于直白,对客户缺乏感染力;过于夸张,客户容易产生逆反心理。在直白与夸张之间掌握一个度,就是语言的分寸。

比如推销保健药品,我们要指出其对某种疾病、某种症状有什么功效,而不能夸大其辞。推销人员对客户可以这样表达:"该产品对某某病确有效,您不妨试一试。"

(三)注意适时激发

客户购买产品是为了满足某种需要。推销人员在推销产品时,如果能使用适当的语言激发客户的需要,则容易使客户产生购买欲望。人的需要简单分为生理需要、安全需要、社交需要、尊重需要和自我实现需要。对于不同的需要应使用不同的语言去激发。

如推销防盗门,我们应着重激发客户的安全需要,不失时机地使用诸如保险、耐用、防腐、稳固等语言词汇,从而激发客户保护身体、保护财产不受损失的安全需要,继而产生购买欲望。

(四)注意时时尊重

人类对自身的声望、尊严、地位、能力、成就等十分看重。我们在推销产品时,要尊重客户,满足客户的自尊需要。

比如羡慕客户的成就,满足客户的自尊需要;佩服客户的志向,称赞客户的工作等都能使客户对你产生亲近心理。而在说明产品的功能时,不妨指出产品能帮助客户提高生活品位,产品是一流的,产品是精工细作的,产品是高科技产品,如此等等,客户会认为产品能给他带来自豪感,购买是值得的。

(五)注意突出重点

推销人员在推销过程中要让客户明白产品的特别之处,宜言简意赅、突出重点,而不要长篇大论、词不达意,甚至说了半天,客户还不知道你的产品究竟有什么功效。在突出产品性能时,一要注意加强语气,注意声调;二要注意选择适当词汇,尤其是选择有鲜明色彩的词汇。

比如推销口红,推销人员可以说:"即使嘴唇十分干裂,使用这支口红,同样可以增添高贵靓丽的神采。"在这句推销辞中,"干裂""高贵靓丽"显然是具有鲜明色彩的词汇,而在"口红""十分""同样"这三个词上则要注意加重语气。

(六)注意否定要巧

在推销过程中,否定的词汇及口气容易造成客户的反感对立情绪,从而破坏气氛,带有否定意义的反问句也会导致同样的结果。诸如"不好、不会的、不可能、不见得、不要这样"等语汇切勿在推销语言中出现。如不可避免地要否定客户的观点,我们可以尽量使用肯定语气,如将"不能"改成"应该",将"你的说法不对"改成"我认为……",尽量将客户拉到自己的同一面,而不要对立。这样,你的推销方能成功。

(七)注意道别艺术

推销结果不管成功与否,我们终得与客户说再见,如何说再见也是一门艺术。如果你已说服顾客,推销成功,那我们不要忘记对客户说声"谢谢",这样会给客户留下深刻印象,同时为下一轮推销创造契机。若推销失败,我们要自找台阶,自留后路,比如说:"生意不在情谊在,有机会我再来拜访您!"这样给自己再次推销留下后路。对于已无法挽回的死局,也不能轻易放弃。若是因为推销说服的方式不佳造成的,则可以向客户说:"对不起,占用了您宝贵的时间,我没能把产品的优点完全表达出来。如果您有机会,相信您会进一步了解我们的产品的。"一个艺术的再见方式,正是下一次推销机遇的开始。

延伸阅读

一、推销口才的十三句话

1. 如果客户说:"我没时间!"那么推销员应该说:"我理解。我也老是时间不够用。不过只要三分钟,你就会相信,这是个对你绝对重要的议题……"

2.如果客户说:"我现在没空!"推销员就应该说:"先生,美国富豪洛克菲勒说过,每个月花一天时间在钱上好好盘算,要比整整三十天都工作来得重要!我们只要花二十五分钟的时间!麻烦你定个日子,选个你方便的时间!我星期一和星期二都会在贵公司附近,所以可以在星期一上午或者星期二下午来拜访你!"

3.如果客户说:"我没兴趣。"那么推销员就应该说:"是,我完全理解,对一个谈不上相信或者手上没有什么资料的事情,你当然不可能立刻产生兴趣,有疑虑、有问题是十分合理自然的,让我为你解说一下吧,星期几合适呢……"

4.如果客户说:"我没兴趣参加!"那么推销员就应该说:"我非常理解,先生,要你对不晓得有什么好处的东西感兴趣实在是强人所难。正因为如此,我才想向你亲自报告或说明。星期一或者星期二过来看你,行吗?"

5.如果客户说:"请你把资料寄过来给我怎么样?"那么推销员就应该说:"先生,我们的资料都是精心设计的纲要和草案,必须配合人员的说明,而且要对每一位客户分别按个人情况再做修订,等于是量体裁衣。所以最好是我星期一或者星期二过来看你。你看上午还是下午比较好?"

6.如果客户说:"抱歉,我没有钱!"那么推销员就应该说:"先生,我知道只有你才最了解自己的财务状况。不过,现在提前做个全盘规划,对将来才会最有利!我可以在星期一或者星期二过来拜访吗?"或者是说:"我了解。要什么有什么的人毕竟不多,正因如此,我们现在开始选一种方法,用最少的资金创造最大的利润,这不是对未来的最好保障吗?在这方面,我愿意贡献一己之力,可不可以下星期三,或者周末来拜见您呢?"

7.如果客户说:"目前我们还无法确定业务发展会如何。"那么推销员就应该说:"先生,我们行销要担心这项业务日后的发展,你先参考一下,看看我们的供货方案优点在哪里,是不是可行。我是星期一过来还是星期二比较好?"

8.如果客户说:"要做决定的话,我得先跟合伙人谈谈!"那么推销员就应该说:"我完全理解,先生,我们什么时候可以跟你的合伙人一起谈?"

9.如果客户说:"我们会再跟你联络!"那么推销员就应该说:"先生,也许你目前不会有什么太大的意愿,不过,我还是很乐意让你了解,要是能参与这项业务,对你大有裨益!"

10.如果客户说:"说来说去,还是要推销东西?"那么推销员就应该说:"我当然是很想销售东西给你了,不过要是能带给你让你觉得值得期望的,才会卖给你。有关这一点,我们要不要一起讨论研究看看?下星期一我来看你?还是你觉我星期五过来比较好?"

11.如果客户说:"我要先好好想想。"那么推销员就应该说:"先生,其实相关的重点我们不是已经讨论过吗?容我直率地问一问:你顾虑的是什么?"

12.如果客户说:"我再考虑考虑,下星期给你电话!"那么推销员就应该说:"欢迎你来电话,先生,你看这样会不会更简单些?我星期三下午晚一点的时候给你打电话,还是你觉得星期四上午比较好?"

13.如果客户说:"我要先跟我太太商量一下!"那么推销员就应该说:"好,先生,我理解。可不可以约夫人一起来谈谈?约在这个周末,或者您喜欢的哪一天?"

(摘编自《MBA智库文档》)

技能训练

一、情景实训

1.举办一次跳蚤市场,推销自己的商品,进行推销口才的实战练习。

2.利用网络和其他途径收集经典的推销员销售语言相关的案例,体会语言表达能力对推销工作的重要性。

3.每个同学上台讲述查阅好的经典推销故事,并谈其对营销工作的启发;或者根据需要,两人或多人进行角色扮演,时间要求二至三分钟。

二、模拟训练

商品的销售和售后服务是一个公司人员会面临最多异议和争端的时候,怎样才能跟顾客进行很好的沟通,让他们对公司的产品感到满意,是每一个营销管理人员应该考虑的问题。

训练规则和程序:两人一组,其中A是销售人员,B是顾客。

场景一:A现在要将公司的某件产品卖给B,而B则想方设法地挑选出本商品的各种毛病,A的任务是一一回答B的这些问题,即便是一些吹毛求疵的问题也要让B满意,不能伤害B的感情。

场景二:假设B已经将本商品买了回去,但商品现在有了一些小问题,需要进行售后服务,B要讲一大堆对于商品的不满,A的任务仍然是帮他解决这些问题,提高他的满意度。

相关讨论:

1.对于A来说,B的无礼态度让你有什么感觉?在现实的工作中你会怎样对待这些顾客?

2.对于B来说,A怎样才能让你觉得很受重视,很满意,如果在交谈的过程中,A使用了"不""你错了"这样的负面词汇,你会有什么干感觉?谈话还会成功吗?

任务三　导游口才训练

任务导引

1.俗话说得好:祖国山河美不美,全靠导游一张嘴!导游口才直接影响游客在游览过程中的满意度,有口才的导游能把景观最大限度地描绘给旅游者,成功地为看似普通的景点注入生机与活力,帮助旅游者完成各自的审美体验,享受旅游带来的愉悦,从而激起游客参观游览的兴致。因此,每个导游都应重视导游口才的训练,为自己的导游讲解添光增色。

2.朱光潜先生认为,话说得好就能成为艺术,导游口才亦是如此。导游语言是导游员同游客交流思想、指导游览、进行讲解、传播知识的一种生动形象的口头语言。具备口才的导游能够对语言进行提炼和优化,能够融技能、观念、灵感、审美于一体,使得导游讲解成为一门语言的艺术。

3.语言符号的传递能起到"树立良好的导游形象"的作用,导游可以通过优化语言来提高表达效果,从而树立良好导游形象。

知识必备

一、导游口才的基础

(一)具备良好的职业道德

导游口才不能偏离职业道德。导游人员职业道德是指在从事导游过程中的比较稳定的道德观念、行为规范和道德品质和总和。简而言之,它是指所有的导游人员在导游职业活动中应遵循的行为准则。导游人员职业道德可以概括成下面几句话:遵纪守法,敬业爱岗;优质服务,宾客至上;真诚公道,信誉第一;不卑不亢,一视同仁;团结协作,顾全大局;好学上进,提高业务。导游人员职业道德规范对导游人员工作具有重要的指导作用,是对导游人员外在的约束力。一个信口开河、偏离职业道德的导游,口才再好也不能称之为"合格"的导游。因此,导游必须加强导游职业道德修养,把这些要求转化为自己内在的道德品质,变成自己的道德需要,再外化为导游语言的艺术。导游要善于自察、自检、自省、自律,把外在的道德要求转化为自身的道德品质,融化于自己心灵中,自觉地执行道德规范,调整自己的行为,优化自己的语言。

(二)努力提高自身素质

导游口才必须以高素质为依托。导游语言艺术是导游对语言的提炼和优化,是融技能、观念、灵感、审美于一体的再创造活动。导游需要运用语言艺术来讲解自然景观与人文景观,从而使旅游者获得知识、实现审美要求。导游人员只有提高自身素质,才能更好地领悟景的魅力,才能说出景奇在哪里,美在何处,才能带给游客一种跨越时空的文化观念,让眼前的景物、昔日的景象和美妙的想象三者有机融合在一起。好口才是语言魅力的展现,更是人格魅力的展现。导游人员要训练出好口才,必须在自身的素质上下功夫。

(三)不断完善知识结构

导游口才必须以知识为后盾。随着时代的发展,现代旅游活动更加趋向于对文化知识的追求。人们出游除了消遣度假外,还想通过旅游来增长见识,扩大阅历,获取教益。导游是文化的传播者、知识的传递者。导游人员的导游讲解和日常交谈,都是旅游者获取知识的主要来源。导游人员只有先提高自身的知识水平,才能提高自己的口才水平。

导游人员应具有较广泛的基本知识,尤其是政治、经济、历史、地理以及民俗等方面的知识。同时,导游人员的知识面要广,要"上至天文,下至地理"。这样在讲解时才能把这些知识艺术地讲授给客人,做到寓教于乐,使客人在旅行中兴致长存。合格的导游讲解绝不是照本宣科地给游客们背诵一遍关于某一景点的讲解词便告终,那样做是不可能吸引游客的。不少导游人员,讲解很认真,但是游客缺不感兴趣,之所以会这样,其中一条很重要的原因就是知识深度不够。可见,导游人员的知识水平直接影响着游客的旅游情绪和导游工作的正常开展,影响着客源市场的进一步开拓,是游客评价一个导游及所在旅行社业务水平的重要标准。导游人员欲提高自己的口才水平,就必须进行大量的知识储备工作,丰富的知识是做好导游工作的前提。导游人员应该在平日阅读大量古今中外的各种资料,积累各种知识来完善自己的知识结构。

导游石春满曾回忆,有一次他陪一个日本团,在从云冈石窟返大同时,他偶然发现团里有两位客人的挎包上分别挂有写着"坪内""岛崎"字样的行李标牌,这正好与"坪内逍遥""岛崎藤村"两位日本著名大作家同姓,于是,他便在车上说:"各位,不知大家发现没有,在我们中间有两位'大名人'那就是'坪内'先生和'岛崎'先生。现在,让我们请两位'大文豪'表演节目如何?"客人们于是齐声鼓掌、欢迎,两位"文豪"亦即兴极其愉快地作了表演。之后,他又以日本文学为话题,谈了自己对日本文学作品的看法和日语的特征,并由此谈及中文。一路上气氛十分欢快。事后,两位名人感叹地对他说:"石先生不仅长于佛学,对我国的文学等各方面的内容也知之颇详啊!"

二、导游口才的原则

(一)准确性原则

导游语言的准确性是指导游人员的语言必须符合而不是违背客观事实,即在遣词造句、叙事上要以事实为基础,准确地反映客观实际。导游语言的准确性原则也是其规范性的体现。无论是说古还是论今,是议人还是叙事,是讲故事还是说笑话,都要做到以实论虚,合情合理,切忌空穴来风、信口开河甚至张冠李戴。游客一旦发现导游人员的蒙蔽,必然产生极大的反感,会怀疑导游讲解的真实性。导游语言的科学性越强,越能引起游客的兴趣和求知欲。

导游人员的语言要做到准确性,必须做到以下几个方面。

1. 秉持科学的态度。

秉持科学的态度是导游语言准确的前提。导游人员应当抱着对游客、对自己、对旅行社、对国家负责的态度竭诚为游客服务,要有锲而不舍、勤学苦练的精神。只有这样才能不断进取,认真对待语言中的每一个词语,使之符合语境并贴切地反映客观实际。导游讲解内容应当是科学的,必须有根有据,正确无误,即使是说故事也不要胡编瞎造、东拉西扯。

2.掌握所叙事物的相关知识。

掌握所叙事物的相关知识是运用好语言的基础。如果导游人员对景点的情况，对游客要谈的内容不了解、不熟悉，很难想象其语言能表达得清楚、准确，更不用说流畅、优美了。如果导游人员对所讲、所谈的事物有充分的准备，熟谙于胸，就能侃侃而谈、旁征博引，易被游客接受和理解。

3.准确遣词造句、组词搭配。

准确遣词造句是语言运用的关键。一个意思要表达确切、清楚，关键在用词与造句。导游人员要在选择恰当词汇的基础上，按照语法规律和语言习惯进行有机组合和搭配。如果词语用法不当，组合搭配不好，就会使信息失真。外语导游还应当避免家乡口音和汉语语法可能带来的影响。

游客问："长城是什么时候修建的?"导游回答："秦朝"。这种回答属于表述不清，因为早在春秋战国时期，燕、赵、秦三国为防御北方的匈奴、东胡等民族的骚扰就筑起了高大的城墙，即为长城的起源。秦统一六国后，在原有长城的基础上修筑成一条具有今天规模的长城。如果对方是外国游客，还应讲清春秋战国和秦朝的公历年代，这样外国游客才会对中国长城的历史有一个明确的认识。

导游在向游客介绍了某一自然景观之后说："这里的景色真叫人心旷神怡。"这里的"叫"字同心旷神怡的搭配就不如用"令"字更好，因为"令"字有"使"的含意，即客观事物使人们主观上产生一种感受。又如导游人员向游客介绍某幅古画时说："这幅令人喜爱的古老帛画，它所体现的艺术手法值得我们珍惜"。这里，"珍惜"属于用词不当，而应用"珍视"。"珍惜"是爱惜的意思，而"珍视"则为看重的意思，即古画所体现的艺术手法值得很好欣赏。

4.注意风俗习惯和身份。

导游讲解过程中应当注意当地的风俗习惯和游客的身份，科学地使用敬语、谦语、成语、谚语、歇后语以及名人名言。恰当使用谦语和敬语有助于传达友谊和感情，但是应当注意尊重对方的风俗习惯和语言习惯。成语、谚语、歇后语以及名人名言往往能起到画龙点睛的作用，可以使得导游讲解的品位提高一个档次，使得导游人员谈吐高雅，令游客产生好感，但是在使用的过程中，必须做到准确、完整、恰到好处。使用俚语更要谨慎，要了解俚语的真正意义和使用场合。

(二)逻辑性原则

导游语言的逻辑性是指导游人员的语言要符合逻辑思维的规律。逻辑分为形式逻辑和辩证逻辑。前者是孤立地、静止地研究思维的形式结构及其规律的科学，后者是关于思维的辩证发展规律的科学，即从事物本身运动、变化、发展来观察、把握、研究事物的内在联系及规律。形式逻辑的思维规律主要有同一律、矛盾律和排中律。同一律的公式是：甲是甲。它要求在同一思维过程中，思想要保持自身同一。矛盾律的公式是：甲不是非甲。它要求在同一思维过程中,对同一对象不能作出两个矛盾的判断,不能同时既肯定又否定,思想必须保持前后一致、无矛盾。排中律的公式是:或者是甲,或者是非甲。它要求对两个互相矛盾的判断,承认其中之一是真的,作出非此即彼的明确选择,不能两者都否定,也不能模棱两可。导游人员的思维要符合逻辑规律,其语言要保持连贯性。导游人员应当遵守形式逻辑的思维规律,使自己的思维具有确定的、前后一致的、有条理的状态,从而在语言表达上保持首尾呼应,具有较强的连贯性。

导游人员在讲西湖孤山时,说"孤山不孤、断桥不断、长桥不长"。导游人员作出"孤山不孤"这一判断是从"孤"和"不孤"选择而来的,作出这一选择是由其思维逻辑确定的,即孤山是由火山喷出的流纹岩组成的,整个岛屿原来是和陆地连在一起的,所以说"孤山不孤"。那么为什么又叫它"孤山"呢?一是因为自然的变迁,湖水将它与陆地分隔开来;二是因为这个风景优美的岛屿过去一直被称为孤家寡人的皇帝所占有。同样,"断桥不断""长桥不长"也是如此。在这里,导游人员运用了形式逻辑中的排中律,从地质学的角度分析了孤山这个岛屿同陆地的内在联系及其变化。

(三)清楚性原则

清楚是导游语言科学性的又一体现,要求导游人员在导游讲解中做到以下几点:

1. 口齿清晰,简单明了确切达意;措辞恰当,组合相宜。

2. 语言表达要有秩序性,层次分明,逻辑性强。导游人员应将要讲的内容分前后秩序,即先讲什么、后讲什么,使之层层递进、条理清楚、脉络清晰。

如一段描述长白山自然景观的导游词:

长白山引人入胜之处是它那绚丽多姿的垂直景观。其特色在于从山脚下到山顶上虽然只有不足一百公里的行程,我们却可观赏到欧亚大陆从温带到极地几千公里距离内植物生长变化的垂直景观,领略到从温带到寒带的不同自然景观,如同走了半个世界。随着长白山海拔高度的增加,气候、土壤、生物呈现明显带状分布,上下相差悬殊,景观变化无穷。

海拔一行二百米以下,地势平缓、气候温和,是针阔叶混交林带,生长着红松、柞树、椴树、水曲柳、黄菠萝、春榆等。高达数十米的长白赤松,枝干挺拔,修长妩媚,顶部呈伞状,树冠下部的枝条稍向下伸展,颇似人迎宾的手臂,在微风中翩翩起舞,人们称其为"美人松"。在这些原始密林深处,生长着许多名贵中药材。请您注意观察,如幸运还会发现一棵人参或天麻呢。

海拔一千二百米至一千八百米地带,土层较薄,气候冷湿,常年云遮雾罩,是针叶林带。这里生长着苍松翠柏,无一杂树。云杉、冷杉、落叶松的尖塔形树冠格外俊秀美丽。在森林中,阴暗潮湿处是苔藓最适宜生长的地方。您如果有机会,请千万不要错过体会一下在这种绿色天然地毯上散步的乐趣。

海拔一千八百米至两千米地带,是清一色的岳桦林。这里地形坡度陡,土层瘠薄,气温低,降水量大,风力强劲,每年八级以上大风日达两百天。因而这些岳桦树树枝常随风向而倾斜,形成特殊的旗形树冠,分枝和树叶主要长在主干背风的一侧。这些岳桦树树干扭曲变形,树皮则一层层被寒风撕裂,使人为它们那种百折不挠、顽强生息的韧劲所感动。

海拔两千米以上到山顶,则是高山苔原带。这里没有树木,只有绿茵茵的苔藓和贴着地的杜鹃灌木丛,恰如天然地毯一般。

这一大段导游词的语言表达非常有秩序性,层次非常清晰。首先概述了长白山天然自然景观的特征,然后按不同海拔高度分层叙述了自然景观的情况。而对每一层次的介绍又基本上是按自然、气候、土壤情况来说明,最后归纳到对人的感受。由此可见,这位导游人员对长白山景观所作的成功介绍得益于他严密的逻辑思维。

3. 文物的历史背景和艺术价值,自然景观的成因及特征必须交代清楚。

4. 使用通俗易懂的语言,忌用歧义语和生僻的词汇。浅显易懂,生动形象,犹如家常话一般,是口语最重要的特点。一般来讲,口语之中不常出现术语,忌故弄玄虚。口语多为现想现说,临时组合而成,自然不必字字推敲,句句斟酌,只要运用生活之中的平常话语,表明个人见解即可。

(四)生动性原则

导游人员向游客提供面对面的服务时,游客大多数情况下是在听导游人员说话,所以导游人员的语言除了要有准确性、逻辑性和清楚性之外,生动性也至关重要。准确、清楚、逻辑性强的导游语言能使旅游者得到正确的信息,生动形象、幽默诙谐的导游语言可以给旅游者带来轻松、愉快的心情和美的享受。语言的生动性不仅要考虑讲话的内容,也要考虑表达方式,还要力求与神态表情、手势动作以及声调等和谐一致。生动,就是导游人员运用具有活力的语言去打动人心,引起旅游者的共鸣。"看景不如听景",讲的就是导游人员语言生动对景点起了升华的作用。如果导游人员的语言表达平淡无奇,如同和尚念经般单调、呆板,或者十分生硬,游客听了必定兴趣索然,甚至在心理上产生不爱听、不耐烦或厌恶的情绪。反之,生动形象、妙趣横生、发人深省的导游语言不仅能引人入胜,而且会起到情景交融的作用。为此,导游人员应力求使用形象化的语言,以创造美的意境;使用鲜明生动的语言,以增加语言的情趣性。比如下面节选的这段导游词:

登塔眺望,令人心旷神怡,远处浦江蜿蜒如带帆樯林立,市区大厦高出云天,眼前龙华寺殿宇庄严宏伟,古老镇上粉墙青瓦,人来人往,龙华公园内林木葱郁,亭台掩映,龙华美景尽收眼底。综观整座宝塔,它既是封建时代宗教信仰的产物,又是我国古代劳动人民勤劳智慧创造的结晶,它姿态雄伟直指蓝天,仿佛鲲鹏展翅跃跃欲飞,它飞檐翘角挺拔秀丽,又仿佛妙龄少女亭亭玉立。

在上面这段导游词中,作者把宝塔比喻为鲲鹏,比喻为妙龄少女,使宝塔的形象生动而又鲜明。

要做到生动,还应把握以下几点:

1.在充分掌握导游资料的情况下注意趣味性,努力使情景与语言交融,激发起旅游者浓郁的游玩兴致。

2.恰当地运用比喻。生动的比喻会让人感到亲切,对导游的讲解更易理解。

3.幽默感。讲话风趣幽默能使听者欢笑,气氛活跃,提高旅游者的兴致。遇到问题时,幽默还可以稳定情绪,忘记(至少暂时忘记)忧愁和烦恼。幽默还是一种处理问题的手段,它可以消除人际关系中的龃龉,甚至摆脱窘境。有位哲人曾说:"幽默是人际关系的润滑剂。"但是,如果幽默的话说得不好,很容易变成友谊的致命伤。所以我们要避免滥用幽默,要注意幽默语言的品位。

4.多用口语短句,避免冗长的书面语和空话套话。人们在运用口语与他人进行交际时,往往既要适当地表达自己的本意,又要注意随机应变,在交谈过程之中随时对于自己所运用的口语的具体内容与形式进行适度的调整。从表面上来看,口语大都显得语句简短,结构松散,多有省略之处。有时,它甚至会出现话题转变、内容脱节、词序颠倒、啰唆重复等现象。然而由于口头交际具有一定的双向性、互动性,这些问题往往瑕不掩瑜,反而更能显示口语生动、活泼的特性。

(五)灵活性原则

灵活性是指根据不同的对象和时空条件进行导游讲解,因人而异,因地制宜。旅游者来自不同地方、国籍、民族、宗教、习惯、职业、年龄、文化程度和知识水平各有不同,导游人员要灵活使用导游语言,使特定景点的讲解适应不同的游客,满足他们不同的需求。这就要求导游灵活安排讲解内容,深浅恰当,雅俗相宜,努力使每一位游客都能获得美的享受。

三、导游口才的发音技巧

(一)掌握语调

任何语言都少不了要用抑扬顿挫、起伏多变的声调和语调来表现和传达自己的情感。汉语更是如此。在导游活动中,导游语言要讲究语调变化,语调平平的导游语言听起来缺乏活力和生气,味同嚼蜡。在导游讲解中,有高潮,也有低潮。在高潮时,音色应明亮些,圆润些;在低潮时,音色应深沉些,平稳些。抑扬高低的语调变化往往能使语言具有音乐般的节奏感,使人爱听。导游的语音、语调等都要与情绪"合拍",以情发声,以声带情,使之声情并茂而无矫揉造作之感。

(二)调节音量

音量是指声音的强与弱。在导游过程中,如何调节好自己声音的音量是语言表达的又一技巧。首先,要根据游客数量及导游地点、场合来调节音量。游客多时,音量要以离导游最远的游客听清为度,游客少时音量则要小一些。在室外讲解,音量要适当大些,在室内则要小一些。因此,导游人员平时要注意练声,从低声到高声分级练习,以便在不同的情况下,掌握说话音量的大小。其次,要根据讲解内容调节音量,一是将主要信息的关键词语加大音量,强调其主要语义,例如:"我们将于八点五十分出发。"这里主要是强调出发时间,以提醒游客注意。二是故意压低嗓门,先抑后扬,造成一种紧张气氛,以增强感染力。例如:"这天晚上,天黑得不见五指,庙里静得出奇,突然,一阵电闪雷鸣划破夜空……"可见,音量大小调节得当,能增强语言的表达效果。但要注意的是,音量调节要以讲解内容及情节的需要为基准,该大时大,该小时小,绝不能无缘无故用高声或低声,不然便有危言耸听之嫌。

(三)控制语速

如果导游人员一直用同一种语速,像背书似的进行讲解,会使人感到乏味,令人昏昏欲睡。因此,导游讲解应善于根据讲解的内容、游客的理解能力及反应等来控制讲解语速。在导游讲解中,遇到需要特别强调的事情,想引起游客注意的事情,严肃的事情,容易招致疑惑、误解的事情以及数字、人名、地名等要放慢语速。众所周知的事情,不太重要的事情,故事进入高潮时等要加快语速。

讲解语言速度的快与慢是相辅相成的,必须注意节奏急缓有致。讲太快了,像连珠炮似的,听者精神高度紧张,特别容易疲劳,注意力自然就会涣散。相反,语速太慢了,不能给人以流利舒畅的美感。一般来说,讲解的语速应该掌握在每分钟两百个字左右,但对年老的游客要注意放慢语速,以他们听得清为准。在导游讲解中,尤为重要的是要善于根据讲解内容控制语速,以增强导游语言的艺术性。

"光绪的凄苦,只有他的贴身太监王商能领会,一天晚上,王商趁慈禧熟睡之机,买通了看守珍妃的宫女,偷偷地将珍妃带到了玉澜堂同光绪见面。相见之下,两人有诉不尽的衷情,说不完的心里话,真是难舍难分。月过中天了,珍妃还不忍离去,真是相见时难别亦难啊。"讲这段话时,语速应沉重迟缓一些,但当讲到后边一段时,就要注意加快语速,以渲染紧张气氛:"就在这时,殿外传来小太监的咳嗽声,皇上一听,不好!慈禧太后来了,怎么办?珍妃此时再走已来不及了……"

由此可见,充分配合讲解内容来调整语速,该快就快,该慢就慢,是控制语速的重要方法。要使讲解语言入耳动听,就必须注意控制语速。控制语速的技巧并不难掌握,把音节拉长,速度就慢,把音节压缩,速度就快。

(四)注意停顿

停顿是导游人员讲解中短暂的中止时间。所谓"中止时间"不是指物理时间,而是就心理时间而言的。中止时间的长短难以规定秒数。导游讲解时,并不是讲累了需要休息一下,才停顿片刻而沉默,而是为了使讲解能收到心理上的反应效果,突然故意把话头中止。假如一直滔滔不绝,口若悬河,不但无法集中游客的注意力,也会使你的讲解变成"催眠曲"。反之,如果说话吞吞吐吐,老半天才说出一句话,或在不该停顿的地方停顿了,不仅会分散游客的注意力,而且容易使人产生语言上的歧义。因此,这里所说的停顿,是指语句之间、层次之间、段落之间的间歇。据专家统计,最容易使听众听懂的谈话,其

· 301 ·

停顿时间的总量,约占全部谈话时间的35%~40%。

1.语义停顿。一句话说完要有较短的停顿,一个意思说完要较长的停顿。

  由于历史的变迁,/当年的魏国公府早已毁坏了。||现在的瞻园,/是当年魏国公府仅有的遗存,/是当年府内西花园的一部分。||清朝时,这处遗园被改为藩署街门,/乾隆皇帝南巡时,曾经在这里游览。||如今,青砖洞门上,那'瞻园'二字,/就是乾隆皇帝的御笔。(/表示较小的停顿,||表示较大的停顿)

由于有了这些停顿,导游人员才能有条不紊地把层层意思交代清楚。

2.暗示省略的停顿。不直接表示肯定或否定,只用停顿来暗示,让游客自己判断。

  请看,那边一线起伏的山峦像不像一条龙?后边的几座小山丘像不像九只小乌龟?这就是一龙赶九龟的自然奇观。

3.等待游客了解的停顿。先说出游客好奇的话,再停顿下来,使游客处于应激状态。

  "现在,这里仍保留着用人祭祀河神的习俗,他们每年都要举行一次祭祀盛典。仪式时,众人将一位长得十分漂亮的小姑娘扔进河水之中。"导游人员说到这里,故意停了下来。此时,游客脸上现出了惊疑的神情,难道如今这里还保留着如此野蛮不人道的风俗?停了一会儿,这位导游员接着说:"不过,这位姑娘是用塑料制作的。"游客们恍然大悟。

恰到好处的停顿能使后续的话语产生惊人的效果。

4.强调语气停顿。

  美国的戴尔·卡耐基在《语言的突破》中叙述了林肯用停顿进行强调的经验:"林肯在讲话时,经常说着说着就把话头从中间切断,每当他讲到重要地方,为了加深听众内心的印象,他就使出'切断话题'这一招,暂时沉默一下,凝视听众的眼睛。"

尽管这是关于演讲的经验之谈,但对于导游讲解同样有着重要的借鉴作用。总之,导游人员讲解时注意停顿,可以使语言变得流畅而有节奏,收到"大珠小珠落玉盘"的效果。

四、导游讲解常用的方法

训练导游口才的重要一步就是掌握导游讲解的方法与技巧。导游讲解的方法和技巧是导游艺术的重要组成部分。为了将旅游者吸引在自己周围,导游人员必须讲究导游讲解的方式、方法,要善于设计故事情节,结合游览活动的内容,解疑释惑,制造悬念,引人入胜;要有的放矢、启发联想、触景生情;要有选择地介绍,采用有效方法努力将旅游者导入最佳的旅游审美意境。

(一)分段讲解法

所谓"分段讲解法",就是将一处大景点分为前后衔接的若干部分来讲解。也就是说,在参观一个大的、重要的游览点之前,先概括地介绍此游览点的基本情况,包括历史沿革、占地面积、欣赏价值等,使游客对即将游览的景点有个初步的印象。然后,导游人员再带游客顺次参观,边看边讲,将旅游者导入审美对象的意境。

如介绍杭州西湖时,一般先从其概况、传说、成因开始讲起,继而带出"一山、二堤、三岛""西湖新旧十景"等具体景点的讲解,旅游者边欣赏沿途美景,边倾听导游员有声有色、层次分明、环环相扣的讲解,定会心旷神怡,获得美的享受。

(二)突出重点法

突出重点法就是导游讲解时避免面面俱到,而是着重介绍参观游览点的特点和与众不同之处的方法。一处景点的内容往往很多,导游人员必须根据不同的时空条件和对象区别对待,做到轻重搭配、详略得当,必要时去粗取精、去伪存真、由此及彼、由表及里,并着力从以下几个方面把握其脉络。

1. 突出大景点中具有代表性的景观。

针对大的游览景点,导游人员必须根据这些景点的特征进行重点讲解。如去花港观鱼的游览,主要是参观红鱼池和牡丹园,并加以重点介绍,主要让旅游者了解景点全貌,让他们领略公园的园林艺术和花卉知识,从中得美的享受。

2. 突出景点的特征及与众不同之处。

旅游者在游览过程中会发觉很多同类的东西。俗话说:内行看门道、外行看热闹。即使是同一宗派的寺院,其历史、规模、结构、供奉的佛像也各不相同,导游人员在讲解时必须讲清其特征及与众不同之处,这样才能使游客避免枯燥乏味的游览,增加知识情趣,提高旅游兴趣。

3. 突出旅游者感兴趣的内容。

旅游者来自不同层面,兴趣各不相同,但有一点是相同的,即大家出来旅游都是为了寻找快乐,如导游人员能对他们背景有所了解,认真研究游客的喜好,努力做到投其所好,便能博得大多数游客的青睐。突出旅游者感兴趣的内容就是要提高讲解层次,吸引旅游者注意力,如介绍建筑,仅仅讲其布局、特征,旅游者往往会觉得很抽象。如果能引经据典加以比较,就会显得层次丰富、内容厚实,因为建筑的外表不仅是房屋或办公场所而已。一幢漂亮的建筑其造型本来就是"凝固的音乐",反之,不讲设计的幢幢高楼就会变成"水泥森林"。导游人员只有将其丰富内涵介绍给游客,才能使游客叹服。

4. 突出"……之最"。

对于某一景点,导游人员只要根据实际情况,介绍这是世界(中国、某省、某市、某地)最大(最长、最古老、最高、最小)的……因为这也可以说是景点的特征,能加深旅游者的兴致。有时在讲解一个景点时也要避轻就重,如杭州飞来峰,洞窟岩壁上分布着五代到宋、元时期的石窟雕像三百三十八尊,导游人员不可能面面俱到,只能择其重点,将"最大、最早、雕刻最细腻"的三处佛像细述,其余概述即可。

(三)触景生情法

"触景生情法"就是见物生情、借题发挥的导游讲解方法。在导游讲解时,导游人员不能就事论事地介绍景物,而是要借题发挥,利用所见景物制造意境,使旅游者产生联想,从而领略其中之妙趣。用寓情于景、富有哲理性的语言激发游客的情绪,使他们得到启迪。

旅游者到西安旅游,从机场前往市区的时候,途中,看到一座座陵墓,导游人员便即景生情地讲道:"中国的景观各有特色,北京看墙头,桂林看山头,上海看人头,到了西安大伙儿看的就是各种各样的坟头。"一席话说得非常形象,给大家留下深刻的印象。

在号称"海天佛国"的普陀风景区,导游人员带着游客登上佛顶山,俯瞰大海。这时,导游人员在一旁启发似地感慨道:"朋友们,眼前这锦鳞片片,白帆点点的水面就是东海,多少年来,这海拥抱着、冲刷着佛顶山,以它特有的气势启迪着人们。海是辽阔的,胸怀无比宽广;海是厚实的,什么都能容纳;海是深沉的,永远那么谦逊……常看大海,忧郁的人会开朗,狭隘的人会豁达,急躁的人会沉稳……"听着这些充满人生哲理的话语,游客们获得的又岂止是山水美景?

触景生情法的第二个含义是导游讲解的内容要与所见景物和谐统一,使其情景交融,让旅游者感到景中有情,情中有景。

如当旅游团在参观海南三亚亚龙湾景区时,导游人员结合电影《一声叹息》的场景,给他们作了生动的描绘。旅游者望着无垠的海滩,蔚蓝的天空,从影片中的人生感悟生活中的人生,发出了很多的联想。

触景生情贵在自然、正确、切题地发挥。导游人员要通过生动形象的讲解、有趣而感人的语言,赋予没有生命的景物以活力,引导旅游者进入审美对象的特定意境,从而使他们获得更多的知识和美的享受。

(四)虚实结合法

虚实结合法就是在导游讲解中将典故、传说与景物介绍有机结合,即编织故事情节的导游手法。就是说,导游讲解要故事化,以求产生艺术感染力,努力避免平淡的、枯燥乏味的、就事论事的讲解方法。

虚实结合法中的"实"是指景观的实体、实物、史实、艺术价值等,而"虚"则指与景观有关的民间传说、神话故事、趣闻逸事等。"虚"与"实"必须有机结合,但以"实"为主,以"虚"为辅,"虚"为"实"服务,以"虚"烘托情节,以"虚"加深"实"的存在,努力将无情的景物变成有情的导游讲解。导游人员在讲解时选择"虚"的内容要"精"和"活"。所谓"精",就是所选传说是精华,与讲解的景观密切相关;所谓"活",就是使用时要活,见景而用,即兴而发。

讲解杭州断桥时,导游人员结合白娘子和许仙在断桥上"千年等一回"的故事,一定会让解说显得更加风趣生动。再如一座雷峰塔本来显得很平常,由于民间故事的介入,白娘子、许仙、法海等人物穿插其中,导游人员一加渲染,就会激起旅游者的极大兴趣。

导游人员介绍坐落在武汉月湖畔的古琴台时,这样说道:"这座古琴台相传是春秋战国时期的著名音乐家俞伯牙鼓琴的地方。有一次,楚国的俞伯牙坐船遇风,阻隔在汉阳,在这里,他遇见了一个叫钟子期的人,伯牙知道钟子期喜欢听琴,就用十弦竖琴弹了两支曲子,一曲意在高山,一曲意在流水。钟子期听完,很快把乐曲的含意说了出来,伯牙十分钦佩,两人从此成了莫逆之交。一年后,钟子期病逝,俞伯牙十分难过,特此到钟子期的墓前弹奏了一曲'高山流水',弹完后就把琴摔掉了,发誓不再鼓琴,这就是后人所说的伯牙摔琴谢知音。北宋时,为了纪念他俩,就在当年他们鼓琴、听琴的地方建了一座琴台,取名伯牙台。"游客纷纷被导游的讲解所打动,再看古琴台时,感受就不一样了。

总之,讲解景点时,导游人员可以编织故事情节,对先讲什么,后讲什么,中间穿插什么典故、传说,心中都应有数,加上形象风趣的语言、起伏变化的语调,就会产生艺术吸引力,受到旅游者的欢迎。

（五）问答法

问答法就是在导游讲解时,导游人员向旅游者提问题或启发他们提问题的导游方法。使用问答法的目的是活跃游览气氛,激发旅游者的想象思维,促使旅游者与导游人员之间产生思想交流,使旅游者获得参与感或自我成就感;也可避免导游人员唱"独角戏"的灌输式讲解。

1. 自问自答法。

导游人员自己提出问题,并作适当停顿,让旅游者猜想,但并不期等他们回答,只是为了吸引他们的注意力,促使他们思考,激起兴趣,然后做简洁明了的回答或做生动形象的介绍,还可借题发挥,给游客留下深刻的印象。自问自答法在掌握节奏和速度上要比我问客答法来得快些,因为导游人员不打算让游客来回答。如果有游客要回答或者想回答,那导游人员也就顺水推舟,顺其自然了。

导游人员在讲解六和塔时,讲到塔的高度、外观层数时就可用自问自答法,这样定会大大加强导游效果。导游人员在讲解瘦西湖的植物时可以问"湖边栽种桃树和柳树是什么寓意呢"接着答"三步一桃,五步一柳";"为什么要栽种玉兰树呢"接着答"这样代表着玉堂富贵"。

2. 我问客答法。

我问客答法指的是导游根据旅游景观的内容和特点,对客人进行提问,让客人回答,引发游客的兴致。导游人员要善于提问题,要从实际出发,适当运用。导游人员希望旅游者回答的问题要提得恰当,要诱导旅游者回答,但不要强迫他们回答,以免使其感到尴尬。客人的回答不论对还是错,导游人员都不应打断,更不能笑话,而要给予鼓励。最后导游人员要引出更多、更广的话题。

有位导游人员在杭州九溪十八涧对游客说:"这儿的路处处曲,路边的溪水叮咚响,远近的山峦绿葱葱。清代文人俞樾到这里时,诗兴大发,挥笔写道'曲曲环环路,叮咚泉,远远近近山……'前面已用了叠词,朋友们猜猜看,第四句写树时,俞樾用的什么叠词?"游客们议论纷纷,有的说"郁郁葱葱树",有的说"大大小小树",最后在导游人员的启发下猜出是"高高下下树"。大家都惊叹俞樾用词的精妙。这"高"和"下"贴切传神,写活了沿山而长的树林。

游无锡蠡园时,导游员让游客先看春、夏、秋、冬四个亭中的春亭,指着匾说:"春亭挂的匾额是'滴翠',表达了春天的形象,有特色。那么,夏、秋、冬三个亭子会用什么题匾呢?各位朋友是否能猜中?"一石激起千层浪,游客边猜边看,猜中的笑逐颜开,未猜中的纷纷敬佩题匾者的文笔之妙。

3.客问我答法。

导游人员要善于调动旅游者的积极性和想象思维,欢迎他们提问题。旅游者提出问题,证明他们对某一景物产生了兴趣,进入了审美角色。对他们提出的问题,即使是幼稚可笑的,导游人员也绝不能置若罔闻,不要笑话他们,更不能表示出不耐烦,而是要有选择地将回答和讲解有机地结合起来。不过,对客人的提问,导游人员不要他们问什么就回答什么,一般只回答与景点有关的问题,注意不要让他们的提问冲击你的讲解思路,打乱你的安排。导游人员要学会认真倾听旅游者的提问,善于思考,掌握他们提问的一般规律,并总结出一套相应的"客问我答"的导游技巧,以求随时满足旅游者的好奇心理。

很多景区会栽种花卉,烟花三月的时候这些花一个个都争奇斗艳,很多游客都会在花前拍照留念,有一些还会忍不住问导游人员这些花的名称,实际上这个时候就是对导游人员知识储备的考试。如果导游人员能够把花的名称特点娓娓道来,游客一定会惊叹导游人员的知识面,但实际上这些花种类繁多,而且经常会增加一些新品种,万一碰到说不出来历的花卉,导游人员可以说,既然它在春天开放,我们就叫它"迎春花"吧。这样的回答虽然牵强,但往往也能赢得游客的会心一笑。

(六)逗趣法

逗趣法就是用幽默风趣的语言进行导游讲解,让游客在乐趣中得到精神享受。风趣的话可以逗得游客乐此不疲,游兴顿增,也能使枯燥的内容变得更容易理解和接收。

在苏州西园的五百罗汉堂里,导游人员指着那尊"疯僧"塑像逗趣说:"朋友们,这个疯和尚有个雅号叫'九不全',就是说,它有九样毛病:歪嘴、驼背、斗鸡眼、招风耳、癞癞头、烧脚、鸡胸、斜肩脚,外加一个歪鼻头。大家别看他相貌不完美,但残而不丑,从正面、左面、右面看,你会找到喜、怒、哀、乐等多种感觉……另外,那边还有五百罗汉,大家不妨去找找看,也许能发现酷似自己的'光辉形象'。"

(七)制造悬念法

制造悬念法是指在导游人员在讲解中故意用停顿来"吊胃口"或"卖关子",以吸引游客,或者有意识地创造连环套似的情境,先抑后扬地提出问题,以制造"欲知结果如何,且听下回分解"的悬念,使游客由被动地听讲解变为主动探寻,以激起他们的好奇心和求知欲。

一位导游人员在讲解虎丘塔的建造年代时说:"虎丘塔究竟有多少年呢,几百年还是几千年?说法一直不一致。这事直到20世纪50年代初才弄清楚。"导游人员停了下来,大家在想,是怎样搞清楚的呢?"有一次,建筑工人在加固塔基的时候,他们在塔内一个窟窿里,发现了一个石头箱子"导游人员停了下来,然后说,"工人们把它搬出来,打开一看,里面还有一个木头小箱子,大概有这么大……"导游人员比划着:"再把小木箱打开,里面有包东西,是用刺绣的丝织品包着的,解开一看,是一包佛经,取出这包东西,只见箱底写着年代,你们猜是什么年代?"游客纷纷猜测,过了一会儿,导游人员说:"这年代是中国北宋建隆二年,也就是公元961年。由此可见,虎丘塔距今有一千多年的历史,而苏州的丝绸刺绣工艺也至少有上千年的历史。"导游人员利用制造悬念的导游讲解方法,把本来不怎么吸引人的建塔年代说得有声有色,令人着迷。

(八)类比法

类比法就是用游客熟悉的事物进行类比,帮助游客理解和加深印象。由于地理的、历史的、民族的、文化的以及宗教信仰的差异性,导游人员要把每个游览点解释得让游客容易理解,一听就明白,并不是易事。因此,导游人员有时必须借助类比的手法。

1. 同类相似类比,即将相似的两物进行比较。

导游人员在实际讲解中,可将北京的王府井大街比作日本东京的银座、美国纽约的第五大街、法国巴黎的香榭丽舍大街;把上海的城隍庙比作日本东京的浅草;可将苏州比作"东方威尼斯";讲到梁山伯与祝英台或《白蛇传》中的许仙和白娘子的故事时,可将其比作中国的罗密欧与朱丽叶。

2. 同类相异类比,即将两种景物比出规模、质量、风格、水平、价值等方面的不同。对同样的两种景物,如果要比较的是相同之处,则可以选择同类相似类比;如要比较的是不同之处则可选择同类相异类比。这两种方法可以同时使用,互相并不矛盾。

有的导游人员在讲解中,在规模上将唐代的长安城与东罗马帝国的首都君士坦丁堡相比,在价值上将秦始皇皇陵地宫宝藏同古埃及第十八朝法老图坦卡蒙陵墓的宝藏相比;在宫殿建筑和皇家园林风格和艺术上,将北京的故宫和巴黎附近的凡尔赛宫相比,将颐和园与凡尔赛宫花园相比。

3. 时代之比。导游人员在导游讲解时,可进行时代之比。由于各国纪年法不同,在介绍历史年代时应注意游客的理解程度,要用游客能理解的表述方式。

以故宫的建设年代为例,第一种介绍说故宫建成于明永乐十八年,外国游客听了效果不会好,因为一般不会有几个外国游客知道这究竟是哪一年。第二种介绍说故宫建成于1420年,这种讲解的效果比第一种好一些,这样说起码给了一个通用的时间概念,但仍给人历史久远的印象。第三种介绍说在哥伦布发现新大陆前七十二年,在莎士比亚诞生前一百四十四年,中国人就建成了面前的宏伟建筑群。第三种介绍讲解效果最佳,不仅便于外国游客记住故宫的修建年代,留下深刻印象,还会使外国游客产生中国人了不起、中华文明历史悠久的印象。

4.换算。换算就是将抽象的数字换算成具体的事物,就是将外国游客难以理解的词或句子意译成或变换成他们所熟悉的易懂的词或句子,从而方便游客理解。

  导游在介绍故宫的时候如果直接说故宫的房间有九千九百九十九间半,这个数字太过于抽象,不太好理解,可以这样来做一个换算:"如果让一个婴儿从出生的第一天开始每天晚上住一间的话,等他全部房间都住完的话他已经二十七岁多了。"这样游客就会由衷地发出感叹。

  云南建水燕子洞的洞口的高度为五十四米。导游员可以这样来介绍:"将昆明工人文化宫(昆明20世纪80年代最高的建筑物)放在燕子洞的洞口处,你(指游客)站在顶楼还要踮起脚尖才能摸到洞顶。"游客对这种换算之后的数字就有了较具体的理解了。

使用类比法,切忌作不相宜的比较,否则会惹游客耻笑。

(九)画龙点睛法

画龙点睛法指的是在一般讲述的基础上,用凝练的词句概括出所游览景点最精彩、最有特色之处的导游方法,从而使旅游者记忆犹新、印象深刻。

除上述方法外,我国的导游人员还总结出了概括法(平铺直叙法)、简述法、详述法、引而不发法、引人入胜法、引用名句法、由点及面法、由此及彼法、联想法等,这里不再作一一介绍。导游讲解方法有很多,然而,在具体工作中,各种导游方法和技巧不是孤立的,而是相互渗透、相互依存、互相联系的。导游人员在训练口才时,应当学习众家之长,结合自己的语言特点融会贯通,在实践中形成自己的导游风格,并视具体的时空条件,灵活、熟练地运用导游讲解方法,这样才能获得不同凡响的效果。

延伸阅读

一、导游口才训练中应当克服的不良口语习惯

1.含糊。

  导游人员在讲解时,首先必须对讲解的内容胸有成竹,讲解时才能有条不紊,词语贴切。相反,如果对事物理解不准确,望文生义,说起话来就含糊不清、使人产生误解。有的导游人员说话含糊,主要是对讲解的内容不熟悉,缺乏自信心。讲解时,常用一些"大概""可能""好像"之类的模糊语言,游客对此是不

会满意的,因为他们要求得到肯定的回答,确切的知识,不愿听含糊不清、模棱两可的话。有句名言道:"言语的暧昧是由于思想的朦胧。"因此,要在对讲解对象十分了解的基础上,注意使用准确、肯定的言词,这样才能赢得游客的信任。

2. 啰唆。

有的导游人员讲解时,生怕游客不理解,反反复复、颠来倒去地解释、说明,尽管其动机是好的,但啰唆的话语往往会把听者的耐心都耗尽。还有的导游人员想用一些哗众取宠的话来吸引人,讲解时,故意用一些琐碎的话作铺垫,用不必要的引言东拉西扯,结果要么言不及义,要么离题太远,使人感到啰唆。美国口才学家卡耐基说:英文"啰唆"是盎格鲁撒克逊语"反复咬啮"的意思,"反复咬啮"则使人想到松鼠关在木笼里咬啮的情形。说话啰唆的人,其言语内容实质性的东西少,就像海茧皮,看起来一大片,但放在开水里一烫,就只剩下那么一点儿。游客不喜欢那种寡言少语、金口难开的导游人员,同时讨厌那种啰啰唆唆的导游人员。

3. 艰涩。

口头语与书面语不尽相同,如果导游人员在讲解时,机械地背诵导游词,用佶屈聱牙的修饰语、倒装句、专用术语,或用艰涩冷僻的词语,游客不仅听不进去,而且无法理解。还有的导游人员为了卖弄知识,故意引用一些古文诗词,引用之后又不解释,故作高深。有时候口头语言更加适合导游讲解。口头语的声音有轻有重,有高有低,有快有慢,抑扬顿挫,丰富多变,起到很好的表情达意的作用。口头语即使说得不连贯、不周密,对方一般也能听懂。因此,导游人员应当多使用口头语言,增强语言的生动性。

4. 不良的习惯语。

讲解时使用平时的口头禅,最妨碍整个讲解内容的连贯性,游客听起来也很不舒服。如:"这个,这个普济寺最早的名字叫、叫这个这个……不肯去,不肯去庵,这个为什么叫这个,这个名字呢?这里有个传说,嗯……这个这个传说是,五代梁贞年间,有个和尚,叫这个这个……慧锷的,对,这个这个和尚是日本来的,到中国山西的这个这个五台山……"这种讲解会使人焦躁不安,很难听懂讲解的真实内容。

造成不良口语习惯的原因主要有两个,一是思维出现障碍,使用废话填空。说一段话时,由于想的跟不上说的,大脑出现"短路",不自觉地便重复一些字眼,如"这个这个""嗯""基本上""原来呢""结果呢""反正""呢"等,这些词不表达任何意义,只是用来延长思维的时间。二是用重复的方法填空。由于临时选择词语,或考虑其他因素(如是否得体等),边想边说就容易"卡壳"。如果对讲解内容熟悉,自然不会出现这种情况;如果不熟悉,在短时间内要回答游客的问题,就要调动平时所积累的知识,在这种情况下,就容易出现不良的习惯语。

作为一名导游人员,必须具有较强的口语表达能力,思维应该敏捷,口齿应该清晰,用词应当准确。即使游客突然提出一些问题,不便给予确切的答复,也不要含糊其辞,用一些拖泥带水的习惯口头语来应付。

 技能训练

一、导游词鉴赏

材料一:龙川胡氏宗祠。

各位游客,大家好!很荣幸能和大家一起游览古老的徽州,美丽的绩溪,首先请允许我代表安徽旅行社对大家的到来表示热烈的欢迎!我叫王萍,大家可以叫我小王,在接下来的行程中我将竭诚为大家服务!

我们现在来到的是龙川景区,它位于安徽省绩溪县东南部,为省级历史文化保护区。从宋代著名风水学家赖文正到当代中国城市规划研究院高级顾问郑孝燮,都说这里是一块风水宝地。龙川人一直把来到这里的客人看作贵人,各位贵客请随我进入景区,一起去探索风水宝地的奥秘,去考察中国建筑艺术殿堂的国宝——胡氏宗祠,祝愿各位处处沾祥瑞,从此交好运。

龙川胡氏宗祠又以"木雕艺术殿堂"和"民族艺术博物馆"著称于世。中外建筑专家称其"规模之大、时间之长、完整之好、装饰之美天下第一"。胡姓聚居的古村落就是在这里了,龙川已有一千六百多年的历史,传至"锦"字辈,已有四十八世。说到这里啊,小王给大家卖个关子,"锦"字辈,有一个人,不仅全中国,乃至全世界都知道他,您能猜出他是谁吗?对了,他就是胡锦涛。

现在呈现在我们眼前的便是胡氏宗祠了,宗祠前的这座墙,叫作"影壁"。南方人称其"照壁",古代称为"萧墙",因而有"祸起萧墙"之说。影壁墙呈"八"字形,它不仅可以遮挡视线,最重要的是可以保住灵气,因为宗祠坐北朝南,南方属火,按五行的说法来说,火克金,而徽州人做生意正是为了求金。金遭火化自然不吉利,所以一般的徽州民宅都是朝北居,古徽州人的居住习惯有许多禁忌,汉代就流行着"商家门不宜南向"。如果实在是地理原因,便在门前砌一道照墙用以遮挡。它还有个功能便是可以衬托出祠堂的雄伟壮观,扩大了宗祠门前的空间,并与门前的龙川河纳入宗祠整体的建筑之中,形成了绝美的艺术效果。再看我们脚下鹅卵石墁地,民间称"鱼鳞坦",过去宗祠、屋前皆是,它的意思有三个,一是"鱼"谐音"余",意为"年年有畲";二是鱼多了,希望宗族发子发孙;三是鲤鱼可以化龙,人立坦上恰似"乘龙"。大家可以在这儿合影或拍照留念,这儿是拍摄祠堂的最佳场所。

大家跟着我进入宗祠内,宗祠二十二米宽的高大门楼被称"五凤楼",面阔七开间,进深两间,三个层次,五个屋顶。看五凤楼外面雕刻的是"九狮滚球遍地锦",而里面同一高度的大额枋上雕刻的是"九龙戏珠满天星"。楼为"五凤楼",龙为"九条龙",明为"龙凤呈祥",隐喻"九五之尊",而"九狮滚球遍地锦"和"九龙戏珠满天星"数字皆为九,含有"九九归一"的含意。

我们现在站立地方,徽州人称"天井",功能主要是采光和通风。龙川当地有句俗语:"家有天井一方,子子孙孙兴旺。"古徽州人聚水如聚财,下雨叫"下金子",下雪叫"下银子"。天井上方承接的雨水也流入屋内天井中,所谓"四水归明堂",满足了徽州人"肥水不外流,财气不外泄"的风水理。天井边四周的梁上都有许多挂钩,是张灯结彩时挂灯笼用的,但是它们为何都朝着一个方向?大家猜猜看,这是为什么呢?告诉大家,它就是把外面的才气勾进来,有"招财进宝"之意。再看天井四周,因为有雨水的原因,在靠近天井地方的柱子都是麻石的,再加上周围结构的不同构造,可以起到地震时"墙倒屋不塌"的作用。好多外国专家将徽州的天井称作"会呼吸的房子",他们说,天井是天然的空调,除了风水和采光,更主要的是利用了空气动力学的原理,冷空气从地面进入,暖空气从空中跑掉,自动调节了气温。天井这种绝妙的建筑空间,在世界建筑范围内绝无仅有的,堪称唯一。

先看享堂的二十扇荷花图,从个人而言,这主要是为了赞扬胡富的耿直敢言、罢官不移志、富贵不矜持的君子风骨。从祖训而言,则以荷字谐义"和"字。一扇门的荷图寓意"一门和气",全部荷图寓意"满堂君子",具体到每幅荷图又有它特定命意。

享堂正壁隔扇有十八幅鹿图,"鹿"与"禄"谐音,鹿与蝙蝠、寿星老人组图为"福禄寿",在徽州几乎是家喻户晓。

看到这儿不知大家发现没有,这么大的宗祠却不见一处蜘蛛网。这不是临时打扫的结果,过去是这样,现在还是如此,于是有了多种解释。一是"风水说",据说胡氏宗祠在建造时,曾请当时著名的风水先生选址、择地。因此宗祠不仅地处龙气重的风水宝地,而且在避邪、驱虫的吉日良辰动土、上梁,故邪气不侵,蜘蛛岂敢入门。二是"木料说",建造祠堂都是上选的木料,尤其是正厅的大柱子,是用树龄数百年的银杏树做的,银杏树有怪气味,能驱虫,故蜘蛛在祠内无法生存。三是"蝙蝠说",宗祠内有很多蝙蝠,它们在屋顶特殊的夹层内,昼伏夜出,专吃各种飞虫和蜘蛛,因此,宗祠内无蜘蛛网。四是"谐振说",由于胡氏祠堂所处的地区理位置以及相适应的建筑结构和布居,使空气在自然流动形成一种谐振。这种谐振,人是感受不出来的,却使包括蜘蛛在内的昆虫、微生物不能生存,因此也就不存在有蜘蛛网了。

介绍到这里,相信大家无不对这里充满着好奇,那么大家就在此自由游览二十五分钟,稍后小王继续为大家讲解胡氏宗祠的奥秘。

材料二:黄山温泉导游词。

黄山的第四绝就是温泉了,我们黄山的温泉是名副其实的温泉,在出水口的温度为四十二度,这种温度洗浴既不会凉,也不会烫。这是含重碳酸盐而不含硫元素的矿泉,不仅可以洗浴还可以直接拿来饮用的。传说当年轩辕黄帝在服下仙丹后即将乘龙升天,但对着镜子一看,发现自己已是满头白发,满脸皱纹,这副容颜即使做了神仙也不好看,于是就跳进温泉,沐浴汤泉三天三夜,最后须发尽黑,颜面如孩童,乘龙升天了。当然能把白头发泡黑,这功效是肯定没有的,除非您和轩辕黄帝一样吃了仙丹差不多。但要把皱纹泡没了还是可以的,不要说三天三夜了,估计一天一夜就差不多了,不相信的可以试试看。不过黄山要看的主要还是松、石、云,温泉只是走累了泡一泡用来消除疲劳的。好了黄山的简单情况就说这么多,具体景点我们到了山上再一一欣赏。

1. 试评价导游词。

2. 列举导游词中运用了哪些导游讲解方法。

二、进行一次校园模拟导游

三、导游词写作

网络搜寻所在城市的基本情况介绍,写一篇有特色的导游词。

四、导游词讲解

选择你熟悉的景点,根据不同游客类型有针对性地进行讲解。

1. 中学生修学团。

2. 中老年观光团。

3. 亲子度假团。

4. 商务考察团。

写一篇符合你所选择的讲解对象特点的导游词,然后在班级进行模拟导游讲解。

任务四　主持口才训练

任务导引

1. 有人说,主持人主持节目就像理一团乱七八糟的毛线一样,但他不仅仅是要把毛线理顺理通,更要引导观众把这团毛线编织起来!这就要考验主持人的口才,也就是说话能力、表达技巧、提问质疑、沟通能力。

2. 主持人口才不是孤立的才能:它既是"口"才,也是"思"才、"耳"才、"眼"才……它反映了一个人的语言才能,也反映了一个人的素养、才智、气质、品格和情操。主持人要不断吸收知识以丰富自己,这样才能将充实的内容和娴熟的表达技巧融为一体。主持口才训练是一个艰苦而充满乐趣的过程。只有不懈努力,才可能比较快地提高水平。

知识必备

一、主持口才概述

(一)主持

1. 主持的含义。

"主持"这个词,在《现代汉语词典》时的解释有两个。一个是"负责掌握和处理",例词是"主持会议"。另一个是"主张;维护",例词是"主持正义,主持公道"。《辞海》里对"主持"一词的解释与《现代汉语词典》一样。本书中的"主持"主要指的是对某一种会议、某一个节目或者某一项活动的掌握和处理,比如主持文艺演出、主持大小集会、主持庆典仪式等。主持人则是在这些活动中担任主持工作的人,他们在活动中既是组织者、主持者,又是指挥者,是统领、引导、推进活动进程的人。而广播电视主持人,主要指具有采、编、播、控等多种业务能力,集编辑、记者、播音员于一身,出场为听众、观众主持固定节目的人。

世界上最早的主持人(Host / Hostess)起源于美国。中国最早的主持人是在1981年电台广播"空中之友"栏目的主持人徐曼。1981年,中央电视台在赵忠祥主持的《北京中学生智力竞赛》节目中使用"节目主持人"一词开了中国电视节目主持人之先河。1993年,中国的各大电台涌现出大量优秀的节目主持人,这一年被称为"中国的广播主持人年"。

2.主持的分类。

(1)按主持内容划分。

①活动主持。如主持会议、演讲、论辩、演出、宴会等。

②仪式主持。如主持商务典礼或婚丧祝寿仪式。

(2)按照主持人的工作职责范围与工作形态划分。

①独立型主持人可以独立地承担整个节目的采、写、编、播等各个环节的工作,几乎是节目的唯一制作人。

②单一型主持人则主要从事话筒前的播音、主持工作。

③参与型主持人参与到采、写、编、播的各个环节中,与其他编辑、记者共同完成节目制作,与编辑记者处于平等位置。

④主导型主持人则相当于节目组中的指挥者或领导者,既是主持人,也是制片人或主编。

我国较为多见的是单一型主持人和参与型主持人。

(3)按节目性质划分。

①新闻性节目主持人,包括新闻节目主持人、新闻专题专栏主持人。

②专题性节目主持人,包括知识性节目主持人、教育性节目主持人、竞技类节目主持人。

专题节目对主持人的个人魅力有较高要求,节目中类似于"脱口秀"的互动给主持人留有发挥的空间。崔永元的《实话实说》是一个非常成功的典范。崔永元在主持《实话实说》的时候,把这档节目打造成了全国谈话类节目的名牌。凭借机智、幽默的风格,崔永元颇具个人特色的主持风格在老百姓心中留下了深刻印象。与崔永元类似,主持《今日说法》栏目的撒贝宁、主持的新闻评论节目《环球视线》的水均益都具备这样的特点。

③文艺性节目主持人,包括文艺节目主持人、晚会节目主持人、综合文艺节目主持人。

④服务性节目主持人,包括经济服务(信息服务)节目主持人、生活服务节目主持人、听众观众信箱主持人等。生活服务类节目主持人比新闻、文艺等节目主持人在节目中的参与程度更高,有时他要与嘉宾展开交谈,有时要亲自操作演示,有时甚至要作为角色进入表演情节当中。这就要求生活服务类节目主持人既要有较高的主持才智,又要有一定的表演才能,他还应是一个性格开朗、和蔼可亲、善解人意的心理专家,在节目中能娓娓

道来,把一些锁碎的生活条理化、系统化、知识化,将自身情感恰如其分、不温不火地融入节目,在潜移默化中带给受众无穷回味。

(4)按照主持人的外表、表情和动作所形成的视觉感受对电视播音员与主持人进行划分。

①权威型。

这种类型主持人的特点是外表端庄、表情严肃、声音沉稳,体态语言较少,给人以正襟危坐的感觉,多适宜于新闻节目。他们所播报的内容多为国内外重大时事,涉及政治、经济、军事等严肃话题。他们还常常代表政府或某些权威部门发表重要的文件或通告。这类主持人更接近传统意义上的播音员。

②记者型。

这种类型的主持人往往并未受过专业的播音训练。观众对他们的外形要求也相对较宽,着重强调的是广泛的知识背景、敏捷的反应能力、现场的组织能力与即兴的表达能力。他们力求用诚恳的态度与专业的分析来增强节目的可信度,因而语言与动作都较为朴实、自然。

③教师型。

这种类型的主持人大多外形和善、表情诚恳、态度和蔼,通常在知识含量较高的节目中出现,循循善诱、耐心引导、充满自信是他们的特点,体现出较好的个人修养与知识水平。

④朋友型。

这种类型的主持人随和而健谈,语言与表情都较为轻松自然,与受众一起对各式各样的话题进行方方面面的讨论,营造出邻居、朋友或同事之间畅所欲言的亲近感。这种类型的主持人善于倾听、善于提问、善于总结,同时具有快速的反应能力与控制能力。

⑤表演型。

这种类型的主持人多见于娱乐类、游戏类节目,以俊男靓女居多,更接近于演员。他们外在形象较好,具有一定的表演能力,表情较为夸张,反应灵敏,还具有一定的幽默感。

(二)主持口才

1.主持口才的含义。

简而言之,口才就是训练口语表达之才,这是训练的总目标。靠说话进行工作的节目主持人必须有口才。口才是说话的技巧或言语表达的艺术,主持人的口才更是高水平口语能力的创造性运用。

有人认为,只要能够不停地"说"就是有"口才"了,这是一种误解。对于什么是"真口才",什么是"伪口才",我们应该有正确的认识。节目主持人的主持风格多样、形态各异,而且品位层次分明,真可谓百花齐放、万紫千红:有的爽朗明快,有的含蓄委婉;有的淋漓尽致,有的片言偶发;有的热情洋溢,有的隽永清新;有的凝练严谨,有的涉事成趣;有的富有文采,有的朴实无华。

2. 主持口才的基本要求

(1) 能够讲标准的普通话。

作为一个主持人,有着推广普通话的义务。原文化部部长孙家正要求节目主持人模范地贯彻国家关于语言、文字的方针政策,成为语言文字规范化的宣传者和实践者,积极为广大听众和观众起示范作用。主持人应自觉地树立起语言规范的意识,苦练语言基本功,做到语言规范、字音准确、吐字清晰,成为社会使用语言的典范。这是社会和受众对主持人的基本要求。主持人不仅要语言规范,普通话标准,而且应符合现代汉语规范化、标准化的要求,不读别字音,避免用方言俗语。

国家语言文字工作委员会在 1994 年 10 月 30 日联合颁布了《关于开展普通话水平测试工作的决定》,明确指出县级以上含县级广播电台电视台的播音员、节目主持人应该达到普通话一级水平,并逐步实行持普通话等级合格证上岗制度。

2014 年 1 月,国家新闻出版广电总局发出通知,要求广播电视节目规范使用通用语言文字,在推广普及普通话方面起到带头示范作用,要求播音员、主持人除节目特殊需要外,一律使用标准普通话。

2. 语言要通俗易懂。

主持人面对的受众比较广泛,受众的年龄、兴趣、文化层次等都有所不同。要使更多的人能够接受你所传达的意思,就必须要求主持人的语言通俗、易于接受。节目主持人所用的语言,只有让受众能理解,能听得懂,才能达到主持的初衷。主持人的语言需要经过加工提炼,在传情达意上要求明确、清楚、自然、大方,让人一听就懂。节目所要阐述的事情、道理必须用具体的语言去表现。主持口才应当既有书面语言的文采,又有明白晓畅、通俗易懂的口语特点。

中央电视台节目主持人敬一丹在《教师流失》这一期节目的结束语就恰到好处地运用了这种语言。

> 我想起小的时候,第一次听到"流失"这一词是在一部科教片里,记得那部科教片是记录泥石流的,伴随着泥石流爆发的可怕的画面,我第一次听到了"流失"这一词,从此,一听到这个词,似乎就有一种不祥之兆。那么眼前的教师流失对教育来说恐怕也不是一个好兆头。土壤流失了,秧苗怎么办;教师流失了,教育怎么办?今天教育搞不好,明天我们的经济又将怎么样呢?冰心老人曾经痛心疾首地说,我们不能坐视堂堂中华民族在二十一世纪变成文化的沙漠。我想,有的沙漠恐怕也是由绿洲一点一点变成沙漠,绿洲一点一点流失,于是就成了沙漠,从这个意义上说,眼前的教师流失是不是一个值得我们关注的信号呢?

台湾华视新闻主持人李砚秋是台湾最佳主持人的历届得主。1991 年华东水灾,她到大陆来采访,她在一次新闻报道的结尾,站在齐腰深的水里说:

> 自从大禹治水以来,历经几千年中国人还在同洪水搏斗,但是老天爷在发怒的时候就要找这块土地泄愤,土地无知,洪水无情,但苍生何辜,面对这片疮

痪,真让中国人对中国人感到慨叹。

(3)说话要周密严谨。

对一个主持人来说,语言的周密严谨也是相当重要的。节目主持人的语言必须合乎客观实际,要从受众的认识、思维和视听的客观规律出发,即节目主持人的语言,大到思想内容、表达形式,小到语法、逻辑、修辞、字音必须准确无误。主持人在表达一种意思、一个概念时,必须使用准确无误的语言。同时,节目主持人语言属于有声语言,语音是有声语言的三大要素之一,也就是说受众是从节目主持人的语音中接受信息的。信息的传递是否有误,这与节目主持人能否读准每一个词的音节关系相当密切。主持人的语音已经成为广大受众的示范,读错字将会给受众以错误的导向,造成不好的影响。除了发音准确、用语到位、语序通顺外,主持人还必须把每一段话语表达得像链条一样,一环扣一环,给受众以明显的主要和次要的感觉——主次感;给受众以明显的先后次序的感觉——先后感;给受总以明显的推进和发展的感觉——递进感;给受众以明显的分述、综合感——总分感;给受众以明显的起始、结果的感觉——因果感;给受总以明显的逆势而行的感觉——转折感。总之,要使受众感觉到主持人那清晰的语言逻辑。

(4)语言要机智得体,灵活应变。

主持人在主持过程中经常会遇到突发事件,在完全没有准备的情况下,作出迅速快捷的反应,果断迅速地采取圆场措施,尽快摆脱尴尬的局面,这与平时知识的积累、文化的储备是有直接关系的。

> 人们所喜爱的节目主持人杨澜,在广州主持的一次文艺晚会上,因为中途谢幕退场的时候,不小心踩空台阶,滚到台下,这时候台下的观众哗然,只见杨澜一跃而起,面带笑容镇定地对观众说:"真是人有失足,马有失蹄,我刚才的狮子滚绣球滚得不够熟练吧。看来这次演出的台阶还不那么好下呢。但是台上的节目会很精彩,不信,大家瞧她们。"话音刚落,全场爆发出热烈的掌声。这样的应对确实非常机智,这跟她本人的修养分不开。

(5)语言要有个性。

对一个主持人来说,其语言是否独特鲜明,往往决定着主持活动的成败。主持人的个性语言是节目魅力和个人魅力的源泉。个性魅力对于提高主持人节目传播效果有重要的作用。只有摒弃浮躁的模仿,建立独树一帜的、主持风格,才能真正赢得受众。

比如优秀节目主持人白岩松,总是以他饱满的热情、深入浅出的表达技巧,使听观众在思想文化等方面受益的同时体味到语言美。这样的主持人自然能够得到受众的认可、喜爱、敬佩和信赖。

(6)语言要朴实自然、通顺流畅。

为了能够与受众有更好的交流与沟通,主持人在主持节目时语言需要朴实得体,亲切自然。尤其是谈话类节目,如果主持人的表现高人一等、盛气凌人,不耐烦的感情溢于言表,不礼貌的言辞不时冒出,就会失去受众。

二、主持口才的训练技巧

(一)工于开场

良好的开场白对于主持人十分重要,它可以确定基调、营造气氛、表明主旨、沟通感情,使全场情绪高涨,注意力集中,造成一种全场和鸣共振的态势,从而保证活动的顺利开展。主持人的开场技巧有以下几种:

1. 自然导入法。

主持人的开场白要主动,开启受众的思路,将他们自然引入节目的预定环境中去。《开讲啦》是中国首档青年电视公开课,节目邀请"中国青年心中的榜样"作为演讲嘉宾。节目主持人撒贝宁很重视开场白的设计,例如,他用"我"引出嘉宾:

今天,我们请来的这位开奖嘉宾,从职业角度来讲,她跟我是同行,而且我们有很多相似的地方,比如我们都是小眼睛,而且我们做的节目都跟大学生有关。人们形容她既温柔又麻辣;有智慧又风趣幽默;还有人说,她不是大美女,但是又有人说,她是美女中的美女。到底是谁? 来,看一下大屏幕。

在这里,撒贝宁先说他和嘉宾是同行,说他和嘉宾的相似之处,然后引出了嘉宾。这样的引介很自然,初步介绍了嘉宾的职业和一些外貌特征。这样的介绍让嘉宾的形象"犹抱琵琶半遮面",给观众留下了悬念,引起了观众的兴趣。

2. 曲径通幽法。

用这种方式来开场似乎有点离题,但主持人娓娓道来,逐显真谛。

如在一次世界语语法研讨会上,主持人这样开场:

说来有趣,刚才在会议室门口遇见二个叽叽喳喳的女大学生,一个问:"世界语,什么世界语?"一个答:"就是一种语言,我想大概像英语、法语一样!"再问:"是啊,那是哪个国家的?"再答:"我也不知道!"看来,我们关于世界语研究组织的任务还很繁重啊! 既要使人们了解世界语,还要使一部分人接受世界语。在座各位都是世界语研究的权威人士,这就靠你们拿出自己的真知灼见,大显身手了。

3. 情境导入法。

演出与活动的现场一般包括主持人、表演者、听众或观众,演出时间与地点等。主持人如果能直接从这些因素入手,形成一种"场境效应",就能给观众或听众一种亲切真实感。

某夏令营在进行篝火晚会,主持人一上场便说:"踏遍青山人未老,风景这边独好! 朋友们,今晚繁星满天,篝火通红。这画一般的景色,激起我们诗一般的情怀。"主持人这绝妙的开场白情景交融,美妙有趣,把观众带进了诗情画意的情境里。

4.情感烘托法。

节目主持人是整个节目的有机组织者,他们不能喧宾夺主,但可以用动人的话语为整个活动或节目创设一种特定的情境,奠定听众或观众欣赏节目的感情基调。

如在纪念抗战胜利五十周年的一场文艺晚会上,主持人这样开始:

> 亲爱的观众朋友,您是否还记得五十年前的那段悲惨的历史。那时,日本帝国主义的铁蹄踏进我泱泱国土,山河被毁坏,村庄被烧光,兄弟被掠杀,姐妹被蹂躏。多少人家破人亡,多少人妻离子散。今天,回顾这一悲壮的历史,重翻这痛心的一页,您的心情如何呢?

这段动人的述说,像一颗巨大的情感炸弹,使深沉的气氛顿时弥漫会场,台上台下情感相通,观众与演员心灵共鸣,很好地定下了晚会的基调。

5.幽默调侃法。

一些轻松活泼的集会、演出往往需要一种欢乐、和谐的气氛。节目主持人如果能运用健康高雅、幽默风趣的话语使节目开场,是很受听众和观众欢迎的。

> 有一次冯巩和赵忠祥、凌峰、赵本山共同主持"神州风采特别节目"。凌峰首先上场说:"为了丰富我们今晚的节目,我们特别为您介绍一位比我长得还困难的来自东北的赵本山。"赵本山接话:"我比他还丑?既然如此,我也抓个垫背的,他比我还丑!"冯巩接下过来:"亲爱的朋友,你们好,我知道我长得丑,属于困难户,重灾区,但跟他们二位相比,我可以自豪地宣布——我脱贫致富了!不客气地讲,一看见他们二位,就想起了万恶的旧社会!"

这里冯巩出语不凡,幽默迭出,接下去与凌峰、赵本山相互配合,左右逢源,妙语横生,令观众赏心悦目。

央视著名主持人撒贝宁在《开讲啦》节目中的开场白:

> 今天我们这期节目,来到了中国传媒大学。今天在座的各位青年当中未来将会有我的同事。想要做主持人的同学,我必须告诉你们,有的电视节目是特别折磨主持人的。比如说在这个讲台上,曾经有一个叫科比·布莱恩的人。录那期节目的时候,我们的摄像老师哭了,他说我实在没有办法把你们两个拍在一个镜头里。但是我仍然充满勇气地站在这里,因为我觉得今天这位嘉宾,应该不会在这个舞台上给我太大的压力,相反我觉得,可能当他出现之后,我会觉得莫名的亲切,因为在过去的几十年里,他塑造的各种各样的角色,安放了我大部分的青春。接下来就请我们用掌声,有请我们今天的开奖嘉宾——周润发。

撒贝宁把自己和科比放在一起,反衬出科比的高大。撒贝宁说摄像老师的痛苦和无奈,实际上是在突出这巨大的反差。又说"不能拍在一个镜头",让人们忍俊不禁。

(二)连接巧妙

主持一场活动或节目,一般都要在中间搭桥接榫,过渡照应,把整个活动连缀成一个有机的整体。赵忠祥、杨澜主持的《正大综艺》谐称开辟了"老少搭档"的模式,他们的组合亦庄亦谐、相得益彰。最让人记忆犹新的是他们在现场表现出来的前后照应,使观众过目难忘,也使《正大综艺》名扬四方。

下面是他们在节目中间精心准备的一段串场词。

杨:我们每次开头的话,都要讲一件亲身经历的事。我自己经历不多,机会很少,您到过不少地方,讲一个有点惊险的故事吧。

赵:我觉得惊险不如有趣,有趣不如有点道理。我说件小事儿,在1965年。

杨:太遥远了。

赵:那一年,我与朋友们到昌平县城。因为有点事,我先回我住的一个村子,打算第二天回去。可第二天一早起来,漫天鹅毛大雪,公共汽车不通了,只能走回来。走着走着,雪停了。周围银装素裹,一片洁白,空气清新,心旷神怡。我唱着曲子,雄赳赳大步向前。

杨:还挺浪漫。

赵:先经过一个村子,老乡都在家中,可一条小路扫得干干净净。

杨:农民们勤劳。

赵:你说,我该往哪儿走。

杨:人家把路都扫干净了,现成的。

赵:可是出现了一个问题。

杨:怎么啦?

赵:那条路上蹲着三只狗,隔一段一条,正冲我看呢!(众笑)我想,好狗不挡道,我给你让路绕着走,但根本没这个可能,跟它们商量商量吧。

杨:那怎么商量呀?

赵:我走到第一条狗跟前,做了一个手势,嘴上说"靠边儿"。它还真乖,站起来踩着雪窝绕到我身后,夹着尾巴又蹲下了。

杨:多友好啊!

赵:是友好。第二只、第三条照样给我闪道,也可能在与第三只狗打招呼时,我态度生硬了一点儿,我刚没走几步,就听见身后"汪汪"叫着,三只狗一块向我扑来。

杨:赶紧蹲下,你赶快蹲下。

赵:对,人往下一蹲,狗就退几步,以为你抓石头打它。但我一起来,它们叫得更凶。我又一蹲,它们一退,我跳起来就跑。它们一扑,我又蹲下来,再跑。它们气势汹汹,我气急败坏,连蹲五次,这才脱离险境。我觉得我那颗心咚咚地跳,浑身汗也下来了。

杨:谁遇到这事儿,不害怕呀。不过要是我……

赵:你怎么办?

杨:我惹不起还躲不起?我绕道踩雪过去就算啦!

赵：好,朋友们,下一站去科伦坡,不是看狗,而是看满树的乌鸦。

这段串场词最终落点是到科伦坡去看乌鸦。但为了活跃场上气氛,引起观众对可爱的小生灵——乌鸦的浓厚兴趣,就穿插了这一段小故事,从而起到承上启下、渲染蓄势的连接作用。

(三)随机应变

一个成功的主持人最大的特点莫过于遇惊不乱,随机应变;左右逢源,灵巧变通;快速思考,准确判断,巧妙地调整表达方式。

1.打圆场。

比如在座谈讨论会上,与会者之间彼此意见相左,甚至剑发生争吵,互不相让时。主持人就要出来打圆场：或转移注意,接过话题自己说,把争论双方的注意力转移到别的方面；或联络感情,帮助双方寻找共同点,缩小感情上心理上的距离；或公正评价,将双方的意见进行清理和归纳,进行合理评价,阐述双方都能接受的意见；或引导自省,使双方从事实中反省自己的观点,消除误会,认同真理。

2.破僵局。

僵局也是主持人常常碰到的难题。

《我是歌手》直播中,第一轮比赛结束后,孙楠突然打断主持人汪涵宣布退赛。很多人在听到孙楠宣布临时退赛的时候感到吃惊。作为本场节目的唯一主持人——汪涵却凭借着过硬的主持功底和极高的素养,在短时间内把控全局,从容救场,将这个僵局成功化解。

既然我是这个舞台的节目主持人,接下来就由我来掌控一下。首先请导播抓紧时间为我准备一个三到五分钟的广告时间,谢谢！我待会儿要用。

接下来我要说的这段话有可能只代表我个人的观点,而不代表湖南卫视的立场。我二十一岁进入到湖南广电,所以我觉得我自己身上的很多优点和很多缺点似乎都打上了湖南广电的很多烙印,包括所谓"没事儿不惹事儿,事儿来了也不要怕事儿"。

对于一个节目主持人来说,在这么大一场直播当中,一个顶尖的歌手一个顶梁柱一样的歌手,突然间宣布退出接下来的比赛,我想应该是摊上事儿了,甚至是摊上大事儿了。但是说实话,我的内心一点儿都不害怕,因为一个成功的节目有两个密不可分的主体,除了这个舞台上的七位歌手之外,还有电视机前的亿万观众和现场的这么多的观众。

我之所以不害怕是因为你们还真诚、踏踏实实地坐在我的面前,我还可以从各位期待的眼神当中读到你们对接下来每一位要上场的歌手,他们即将演唱歌曲的那一份期许。我还可以从各位的姿态当中感受到你们内心的那种力量,这个力量足够给楠哥,给红姐,给李健,给维维,给黄丽玲,给彦斌,给所有的歌手,会有千万个掌声要送给他们。楠哥不信,你听。这是我要说的第一层意思。

第二层意思我想表达的是,我虽然不同意楠哥的一些观点,但是我誓死地捍卫您说话的权利。所以刚才我由话筒听到那一段的时候,我并没有试图打断您要说的话,虽然我可以这么做。其实每一位歌手来到这个舞台,他都有权利选择我来或者是不来。

3.摆脱难堪。

主持人在主持节目的过程中,难免会碰到难堪尴尬的场面,对此主持人必须有敏锐的思维和高超的应变能力,冷静应对,巧解窘境。

有一次,胡歌、霍建华共同出席颁奖典礼,被安排坐在一起,自然成为关注焦点。女主持人当然不能放过,还问起两人究竟有没有绯闻,被两人尴尬掩饰过去了。此时,何炅见状,立马冲出来解围道:"两位都是靠作品征服大家的,所以一个《琅琊榜》,一个《花千骨》,隔空在飙演技,我觉得你不要聊什么绯闻,飙飙演技好不好?"接着,胡霍两人就开始对飙演技了。两人连续上演嫌弃对方、爱慕对方、觉得自己才最帅、同时爱上一个女孩子等戏码,引得现场尖叫连连。何炅这话题一转,既给女主持人解了围,避免了尴尬,又不忘向广大"粉丝"发"福利",手段实在是高。

(四)巧于终结

俗语说:"编筐织篓,最难收口。"节目进入尾声,切忌草率急躁,匆匆收场,要巧于终结,再展高潮。

会议主持结尾可以说:"今天的会就开到这,希望会上的决定能变为会后的行动。各位在工作中要身先士卒,吃苦在前,享受在后。但愿下一次在这里开的是一个庆功会、表彰会。好,散会!"

论辩主持结尾可以说:"我一开始就说了,这几位论辩能手,一定会使大家一饱耳福。事实证明了我的话,真是名不虚传!让我们为他们精彩的辩才鼓掌!"

文艺晚会主持结尾可以说:"朋友们,教师是伟大而崇高的。他们是蜡烛,燃烧自己照亮别人;他们是小草,默默生存点缀人生;他们是渡船,迎着风险送走人们。在这晚会就要结束的时候,让我们深情地对他们道一声辛苦了,人类灵魂的工程师。"

这几段结尾用词精炼,语言生动,亲切感人,令人回味无穷。

延伸阅读

一、主持人克服恐惧和紧张的方法

1.上台前做深呼吸。

2.眼睛不要盯住你不认识的人,而要看熟悉的人和给你微笑的人。

演讲与口才

3. 想象成功的感觉和受欢迎的感觉。

4. 准备充分也会缓解紧张情绪。

二、主持人口语表达的注意事项

不要乱用语气助词、连词等。有的主持人语言粗糙，常说出带有语病的句子，经常无原则使用"啊、吧、呢、吗"等语气助词。以"那么"开头等已成为许多主持人的通病。

不要不懂装懂。有的主持人不懂装懂，打肿脸充胖子，结果错误百出。

主持人口语应讲求艺术性。主持人的口语有宣传作用，不能简单灌输和生硬说教，应该追求美感，讲究吸引人的魅力，这样才能提高节目的收听率和收视率。

三、嗓音保护

1. 喉部按摩。

用拇指和食指按住喉结两旁上下移动。指压力量以感觉舒适为度，不可用力过大，每次约二至三分钟。

2. 毛巾热敷。

把毛巾用热水浸透后拧干敷在颈部（温度以不烫伤皮肤为宜），反复数次。以上保健法可以增进喉部血液循环，消除疲劳，增进分泌，减轻咽干、喉痛以及练唱后喉部不适等症状。

四、经典主持词

(一) 2006年央视春晚开场词

朱军：中国中央电视台！

李咏：中国中央电视台！

周涛：亲爱的观众朋友们——

齐声：春节好！

朱军：盛世迎春，万象更新，这里是中央电视台2006年春节联欢晚会的直播现场！

李咏：送走金鸡，迎来瑞犬，伴随着普天同庆的喜悦，一年一度的春节联欢晚会，又和大家见面了！

董卿：国泰民安乾坤颂，张灯结彩大拜年！

张泽群：在这辞旧迎新的时刻，首先我们向全国各族人民——

刘芳菲：向香港特别行政区同胞，向澳门特别行政区同胞——

周涛：向台湾同胞、海外侨胞，向全世界各国的朋友们，道一声——

齐声：拜年啦！！

朱军：祝大家——

齐声:新春快乐!万事如意!

(二)2005年央视春晚结束词

朱军:亲爱的观众朋友们,2006年春节联欢晚会到了和大家说再见的时候了。

周涛:难忘今宵,让我们记住这个祖国大家庭集体守岁的除夕之夜!

李咏:难忘今宵,让我们记住这个全球华人大家庭共度的新春之夜!

董卿:难忘今宵,让我们记住这个天地人和中迎祥纳福的欢乐之夜!

张泽群:难忘今宵,让我们记住这个繁荣盛世普天同庆的吉祥之夜!

刘芳菲:难忘今宵,让我们记住这个锦绣中华更添璀璨的辉煌之夜!

朱军:让我们再次相约明年的除夕!再次拥抱一个更加明媚的——

齐声:大好春光!

朱军:观众朋友们,2006年春节联欢晚会到此结束。

李咏:朋友们,让我们明年再见——

齐声:再见!

(摘编自中国人才网)

 技能训练

一、朗读训练

每天朗读二十分钟,以古今中外的经典演说为主,比如马丁·路德·金的《我有一个梦》、闻一多的《最后一次演讲》、乔治·巴顿的《战争造就英雄豪杰》等。

二、唠叨训练

1. 走到校园里见到什么说什么,比如见到一个同学拿着书走过来,你立刻可以描述其着装、走姿、外貌特征等。

2. 先指定没有联系的A物和B物,然后尽量从A物谈到B物,可以编故事,反正说话就是不能间断和犹疑。

三、幽默训练

每天找一条笑话,把笑话背熟。反复练习讲笑话,尽可能讲得风趣、幽默、诙谐。

四、主持口才训练

1. 下面是黑龙江电视台的《当代大舞台》节目的主持人在迎新春联欢会上对歌星毛阿敏登台开场介绍:

"请问毛阿敏小姐,您是从哪里来的?"

"哦,我从北京来。"毛阿敏微微一笑。

"您像一只美丽的蝴蝶给冰城哈尔滨带来了欢乐。请问这次能做几日停留呢?"(众笑)

"嘀嘀,五日。"毛阿敏也笑了。

"我们冰城的朋友热烈欢迎您的到来,但愿您与《当代大舞台》节目永不分手!"台下掌声一片。

训练:设想你作为节目主持人,为一名观众喜爱的歌手作一番独具一格的介绍。

2.有位教育局局长主持先进教师经验介绍会,用了以下的连接词,阅后谈谈假如你主持这次会议,你将怎么讲?

"榜样的力量是无穷的。听了这位班主任的发言,我们深感身教重于言教。但是在整个教育过程中,除了身教还要不要言教?言教应占怎样的地位?老师应怎样研究言教的艺术?张老师在这方面做了可贵的探索,下面请他作介绍。"

3.你从以下三个事例中,得到什么启示?谈谈你的看法。

(1)《新闻联播》罕见失误,主持人机智救场。

2016年4月12日晚的《新闻联播》在直播河北农业大学教授李保国事迹时,出现了五秒没有解说和同期声的空镜头,明显属于导播操作失误。对此,王宁和李梓萌两位主播不得不紧急救场。当镜头切回到演播室时,王宁正将一张稿子递给李梓萌并说了句"这张",随即王宁又临时口播了一条关于印度火灾的新闻。之后,镜头再切回李梓萌,后者迅速开始对李保国事迹进行评论。有网友认为,李梓萌在进行评论时神态语速与平时不同,这段评论应属于即兴发挥。播出完成后,李梓萌禁不住嘟起嘴长出一口气。

(2)金鹰节何炅用手卡解围。

第九届金鹰节颁奖典礼,突遇开奖嘉宾手上拿的平板电脑失灵,无法颁出奖项。主持人何炅说了一句"我们除了有最高端的科技之外,我们也有最原始的手段",从容走向嘉宾,将纸交到颁奖嘉宾手上,巧妙渡过难关。

(3)答题出错,自圆其说。

1991年7月李咏刚从北京广播学院毕业,就参加了中央电视台的招聘考试。面试那天,中央电视台把内部的闭路电视开通,台里所有的人都能看到面试考场的画面;考场里也黑压压全是人,初出茅庐的李咏有点儿慌。他及时调整自己的心态,随着面试的开始进行,李咏逐渐适应了这种场面。当时中东正进行海湾战争,考官就问海湾都有哪些国家。李咏搜肠刮肚地说了一些,唯独少了伊拉克,台下马上就有人质问,李咏想都没想,脱口而出:"联合国正制裁呢,那是'敌'国呀!"一句话,台下的人全乐了,李咏由此给考官留下了深刻的印象,遂顺利地进入了中央电视台,为今后事业奠定了坚实的基础。

参考文献

1. 刘六英.演讲与口才[M].北京:北京交通大学出版社,2013.
2. 李智慧.演讲与口才[M].北京:经济科学出版社,2010.
3. 史钟峰.演讲与口才实训[M].南京:东南大学出版社,2015.
4. 贺年.世界经典演讲词(第1版)[M].内蒙古:内蒙古人民出版社,2003.
5. 唐树芝.口才与演讲(第1版)[M].北京:高等教育出版社,2004.
6. 壮春雨.形象与言谈(第1版)[M].北京:中国广播电视出版社,2002.
7. 云桂宾.语言行为和语言技能(第1版)[M].北京:北京广播学院出版社,1998.
8. 许利平.职业口才训练教程(第1版).北京:北京交通大学出版社,2007.
9. 朱彩虹.大学生实用口才训练教程(第1版)[M].北京:清华大学出版社,2010.
10. 蒋红梅.演讲与口才实用教程(第2版)[M].北京:人民邮电出版社,2015.
11. 王劲松.普通话与口才训练(第1版)[M].合肥:安徽大学出版社,2014.
12. 史中锋、张传洲.演讲与口才实训[M].南京:东南大学出版社,2015.
13. 方凤玲.演讲与口才[M].北京:北京师范大学出版社,2013.
14. 高铁军.卡耐基口才学[M].北京:北京燕山出版社,2008.
15. 何书宏.演讲与口才知识全集[M].北京:北京工业大学出版社,2005
16. 费泉京.中外名人演讲精粹[M].北京:中国书籍出版社,2000.
17. 贝思德教育机构编.导游口才训练教程[M].西安:陕西西北大学出版社,2002.
18. 国家旅游局人事劳动司.导游业务[M].北京:旅游教育出版社,2013.
19. 刘六英、蔡丽.演讲与口才[M].北京:北京交通大学出版社,2010.
20. 钱和生.演讲与口才实用教程(第1版)[M].北京:中国传媒大学出版社,2009.
21. 田桂芹.实用口才与沟通技巧项目化实训教程[M].北京:冶金工业出版社,2009.
22. 红霞.面试技巧[M].北京:中国科学技术出版社,2006.
23. 崔佳颖.360度高效沟通技巧[M].北京:机械工业出版社,2010.
24. 余培侠.创世纪舌战:2001国际大专辩论会纪实与评析[M].北京:西苑出版社,2001.
25. 王沪宁.狮城舌战首届国际大专辩论会纪实与评析[M].上海:复旦大学出版社,1993.